2

Ulrich Klever

KNAURS GROSSES KATZENBUCH

Die wunderbare Welt der Seidenpfoten

Mit über 600 farbigen Fotos und Zeichnungen

DROEMER KNAUR

1 Brosche aus 18karätigem Gold, Ring und Schleife aus Platin, gefaßt mit Altschliffdiamanten. Plastischer Katzenkopf in filigraner Fellzeichnung. Die Abbildung Seite 258/1 zeigt das Schmuckstück in Originalgröße. Frankreich, Anfang 20. Jahrhundert.

2 Katze mit drei Jungen und einem Spankorb. Gemälde von Julius II Adam (München, 1852–1913). Öl auf Leinwand, 72 cm hoch und 55 cm breit. Rote Signatur »Jul. Adam München«.

CIP-Kurztitelaufnahme der Deutschen Bibliothek

Klever, Ulrich:
Knaurs Großes Katzenbuch / Ulrich Klever [Zeichn.:
Karl Schneider]. – München : Droemer Knaur, 1985.
ISBN 3-426-26132-4

© Droemersche Verlagsanstalt Th. Knaur Nachf. München 1985
Umschlaggestaltung: H & M Höpfner-Thoma, München
Gestaltung und Herstellung: von Delbrück
Umschlagfoto: PICTOR International
Zeichnungen: Karl Schneider, Solms
Reproduktion: Repro Fuchs, Laufen
Satz und Druck: Appl, Wemding
Aufbindung: Großbuchbinderei Sigloch, Künzelsau
Printed in Germany
ISBN 3-426-26132-4

Inhalt

KATZEN –
DAS BISSCHEN FREIHEIT ALS PARTNER 9
Eine sehr persönliche Einleitung.

VORSTELLUNG EINER FAMILIE:
WIR ALLE SIND KATZEN 11
Die wilden Verwandten und die Stammesgeschichte.

DIE WILDKATZEN
SIND DIE AHNEN DER HAUSKATZE 14
Die Steppenkatzen Asiens, die europäische Wildkatze und die afrikanischen Falb-
katzen.

HAUSKATZEN –
DIE SANFTE EROBERUNG DER WELT 16
Die Ausnahmestellung der Katze innerhalb der Haustiere und die schwierige Er-
forschung ihrer Frühgeschichte.

CATS, DAS KATZENFEST IM HINTERHOF 20
Der Autor besuchte das Erfolgsmusical in London und Wien, die Kultoper des
neuen Katzenzeitalters.

SEIT DIE MENSCHEN HÄUSER BAUEN 23
Die Geschichte der Mensch-Katzen-Beziehung.

KUNIYOSHI UND SEINE KATZEN-KARIKATUREN 32
Die Geschichte des Katzennarren und Malers Utagawa Kuniyoshi.

OPFER UND DIENERIN DES BÖSEN 34
Die Verfolgung der Katzen mit Feuer, Qual und Tod: düsterstes Kapitel aus der
Gemeinsamkeit mit den Menschen.

DREIMAL SCHWARZER KATER 40
Aberglauben um die Katze: Unglück oder Glück – wie es gerade paßt.

DER KATER ZIEHT DIE STIEFEL AN 42
Der Gestiefelte Kater ist der Freund des Menschen. Die literarischen Katzen des
19. Jahrhunderts.

DIE FASZINATION DER KATZE 49
Katzen sind schönen Frauen verwandt; ihre Ästhetik und das lockend Geheimnisvolle. Warum Menschen Katzen lieben.

PROMINENTE KATZENFREUNDE 54
Eine Liste bemerkenswerter Namen.

ÜBERALL IST KATZENLAND 56
Ein Streifzug mit offenen Augen durch Stadt und Land und einige Gedanken über
die Katzen im Untergrund.

DAS PERFEKTE RAUBTIER 59
Die erstaunlichen Fähigkeiten des Katzenkörpers.

NUR EIN KATZENSPRUNG 70
Redensarten um die Katze und ein vollendeter Sprung im Bild.

DIE SIEBEN SINNE 72
Gesicht, Gehör, Tastsinn, Geschmack, Geruch, Temperatur- und Gleichgewichtssinn.

FRITZ THE CAT – HELD DER CARTOONS 92
Mit weiteren Bildern von Oskar, dem Familienvater, Felix the Cat und Krazu Kat,
der Irrwitz-Katze.

DER ACHTE SINN 94
Das Mystische und Geheimnisvolle an der Katze.

KATZENGEDICHTE 100
Frauen-Katzen von Charles Baudelaire und Paul Verlaine.

DIE LEBENSART DER KATZEN 102
Das soziale Verhalten. Die Körpersprache und wie man sie versteht. »Miau« ist
mehr als ein Wort. Schnurren – das ungelöste Rätsel.

GRÄBER FÜR DIE LEBENDEN UND TOTEN 127
Stimmungsbilder aus Paris.

DIE LEBENSALTER EINER KATZE 130
Lernen, eine Katze zu werden. Der Kalender der Katzen-Kinderspiele. Die erwachsene Katze.

KATZENMUSIK 140
Eine Abhandlung über den Lärm, aber auch die Vorstellung einiger Komponisten,
garniert mit Bildern musizierender Katzen.

EINE KATZE ZU MALEN, DAZU GEHÖRT GENIE 142
Eine Galerie von 37 Katzenbildern und eine kurze Geschichte der Katzenmalerei.

KATZENBÜCHER –
EINE SPEZIELLE LITERATURGESCHICHTE 160
Katzen waren immer Freunde der Dichter und wurden lange von den Wissen-
schaftlern mißachtet.

WELT, RAUM UND ZEIT 170
Ein Gedicht von Robert Gernhardt und das Bild »Pumpi auf dem Kissen« von Almut Gernhardt gleich zweimal.

EINE KATZE KOMMT INS HAUS 172
Was man alles überlegen muß und die Ausstattung der Katze bis zum gebastelten
Kratzbrett.

DIE NAMEN DER KATZEN 182
Namensvorschläge und T. S. Eliots drei verschiedene Katzennamen. Dazu ein Dutzend schöner Katzendosen.

MIT DER KATZE LEBEN 184
Alle wichtigen Fragen der alltäglichen Praxis werden angesprochen.

KATZEN AUF BRIEFMARKEN 208
Eine bunte Auswahl rund um die Welt

DIE WOHNUNGSKATZE –
EIN KAPITEL FÜR SICH 210
Definition: Was ist eine Wohnungskatze? Argumente für die Wohnungskatze. Das
richtige Spazierengehen an der Leine.

MANEGE FREI FÜR DIE KATZ 222
Katzen als Zirkusartisten. Seltene Fotos und Plakate und ein bißchen Geschichte
und Gegenwart.

WENN DIE KATZE MUTTER WIRD 226
Von der Rolligkeit bis zur unerwünschten Mutterschaft. Die gewünschte Paarung
hat noch nichts mit Züchten zu tun.

SCHÖNE KATZEN-POSTKARTEN 236
Von der Jahrhundertwende bis in die zwanziger Jahre.

DIE RICHTIGE KATZENERNÄHRUNG 238
Die Eßgewohnheiten der Katze. Anmerkungen zur Ernährungslehre. Gesunde Katzenernährung auf einen Blick.

KATZ UND MAUS 248
Beiträge zu einer Feindschaft. Der Redewendungen und Sprichwörter zweiter Teil.

NICHT IMMER IST DIE KATZE GESUND 250
Unser Tierarzt, unsere Katze und wir. Umgang mit der kranken Katze. Die Katzen-Hausapotheke. Alles über Sterilisation und Kastration.

VON KATZENGOLD BIS MUSKELKATER 258
Die Katze im deutschen Wortschatz und im Wörterbuch von Jacob und Wilhelm Grimm. Verziert mit acht kätzischen Schmuckstücken.

UNSERE KATZE UND DER GESETZGEBER 260
Darf ein Hauswirt Katzenhaltung verbieten? Gesetzliche Einschränkungen für den Auslauf. Die Katze und das Jagdrecht.

SO FOTOGRAFIERT MAN SEINE KATZE 264
Von den Schwierigkeiten mit der eigenen Katze. Die häufigsten Fehler beim Fotografieren. Blickwinkel, Hintergrund und Umgebung.

SCHÖNE KATZENFOTOS 267
Künstlerische Bilder als Anreiz. »Manuel mit Katze« von Stefan Moses (Seite 270/271) zum Immer-wieder-Anschauen.

ABC, DIE KATZE LIEF IM SCHNEE 272
Katzen in Kinderbüchern

SAMMELN: SO KOMMT MAN AUF DIE KATZ 274
Was man alles sammeln kann. Vom Zwang der Spezialisierung. Literatur über das Sammelgebiet Katze.

DIE WERBUNG MIT DER KATZE 284
Putzige Kätzchen ohne oder mit Kindern und schöne Katzen kombiniert mit schönen Frauen sind beliebte Sujets der Werbung.

DIE WELT DER RASSEKATZEN 287

DIE KATZENZUCHT ODER CAT FANCY 288
Cat Fancy: die Geschichte der Zucht und ihrer Vereine. Was ist Rassezucht?

RASSE – WAS HEISST DAS? 292
Die genetischen Eigenschaften der Katze und ihre Erforschung. Die praktische Anwendung in der Katzenzucht. Fellmuster und Farben.

DIE KATZENAUSSTELLUNGEN 297
Die Vorbereitung für die Ausstellung. Was man als Ausstellungsteilnehmer wissen muß. The Best in Show und Schau muß sein.

LEXIKON DER ZÜCHTERSPRACHE 302
Von Agouti bis Weißscheckung – mit Angaben der Gene.

ÜBERSICHT DER RASSEN 304
18 Rassen schematisch dargestellt mit kurzen Steckbriefen.

PERSER – LANGHAARKATZE NUMMER EINS 306

DIE LANGHAARIGE COLOURPOINT, EHEMALIGE KHMER   310

DIE HALBLANGHAARIGEN: »HEILIGE BIRMA«   312

DIE TÜRKISCHE VAN – HAUSKATZE IN ANATOLIEN   314

DIE NORWEGISCHE WALDKATZE – NOCH EIN BISSCHEN WILD   315

DIE MAINE-COON – DIE RASSE AMERIKAS   316

SOMALI SIND HALBLANGHAARIGE ABESSINIER   318

EUROPÄISCH KURZHAAR (BRITISH/AMERICAN SHORTHAIR)   320

RUSSISCH BLAU – PLÜSCH MIT SILBERSCHIMMER   324

KARTÄUSERKATZE – DIE AUS DEM KLOSTER KAM   326

ABESSINIERKATZE – DAS ÄGYPTISCHE ERBE   328

MANXKATZE – DIE SCHWANZLOSE VON DER INSEL MAN   330

DIE BURMA MIT DEN GOLDGELBEN AUGEN   332

DIE KORAT KOMMT AUS THAILAND   333

REXKATZEN HABEN KRÄUSELFELL   334

SCOTTISH FOLD – DIE MIT DEM HÄNGEOHR   336

SIAMKATZE – RASSENKURZHAAR NUMMER EINS   338

ORIENTALISCH KURZHAAR IN 42 FARBEN   341

DIE BIBLIOTHEK DES KATZENFREUNDES   342

ANSCHRIFTEN VON VERBÄNDEN, KLUBS UND ZEITSCHRIFTEN   344

REGISTER   346

BILDNACHWEIS   352

Katzen – das bißchen Freiheit als Partner

Da sitzt sie und schaut mich an. Mit klaren Smaragdaugen, eisig, unbeweglich und unlesbar. Sie schaut durch mich hindurch – auf einen Punkt hinter mir – und blinzelt nie. Grundposition Katzengöttin.

Sie erhebt sich, springt auf meinen angewinkelten Oberschenkel, streckt sich zur Sphinx, akupunktiert mich mit acht Krallen. Verliert langsam die Form, zerschmilzt im Schoß zum weichen Fellwesen, das sanft vibriert und schnurrt, schnurrt: Die Katze, das Schmusetier.

Dann wird sie zum perfekten Jäger, fließt gleichsam durch das Gras, jeder Muskel gespannt, jeder Sinn wach: die Katze als Wiesentiger.

Oder sie produziert sich, steifbeinig hoppelnd, auf Pfosten rasend, um kurz zu rasten, rauf und runter. Sie tanzt den Katzentatzentanz: Akrobat schööön. Die Katze, die bei mir wohnt, heißt »Kitten«, ist eine getigerte Bauernkatze mit viel Weiß, nicht hübsch, aber überzeugend. Sie geht brav mit zwei Bassethounds spazieren und mit einem roten Kater in ihre freie Welt: auf die Pfade der Geräusche, der Mäuse, der Käfer, der Ich-weiß-nicht-was-Katzenwelt.

So stellte ich Kitten und mit ihr vielen anderen Seidenpfoten, Sanftpfoten die Frage: »Was seid ihr, ihr Katzen?« Eine Frage, die vor mir schon Dichter und Philosophen, Wissenschaftler und Maler, Katzenfreunde und Fanatiker gestellt haben. Warum sind Katzen als Haustiere so erfolg-

reich geworden? Treten wir ein in das Zeitalter der Katze? Warum ist endlich die Bundesrepublik auch ein Katzen-Normal-Land, wie es vorher seit rund 100 Jahren schon England, Frankreich, die USA, Dänemark und die Niederlande waren? Wo man mit einer oder mehreren Katzen leben konnte, ohne zu einer Minderheit von Sonderlingen gezählt zu werden. Wir finden den Anschluß: Während in England und den Niederlanden auf 100 Einwohner 10 Katzen kommen, sind es in Frankreich 13, in Dänemark sogar 16. Bei uns sind es inzwischen immerhin 6. Und die Katzenliebe wächst. Warum?

Die Erklärungen, daß
- Katzen steuerfrei sind

- sie nicht Gassi gehen müssen und dabei die Straßen verschmutzen
- sie nicht bellen und man sie meist geschenkt bekommt und sie auch schon einmal übers Wochenende allein lassen kann, sind mir zu oberflächlich. Ebenso die Anmerkung: Katze ist ein bequemer Ansprechpartner für Singles, die nicht so angebunden sein wollen, wie sie es mit einem Hund wären.

Ich glaube, daß Katze und Hund keine Haustier-Alternativen sind. Entweder hat man einen Hund oder eine Katze hat einen Menschen.

Leute, die Katzen und Hunde haben, halten meist auch noch andere Tiere. Sie können fast immer Haus, Hof und Garten aufweisen, gepachtete Wiese nicht ausgeschlossen. Sie sind Menschen besonderer Art.

Der englische Tierarzt und Verhaltensforscher Dr. Michael W. Fox hält Heimtiere in ihrer Anhänglichkeit für die einzige verläßliche Zuflucht in einer unsteten, heuchlerischen und mitleidlosen Umwelt: »Der Mensch hat in der Zivilisation seine Unabhängigkeit verloren. Er ist Gefangener der Konformität. In den Zwängen der Anpassung aber ist die Katze ein Stückchen Freiheit.« Ich habe diese Aussage als Überschrift für die Einleitung meines Buches gewählt, weil ich sie für wichtig halte. Schlüssig aber finde ich die Vermutung, die der Journalist und Katzenfreak Nick Barkow in einem Artikel in der »ZEIT« äußerte. Er betrachtet die wachsende Vorliebe für Katzen als eine Folge der Emanzipation. Denn »Sicher ist jedenfalls das: Der Mann, der heute mit Katzen lebt und davon erzählt, hat jeden Hauch von Skurrilität verloren.«

Für den neuen Typ von Katzenmensch schreibe ich dieses Buch. Ich werde die Katzen nicht am Hund messen und die Hunde nicht als Herrchentiere denunzieren, um die Unabhängigkeit der Katze hochzustilisieren. Ich werde erzählen, was ich alles erfahren habe, als ich ihren Pfotenspuren nachging und es in vielen Bildern zeigen. Und weil ich immer die Beziehung zum Menschen gesucht habe, das Bild, das sich Menschen von Katzen machten, ist dieses Buch anders geworden, als die Katzenbücher hierzulande sind. Es ist eine Summe von üblichen Büchern: Gebrauchsanweisung für die Haltung; Sprachführer zur Verständigung; Erzählung über die Geschichte; Anleitung für Sammler; Darstellung der Rassen; Anmerkung zur Vererbung; Museum für die Kunst; Bibliothek für die Literatur; Schilderung ihres Körpers und seiner Fähigkeiten und viele Schnurrigkeiten rund um die Katz. Es ist das Kaleidoskop der wunderbaren Katzenwelt.

Ich möchte Sie verführen, sich mit dem Tier, das seine eigenen Wege geht und doch mit uns lebt, intensiv zu beschäftigen. Ich bin sicher, mit dem bißchen Freiheit als Partner werden Sie das Rilkewort bald gut verstehen: »Das Leben und dazu eine Katze, das gibt eine unglaubliche Summe, ich schwör's euch!« Das ist eine Verheißung, die zutrifft. Genauso wie die Regie-Anweisung von Peter Handke zu seinem Theaterstück »Das Mündel will Vormund werden«, in dem eine Katze mitspielt: »Die Katze tut, was sie tut!«

Drei Katzenbilder unterschiedlicher Art:
1 die niedliche Katze auf einem Ölgemälde von Gabriele Istfannfy-Rainer.

2 die geheimnisvolle »Sommerkatze« in einer Farblithographie von Théophile-Alexandre Steinlen (1859–1923). Ausschnitt.

3 die Katze als Accessoire in einem Stilleben von Josef Lauer (1818–1881).

1

2

3

Vorstellung einer Familie: Wir alle sind Katzen

Die Katzen gehören zoologisch zur Ordnung der *Landraubtiere* und innerhalb dieser zur Überfamilie der *Cynofelidae,* der Hunde- und Katzenartigen. In ihr bilden sie die Familie der *Felidae,* der Katzenartigen, die sich wiederum in drei Unterfamilien teilt: 1. die ausgestorbenen Säbelzahnkatzen, 2. die Katzen *(Felinae)* und 3. die Geparden *(Acinonychinae).* Die präzisen Zoologen gliedern die Felinae in zwei weitere Gattungsgruppen: die Großkatzen *(Pantherini)* und die Kleinkatzen *(Felini).*

Alle haben sich aus einem einzigen anatomischen Modell entwickelt: Die 1,5 Kilo leichte Schwarzfußkatze aus Südafrika ist als kleinste Katze der Welt unverkennbar mit der größten verwandt: Der sibirische Tiger mit seinen 300 Kilo Körpergewicht hat das gleiche Skelett und ein ähnliches Äußeres.

Die wichtigsten Familien-Merkmale:
• Männchen und Weibchen gleichen sich sehr, nur bei den Löwen trägt das Männchen eine Mähne.
• Alle Katzen haben die gleiche Chromosomenzahl von 38.
• Alle Kleinkatzen vom Puma bis zur Haus-Pussi schnurren und miauen, der Gepard tut es ihnen gleich, die Großkatzen aber schnurren und brüllen.
• Der Gepard wiederum ist der einzige aus der Familie der Katzenartigen, der seine Krallen nicht ganz einziehen kann; alle anderen zeigen sie nur wenn sie sie brauchen.

• Alle Katzen gehen auf den Zehen, durch ihre wohlgepolsterten Ballen bewegen sie sich geräuschlos.
• Der größte Teil der Katzen sind Einzelgänger, nur Löwen und indische Tiger leben in Gruppen.
• Katzen schleichen sich an ihre Beute an, der Ansprung erfolgt aus kurzer Entfernung. Die Hinterbeine bleiben so lange am Boden, bis die Vorderpfoten die Beute erfaßt haben. So können Ausweichmanöver der Opfer noch korrigiert werden. Nebelparder und Langschwanzkatze springen die Beute auch von oben an, ohne Bodenkontakt. Der Gepard hetzt im Galopp und schlägt, Kopf an Kopf, das flüchtende Opfer nieder.
• Kleinkatzen gebären einmal im Jahr, Großkatzen alle 2 Jahre, der sibirische Tiger alle 3 bis 4 Jahre, die Hauskatze bis zu dreimal jährlich.

Katzen haben die ganze Welt erobert, nur die baumlose Tundra und das Eis der Polargebiete interessierten sie nicht. Von den Großkatzen ist der Leopard am weitesten herumgekommen: früher, als es noch keine Leopardenmantel-Mode gab, lebte er in ganz Afrika mit Ausnahme der Sahara, in Vorder- und Kleinasien, Afghanistan, Russisch-Turkestan, im Iran, Vorder- und Hinterindien, Ceylon, Java, China, Korea, in der Mandschurei und im Amur-Ussuri-Gebiet. Heute sind einige der 24 Unterarten in freier Wildbahn gefährdet, ihr Fortbestand in Zoos durch reinblütige Zuchten jedoch gesichert.

Neben den Leoparden gibt es 3 weitere Großkatzenarten der Gattung *Panthera:*
1. Die Jaguare Amerikas mit 6 Unterarten, die nach ihrem Vorkommen benannt sind: Yukatan-Jaguar, Panama-Jaguar, Peru-Jaguar, Amazonas-Jaguar, Parana-Jaguar und der Arizona-Jaguar.
2. Die Tiger Asiens mit 8 Unterarten, von denen alle außer dem Indischen Königstiger dicht vor der Ausrottung stehen.
3. Die Löwen Afrikas und Asiens, wo sie fast ganz verschwunden sind, mit ebenfalls 8 Unterarten. Eine weitere Großkatze der eigenen Gattung *Unica* ist der Schneeleopard aus Mittelasien. Er nimmt eine Sonderstellung ein, da er nicht brüllt, sondern schnurrt und sich mehr wie Kleinkatzen verhält. Es gibt unter den Kleinkatzen auch einen »Grenzgänger« zu den Großkatzen, den Nebelparder. Er frißt wie eine Großkatze und ruht mit nach vorne ausgestreckten Beinen. Anatomisch aber ist er eine Kleinkatze. Zu dieser vielfältigen Gruppe gehören auch die Wildkatzen (Seite 14/15) und unsere Hauskatzen. Weitere Vertreter der 14 Gattungen sind: der Manul, der Serval, die Luchse, der Caracal, die Goldkatze, die Bengalkatze, die Irimotokatze, die Flachkopfkatze, die Marmorkatze, der Ozelot, die Pampaskatze, die Bergkatze, die Wieselkatze und der Puma – Namen, von denen man einige sicher noch nie gehört hat.

Felis

Panthera

Viverra

Crocuta

Acinonyx

Herpestes

Cryptoprocta

Proteles

HYAENIDAE

Canis

HERPESTIDAE

VIVERRIDAE

† Smilodon

Vulpes

Otocyon

† Ictitherium

Ursus

CANIDAE

FELIDAE

Tremarctos

URSIDAE

AILURIDAE

† Amphicyon

Ailurus

Procyon

† Dinictis

Meles

† Indarctos

PROCYONIDAE

Martes

MUSTELIDAE

Lutra

PINNIPEDIA

MIACIDAE

Ein Außenseiter ist der Gepard, er bildet eine Familie für sich. Hochbeinig, schnell, seit Jahrtausenden als Jagdbegleiter gezähmt und seit Jahrzehnten systematisch ausgerottet. Größere Bestände leben nur noch in den Schutzgebieten Ostafrikas und in Südwestafrikas Etoschapfanne.

Die Familie der Katzen ist alt. Vor 40 Millionen Jahren, ein unvorstellbarer Zeitbegriff, lebte ein katzenähnliches Wesen, so groß wie ein Luchs, mit rundem Kopf und langen Eckzähnen. Von diesem *Dinictis* stammen zwar alle Landraubtiere ab, die Katzen sind ihm am ähnlichsten. Auf dem Weg durch die Jahrmillionen gab es kleine Katzen und große. Einer Unterfamilie wuchsen Riesen-

Fangzähne, die 30 cm lang waren. Obwohl es schwierig war, mit ihnen Beute zu schlagen, existierten die Säbelzahntiger lange, lange Zeit und der *Smilodon* starb erst in der Eiszeit aus. In diesem Erdzeitalter (Pleistozän) entwickelten sich die Großkatzen. Löwen bevölkerten Europa. Noch älter sind die Kleinkatzen: Vorläufer von Luchs und Puma gab es schon im Pliozän, vor 10 Millionen Jahren. Die *Felis lunensis,* die direkte Urahne unserer Wildkatzen und damit auch der Hauskatzen, hat vor der Eiszeit schon Wühlmäuse beschlichen, die damals auch entstanden: Nach einem perfekten Plan, der mit dem Jäger die Beute schuf oder zur Beute die Jägerin machte.

1 Die Stammesgeschichte der Raubtiere begann vor etwa 40 Millionen Jahren im Oligozän mit dem katzenähnlichen Dinictis. Am Ende der Entwicklung in fast gerader Linie steht Felis, die Katze. Die weiteren Spitzen der Stammbaumäste sind Crocuta, die Hyäne; Viverra, die Zibetkatze; Panthera, die Großkatzen; Acinonynx, der Gepard; Canis, die Wölfe und Hunde; Vulpes, der Fuchs; Ursus, der Bär; Ailurus, der kleine Panda; Meles, der Dachs und Lutra, der Fischotter. Auf halbem Weg stehen geblieben, das Katzenwesen Cryploprocta, die Frettkatze, die auf Madagaskar lebt und geradewegs aus dem Tertiär stammt.

2 der Königstiger

3 ein Löwenmännchen

4 der Gepard, die »Windhundkatze«.

Die Wildkatzen sind die Ahnen der Hauskatze

In der Katzenfamilie mit ihren verwickelten Verwandtschaftsverhältnissen gibt es die Gattung *Felis*. Zu ihr gehören die Wildkatzen, die den Beinamen *silvestris* tragen und über die halbe Welt verbreitet sind.

Die 3 Unterarten *ornata, silvestris silvestris* und *lybica* ähneln einander unverkennbar, lassen sich paaren und sind fortpflanzungsfähig.

Die Ähnlichkeit der Hauskatze mit diesen Wilden ist offensichtlich, schließlich stammt sie ja von ihnen ab. Die ältere Wissenschaft hat es sich einfach gemacht: die Wildkatze der europäischen Wälder ist die Stammutter der europäischen Katzen; die afrikanische Falbkatze die der ägyptisch-mittelmeerischen Hauskatzen, und auf die Steppenkatze gehen die Maos Asiens zurück. Daß das nicht stimmt und auch nicht so einfach ist, erzähle ich Ihnen im nächsten Kapitel. Schauen wir uns hier die Wildkatzen genauer an.

Die Steppenkatzen Asiens *(Felis silvestris ornata)* sind sandfarben, wenn sie in Wüstengebieten leben, und rötlich, wenn sie in feuchten Schilfdickichten Mäuse und Frösche jagen, Eidechsen und große Heuschrecken nicht verschmähen. Ihr dichtes weiches Fell ist gefleckt, der Schwanz läuft spitz zu, und ihr Körper ist der einer eher zierlichen Hauskatze. In deren Geschichte spielt sie möglicherweise eine mittlere Rolle.

Ihre europäische Verwandte, *Felis silvestris,* sieht auf den ersten Blick wie eine große Hauskatze aus, und bei einem Spaziergang im Hunsrück oder in der Eifel kann man sich schon täuschen lassen: Der graue Kater, der in einer sonnigen Lichtung auf dem Baumstamm liegt, ist in Wirklichkeit eine Wildkatze.

Wer genauer hinschauen kann, erkennt die Unterschiede: der Schwanz ist relativ kurz, kaum halb so lang wie der Körper, stumpf und buschig, hat immer eine schwarze Spitze und davor drei schwarze Kringel. Der Körper ist massig, ein ausgewachsener Kuder, so heißt der Kater in der Jägersprache, wiegt seine 12 Kilo. Das Fell ist dicht, von gelbgrauer Farbe und mit einheitlicher Zeichnung. Im Winter überragen lange Leithaare die Grannen und geben der Katze einen Silberschimmer. Diese Merkmale hat der Vorsitzende des Bundes Naturschutz, Hubert Weinzierl, den Jägern und Revierinhabern im Steigerwald und den Wäldern am Regen und der Donau nahegebracht, um zu verhindern, daß sie die dort ausgesetzten Wildkatzenpaare als »wildernde Hauskatzen« abschießen. Denn Wildkatzen stehen bei uns unter Naturschutz, in der Bundesrepublik leben knapp 300 Einzeltiere. Die Wildkatzen sind als vermeintlicher Schädling rücksichtslos vernichtet worden. Inzwischen steht fest, daß sie fast ausschließlich Mäuse jagen und deshalb sogar nützlich sind. Die Behauptung, sie würden sogar Hirschkälber schlagen, ist Jägerlatein aus

der untersten Kiste. Über die Biologie dieses scheuen Einzelgängers ist wenig bekannt, die Kätzin bringt einmal im Jahr 2 bis 4 Junge zur Welt, die nach 3 Monaten selbständig, nach 10 Monaten fortpflanzungsfähig und mit 3 Jahren erwachsen sind.

In der Geschichte der Hauskatze spielt sie nur eine – allerdings nicht unwesentliche – Nebenrolle. Immer wieder haben sich Haus- und Wildkatzen gepaart, so daß in allen Wildkatzenbeständen Hauskatzenblut vorhanden ist und unsere Hauskatzen (in ihrer Gesamtheit gesehen) immer wieder einen Schuß Wildkatzenblut bekommen haben. In Afrika beheimatet sind die Falbkatzen, von denen die nubische *(Felis silvestris lybica)* die Hauptrolle als Stammmutter der Hauskatzen spielt. Sie ist ein kleines, schlankes Tier mit schmalem Kopf, großen Ohren und langem spitzen Schwanz. Das Fellmuster ist vielgestaltig: gefleckt, quergestreift wie einfarbig, in allen Übergängen. Die Grundfarbe ist wieder auf die Gegend abgestimmt: sandfarben in Wüstengebieten, rötlich- oder gelbbraun in grünen Landstrichen.

Wichtiger fast als das Aussehen ist ihre Zutraulichkeit, sie läßt sich leicht zähmen. Falbkatzen suchen auch als Wildtier die Nähe des Menschen, und es ist leichter, in Ägypten eine wilde Falbkatze zu streicheln, als eine fremde Bauernkatze im Chiemgau. Diese ist scheuer und wilder als die freiwillig Menschennähe suchende *Lybica.* Neben ihr gibt es noch örtliche Unterarten wie die in Mesopotamien lebende *Felis silvestris iraki,* die man für die Stammmutter der asiatischen Schlankform-Katzenrassen hält, oder die Abessinische Buschfalbkatze, die sehr hauskatzenähnlich aussieht.

Die Mitteleuropäische Wildkatze (Felis silvestris silvestris) *lebt noch in deutschen Waldgebieten und steht unter Naturschutz (links). Die nubische Falbkatze* (Felis silvestris lybica) *ist in Ägypten zu Hause (rechts). Die Steppenkatze* (Felis silvestris ornata) *bewohnt die Trockengebiete Asiens (unten).*

Hauskatzen – die sanfte Eroberung der Welt

Wann und wo auf der Welt die ersten Katzen sich den Menschen anschlossen, darüber sind sich Maler, Legendenerzähler, Schriftsteller, Archäologen und Zoologen nicht einig.

Der Maler Albrecht Dürer legte sie in seiner Paradiesdarstellung Eva und Adam zu Füßen.

Die islamischen Legendenerzähler lassen sie auf der Arche Noah der Nase eines Löwen entspringen, um Jagd auf die Mäuse und Ratten zu machen, die die Planken der Arche zu zernagen drohten.

Dem Schriftsteller Axel Eggebrecht scheint »die Gewöhnung der Katze an uns die Folge einer gelegentlichen, zufälligen Bequemlichkeit gewisser ägyptischer Kultusbeamten zu sein.« Ein Priester der Löwengöttin Bastet schloß sich um 2500 vor Christus einem Feldzug nach Lybien an, um neue Göttertiere für den Tempel zu importieren. Er entdeckte die Falbkatze als Löwe in Miniaturformat, nahm »Maumi« als handlichere Götterform mit und ließ sie für heilig erklären. Der Katze »erste nähere Bekanntschaft mit den Menschen war also ein Schwindel. Wer sie als Vorbild der Falschheit verleumdet, erinnere sich bitte daran.« Der Frühgeschichtler Burchard Brentjes fand heraus, daß in Jericho schon vor 7000 Jahren Katzen gehalten wurden, wahrscheinlich als gezähmte Wildkatzen. Als weiteren Beweis der vorägyptischen Katzenhaltung legt er Statuetten von mit Katzen spielenden und Katzen säugender Frauen vor, die in Alischar (türkisch Aliçar) gefunden wurden, einer Stadt aus der beginnenden Bronzezeit.

Die Zoologen tun sich mit Hauskatzenfunden schwer, in ganz Europa gibt es keine urzeitlichen Funde von Katzenknochen. Zwar kamen Kleinkatzen auf der ganzen Welt vor, Australien ausgenommen, doch die Haustierwerdung läßt sich bei einem so einheitlichen anatomischen Modell wie dem Katzenskelett kaum erkennen. Sicher ist, daß Pferde, Hunde, Hühner und Ziegen dem europäischen Menschen vertraute Lebensgefährten waren, während noch niemand eine Katze angefaßt hatte. Es sei denn als tote Jagdbeute in Form einer erlegten Wildkatze.

Und eben diese waren, wie wir schon kurz erfahren haben, der Stoff, aus dem die Hauskatzen wurden. Welche der verschiedenen Formen es nun wirklich war, versuchten die Zoologen mit verschiedenen Methoden herauszufinden. Zum Beispiel mit Schädelmessungen wie Paul Schauenberg in Genf. An Hunderten von Katzenschädeln hat er das Gehirnvolumen gemessen und festgestellt: je feiner die Rasse, um so kleiner das Gehirn. Es gehört zur Haustierwerdung, daß das Gehirn leichter wird und seine Oberfläche schwächer gefurcht ist. Das hat nichts damit zu tun, daß Haustiere weniger intelligent als Wildtiere sind, sie haben sich nur ihrem neuen Leben angepaßt, in dem Sinneseindrücke nicht mehr lebenserhaltend sind. Schauenbergs Zahlen: Die normale Hauskatze hat ein Gehirnvolumen von 33 Kubikzentimetern, Rassekatzen wie die Siam oder die Perser haben 26 Kubikzentimeter und weniger, die europäische Wildkatze dagegen zwischen 35 und 50 Kubikzentimeter Masse. Damit schließt sie Schauenberg aus der Genealogie der Hauskatze, er stellt die Verbindung zur Steppenkatze her, deren Gewicht dem der Hauskatze entspricht. Jetzt kommt das nicht Bewiesene, aber Naheliegende: Die Steppenkatze lebte in Jericho, der ältesten Stadt der Welt, bei den Menschen, wurde von dort nach Ägypten gebracht und vermischte sich mit der Falbkatze. Und als diese nordafrikanischen Katzen später nach Europa kamen, gab die Wildkatze *Silvestris* ihre kräftige Statur dazu. Schauenberg hat Schweizer Katzen mit den verschiedenen Falbkatzen gekreuzt, und die Falbkatzen haben sich in Farbe und Form durchgesetzt. Jean-Louis Hue kommentiert das in seinem »Le Chat dans tous ses états« so: »Die Wildkatze radiert die Eigenheiten der Hauskatze aus, als seien es bloß Raffinessen.« Wenn die Folgerungen aus den Gehirnmessungen stimmen, dann ist die Hauskatze, was ihre Sinnesleistungen betrifft, weniger Haustier als zum Beispiel der Hund geworden, dessen Hirngewicht deutlich unter dem des Wolfes liegt.

Professor Wolf Herre vom Institut für Haustierkunde in Kiel zweifelt als Zoologe überhaupt nicht an der Stammutter Wildkatze: »Hauskatzen haben es uns leichtgemacht, über Jahrtausende wandelten sie sich gegenüber der Wildart nur wenig.« Diese Abstammung wurde von den Katzen selbst immer wieder bestätigt: »Alle Tiere, die ohne äußeren Zwang Junge zeugen, die ›eine freiwillige Fortpflanzungsgemeinschaft bilden‹, fassen wir als biologische Art zusammen. Hauskatzen paaren sich bei freier Wahl nur untereinander – und eben mit der Wildkatze.« Beim »Wann und Wo« kapituliert der Zoologe und verweist auf die Kulturgeschichte, auf Anatolien und Ägypten. Ein wichtiges Indiz für die Falbkatzen scheint mir ihre natürliche Zutraulichkeit zu sein, die sie zum Menschen hinzog. Zum anderen lebt sie in Gebieten, wo Städte entstanden, der Mensch seßhaft wurde, sich Vorräte anlegte. Diese lockten die Mäuse an, die natürliche Beute der Wildkatzen. So waren die Kornkammern von Jericho, Alischar, Catal Hüyük und Theben ein wahres Katzenparadies, in dem Milch und Honig floß: graue fette Nager, jede Menge. Hier haben wir den Nützlichkeitsfaktor, der zu jeder Domestikation gehört. Er wird lange Zeit die einzige Mensch-Katze-Bindung gewesen sein. Da Katzen Einzelgänger sind, haben sie sich uns nicht so schnell und völlig angeschlossen wie die Rudeltiere Hund

und Pferd. Einzelgänger mit der Neigung, Kontakte zu knüpfen, das braucht seine Zeit und bleibt ein Ausnahmefall. So steht die Katze immer noch mit zwei Pfoten in der Wildnis. Ausgenommen vielleicht jene Rassekatzen, die über Generationen in Wohnungen gehalten werden und nur noch in ihrem Erbgedächtnis wissen, was Jagd bedeutet.

Auch haben sich die Hauskatzen die freie Fortpflanzung vorbehalten, die den anderen Haustieren verwehrt ist. Trotz aller dieser Vorbehalte wurden sie, biologisch gesehen, echte Haustiere mit einer größeren Zahl von

»Schön Mietzchen und ihre Verehrer«, der Kater Hinz und der Kater Murr, gezeichnet von F.Specht in »Deutsche Bilderbogen für Jung und Alt«, Stuttgart 1870.

Jungen, häufigerer Rolligkeit, mit abweichenden Fellfarben, langen Haaren, kurzen Haaren, Hängeohren und unterschiedlichen Körperformen.

Zum Abschluß möchte ich noch einige Tatsachen über die Wandlung der Falbkatze zu den Miezen, Muschis und Pussys erzählen, die auf den beiden nächsten Seiten abgebildet sind. Die ganze Welt erobert haben sich die Katzen mit den Schiffen. Sie gehörten genauso an Bord wie in die Kornkammern, um die Mäuse und Ratten in Schach zu halten. Und wo die Schiffe ankerten, da gingen auch immer Katzen an Land. Das galt bis ins späte Mittelalter hauptsächlich für das Mittelmeer; im Norden besorgten Frettchen die Arbeit an Bord. Auch hier gibt es Ausnahmen: so sollen die über Ostsee und Dnjepr bis ins Schwarze Meer Handel treibenden Wikingerschiffe die roten Katzen mitgenommen haben. Schwarze Katzen kamen aus Griechenland über Marseille nach Irland und Schottland, die getigerte Katze segelte im Gefolge der Engländer nach Amerika, Kanada und Australien. Das alles hat Neil B.Todd herausgefunden, und Genetiker haben es untermauert. Ein Steinchen mehr im Puzzle der Hauskatzen.

Hauskatzen haben viele Farben: orange-rot, schwarz, weiß und schwarzweiß. Sie sind braun, grau, gefleckt, getigert und getupft. Es gibt dreifarbige, die die Niedersachsen Triklör, die Züchter Schildpatt nennen. Es gibt Marmorkatzen und es gibt Räderkatzen. Aus diesem Fundus jahrhundertelanger Promiskuität haben die Züchter sich ihre Edelkatzen erkreuzt. Unsere Bilder zeigen die bunten Bauernkatzen oder Hauskatzen, wie man die nicht rassereinen Miezen nennt. Obwohl heute die meisten Katzen in einer Wohnung leben, sind sie alle als Außenkatzen fotografiert. Das hängt nicht nur damit zusammen, daß es sich draußen leichter fotografiert. Man möchte die Katzen zumindest in der freien Natur sehen, die man ihnen meist nicht mehr bieten kann.

Cats, das Katzenfest im Hinterhof

Im bis auf den letzten Platz besetzten New London Theatre gehen die Lichter aus, es wird finster wie in einer Neumondnacht. Doch dann leuchten Katzenaugen auf, am Himmel funkeln Milchstraßen von bunten Sternen, und in ihrem Schimmer kann man die Cats erkennen. Sie kauern, sitzen, balancieren und huschen durch das Publikum. Sie skandieren eindringlich flüsternd einen Text, den Text: »The Naming of Cats is a difficult matter . . .«.

»Wie heißen die Katzen? gehört zu den kniffligsten Fragen . . .« wispern und raunen die Cats im Theater an der Wien, bevor ein betörendes Lichtpanorama die Szene erleuchtet: einen Hinterhof voller Gerümpel. Überdimensionale, weil aus der Katzenperspektive gesehene Autoreifen, Coladosen, Altpapier – die Kehrseite unserer Konsumwelt.

Die Katzen von London feiern auch in Wien den jährlichen Jellicle-Ball, und später wird das Ensemble von bunten Katzen singen und tanzen: »Jellicle Cats kommt raus heut nacht, Jellicles kommt von überall.

Der Jellicle-Mond ist aufgewacht, Jellicles kommt auf den Jellicle-Ball«. Ich habe in London und Wien das Erfolgsmusical »Cats« besucht, das, nüchtern gesagt, eine komponierte und dramatisierte Fassung der Katzengedichte von T.(homas) S.(tearns) Eliot ist. Der Nobelpreisträger für Literatur (1948) hatte für seine Patenkinder im Laufe von Jahren 15 Katzengedichte geschrieben. Eliot war ein großer Katzenfreund und erfand immer wieder Katzennamen. So sagt seine Frau Valerie: »Ich erinnere mich an ›Noilly Prat‹ für eine elegante Katze, ›Carbuckety‹ für eine ruhelose Katze, ›Tantomile‹ eine Hexenkatze, auch ›Pouncival‹ und ›Sillabub‹, eine Mischung aus ›silly‹ und ›Beelzebub‹.« Eliot wurde von Freunden »Possum« genannt.

So erschien im Oktober 1939 »Old Possum's Book of Practical Cats«, hintersinnig-zärtliche Loblieder auf Hauskatzen, von großer Einfühlungsgabe in ihre Psychologie. Im Musical klingt es so, wenn Katzenpatriarch Alt-Deuteronimus erklärt »Wie spricht man eine Katze an?«:
Bei Katzen, sagt man, gilt der Rat:
Sprich erst, wenn sie gesprochen hat.
Ich selbst jedoch halt' nichts davon,
Die Katze grüßen darf man schon.
Nur denk daran zu jeder Zeit:
Sie hält nichts von Vertraulichkeit.
Verbeug dich tief, geh auf sie zu
Und sag zu ihr: »Oh, Katze, du«.
Es war schon eine kühne Idee, aus Gedichten, die nur deshalb zusammengehören, weil sie ein Thema, nämlich Katzen, zum Inhalt haben, ein Musical zu machen, das mehr ist als eine Nummern-Revue. Das hatte sich Andrew Lloyd Webber (»Jesus Christ Superstar« und »Evita«) 1980 vorgenommen. Und mit Trevor Nunn, dem Leiter der Royal Shakespeare Company, als Regisseur und mit Gillian Lynne als Choreographin gelang es ihm, das erfolgreichste Musical der letzten Jahre am 11. Mai 1981 in London zu starten. Die Darsteller bewegen sich wie Katzen: die Umsetzung ihres Verhaltens in die Tanzform war das wichtigste Ziel von Frau Lynne und ihrer heimlichen Mitarbeiterin, der Katze Scarlet.

Das strotzt vor Leben und reißt mit, trotz der dünnen Handlung, die die Zaubertexte gerade so von Nummer zu Nummer verbindet: Jedes Jahr beim Jellicle-Ball wird eine Katze für die Wiedergeburt in ein neues Jellicle-Leben ausgewählt. In diesem Jahr ist es die von allen verachtete Grizabella, ein zur räudigen Strichkatze verkommener ehemaliger Katzenstar. In Eliots Buch sucht man das Grizabella-Gedicht vergebens, er fand es für die Kinder zu traurig.

In London, New York und Wien singt, tanzt, steppt das Ensemble in gleichen Kostümen und mit gleichen Gesten in artistischer Vollkommenheit. So wird Erfolg garantiert.

1/2/3 Vor dem Spiegel verwandeln sich die Show-Musical-Profis im Theater an der Wien in die Jellicle Cats des T. S. Eliot.

4 Mit Temperament, Disziplin und durchaus kätzisch agieren die CATS in der Kultoper des neuen Katzenzeitalters.

5 (Seite 22) Rum Tum Tagger, der verwöhnte Rockstar, singt, warum er nie zufrieden ist: »Ich will, was ich will!«

1

2

3

4

Seit die Menschen Häuser bauen

Die Katze ist Haustier im eigentlichsten Sinne des Wortes, denn sie schloß sich erst den Menschen an, die Häuser gebaut hatten. Katzen mögen Nomaden nicht und nicht die Jäger. Sie lieben die Ruhe der Seßhaften, die wohlgefügte Ordnung der Ackerbauern, die Bequemlichkeiten des verfeinerten Lebens. Das ist einer der vielen Widersprüche an diesem Tier: selber hat es sich seine Wildheit und Unabhängigkeit bewahrt, in seiner Menschbeziehung jedoch von Anfang an die geregelten Abläufe der Zivilisation gesucht.

Nomaden und Jägern war sie fremd, und sie beachteten sie nicht. Als Gegner war sie zu gering, als Beute unbedeutend und als Jagdgefährte nicht geeignet. So fehlt in den animistischen Religionen, beim »Denken im Tier«, die Angst vor der Rache der Tiere im Jenseits, die Katze. Sie erscheint in keinem Schöpfungsmythos, sie ist weder Götterbote noch Jenseitswächter, sie hat für niemanden das Feuer aus dem Himmel geholt wie der Hund, und niemand erhob sie zu seinem Totemtier. Nur vier Angehörige der alten Katzenfamilie haben mythologische Bedeutung: der Jaguar und Puma in den präkolumbianischen Kulturen, der Löwe im Vorderen Orient und der Leopard im Schwarzen Afrika.

Auf den Felsbildern der Sahara, nahe der Urheimat der Katze, tummeln sich Rinder, Wildesel, Strauße, Giraffen, der Hund und viele andere Tiere: die Katze sucht man vergebens. Daß sie schließlich doch noch zur Göttin erkoren wurde, verdankt sie den Ägyptern. Dieses häuser- und städtebauende Volk hatte eine kleine Tierwelt und einen großen Himmel. Auch war jede Stadt darauf bedacht, ihre eigene Gottheit zu verehren. So kamen zu göttlichen Ehren: die Kuh als *Hathor* in Theben; die Löwin als *Sachmet* in Memphis; der Hund als *Anubis* in Kynopolis; der Falke als *Horus* in Bethet und die Katze als *Bastet* in Bubastis. Die ihnen zugeordneten Tiere wurden gut gehalten und geehrt; und starb eines von ihnen, so zeigte sein Besitzer öffentliche Trauer: Bei Hunden schnitt man sich das Haupthaar ab, bei Katzen rasierte man sich die Augenbrauen. Das Begräbnis der Tiere unterlag bestimmten Regeln. Es gab Friedhöfe für Falken in Buto, für Krokodile bei Monfalu, für Affen in Theben, für viele Tausende von Ibissen bei Sakkara und für Abertausende Katzen in Bubastis. Die Tiere wurden mumifiziert, und je nach Reichtum des Besitzers

1 Replikat einer Bastet-Katze aus dem Pelizaeus-Museum, Hildesheim, Spätzeit. Bronzehohlguß, 31 cm hoch.

2 Bastet-Katze mit Collier. Replikat nach einem Original. Musée du Louvre, Paris. 26. Dynastie um 650 bis 525 v. Chr. Bronze auf Steinsockel, 16 cm hoch.

1

2

3

4

und der Ehrwürdigkeit des betreffenden Leichnams war die Ausführung einfach oder sorgfältig und kostspielig. Von grobem Sackleinen bis zu feinen Leinwandbinden und Papyrusstreifen, die durch Gummi arabicum zu einer festen Masse verklebt wurden, gab es Katzenmumien der verschiedensten Klassen, manche wurden vergoldet und in Särge gebettet. Dieser Tier-Totenkult der Ägypter steigerte sich von Dynastie zu Dynastie, und zur Zeit der XXII. (945 bis 745 v. Chr.) wurde Bubastis im Osten des Nildeltas Zentrum des Katzenkultes und Wallfahrtsort seiner Anhänger. Herodot hat das Heiligtum recht plastisch beschrieben, während er sich darüber, warum die Katze immer heiliger und die Katzengöttin zur Staatsgöttin wurde, ziemlich geheimnisvoll gibt: »Weswegen sie aber für heilig gelten – würde ich das erzählen, dann würde meine Darstellung in die göttlichen Geheimnisse eindringen, und das zu enthüllen sträube ich mich.« Die Ägypter neigten dazu, Götter miteinander zu verschmelzen, ihre Bedeutung zu verschieben, und die Verwandschaftsverhältnisse waren sowieso undurchsichtig und kompliziert. So galt Bastet, eine Frau von harmonischer Gestalt mit Katzenkopf und einem Korb am rechten Arm, als Tochter und Frau des Sonnengottes Ra, aber auch des Gottes aus dem Totenreich Osiris, und ebenso sah man den Mond in ihr. Warum und ob wirklich diese Göttin der Freude und Fruchtbarkeit mit der löwenköpfigen Sachmet, der Kriegsgöttin des Reiches, eine Personalunion einging, ist mit dem Verstand nicht zu erklären. Sehr wahrscheinlich gehörte das zur Priesterpolitik. Das Volk feierte die Katzengöttin in feuchtfröhlichen Schiffsprozessionen mit sexuellen Einlagen – wie es sich einer Fruchtbarkeitsgöttin geziemt. Warum aber gerade die Katze? Dieses gefleckfellige kleine Wüstentier, das dazu noch aus dem nubischen Ausland kam? Sie stellte für das ägyptische Königshaus die Garantie für »fette Jahre«. So deutete Joseph im ersten Buch Moses dem Pharao seinen Traum: »Sammle alle Speise der guten Jahre, die kommen werden, daß sie Getreide aufschütten in Pha-

raos Kornhäusern zum Vorrat in den Städten … daß nicht das Land vor Hunger verderbe.«

Ägypten lebte, von den Überflutungen des Nil abhängig, ständig unter den Androhungen der »mageren Jahre«. Und das ganze ägyptische Staatssystem beruhte auf Korn und Brot. Dem Pharao gehörte, mit Ausnahme einiger Tempel, das ganze Land. Er verpachtete es an seine Untertanen, deren Ernte besteuert wurde. Die Bezahlung bestand aus Brot und Bier: Weizen war Ägyptens Reichtum. Kein Wunder, daß jemand wie die Katze, der diesen Weizen vor gefräßigen Mäusen und Ratten beschützte, in diesem Staat Karriere machen konnte.

Ihren Namen erhielt die Katze schon früh: In Inschriften der V. und VI. Dynastie haben die Ägyptologen Hieroglyphen entziffert, die *Miu* für Kater und *Miut* für Katze ergaben, später wurde sie *Mau* geschrieben, lautmalerisch wie unser *Miau* oder das chinesische Wort für Katze *Mao*. Das legt nahe, daß die Katze am Nil schon vor den nubischen Feldzügen, während der XII. Dynastie (um 1800 v. Chr.), bekannt war. Aus dieser Zeit stammen die ersten Katzendarstellungen; es wurden immer mehr, und so sind zahlreiche Katzenplastiken aus Bronze auf uns gekommen: die Katze schlank und gereckt dasitzend, die Ohren gespitzt, den Nacken gewölbt und den Blick ins Unendliche gerichtet. Es gab sie auch aus Holz und Stein, und sie waren Seelengefäße, in die der Geist der toten Katze überging, wenn ihre Mumie zerstört wurde. Diese ägyptischen Katzenbildnisse in Museen und Sammlungen müssen voll von Katzenseelen

3 Bronzekatze der Spätzeit, mit goldenen Ohrringen und Nasenring geschmückt.

4 Die feine Anordnung der Leinenstreifen und die Nachbildung des Kopfes zeigen, daß diese Mumie die Katze eines Reichen war. London, Britisches Museum.

5 Katzenkopf aus Bronze, 18. Dynastie (um 1500 v. Chr.). Diese lebensgroßen Hohlgüsse krönten in Bubastis hölzerne Katzenfiguren oder Katzensärge.

5

6

sein. Denn 1890 ließ ein viktorianischer Unternehmer die Gräberfelder von Bustatis und Beni Hassan ausräumen und diese »Fracht« auf zwei Schiffen nach Liverpool bringen. Dort erzielte die Tonne heiliger Katzen auf einer Versteigerung 18 Pfund. Sie wurden zu Dünger verarbeitet.

Ein Tier, das den Ägyptern so wichtig und außerhalb der Landesgrenzen nicht bekannt war, mußte die Nachbarn reizen. So schmuggelten Phönizier Katzen auf ihren Schiffen nach Europa. Die erobernden Perser nahmen sie als Geschenk mit nach Hause, römische Legionäre brachten sie nach Rom. Nur die Kinder Israel nahmen auf ihrer ägyptischen Flucht keine Katzen mit, sie waren ja katzenverachtende Nomaden. Deshalb kommt in der Bibel keine einzige Katze vor. Vielleicht aber gingen die Katzen auch von sich aus nicht mit, sie mögen ja keine Nomaden. Diese nomadische Gleichgültigkeit gegenüber dem Tier, wenn es nicht nützlich ist, wird vom Christentum perfektioniert. Rösli und Edgar Schumacher schreiben in ihrem »Katzenbuch«: »Das Neue Testament redet im Gleichnis ja gern vom Tier; aber wenn man genau zusieht, so ist es durchaus keine eigentliche Anteilnahme, die zugrunde liegt, sondern die orientalische Lust am Bild überhaupt. Das Tier, ob es nun das verlorene Schaf oder der Sperling auf dem Dache sei, interessiert nur als Sinnbild für den Menschen. Der fromme Inder hätte mehr Bedauern mit dem gemästeten Kalb, das geschlachtet wird, als mit dem heimkehrenden Filou von Sohn.«

In Europa wurde die Katze für runde hundert Jahre das Tier der Frauen. Europa steht hier für Athen und die griechischen Kolonien in Süditalien. Wir kennen sie von Vasenbildern und aus den Fabeln des Aesop: »Die Katze und der Hahn«, »Die Fledermaus und die Katze« oder »Die Stadtmaus und die Feldmaus«. In diesen Fabeln sind Vorurteile gegen die Katze begründet: die Katze ist falsch, die Katze ist hinterlistig, die Katze frißt ihre Gäste auf.

Der schlechte Ruf bleibt, die Katze verschwindet wieder. Erst im Rom des Kaisers Augustus gibt es Katzen. Zunächst noch als schicke Luxustiere, die Vornamen *Felicula* oder *Felicla*, = *Kätzchen* werden modern. Doch das sind Ausnahmen: Mäuse und Ratten wurden von gezähmten Wieseln und Hausschlangen in Schach gehalten.

Gegen Ende der römischen Kaiserzeit, als das große Wandern der Völker begann und die Hausratten in Millionenzügen aus Vorderasien und Rußland Europa überfluteten, wurden dann Hauskatzen gehalten. Um 500 benutzt Rutilius Palladius in »De agricultura« das Wort *catus*, aus dem im Vulgärlatein *catta*, im Italienischen *gatta*, im Französischen *chat* und im Deutschen *Katze* wurde.

7

Möglicherweise hat Palladius sein *catus* vom nubischen *kadisca* abgeleitet. Das Wort weist den Weg der Katze: aus der Wüste am Nil über Ägypten und Italien in die Mitte Europas. Nordafrika hatte noch immer seine Hand mit im Katzenspiel: Frühchristliche Mönche, die als Einsiedler in den Bergen lebten, duldeten als einzige Mitbewohner ihrer Klausen die Sanftpfötigen. In ihrer Gesellschaft ließ sich gut meditieren, und außerdem hüteten sie der Mönche Brot vor den Nagezähnen der Mäuse. Aus dieser Zeit des frühen Christentums ist eine oft erzählte Geschichte überliefert. Um das Jahr 600 stand ein solcher Wandermönch in Rom vor Papst Gregor dem Großen und hörte sein Postulat: »Opfert Euer Liebstes!« Da zog der Eremit aus dem Ärmel seiner Kutte seine Katze hervor. Doch der Papst wehrte lächelnd ab, und holte aus seinem Ärmel ebenfalls eine Katze.

Eine Ärmelgeschichte aus der gleichen Zeit und einer anderen Religion handelt vom Propheten Mohammed. Der Lieblingsplatz seines Kätzchens Muessa war der weite Ärmel seines Gewandes. Als Mohammed zum Gebet gerufen wurde, wollte er nicht Muessa's Schlaf stören: er schnitt den Ärmel ab, die Katze schlief weiter, und er betete ärmellos.

Während die Katzen es bei den seßhaften Arabern und im Bereich des Islam sehr gut hatten (dort waren die Hunde geächtet), wurden sie von den hundehaltenden Beduinen (Nomaden) ignoriert und als Zauberwesen

6 Katze fängt ein Rebhuhn. Pompejanisches Mosaik, Museum von Neapel.

7 Zeichnung aus dem 13. Jahrhundert.

8 Holztafeldruck aus Nürnberg um 1500: »Huet euch vor den Katzen, die vorn lekken und hinten kratzen«.

9 Der Kater von Kasan. Rußland, erste Hälfte des 18. Jahrhunderts. Verbreitete Karikatur auf Peter den Großen mit der Inschrift: »Kater von Kasan mit dem Geist von Astrachan und der Vernunft von Sibirien, er lebte gut, aß angenehm und furzte sanft«.

10

11

angesehen. Man hielt sie für Dschinnis, das sind meist böse Dämonen. Wenn man die Pfote einer schwarzen Katze im Gürtel trug, war man vor Dschinnis geschützt, weil man sie erkennen konnte. Denn »die Dschinnen lieben Menschennähe und nehmen Tiergestalten an, um sich den Menschen anzuschmeicheln, doch wollen sie nicht erkannt sein«, heißt es in den sieben Büchern morgenländischer Sagen und Geschichten.

In Europa erlebte die Katze, das Tier aus dem Orient, zusammen mit der Religion gleicher Herkunft einen positiven Start. Katze und Christentum hätten sich eigentlich vertragen müssen. Doch nach einigen hundert Jahren friedlicher Koexistenz erklärte man die Katze zum Symbol des Teufels, zum Un-Tier.

Den Germanen waren Hauskatzen fremd. In den nordischen Mythen konnte die Körperseele eines schlafenden Menschen sich in eine andere Form hüllen, meist in eine Tiergestalt. Bedeutende Menschen reisten als Adler durch die Lüfte, stapften als Bär durch die Wälder. Unbedeutende Menschen hatten auch geringere Seelen und dementsprechend nur kleine Seelentiere, wie zum Beispiel die Maus, das Wiesel oder die Katze. Katze bedeutet bei den Germanen immer die europäische Wildkatze.

So war denn auch die Wildkatze das heilige Tier der Freyja, hochgestellte Göttin bei den Wanen, den nordischen Altgöttern. Zugleich Idealbild

der nordisch-germanischen Hausfrau, im späteren Märchen als Frau Holle für weiße Wäsche zuständig. Bei den Asen, den germanischen Junggöttern, heißt sie Frigga, ist mit Odin verheiratet und nicht mehr so ehrbar: Sie bringt den Asen Sex bei. Sie ist die Mutter des Lichtgottes Baldr, der durch eine Intrige ums Leben kommt (ein Gott, der wie Christus sterben kann). Zu seiner Totenfeier fährt Frigga mit einem Katzengespann. Das können Hauskatzen gewesen sein, da die jüngere Edda, die davon berichtet, erst um 1200 geschrieben wurde. Und die Hauskatzen mußten diese Verbindung ausbaden: Als das Christentum die Liebesgöttin verteufelte, dämonisierte es auch die Katzen.

Diese retteten sich zunächst in den Schutz der Madonna: das *M* auf der Stirn von Tigerkatzen war das Siegel der Maria. Und bis heute tragen viele Katzen ihren Namen: Mieze, Minette oder Matschka.

Die Parallele im Islam: Der Prophet

streichelte den Kopf der Katze, und daher tragen die Katzen vier dunkle Streifen auf der Stirn, die Zeichen seiner heiligen Finger.

In den Klöstern ging es den Katzen gut; bei Nonnenorden war sie das einzige erlaubte Haustier. Doch sexuelle Verklemmung erkannte in dem Liebesmaunzen das Frigga-Erbe, was zur Vertreibung der Katzen führte. Zur gleichen Zeit galten in Wales noch immer Gesetze, die das Töten von Katzen unter Strafe stellten. Sie hatten allerdings weniger moralische als praktische Hintergründe: »Die guten Eigenschaften der Katzen sind Sehen, Hören, Mäuse töten und scharfe Krallen.«

10 Holzschnitt aus Edward Topsell's »History of Fourfooted Beast«, London 1658, mit amüsanten Katzendetails.

11 »Die Ehe von Hund und Katze«. Niederländischer Kupferstich eines unbekannten Meisters um 1680.

12 »Katze mit Mäusen im Stall«. Englischer Kupferstich, Ende 18. Jahrhundert. Bildgröße 8 × 10 cm.

13 Der Bilderbogen »Wie die Mäuse die Katze begraben« hatte zu Beginn des 18. Jahrhunderts einen ungeheuren Erfolg. Das Thema vom Triumph der Unterdrückten über den Tod des Tyrannen ist alt und in ganz Europa verbreitet. Hier zwei russische Kupferstich-Versionen.

12

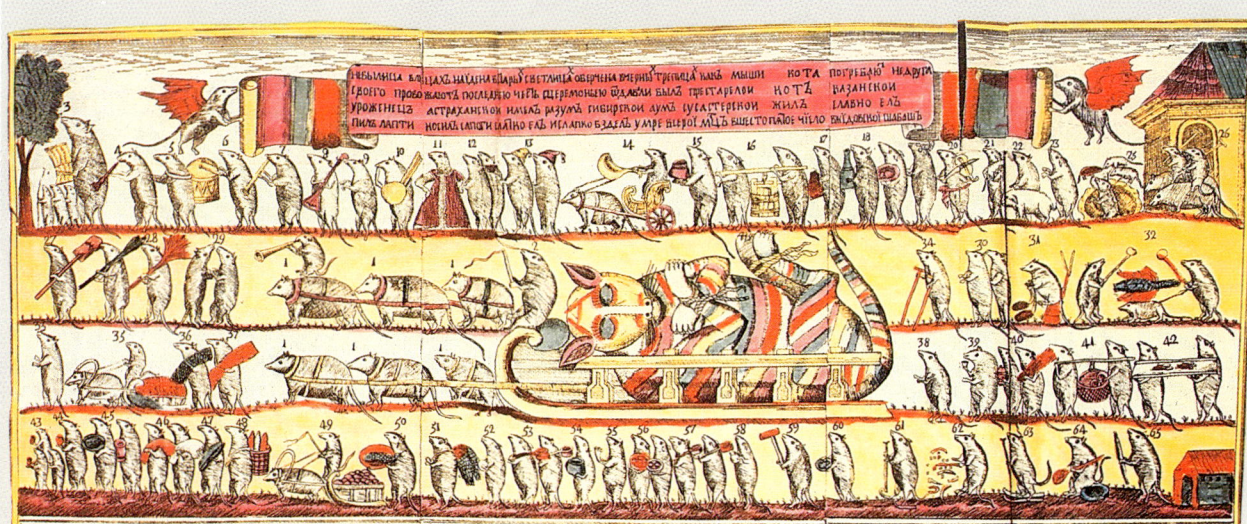

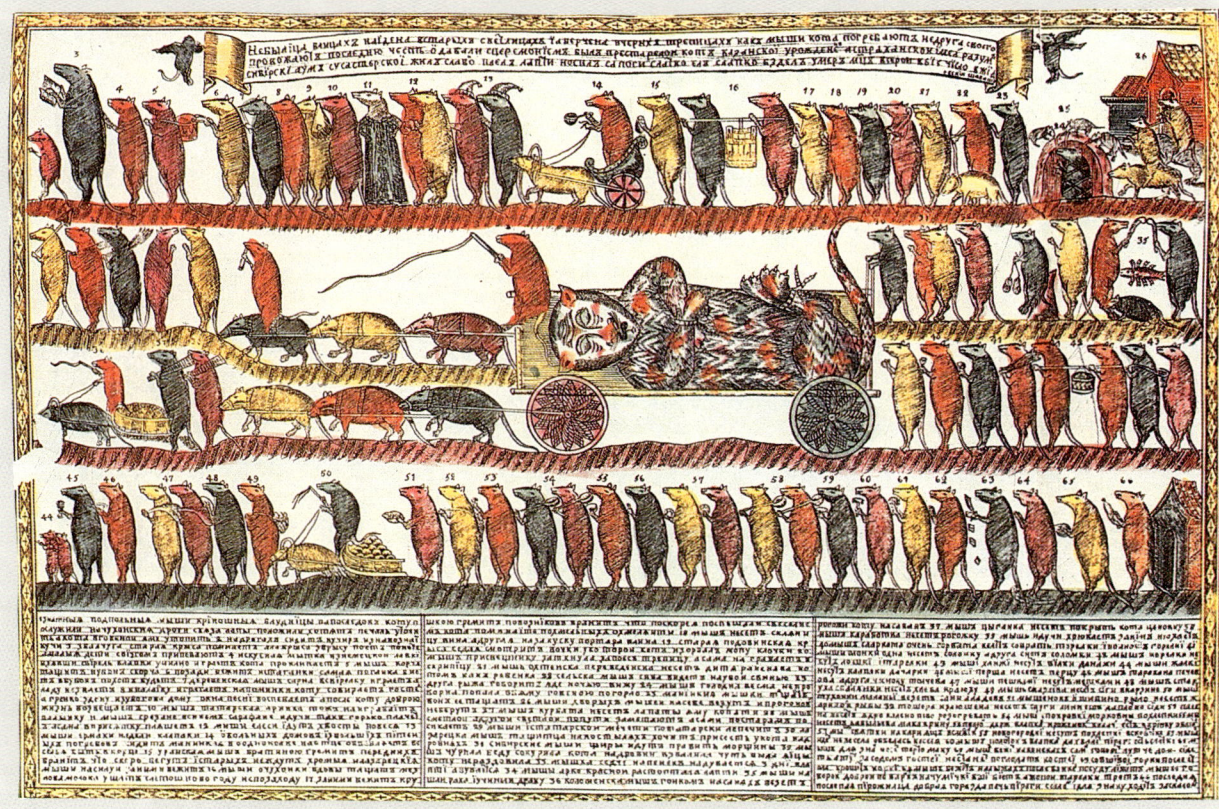

Merkwürdig ist die Widersprüchlichkeit, mit der das Volk die Katze sieht. Quer durch Europa wurde sie nicht nur als Hexentier verdammt, sie galt auch als Symbol der Tyrannei. Auf Bilderbogen, den Comics von damals, wurden jahrhundertelang die Mäuse verteidigt. In Leichenzügen triumphierten die Nager über die tote Katze oder sie stürmten als Armeen die Zwingburgen der Katze. Eine unverständliche menschliche Reaktion wie so manches in Beziehung zur Katze: Mäuse als unterjochte und bedauernswerte Minderheit zu sehen! Katzen waren aber auch das genaue Gegenteil, das Wahrzeichen der Freiheit. Zu Füßen der Freiheitsgöttin, im Tempel des Tiberius Gracchus in

zu Prozessen, Verurteilungen, Tötungen. 3. Die ersten Langhaarkatzen der Welt wurden sehr wahrscheinlich in China im 10. Jahrhundert gezüchtet. Es gibt keinen älteren Hinweis auf solche Rassen. 4. Die Hauptrolle der Katzen in China durch die Jahrtausende war die des Mäusefängers und freundlichen Hausgenossen.

In China hat die Katze zwei Namen: *Mao* oder *Miao* für die Hauskatze und *Li* für die Wildkatze. Sie wurde bis ins 16. Jahrhundert neben der Hauskatze als Katzenfängerin gehalten und von Jägern gekauft, die sie abgerichtet hatten. Da die Chinesen alles auf seine Schmackhaftigkeit hin untersuchen, wissen wir auch, daß Li gut schmeckt. Miao fade.

Nach dem Glauben der Chinesen konnte man Miao als Uhr benutzen: erscheint die Pupille ihres Auges als eine schmale Linie, zeigt sie Mittag an. Hat sie die Form eines Dattelsteins, ist es Vormittag oder Nachmittag, und sieht man die Pupille rund, dann ist Nacht. Solche Uhren kann man nur benutzen, wenn man sehr viel Zeit hat und Geschichte nach Jahrtausenden zählt. Im chinesischen Tierkreis kommt die Katze nicht vor, im japanischen Zodiak fehlt sie ebenfalls. Es gibt zwar eine westliche Variante des chinesischen Horoskops, bei dem das Kaninchen durch die Katze ersetzt wurde. Warum, ist nicht klar. Für Leute, die Spaß daran haben, die Katze ist ein Yin-Tier.

14

Rom, lag eine Katze, auf Bannern und Wappen in Schottland und Burgund kündigte sie Unabhängigkeitsanspruch an, und die Druckerei Sessa in Venedig führte ab 1500 eine Katze im Signet: Wir verbitten uns jedwede Zensur der Obrigkeit.

Das dunkle Kapitel der Katzengeschichte folgt auf Seite 34.

Vorher aber besuchen wir noch den Fernen Osten. Seit wann gibt es in China Katzen?

Holländische Sinologen haben Fakten zusammengetragen, Märchen und Geschichten gesammelt, Kunstwerke gedeutet. Professor Erik Zürcher aus Leiden kam zu folgendem Resümee: 1. In China gab es in vorchristlicher Zeit Katzen, die als Mäusefänger gehalten wurden. Ob es gezähmte Wildkatzen oder schon Hauskatzen waren, weiß man nicht. 2. Auch in China gab es Katzenverfolgungen. Im 6. Jahrhundert wurde im Norden ein Katzendämon verehrt und von Anhängern dieses Kultes Katzen als Hausdämonen gehalten. Anderen mißfiel dieser Kult, es kam

15

Wie so vieles andere kam auch die Katze von China nach Japan. Mit einem Schiff – wie es Katzenart ist, zu reisen –, und mit einer Aufgabe: kostbare Handschriften vor Ratten zu bewahren. Nach der Legende begann die Katze im 6. Jahrhundert ihre japanische Karriere als Bibliothekswächter. Die nächste Station war der Kaiserpalast. Der chinesische Kaiser schenkte dem japanischen Kaiser zwei Kätzchen und die vermehrten sich, wie es auch Katzenart ist. Aber nicht genug: Lange Zeit waren in Japan die Katzen Mangelware, kostbar, wurden an Leinen geführt, und wer sich keine Katze leisten konnte, formte sich eine aus Lehm, um die Mäuse zu schrecken. Auf diese Mäusescheu-

chen gehen die japanischen Glückskatzen zurück, die grüßend eine Pfote heben und *Maneki-Neko* heißen. Auch Japan hatte seine Katzenverfolgung; aus *Neko,* dem Kätzchen, wurde um 1400 *Nekomata,* der furchtbare Katzendämon. Gestaltenwandel spielte eine Rolle: Katzen konnten sich in Frauen verwandeln, sie konnten Tote auferwecken und Zombies schaffen. Katze und Frau, das bedeutete in Japan so etwas wie bei uns der Vampirglaube. Doch pragmatisch wie Japaner sind, lokalisierten sie das Dämonenübel im Schwanz der Katze. Schwanzlose Katzen waren demnach harmlos, und ob man die stummelschwänzige Katze Japans zuerst kupiert hat oder ob die Japanese

Bobtails aus Mutationen weitergezüchtet wurden, ist nicht bekannt; auf jeden Fall überlebten sie den Dämonenglauben.

Heute sind Katzen in Japan ungemein beliebt: angezogene Katzen als Postermotive, Vorlagen für Fotoromane und Plattenhüllen. Vielleicht eine Mode? Doch feiern jährlich immer mehr Menschen den Katzentag auf den großen Tierfriedhöfen. Die Katze als ideales Haustier einer übervölkerten Industriegesellschaft?

Katzen kommen mit wenig Raum aus, doch haben sie, wie der französische Schriftsteller Hue sagt, »eine Vorliebe für schöne Wohnungen, einen Sinn für Proportionen und Harmonie.«

16

18

17

14 Holzschnitt-Vignette von Thomas Bewick aus seiner »Naturgeschichte der Vierfüßler«. London, 1790.

15 Schauspieler in der Rolle eines Kriegers, der einen Umhang mit Katzenmuster trägt. Japanischer Holzschnitt von Utagawa Kuniyoshi um 1830.

16 »Katze auf einem Go-Spiel sitzend«. Japanische Pinselzeichnung aus dem 19. Jahrhundert.

17 Zeichnung einer Langhaarkatze von So-Shiseki. China, 19. Jahrhundert.

18 Albaner, der Hammelleber als Katzenfutter verkauft. Kupferstich von B. Picart. Frankreich, 18. Jahrhundert.

Kuniyoshi und seine Katzen-Karikaturen

Die schönsten und verrücktesten Katzen in der japanischen Kunst hat Utagawa Kuniyoshi gezeichnet und in Holz geschnitten; er lebte von 1798 bis 1861. In seiner Serie »Ryuko neko no tawamure«, das heißt »Modische Katzen-Karikaturen«, persifliert er japanisches Leben und bekannte Szenen aus Theaterstücken. – Die Katzen sind wie Menschen gekleidet und benehmen sich wie Menschen. Kuniyoshi muß ein großer Katzenfreund gewesen sein, denn er verwendete Katzen als graphische Elemente. Er gestaltete aus Katzen einen dämonischen Katzenkopf (siehe Abbildung 5) und schuf »Katzen-Alphabete«, indem er die Körper zu Buchstaben formte. Auf einem Holzschnitt bilden Katzen und Catfische das Wort »namadzu«, so heißt auf japanisch der Catfisch. Doch der Meister kann es auch naturalistisch.

1 Wenn die Katzen ein Badehaus besuchen. Anonymer Farbholzschnitt von 1879.

2 »Geisha mit Kätzchen hinter Vorhang«.

Auf vielen seiner Holzschnitte, die erotischen eingeschlossen, kann man Katzen entdecken. Auf seinen Selbstbildnissen, die ihn immer von hinten zeigen, ist eigentlich die Katze die Hauptfigur.

Sein bestes Katzenblatt stammt aus der Serie »Die 53 Stationen der Ostmeerstraße« (Tokaido gojusan tsui), die er zusammen mit Ando Hiroshige schuf. Es heißt »Katzen der 53 Statio-

nen« und zeigt die Sanftpfoten, die er unterwegs auf den Poststationen traf. Es sind Katzenporträts – wie aus dem Stegreif hingeschrieben: zwanzig erwachsene Katzen, sechs Kätzchen und sieben Mäuse, von denen zwei gerade gefressen werden.

Unter diesen lebendigen Tieren, die jagen, faulenzen, schlafen, sich bedrohen, miauen, sich putzen oder sonst tun, was Katzen so treiben, sitzt starr

und dümmlich schauend eine Glückskatze aus Keramik. Die richtigen Katzen tragen Flecken, auch Streifen oder sind einfarbig, sie sind dick wie dürr. Alle haben Stummelschwänze bis auf die eine, unten links, in der Ecke. Sie hat den langen, in zwei Spitzen auslaufenden Schwanz eines Dämons. Und das Lächeln einer gefährlichen Frau. Wo Kuniyoshi sie wohl unterwegs getroffen hat?

3 Schauspieler als Katzen in einem Kabuki-Stück, Ichujusai Yoshikazu, 1855.

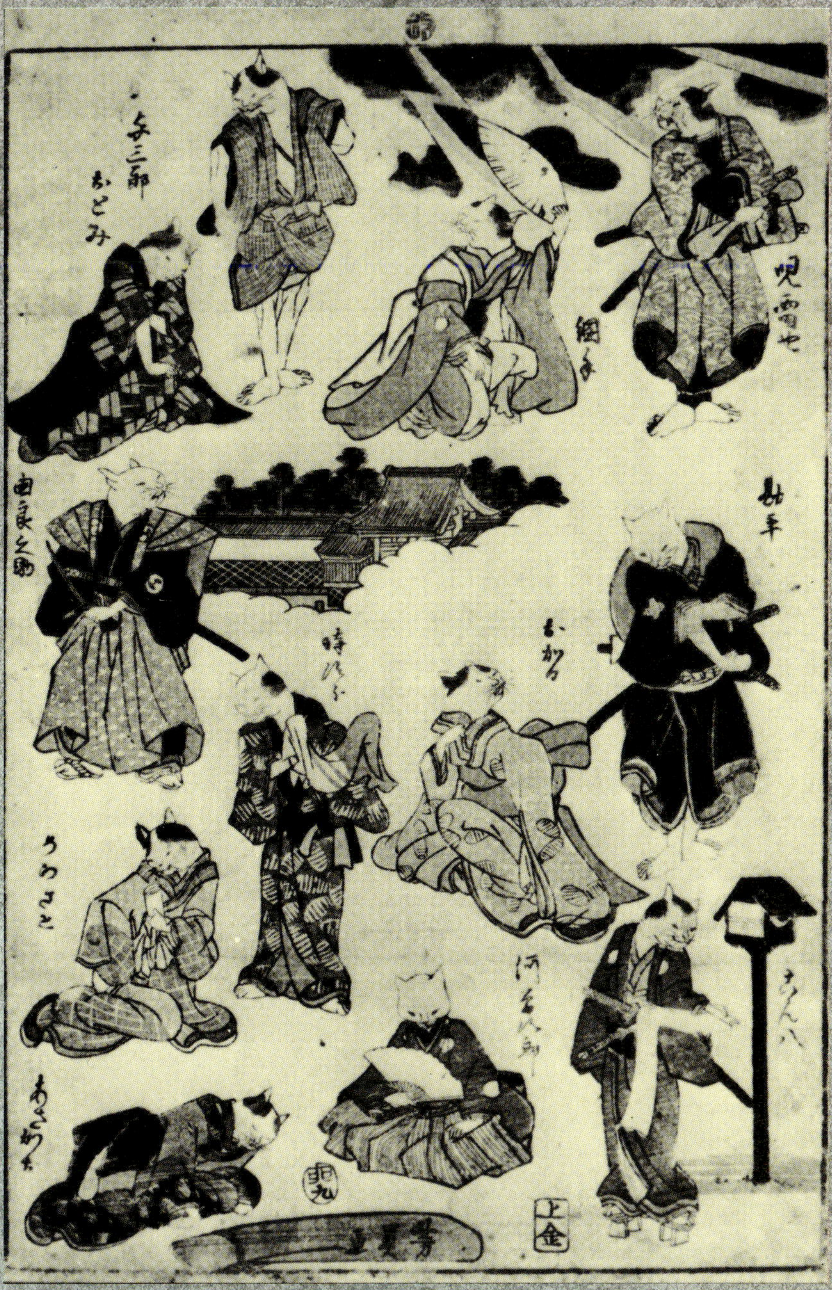

4 Zeichnung einer Glückskatze.

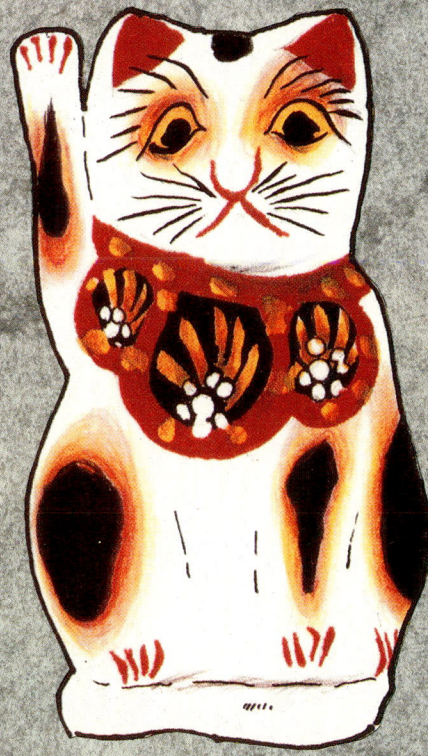

5 Katzenkopf aus Katzen gebildet. Pinselzeichnung von Kuniyoshi.

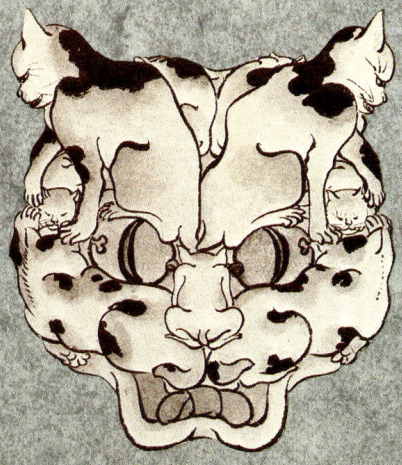

Opfer und Dienerin des Bösen

Der Narr steht auf der Plattform des Wachturms und schleudert Plüschkatzen in die Menschenmenge aus aller Welt. Es ist Sonntag, der 13. Mai 1984, und die Stadt Ypern, das flämische Ieper, feiert sein alle zwei Jahre stattfindendes Katzenwerfen. Ein Fest, das mich trotz katzennärrischer Fröhlichkeit beim Festzug gruseln läßt. Zur Förderung des Fremdenverkehrs erinnert man an einen Brauch, den man besser für immer vergessen würde: Fast tausend Jahre lang hat man in Ypern – aus welchem dumpfen Aberglauben auch immer – lebende Katzen vom Turm auf das Pflaster geworfen, das sinnigerweise »Katzenköpfe« heißt. Und an die zerschmetterten Körper mußte ich bei den durch die Luft segelnden Spielzeugkatzen denken.

Als ich das Material für dieses Kapitel zusammentrug, habe ich zunächst überlegt, ob ich das alles nicht besser totschweige. Doch meine Katzenwelt soll nicht spekulativ heil sein, weil es sich vielleicht manche Katzenfreunde so wünschen. Dann dachte ich daran, meinen Emotionen Ausdruck zu geben, anzuklagen, zu verdammen. Doch die Verdammung der Katzen kann ich nicht rückgängig machen. Ich kann aber die Tatsachen so einfach und klar schildern, daß man sich vor dem Phänomen »Verfolgung von Minderheiten« hütet. Denn einmal sind es Katzen, dann Andersgläubige, dann Ausländer. Der Geist der Verfolger ist immer der

gleiche. Um 1200 ist die Katze verteufelt worden. Ein Tier voller Geheimnisse, eigenwillig und nicht zu unterwerfen. So erweckte sie bei denen, die sich selbst einem Glauben oder Aberglauben unterworfen hatten, Mißtrauen und Abscheu. Es gab zwei klar definierte Meinungen: 1. die Katze hat die Fähigkeit, alles Unheil auf sich zu ziehen – sie ist das klassische Opfertier. 2. Sie ist die Personifikation des Bösen, also muß man sie vernichten. Als Erläuterung der mittelalterlichen Theorie über die Entstehung von Seuchen: Eine Katze, die eine Kröte blutig leckt, wird von deren Gift durstig. Sie trinkt aus Brunnen oder Quellen und vergiftet diese, die das Gift weitergeben.

1 Beim Katzenfest im flämischen Ypern wirft der Stadtnarr Plüschkatzen vom Turm des mittelalterlichen Belfrieds.

2 »Caprichos«, Einfälle nannte Francisco de Goya seine Folge von Radierungen, die 1799 erschien. Blatt 60 zeigt eine Hexe, die einem riesigen Ziegenbock ein Opfer bringt. Ihre Accessoires sind Besen und Katzen.

3 Aus einer Tieridylle von Hans Reinhards Kater Toby und seinem Ziegenbock wird durch das Einkopieren eines alten Holzschnitts der Lancashire-Hexen von 1613 ein Symbolbild der »Dienerin des Bösen«. So hat man Katzen schon immer verleumdet.

Als die Menschen zivilisierter wurden, mauerten sie beim Bau von Häusern, von Mauern und Dämmen nicht mehr Kinder, sondern Katzen ein, um den Bau dauerhaft zu machen. Wobei ich den Ersatz von Menschenopfern durch Tieropfer nicht als Fortschritt erachte. Die Johannisfeuer am 24. Juni waren ein alter Abwehrzauber, den man durch das Verbrennen einer lebenden Katze noch verstärkte. Die magische Handlung wurde zum Volksfest und die Katzenverbrennungen immer raffinierter.

Zitat von Jean-Louis Hue: »Die Katze brennt gut. Sie heult, zuckt, läßt die Flammen auflodern, äfft einen Kugelblitz nach und bricht zusammen. Ihre Nacht vollendet sich auf einem Aschebett.«

»Feuerkatzen« heißen die Hauskatzen in einem Handwerkerbuch aus dem Jahr 1268, schon namentlich dazu bestimmt, im Feuer zu enden. Und es gibt eine Quittung aus dem Jahre 1573, die beweist, daß es Lieferanten für Johannisfeuerkatzen gab und diese dafür bezahlt wurden. Durchaus Parallelen zum Versuchstierhandel von heute. Auch die Lust am grausamen Schauspiel, die Gier nach fremder Qual, die schon die Hexenverbrennungen zu Volksfesten machten, hat sich nicht überholt. Vom Starren auf Scheiterhaufen, über Wallfahrten zu Unglücksfällen bis zu den Horror-Videos im Familienkreis führt der gerade Weg menschlicher Grausamkeit. Die Jahresbräuche waren mit Katzenopfern gesäumt: Am Fastnachtsmontag verbrannte man Katzen, am Aschermittwoch erschlug man sie. Zur ersten Aussaat vergrub man einen lebendigen schwarzen Kater, beim Abschluß der Ernte tötete man eine Katze – aus Erleichterung darüber, daß die *Bullkater* die Ernte nicht vernichtet hatten. Bullkater, so nannte man in Norddeutschland schwarze Gewitterwolken.

Wenn die »Verfolger« ein geeignetes Opfer gefunden haben, trachten sie danach, es so konsequent und so

4 »Mabuse-Mieze« nennt Fotograf Wolfgang Lauter dieses Doppeldia. Meisterhaft zeigt es das Unheimliche, aber auch Mystische des Katzenwesens.

gründlich wie möglich zu vernichten. So wurde die Katze zum Teufelstier erklärt. Der erste, der dies offiziell belegte, war Bischof Alanus ab Insulis, der um 1190 in seiner Streitschrift gegen die Sekte der Katharer (die Reinen) schrieb: »Sie heißen Katharer nach dem Kater, weil sie den Hintern eines Katers küssen. Denn in Katergestalt erscheint ihnen der Teufel, wie sie selber sagen!« Das war eine unfromme Lüge, denn die Katharer oder Albigenser lebten in der strengen urchristlichen Gedankenwelt und kannten den Teufel als Person nicht. Sein körperliches Vorhandensein auf der Erde war eine Erfindung der Theologen der Amtskirchen und führte im Mittelalter zu den Hexen-

die Heilige Schrift falsch auslegen: »... das man sehe wie die katzenmeister und mörder so fleißig in der Schrift sind und wie gewiß sie ihrer trunken träume sind.« Weitere Bezeichnungen für Ketzer waren Katzenküsser und Katzenbeter und Katzengläubige: »Bist doch und bleibst ein hexin alt, voll katzenglauben mit gewalt.« Womit wir beim Phänomen Hexe sind. Die Hexe als verruchte und böse Frau ist eine deutsche Spezialität; die »zauberhafte« *witch* der Engländer, die weise *stregha* der Italiener oder die machtvolle *sorcière* der Franzosen gab es bei uns nicht. Und als Verfasser des »Hexenhammers«, der für ganz Europa gültigen Prozeß- und Verhörordnung, zeich-

genauer: »Also schlecht ist das Weib von Natur, da es schneller am Glauben zweifelt, was die Grundlage der Hexerei ist.« Frauen und Katzen: Das Wesen der Katze, unergründlich und keinem außer sich selbst gehorchend, wurde oft mit der Frau verglichen und hat sich als negative Eigenschaft auf das Hexenbild übertragen. Die Hexe konnte sich in Katzengestalt verwandeln und unerkannt ihren Schadenszauber ausüben. So wird eine solche Verwandlung im »Compendium Maleficarum« 1626 im Bild gezeigt. Auch bei den erotischen Hexenbildern der Künstler der Jahrhundertwende ist diese Verwandlung beliebtes Motiv, zum Beispiel bei Steinlen: Aus schwarzen

5

6

verfolgungen. Und wer war das Hexentier? Die arme Katze. Aus der Predigt des Berthold von Regensburg um 1240: »Der Atem, der aus ihrem Halse geht, ist Pest; und wenn sie Wasser trinkt und es fällt eine Träne aus ihren Augen, so ist die Quelle verdorben: Jeder der fortan aus ihr trinkt, erfährt den gewissen Tod.« Und: »Darum heißet der Ketzer ein Ketzer, weil er der teuflischen Katze gleicht in seiner Falschheit.« Und 350 Jahre später weiß Albertinus in seinem »Luzifers Königreich« es auch nicht besser: »Also seind und bleiben die Katzen Katzen und die Ketzer Ketzer, denn sie seind einerlei Art.« Martin Luther benutzt das Wort »Katzenmeister« für Leute, die

nen deutsche Dominikaner: Nirgendwo in der Welt wurden so viele Hexen verbrannt wie im deutschen Sprachraum. Warum? Erklärende Theorien gibt es viele. Im »Hexenhammer« steht es so: »... weil die Hebammen hierbei den größten Schaden bereiten, wie reuige Hexen uns und anderen oft gestanden, indem sie sagten: Niemand schadet dem katholischen Glauben mehr als die Hebammen. Denn wenn sie die Kinder nicht töten, dann tragen sie, gleich als wollten sie etwas besorgen, die Kinder aus der Kammer hinaus, und sie in die Luft hebend, opfern sie dieselben den Dämonen.« Anno 1487.
Im gleichen Werk heißt es aber noch

Katzen werden nackte, auf Besen in den Himmel fliegende Hexen. Verklemmte Erotik, heimliche Fleischeslust und Sado-Masochismus gehörten mit zum Hexenwahn.
In der Zeit von 1550 bis 1750 wurden zwischen »nur« 200 000 und möglicherweise 3 Millionen Frauen lebend verbrannt und mit ihnen noch viel mehr Katzen. Es haben schwarze Katzen vielen Frauen den Tod gebracht und viele Frauen wiederum schwarzen Katzen.
So wurden 1618 zwei Frauen verbrannt, weil sie mit einem Tuch eine schwarze Katze verscheucht hatten. Als die Kinder des Earl von Rutland starben, »wußten« die Hexenrichter, daß die Frauen sich mit der Katze

7

Le CHAT NOIR (Ronde)

Le chat noir a grande moustache,
Les griffes que son long poil cache
Sont des serrures de prisons.
Et ses yeux verts sont deux tisons.

Le chat noir, fière sentinelle,
Lance l'éclair de sa prunelle;
Et malgré vent, neige ou grésil,
Il ne quitte pas son fusil.

Le chat noir, sans valet, ni page,
Quand les enfants font du tapage,
Arquepince les scélérats,
Comme les souris et les rats.

Le chat noir, à minuit, s'attable
Il est gourmand et redoutable
Car il mange à la croque au sel
Tout méchant, fille ou jouvencel

Le chat noir, quand il fait sa ronde,
Que la tête soit brune ou blonde,
Met dans son sac, sans examen,
Les méchants qu'il trouve en chemin

Le chat noir, qui, bon diable en somme,
A juré de vivre en saint homme,
Ne commettra plus de méfaits
Quand les enfants seront parfaits

Le chat noir se fera notaire
Trois jours avant d'aller en terre;
C'est pour finir paisiblement
En rédigeant son testament

Mais quelle sera la semaine
Qui verra sa griffe inhumaine
Gratter à l'huis du paradis?
— C'est celle des quatre jeudis!

Le chat noir est un gars solide
Qui n'a pas l'air d'un invalide;
Et les gens qui l'ont vu courir
Disent qu'il ne doit pas mourir

8

durch magische Zeichen verständigt und den Tod verursacht hatten.

Schwarze Katzen konnten durch die Wände gehen, sie stiegen die Kamine hoch, sie trafen sich an Wegkreuzen zum Hexentanz, sie bekamen am Sabbat eisenbeschlagene Füße.

Den Verfolgern gelang es, die Katzen fast auszurotten; ungehindert drangen die Ratten ein, und in ihrem Gefolge die Pest. Irrational wie Gläubige sein können, glaubte man zunächst, die Pest sei dadurch am wirkungsvollsten zu bekämpfen, indem man die Katzen den Ratten opferte. So band man Katzen in Rattenhäusern fest, damit sie von den Ratten gefressen wurden. Doch die stärksten Katzen befreiten sich, fraßen die Ratten und vertrieben sie. Denn Ratten sind intelligenter als Mäuse und haben Rudelgeist: sie verlassen Orte mit rattentüchtigen Katzen. In Südfrankreich wurden zur Bekämpfung der Pest um 1500 wieder Katzen gezüchtet.

Ich stelle die Frage: Sind die Katzen auch durch jahrhundertelange Verfolgung und Quälereien den Menschen gegenüber mißtrauisch und unnahbar geblieben?

Anmerkung: Noch immer sind die Katzen Opfer. Jährlich sterben einige hunderttausend durch das Auto. Unser verehrtester Götze.

5 Französisches Flugblatt aus dem 17. Jahrhundert, das einen geheimnisvollen Meister mit musikalischen Katzen zeigt. Ein Hexenmeister?

6 Indem man einem Ziegenbock den Hintern küßt, verehrt man den Teufel. Eine Katze steht im Zauberkreis, und zwei sich in Katzen verwandelnde Menschen lesen Beschwörungen aus einem Buch. Radierung von Caylus. 17. Jahrhundert.

7 »Predigt über die Enthaltsamkeit« nennt Louis Leroy seine Radierung von 1841. Die schwarze Katze könnte aber auch zum Aufstand gegen die grausamen Menschen aufrufen.

8 Das Lied von der schwarzen Katze, die unartige Kinder »ungekocht und nur mit Salz« frißt oder in den Sack steckt. Bilderbogen aus Epinal.

Dreimal schwarzer Kater

Im »Grimm'schen Wörterbuch« ist der »Katzenglaube« dem Aberglauben gleichgesetzt. Und so lautet dessen absurde Litanei:

Die schwarze Katze ist der Hausgeist des Hausvaters, sie stirbt immer vor ihm.

● Läuft eine schwarze Katze jemandem über den Weg, so hat er Unglück zu befürchten. Man muß dreimal (den schwarzen Kater) ausspucken, um es abzuwenden.

● Träumt man in der Weihnachtsnacht von einer schwarzen Katze, erkrankt man nach Neujahr gefährlich.

● Kommt eine fremde Katze ins Haus, kann es einen Sterbefall geben.

● Putzen sich zwei Katzen unter dem Fenster einer Krankenstube, sind die Stunden des Kranken gezählt.

● Läßt die Katze beim Fressen Brocken liegen, wird das Brot billiger.

● Eine dreifarbige Katze, »Feuerkatze« genannt, schützt das Haus vor Feuer, die Menschen vor Fieber.

● Eine Feuersbrunst kann man durch Hineinwerfen einer Katze löschen.

● Wer dagegen eine Katze ins Wasser wirft, der wirft sein Glück ins Wasser.

● Wer ein Katzenhaar schluckt, wird schwindsüchtig.

● Ein Kind, das Katzenhaar schluckt, wächst nicht mehr.

● Wer Katzen zuviel streichelt, wird keine Kinder bekommen, denn die Katze will die Zärtlichkeit mit niemandem teilen.

● Wenn die Katze sich putzt und dabei mit der Pfote hinter das Ohr streicht, kommt Besuch.

● Rechtes Ohr = gern gesehener Besuch,

● Linke Pfote = unangenehme Gäste.

● Gesicht putzen = weiblicher Besuch,

● Rückenputzen = männlicher Besuch.

- Wenn die Katze sich den Hintern leckt, gibt es Regen.

- Wenn die Katze den Schwanz nach dem Ofen dreht, gibt es Frost.

- Niest die Katze, schneit es bald.

- Scharrt sie den Boden auf, schlägt das Wetter um.

- Wer die Katze nicht leiden mag, bekommt Regen am Hochzeitstag.

- Wer grob mit einer Katze umgeht, bekommt eine böse Frau.

- Mädchen, die Katzen gut pflegen, werden eine glückliche Ehe führen.

- Männer, die Katzen gut pflegen, werden sich nicht verheiraten.

- Nachts darf man keiner Katze auf den Schwanz treten, das bringt Unglück.

- Wer eine Katze ans Haus gewöhnen will, schneidet ihr die Schwanzspitze ab ... läßt sie in einen Spiegel schauen ... trägt sie dreimal um den Tisch ... bestreicht ihr die Füße mit Butter.
  Und so weiter und so weiter.

»La Mano«, Skulptur in Bronze von Constanzo Mongini. Hergestellt im Wachsausschmelzverfahren, mit Sockel 39 cm hoch. 399 Exemplare, ars mundi Avantgarde. Seitenuntergrund: Spraybild an einer Parkplatzmauer in Soho, etwa 6 m hoch. Unbekannter Künstler.

Der Kater zieht die Stiefel an

Eines der bedeutendsten Märchen der Weltliteratur erschien 1697 in Frankreich: »Le Maitre Chat ou le Chat Botté« – der Gestiefelte Kater – von Charles Perrault in einem Sammelband, der den Titel »Contes de ma Mère l'Oye«, Erzählungen meiner Mutter Gans trug. 1729 wurden sie als »Mother Goose's Tales« ins Englische übersetzt. In Deutschland erschien »Das Märchen vom Gestiefelten Kater« erst 1812 in der Sammlung der Brüder Grimm.

Für uns Katzenfreunde ist der Kater mit den Stiefeln eine Schlüsselfigur: die Katze erscheint in einem völlig anderen Licht. Bisher ein gefährliches, unheimliches nächtliches Teufelstier, wird sie hier zum Helfer der Menschen, zu einem guten, treuen Hausgeist. Und so klingt das Märchen von Perrault: »Ein Müller hinterließ im Sterben seinen drei Söhnen nichts als die Mühle, den Esel und eine Katze. Die Teilung war bald geschehen; es wurde kein Notar und kein Anwalt beigezogen – sie hätten das magere Erbe bald verzehrt. Der älteste bekam die Mühle, der zweite den Esel und der jüngste nur den Kater. Er war untröstlich über das kümmerliche Los, das ihm beschieden war: ›Wenn meine Brüder sich zusammentun‹, sagte er, ›können sie sich redlich verdienen, was sie zum Leben brauchen. Ich aber werde Hungers sterben, wenn ich meinen Kater aufgegessen und mir einen Muff aus seinem Fell gemacht ha-

be.‹« Der Kater, der alles verstanden hatte, machte seinem Herrn den Vorschlag (er konnte natürlich sprechen), ihm ein paar Stiefel anmessen zu lassen, und er würde für ihn sorgen. Der Kater als Jäger machte die Bekanntschaft des Königs, brachte ihm Wild im Namen seines Herrn, den er Marquis von Carabas nannte. Eine Begegnung arrangierte der Kater so, daß der König den Müllerburschen einkleiden mußte, »da ihm Diebe während des Badens im Fluß die Kleider geraubt hatten.« In dem prächtigen Gewand gefiel der wohlgestalte Müllerbursch der Königstochter sehr, »und als er ihr nur zwei oder drei ehrerbietige und ein wenig zärtliche Blicke zugeworfen hatte, verliebte sie sich ganz toll in ihn«.

Sie erinnern sich: Während der Kutschfahrt macht der Kater den König glauben, daß alle Felder, Wälder und Weiler dem Marquis von Carabas gehörten. Eigentümer aber war ein Zauberer und Menschenfresser, der in einem prächtigen Schloß wohnte. Der Kater überredet ihn, sich in verschiedene Tiere zu verwandeln, und als der Zauberer sich zur Maus verkleinert, frißt der Kater ihn/ sie auf. Die Prinzessin heiratet den Müllerburschen/Marquis: »Der Kater wurde in den Adelsstand erhoben und ging nur noch auf Mäusejagd, wenn er sich ein Vergnügen bereiten wollte.«

Hundert Jahre später lernt die Berliner Öffentlichkeit dieses Märchen als

satirische Literaturkomödie kennen: Ludwig Tiecks »Gestiefelter Kater«, den die Kritik als »Polterabendpoesie« bezeichnete. Das fröhliche und gescheite Stück endet damit, daß das Parterre den Dichter mit faulen Äpfeln und Birnen bewirft und der Hofgelehrte spricht:

»Ich bin dem großen Kön'ge nachgeritten, Und will um gütige Erlaubnis bitten, Daß ich mich darf in Poesie ergießen, Um so das wunderbare Stück zu schließen. Ins Lob der Kater möcht' ich mich verlieren, Der edelsten von allen jenen Tieren, Die um uns gehn und stehn auf allen vieren. Die Katzen waren einst Ägyptens Götter; Ein Kater war der großen Isis Vetter. Sie schützen jetzt noch Küche, Boden, Keller Und sind in allen Häusern weit reeller Von Nutzen, als vormals die alten Götzen: Drum laßt sie zu den Laren uns versetzen!«

Die Zeit der literarischen Katzen

Dieses erste moderne Theaterstück, bei dem auf der Bühne Publikum sitzt und eine zweite Bühne zu sehen ist, erweckte Interesse an dem Märchenstoff. Der gestiefelte Kater wird zur Bühnenfigur, allein in England gab es im vorigen Jahrhundert sechs verschiedene Theaterstücke (siehe

1 Der Gestiefelte Kater, signiert von Hansi Sierke. Bronze, 19,5 cm hoch, auf Marmorsockel. Beginn des 20. Jahrhunderts.

Abbildungen 2 und 6). Karl von Holtei nimmt Tiecks Stück mit seiner »Beschuhten Katze« 1843 wieder auf und läßt zum Teil die gleichen Personen mitspielen. Die Katze Mies stammt von Tiecks Kater Hinze ab:

»In meinen Adern glühet die Flamme Uredler Katzheit; ich sprüh vor Mut; Ich stamme vom großen Hinzes Stamme, Dem gestiefelten Kater, – und bin Dir gut!«

Durch Tieck wurde der Kater literarisch, doch E. T. A. Hoffmann »erfüllt die Schablone mit Seele, mit spezifischem Charakter« wie Dr. Franz Leppmann in seiner 1908 erschienenen Arbeit »Kater Murr und seine

2

Sippe« schreibt. Es geht um die erste epische Charakterkatze, um den »Kater Murr«, der 1820 auf den Markt kam. Hoffmanns Murr bekennt, ganz ähnlich wie die Katze Mies, seine Tiecksche Abstammung: »Ja mein Leser! ich hatte einen Ahnherrn, ohne den ich gewissermaßen gar nicht existieren würde, der niemand anderes war als der weltberühmte Premierminister Hinz von Hinzenfeldt, der der Welt so teuer, so über alles wert geworden unter dem Namen des gestiefelten Katers.« Kater Murr ist eine aus Tier und Mensch geschaffene groteske Gestalt, die überhaupt nichts mehr mit den geheimnisvollen, gespenstischen Katzen zu tun hat, die nachts an

Kreuzwegen sitzen. Murr, der bei seinem Meister Abraham lebt, ist ein Schriftsteller und Dichter, der seine Memoiren schreibt. Ein schöner Kater: »Die grauen und schwarzen Streifen des Rückens liefen zusammen auf dem Scheitel zwischen den Ohren und bildeten auf der Stirne die zierlichste Hieroglyphenschrift. Ebenso gestreift und von ganz ungewöhnlicher Länge und Stärke war der stattliche Schweif. Dabei glänzte des Katers buntes Kleid und schimmerte von der Sonne beleuchtet, so daß man zwischen dem Schwarz und Grau noch schmale goldgelbe Streifen wahrnahm.« Kater Murr hat studiert, war ein wackerer Katzbursch, der beträchtliche Mengen Katzpunsch trank und deshalb manchmal Katzenjammer hatte. Seine Geliebte ist Miesmies, mit der er in wonnigen Nächten Duette singt. Die von ihm verfaßten Werke haben die Titel »Gedanke und Ahnung oder Kater und Hund« sowie »Über Mausefallen und deren Einfluß auf Gesinnung und Tatkraft der Katzheit«.
E. T. A. Hoffmann hält in diesem Buch an der satirischen Tendenz der Tierdichtung fest, an der »Ironie, welche, indem sie das Menschliche mit dem Tiere in Konflikt setzt, den Menschen in seinem ärmlichen Tun und Treiben verhöhnt.« Über das Satirische hinaus ist Hoffmann ein großer Katzenkenner, ein hervorragender Tierpsychologe, schon bevor es diese Wissenschaft überhaupt gab. Kater Murr hat gelebt von 1818 bis 1821. Er starb am 30. November, in den Morgenstunden. Hoffmann erzählt einem Freund vom Sterben des Katers. Er selbst hat ihn nur ein halbes Jahr überlebt.
Hoffmann war der erste Deutsche, der eine Katze über sich selbst schreiben ließ. 18 Jahre vorher erschien in Paris die »Histoire d'une chatte écrite par elle même et publiée par XXX«. Die »XXX« dieser Geschichte einer Katze ist eine Madame Masson. Blanchette, die schreibende Heldin, lehnt eine Verwandschaft mit dem gestiefelten Kater ab. Sie erzählt ihre wechselvolle Lebensgeschichte, die in den Tuilerien beginnt, auf den Dächern von Paris ihre Höhepunkte hat, in ein Frauenkloster führt und

schließlich zusammen mit ihrem kastrierten Bruder Moustache in Frieden bei dem Gelehrten Le Brun endet. Ähnlichkeiten mit Kater Murr ergeben sich aus der Handlung, nicht aus der Behandlung des Themas. Und die Katzen schreiben weiter: 1842 erscheinen im ersten Band des »Staats- und Familienleben der Tiere« (Abbildung 5) von Grandville die »Herzensleiden einer englischen Katze« von Balzac, in der es eine fleckenlos weiße Beauty den Engländern ganz schön kräftig gibt. Im dritten Band läßt der Verleger P. J. Stahl in »Die Herzensleiden einer französischen Katze« einiges aus den Bekenntnissen der englischen Katze richtigstellen. Und in Deutschland hatte 1826 Hermann Schiff in »Nachlaß des Katers Murr« an die E. T. A.-Hoffmann-Geschichte angeknüpft, indem er in stilistisch täuschender Form Murr-Erlebnisse erzählt, die Hoffmann »unbekannt waren«.

Hidigeigei – Kater mit Selbstgefühl

Auch Hidigeigei, der Kater in Victor von Scheffels Bestseller »Der Trompeter von Säckingen« ist von Kater Murr beeinflußt, hat ihn aber in der Gunst des Publikums in den Schatten gestellt. Nach Katerforscher Leppmann ist er das Tier »des in tüchtiger Arbeit aufstrebenden, höchst ehrenwerten Bürgertums der sechziger und siebziger Jahre des neunzehnten Jahrhunderts. Aus der Bohème kommt das Tier in die Aristokratie, aus dem unordentlichen Studierzimmer Abrahams in den gut aufgeräumten Salon des Freiherrn und seines Töchterleins.«
Hidigeigeis Personalien: Schwarzes

2 Im Königlichen Drury Lane Theatre in London wurde im Dezember 1887 die Pantomime »Puss In Boots« (Der gestiefelte Kater) uraufgeführt. Geschrieben hat sie Augustus Harris, der »Vater der modernen englischen Pantomime«. Hier das Notenheft für ein Kinder-Tanz- und Wiegenlied.

3 Das Märchen »Der Gestiefelte Kater«, Münchner Bilderbogen Nr. 48 von Moritz von Schwind (um 1850).

Samtfell, mächtiger Schweif, die Mutter eine Angora, der Vater ein Pußtakater. Er lebt bei dem Freiherren und verfolgt wohlwollend die Liebe Margaretes zum Trompeter. Seinen weltmännischen Schliff hat er sich in Paris angeeignet.

Leider schreibt Hidigeigei nicht selbst, der Dichter beschreibt ihn. Auch die dreizehn Lieder, die unter seinem Namen in das Buch eingestreut sind, enthalten menschliche und nicht katzliche Gedanken.

»Würdig stets und ernst gemessen
Lebt' er hier im Herrenhaus.
Zierlich schlich er durch die Säle;
Tief melodisch war sein Schnurren;
Und im Zorn selbst, wenn er keifend
Seinen Buckel aufwärts krümmte,
Seine Haare rückwärts sträubte,
Wußt' er immer noch die Anmut
Mit der Würde zu verbinden.
Doch wenn über Dach und Giebel
Leise kletternd er verwegen
Auszog auf die Mäusejagd;
Wenn geheimnisvoll im Mondlicht
Seine grünen Augen blitzten:
Dann vor allen groß, dann wahrhaft
Imposant war Hidigeigei.«

Es hat schon seine Gründe, warum die Helden dieser Dichtungen fast allesamt Kater waren. Der Kater ist die Überkatze, er ist das eigenwilligste Tier, das sich dem Menschen angeschlossen hat. Ein Kater besitzt vollkommene Eigenart, höchste Selbständigkeit und ein nicht zu bändigendes Temperament. Eine Verallgemeinerung, die meist stimmt. Was aber ist ein Überkater?

Carlo der Überkater

Johannes Richard zur Megede hat 1904 den »Überkater« geschrieben, einen Roman in Tagebuchteilen des Katers Carlo und der drei menschlichen Hauptpersonen. Carlo, Nietzscheaner, Antimoralist und ethischer Anarchist, beruft sich in seinen Notizen auf Murr und Hidigeigei, die er zu seinen Verwandten zählt. Doch sind diese Verwandten ihm unterlegen: Er ist Italiener, Diplomat, Hotelkater und fleckenlos weiß mit vergißmeinnichtblauen Augen. Während Murr ein Stubenhocker war, den selbst die Kleinstadtstraßen verwirr-

ten (es gab also damals schon reine Wohnungskatzen), fährt der Schiff'sche Murr mit der Kutsche durch Deutschland. Und weil inzwischen die Eisenbahn erfunden wurde, kam Hidigeigei schon bis nach Paris. Carlo jedoch ist in Luxuszügen zu Hause, überquert das Mittelmeer, um in der nächtlichen Wüste mit islamischen Katern um die Gunst einer Falbkatzenschönen zu kämpfen. Und so fragt er, der Weltmann unter den literarischen Katzen: »Haben Sie, lieber Hidigeigei, je die Seekrankheit gehabt? Nun, nur Weltreisende bekommen sie …«.

Und noch eine Katze schreibt ihre Erinnerungen. Diesmal kein weltmännischer Katersnob oder ein liebwerter Murr, sondern eine Art vierfüßiger Eckermann, eben »Goethes Katze«. Der Däne Svend Leopold schrieb diese Geschichte 1907. Sie wurde damals und nach dem Krieg noch mal ins Deutsche übersetzt. Der Kater, der eine Liebesbeziehung zur Katze der Frau vom Stein anknüpft, ist eine Art Schlüssellochreporter und schildert seinen Meister so, wie ihn die Kleinbürger sich schon immer vorgestellt haben. Es ist das am wenigsten kätzische Buch dieser Art, und in der Ahnenreihe der Murr-Nachfahren ist Goethes Katze die dünnblütigste.

Drei literarische Katzen aus dem vorigen Jahrhundert gehören unbedingt dazu, sie sind, wenn auch volkstümlicher und märchenhafter geschildert, ohne den Hoffmann'schen Kater Murr nicht denkbar.

Es sind die Kater Graps und Schnores aus Theodor Storms Erzählung »Bulemanns Haus«, die der Dichter 1864 niederschrieb, und, als Kontrapunkt, »Spiegel das Kätzchen«, ein Märchen aus Gottfried Kellers Novellenzyklus »Die Leute von Seldwyla«, 1856 zum ersten Mal erschienen. Theodor Storms Geschichte hat viele unheimliche Elemente: ein geheimnisvolles Haus, der menschenfeindliche Herr Bulemann im gelbgeblümten Schlafrock mit Zipfelmütze und grellen Eulenaugen, der gelbe und der schwarze Kater, ehemals Schiffskatzen auf dem Segler, mit dem Bulemann viele Jahre als Superkargo nach Westindien gefahren war. Diese

Katzen sind die einzigen Lebewesen, die er mag, sie schlafen bei ihm im Bett, sie springen ihm auf Arm und Schulter. Doch sie erweisen sich auch als seine Richter, als Ausführende des Fluches seiner Schwester, da er ihr und ihrem kranken Kind (das daraufhin stirbt) die Tür weist. »Er bedachte nicht, daß die Flüche der Armen gefährlich sind, wenn die Hartherzigkeit der Reichen sie hervorgerufen hat.« In einem einzigen Bild (Abbildung 7) hat Theodor Hosemann die wichtigsten Szenen der Erzählung zusammengefaßt. Und ganz oben, im runden Fenster, sieht man den verdorrten und eingeschrumpften Herrn Bulemann, wenn er mit dünnem Stimmchen ruft: »Mich

4

hungert« oder »Ein Mensch«. Denn die inzwischen zu Tigergröße angewachsenen Katzen halten ihn gefangen. Die kleine Gestalt auf dem Polsterstuhl zusammengekauert, »rückte die Zipfelmütze zurecht und schaute, unverständliche Worte murmelnd, in den leeren Nachthimmel hinauf. So sitzt er noch jetzt und erwartet die Barmherzigkeit Gottes.«

Spiegel, das Kätzchen, wird als Höhepunkt der literarischen Katzen betrachtet, weil es alle Elemente in sich vereinigt: das Zauberische und Märchenhafte, das Philosophische der Katze und ihre Überlegenheit über die »unvernünftigen Menschen«. Spiegel, so genannt, weil sein Fell so glänzte, kommt ins Elend und ver-

5

6

kauft sich an einen Zauberer, der Katzenschmer (Fett) braucht. Spiegel soll gemästet und zum Zeitpunkt der erwünschten Fettleibigkeit geschlachtet werden. Wie es Spiegel gelingt, aus diesem Vertrag herauszukommen, schildert die Geschichte. Spiegel ist die Katze, der es nicht nur gelingt, sich aus der Hexenwelt zu lösen, sondern auch die Hexenwelt zu besiegen. Deshalb ist dieser Kater eine so exemplarische Figur. Im Gegensatz zu Murr und Hidigeigei ist er weltklug und geschickt. Murr und Hidigeigei waren nach Ansicht von Überkater Carlo »deutsche Gefühlskatzen«, Katzen mit dem Weltschmerz des verkannten Genies. Spiegel dagegen spielt mit den Menschen – und zwar auf heitere Weise, nicht so wie Graps und Schnores. Und so ist sie die wirklichste, die echteste aller Literaturkatzen, obwohl Spiegel spricht, die Unterschrift unter den Vertrag leistet und die Sprache der Menschen versteht. Was übrigens für kluge Katzen nichts Besonderes ist. Kater Murr machte Schule, weil er bei aller Vermenschlichung so wirklichkeitsgetreu war: Dichtung als Verhaltensschilderung. Daß andere Schriftsteller dieses Thema aufgriffen und variierten, liegt an seiner Figur und an der Unwiderstehlichkeit aller Katzen.

4 Ein beliebtes Kinderkartenspiel ist der »Schwarze Peter«. Wer die Karte mit dem gestiefelten Kater behält, dem wird die Nase geschwärzt.

5 Grandville, eigentlich Jean-Ignace-Isidore Gérard, zeichnete 1842 in seinem Karikaturenzyklus »Bilder aus dem Staats- und Familienleben der Tiere« auch diese Illustration zu Honoré de Balzacs »Les peines de cœur d'une chatte anglaise« (Herzensleiden einer englischen Katze).

6 Umschlagseite zum Notenheft des musikalischen Märchens »Der gestiefelte Kater oder der Sohn des Müllers« aus dem Jahr 1832.

7 Illustration von Theodor Hosemann zu »Bulemanns Haus« von Theodor Storm aus dem Jahr 1864 (Seite 48).

Die Faszination der Katze

Zu allen Zeiten und bei allen Völkern, die mit Katzen lebten, wurden Frau und Katze als verwandte Seelen empfunden. Die Erklärung, daß die Katze das Haus liebt und die Frau die Hüterin des Hauses ist, halte ich für zu simpel. Die zauberischen Frauen, die sich bei uns als Hexen, im Fernen Osten als Dämonen in Katzen verwandeln konnten, sagen schon mehr über diese Wechselbeziehung aus. Katze und Frau, das hat etwas Verlockendes, Wollüstiges, Erotisches. Da ist Anmut mit im Spiel, Unergründlichkeit, Koketterie und Laune. In dieser Aneinanderreihung klingt das wie die Weibchen-Beschreibung eines antifeministischen Patriarchen. Doch ich will mich bei

den Karrierefrauen unter meinen Leserinnen entschuldigen: Für mich sind Katzen so, für mich sind viele Frauen so. Und die Katzendichter wie Baudelaire und Verlaine haben das gleiche Empfinden in sehr viel schöneren Wortbildern ausgedrückt. Sie können es auf Seite 100 nachlesen.

Daß Maler und Zeichner das Motiv Katze/Frau häufig darstellen, kann man in jeder Kunstgeschichte beobachten, einige Beispiele finden Sie auf den folgenden Seiten.

Die französische Fachautorin Madame Michelet beneidet in ihrem 1900 erschienenen Buch »Les chats« die Deutschen, weil sie in ihrer Sprache als Gattungsbezeichnung *die* Katze und nicht wie die Franzosen *le chat* sagen. Sie ist für das *die*: »Der Kater wird verlegen, wenn man ihn ansieht: er hat ein weibliches Temperament. Man sagt von einer Frau, sie sei ein Kätzchen, warum nicht von einem Kätzchen, es sei eine Frau? Man beobachte doch seinen flüchtigen, leichten, diskreten Gang und die Stunden, die es mit der Toilette ver-

bringt!« Ansichten der Jahrhundertwende?! Was sind für die Natur knapp hundert Jahre?

In unserer Sprache benutzen wir die Verkleinerungsform »Kätzchen« als Kosewort für junge Frauen. Die »kesse Katze« ist jedoch eine gut aussehende Prostituierte, für die Schweizer ist es »e gueti Chatz«. In der Umgangssprache bezeichnet man die weibliche Scham mit Ausdrücken aus dem Katzenbereich: Miezekatze, Mimi, Muschi oder Pussi.

Katzen nehmen eben auch die Liebe leicht.

Ist es das Weibliche, das uns die Katzen begehrenswert macht? Das Verwandte und das Gegensätzliche? Sicherlich ist nicht ihre Nützlichkeit

1 Punktierstich von H. W. Bunbury, London 1783 mit dem Titel: »Cicely, the Rival of the Parson's Maid was she«: Katzen riechen gerne Kerbel.

2 Farbig kolorierter Stahlstich, beschriftet »Mignonne«. Frankreich/Deutschland Ende 19. Jahrhundert.

das überzeugende Argument, sich eine Katze ins Haus zu holen. Sie bewacht weder unsere Wohnung, noch verscheucht sie ungebetene Besucher, noch gibt es in Hochhäusern Mäuse, die sie fangen kann – wenn sie überhaupt noch zur Mäusejagd fähig ist. Es sind Beweggründe auf anderen Ebenen, die uns auf die Katz kommen lassen: Wir freuen uns an ihren geschmeidigen Bewegungen, an den gleitenden Kurven ihres Körpers, an der Kunst, sich wie eine Tänzerin mit den Gliedern ausdrücken zu können. Und wir bewundern das Geheimnisvolle an ihr. Und irgendwie könnte die folgende Geschichte, die seit Jahrhunderten überliefert und immer wieder von Dichtern bis zu Jean Coc-

teau erzählt worden ist, auch für unsere Katze gelten. Schauen Sie sich die Ihre an und schütteln Sie nicht den Kopf: Winternacht irgendwo. Ein Mann klopft und läutet. Er ist verstört, man gibt ihm Gastfreundschaft. Er erzählt. Auf seinem abendlichen Spaziergang hat er zufällig einen Zug Katzen gesehen. Dort wo der Park in das Feld übergeht. Katzen mit Fackeln, Fahnen, blinkenden Trompeten und glänzend gewichsten Stiefeln. Sie schritten gravitätisch, denn es war ein Leichenzug. Man hört ihm zu, höflich, ein bißchen irritiert, abgelenkt von den Gedanken, wie man ihn wieder loswerden könnte. Es ist warm in der Stube, die Katze schläft im Sessel. Und der Mann be-

schreibt den Katzenzug: »Vier weiße Katzen und vier schwarze Katzen trugen den Sarg auf den Schultern. Und auf dem Sarg war eine goldene Krone.« Da steht die Katze auf, unsere Katze, Ihre Katze und sagt einfach, bestimmt und ganz überzeugend: »Aber ich bin der König der Katzen!« Und springt aus dem Fenster, um den Leichenzug einzuholen.

Warum Menschen Katzen lieben

Wen auch immer ich befragt habe und was ich zu dieser Frage gelesen habe, von Unbekannten wie Prominenten, fast immer wird der Vergleich mit dem Hund gezogen. So schreibt Birgit Lahann im »Stern«: »Katzen sind Menschenkenner. Ihre Zuneigung ist natürlicher, als die sabbernde Herrchenliebe eines Hundes je sein kann. Beim Spiel, mit Köpfchengeben, Flankenreiben und Belecken zeigt der kleine Tiger seinem menschlichen Gefährten: Du bist mein Freund.« Und Krimi-Klassiker Raymond Chandler in einem Brief: »Katzen sind sehr interessante Tiere. Sie haben einen enormen Sinn für Humor und fühlen sich, ganz anders als Hunde, weder verwirrt noch gedemütigt, wenn man über sie lacht.« Der Schriftsteller Axel Eggebrecht: »Katzen kennen das Geheimnis, wie sie mit uns leben können, ohne an unserer Mühsal teilzuhaben, sie ganz allein. Pferd, Hund, Rind und Lama haben wir in unser Mißgeschick hereingezogen, nun müssen sie den Fluch mittragen, der Adam traf. Eine Katze aber nimmt nichts an, was ihr nicht von Ursprung und Anbeginn eignet.« Als weiteres Beispiel Doris Lessing: »Das Leben einer Stadtkatze ist so unnatürlich, daß sie niemals die Unabhängigkeit entwickelt, die eine Landkatze hat. Es störte mich, daß sie auf die Heimkehr der Menschen wartete – wie ein Hund; daß sie im selben Zimmer sein wollte und

3 Die sich waschende Katzenfrau von Ando Hiroshige (1797–1858): Trotz aller Anmut ein gefährlicher Dämon.

4 Ölgemälde eines anonymen Künstlers, das das Weibliche der Katze betont und fast wie ein Frauenporträt wirkt.

3

5

6

Aufmerksamkeit verlangte – wie ein Hund.« Die Unbekannten rühmten die Menschenkenntnis der Katze, auf die sie sich oft stark verlassen. Sie schätzen die Zärtlichkeit, das Wissen, daß zu Hause ein Partner ist, der auf einen wartet. Und sie schätzen durchaus, daß Katzen keinen Auslauf brauchen und man sie leichter allein lassen kann als einen Hund.

Dieser ständige Hundevergleich stört mich übrigens, da Hundefreunde nie ihre Favoriten der Katze gegenüberstellen. Sind Katzenhalter vielleicht doch nicht so selbstbewußt und so katzenüberzeugt, wie sie sich immer geben? Oder brauchen sie die ständige Bestätigung, wie einmalig auf dieser Welt die Miezen sind?

Die Typen der Katzenfreunde

Für alle musischen Menschen möchte ich Ernst Jünger zitieren, im übrigen auch wieder mit Blick auf den Hund: »Dem musischen Menschen leistet die Katze besser Gesellschaft als der Hund. Sie stört die Gedanken, Träume, Phantasien nicht. Sie ist ihnen sogar günstiger durch eine sphinxhafte Ausstrahlung. Albrecht Erich Günther, ein großer Liebhaber der Katzen, hielt sie für dämonenfeindlich und führte darauf ihren unschätzbaren Beitrag zur Hausgemütlichkeit zurück.« Womit wir einen Typ Katzenhalter geschildert haben, den schreibenden, musizierenden oder bildnerisch tätigen Schöngeist mit Gefallen an gepflegter Häuslichkeit. Daß Männer, die Katzen mögen, oft Junggesellen sind und überdurchschnittlich viel für die Einrichtung ihrer Wohnung ausgeben, habe ich bei Marktforschern gelesen.

Verbreitet ist der Typus des Katzenhalters aus Liebe zu diesen stillen, zu-

5 »La Femme au Chat«, eine farbige Lithographie im Stein signiert Paul Frans, Namur 1903. Bildgröße 16,5 × 12,5 cm.

6 »La Paresse«, die Trägheit, Holzschnitt von Felix Valloton.

7 Das Blatt von Jacques Nam, einem Katzenkünstler, der die Katze als erotisches Element benutzte, erschien 1918 in »L'amour en campagne«.

rückhaltenden Tieren. Sie haben so gut wie nie Rassekatzen und werden von Katzen okkupiert, die irgendwann einmal vor ihrer Tür oder auf dem Balkon sitzen. Oder sie bekommen ein Kätzchen geschenkt oder sie holen sich eines aus dem Tierheim. Das sind die normalen Leute mit normalen Katzen.

Die nächste Gruppe, kleiner, feiner, stellen die Ästheten, die Stilisten. Sie schwören auf eine Rasse, von der sie Wunderdinge zu berichten wissen. Sie lieben das Dekorative an den Katzen, und wenn sie selber Sinn für das Originelle haben, interessieren sie sich für ausgefallene Rassen wie Hängeohrkatze oder Deutsche Rex. Verbreitet unter unabhängigen Mädchen und bei einzelnen Herren zu finden sind die Katz-Totalen. Sie lassen sich mit Lust von ihren Katzen tyrannisieren, zeigen stolz ihre zerkratzten Hände und Unterarme und haben als permanenten Gesprächsstoff die Taten ihrer Katze. Sie bewundern ihre völlige Unabhängigkeit und wären gerne genauso. Die Naturbelassenen unternehmen nichts gegen diese. Also lassen sie ihre Katzen sich munter vermehren und tragen zum Elend der Zufallskatzen bei, obwohl sie doch nur »das Beste für die Tiere« wollen. Denn Kastration ist doch ein Eingriff in die Natur.

Im Leben der Katzomanen dreht sich alles um die Katze. Gäbe es sie nicht, hätte ich dieses Buch nicht so illustrieren können. Sie sammeln Katzendinge, halten Katzen, züchten Katzen, stellen Katzen aus oder schreiben über Katzen. Und dann gibt es natürlich noch die Katzenmenschen wie Sie und Sie.

Argumente für und wider die Katz

Die seligen Katzenzeiten mit einsamen Feldrainen, stillen Straßen, verwinkelten Dächern sind vorbei. Selbst bei mir auf dem Lande leben Katzen lebensgefährlich. Und doch gibt es mehr Katzen als je zuvor. Brauchen wir Menschen sie als Verbindungsglied zu den natürlichen Ursprüngen, als das lebendige Irrationale in unserem so programmierten Leben? Ist sie ein ausgleichendes Gegengewicht zu den Zwängen der Umstände? Ist sie wichtiger Spielkame-

rad der Kinder, Gefährte der Einsamen? Aus all diesen Gründen argumentiere ich für die Katze, auch in der Stadt. Doch hören wir auch eine Gegenstimme. In einem Beitrag für das »ZEITmagazin« hat Sybil Gräfin Schönfeldt ein Plädoyer gegen die Gefangenschaft der Katze in den engen Wohnkäfigen gehalten. Zum Nachdenken dieses abschließende Zitat: »Lieben Sie Katzen? Das ist heute kaum noch als Frage zu verstehen. Man liebt Katzen. Man hält sich Katzen. Katzen sind Mode, beim schicken Städter wie im Schafwoll-Milieu der Alternativen. Wo eine Katze im Fenster liegt und schläft, wohnen sensible Menschen mit sanfter Zärtlichkeit. Oder? ... Und die Katzen, die wilden, geduldigen, laut-

losen Katzen hängen ihr Herz an den einen Menschen, der ihnen das Fressen und das Überleben garantiert, und haben keine Ahnung, wie er sich damit brüstet, der Herr des freiesten und unabhängigsten Tieres zu sein, wie man seit Kipling sagt.

Und wie wenig er es ihnen dankt. Wie miserabel er sie behandelt, oft gerade wenn er behauptet, ein Katzenfreund zu sein. Wie er sie verkommen läßt, weil er ein ewiger Egoist ist und beim Kauf der Katze nur an sich dachte und nicht an das Tier, und weil ihn auch Jahre mit der Katze nicht gelehrt haben, was eine Katze ist und was sie braucht und was er ihr antut, wenn er sie wie einen dekorativen Einrichtungsgegenstand behandelt und nicht wie ein Geschöpf.«

1

2 △

4

Prominente Katzenfreunde

Eine subjektive Auswahl aus der Fülle von Katzenliebhabern, einige davon im Bild:

Raymond Chandler, Krimi-Autor, lebte mit der schwarzen Angorakatze Taki, die, 20 Jahre alt, 1951 starb.

Winston Churchills letzter Kater Jock starb 1975 in Chartwell und wurde für die Touristen durch einen neuen Jock ersetzt.

Colette, Schriftstellerin (1), hatte immer mehrere Katzen. Ihr Liebling: die Kartäuser La Chatte.

O. W. Fischer, Schauspieler, bekam 1952 seinen ersten Kater Michael. Er nannte sein Haus »Katzenschlößl« wegen der vielen Katzen.

Ernest Hemingway (3), lebte mit rund 30 Katzen auf seiner Finca Vigia, Kuba. Sie ist heute noch eine Katzenstation mit 40 Tieren.

Patricia Highsmith, (2) Amerikanerin in Frankreich, Siamesenfreundin. Ihre literarische Katze, der menschentötende Kater Ming.

Hermann Hesse hatte immer mehrere Katzen. Namen: Schneeweiß, Zürcher, Zwinkeler. Sein letzter Kater war Porphy (1962).

Erich Kästner lebte in München mit 4 Katzen. Die letzte hieß Mucki.

Rosa Luxemburg, Sozialistin. Ihre Katze Mimi bewunderte Katzenfreund Lenin 1912 in Berlin.

Aristide Maillol (4), hier mit Katze von seinem Bruder gezeichnet.

Mark Twain (5), hatte meist 10 Katzen. Namen: Apollinaris, Zoroaster und Sour Mash: die Nummer eins.

Katzomanen von A bis Z:

Die heilige Agatha; Baudelaire; Sarah Bernhardt; die Brontë-Schwestern; Claudia Cardinale; Jean Cocteau; Albert Einstein; Anatole France; Paul Gallico; Eugen Gerstenmaier; Heinrich Heine; Konfuzius; Abraham Lincoln; Sophia Loren; Jean Marais; Mohammed; Peter O'Toole; General Patton; Pablo Picasso; Franklin D. Roosevelt; Albert Schweitzer; Queen Victoria; Emile Zola.

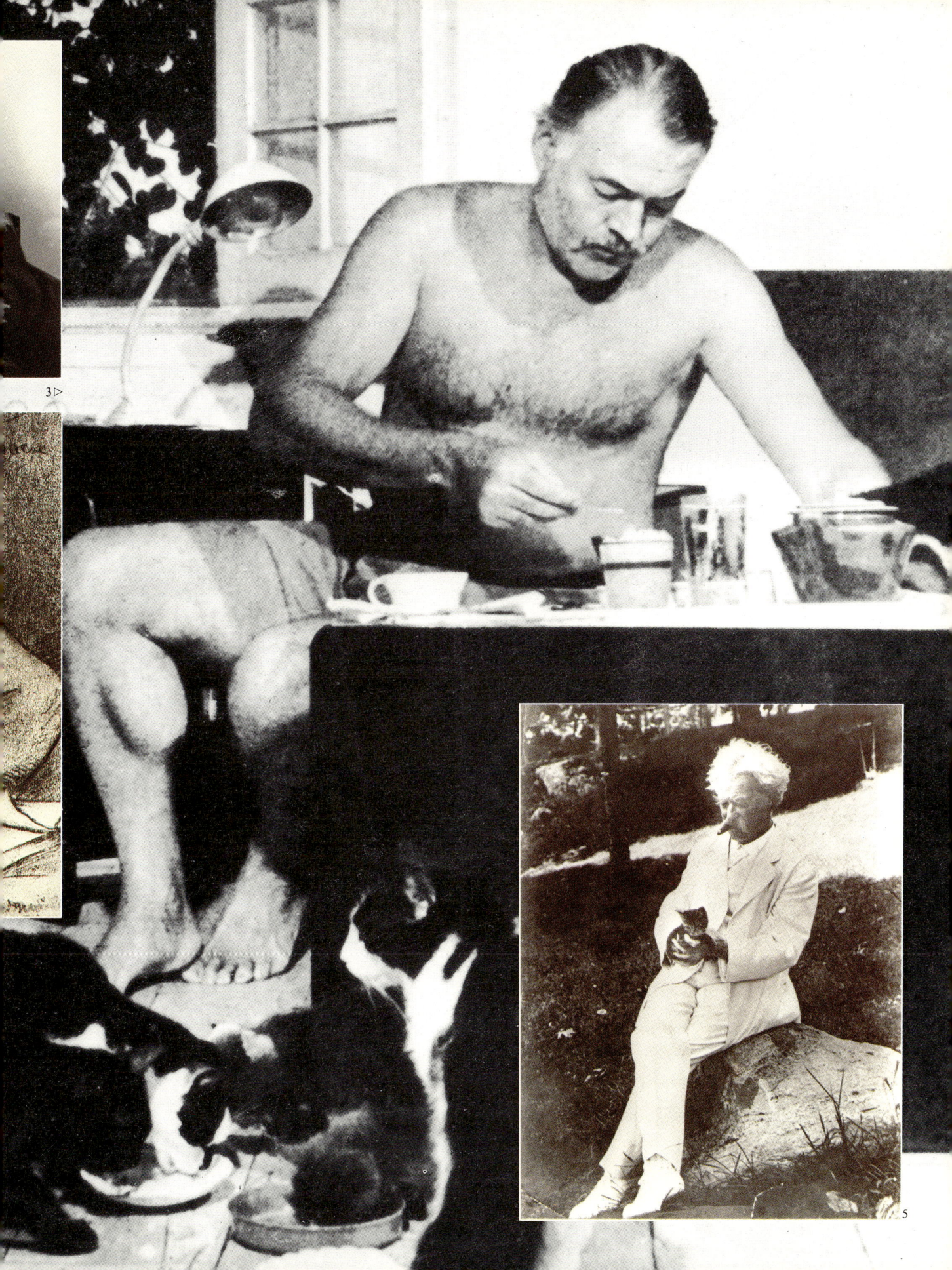

3▷

5

Überall ist Katzenland

Seit etwa zwei Jahren habe ich den Katzenblick. Ich sehe Katzen bis in die Düsternis verschlafener Läden. Im Schmuckgeschäft als Dekoration des Silberrahmens einen Katzendruck; Katzenpuppen, wenn ich durch das Kaufhaus haste, um in der Elektroabteilung Nötiges zu besorgen. Ich registriere die Katzenzungen im Schaufenster der Konditorei wie das reflektierende Katzenauge am Roller eines Kindes. Und in meinem Stammlokal mustere ich die Leute, die der Geschäftsführer an einen der Katzentische gequetscht hat.

Ich habe in dieser Zeit viel Kätzisches entdeckt: Schmusekatzen und stilisierte Schattenrisse als Geschäftsschilder. Die Schwarze Katz auf Weinetiketten. Steinerne, schmiedeeiserne und hölzerne Katzen als Schutzgeister für Häuser. Betonkatzen als Gartenfiguren oder im unendlichen Brunnenbad und natürlich lebendige Katzen. Schauen Sie sich auf dem Lande oder in den Vorstädten einmal gründlich um. Da starren Sie grüne Augen unbeweglich und abwartend von dunklen Heubodentreppen, aus Kellerlöchern oder Hecken an. Da wird ein Erdbuckel auf einmal platt und verschwindet im Gras, um fünf Meter weiter sich mit grotesken Flachsprüngen zu entfernen. Da wird Schwarzes schwarzweiß und krümmt sich zum Bogen, da versinkt eine Katze gleichsam im Boden, da sitzt ein Riesenvieh von gelbem Kater wie versteinert da, meditierend wie ein

dicker Guru, den Blick schräg vor sich bis in die Mitte der Erde gerichtet. Ich weiß, daß er weiß, daß ich ihm zuschaue, doch es stört ihn nicht. Dann der Sprung aus der Festigkeit seiner Körperform, und er hat sie, die Maus, und trägt sie schnell davon, um dreißig Meter weiter sein Fangespiel zu absolvieren.

Schwarze Katzen vor grellweißen Häusern auf Lindos, wo das Katzbuckelpflaster so glatt wie eine Eisbahn ist für einen Touristen mit harten Ledersohlen. Katzen wie Schatten im Bazar von Izmir, fetter als die Hunde dort, einander nicht beachtend. Katzen wie Kanonenkugeln auf den Mauern der Festung von Cartagena, auf irgend etwas wartend.

Und die Katzen in den Städten: Selten und bestaunt eine Siamesin an der Leine und – mein bisher ausgefallenster Katzenanblick – eine dreifarbige Japanese Bobtail an rotgoldener Seidenschnur in Londons St. James's Street. In den Wohnvierteln die Katzen in den Parterrefenstern und den Auslagen der Schaufenster. In Paris sind es so viele, daß man selbst mit Katzenblick kaum noch hinschauen mag. Katzen, die an den Hauswänden entlangschussen wie Hausfrauen, die weniger zum Einkaufen als zum Schwatzen und Klatschen eilen. Katzen, die in Hauseingängen ihre Zeit vertrödeln, sich gelangweilt putzen oder dösen und doch beim Nahen eines Hundes mit einem Trampolinsprung auf der nächsten Fensterbank landen. Alles Katzen mit bürgerlichem Zuhause,

1 Hauszeichen eines Baumeisters um 1600. Gefunden in Hoorn, Holland.

2 Katze an einer Einfahrt in Hamburg.

3 »La Gatta«, die Katze ziert das Schmiedeeisenzeichen am Veltlinerkeller an der Schlüsselgasse in Zürich.

4 In München-Germering wacht diese Dachkatze über ihr Haus.

5 Im Schaufenster eines holländischen Antiquitätenladens sitzt dieses Porzellan-Katzenpaar.

2

3

4

5

gepflegt, als trügen sie frischgebügelte Kittelschürzen.

Doch dann ist da noch, in den Städten mit vielen Katzenfreunden, der Untergrund. Die Katzen, die keinen Menschen haben, der sie regelmäßig füttert, pflegt, ihnen einen Sessel, einen Schlafkorb gibt. Ausgesetzte Katzen, verwilderte Katzen.

Manchmal sind sie offensichtlich wie im Kolosseum in Rom, wie die Montmartrekatzen in Paris. Manchmal gehen sie durch die Zeitungen wie die 35 streunenden Katzen aus dem Park des städtischen Altersheims in Augs-

6 Eine dicke schwarze Katze auf einer orangeroten Ente aus München.

burg, die wegen Liebesgeschrei und Schmutz getötet werden sollten, von Tierfreunden aber gerettet und sterilisiert wurden. Über ihre Zahlen weiß man nichts oder schweigt sich aus. Denn trotz oder wegen des Katzenbooms gibt es zu viele Katzen. Abertausende von gesunden Kätzchen müssen sterben, weil niemand sie will, und wenn man sie nicht rechtzeitig tötet, rekrutiert sich aus dem Heer der Überlebenden der Untergrund der Streunenden. Gewiß gibt es überall die Katzenheilsarmee, die Sanftpfoten-Franziskaner oder wie man sonst die Menschen nennen mag, die regelmäßig Streuner füttern. Meine Tochter hat so einen Abendtisch von drei Katzen. Es ist Gast-

freundschaft ohne Dankeschön. Mir geht es beim Beobachten dieser Streuner so wie bei den Stadtstreichern: es sind ausgesprochene Typen darunter, richtige Charakterkatzen. Nur sind sie selten so ungepflegt wie ihre menschlichen Kollegen.

In den USA ist die Katzenpopulation rapide gewachsen. Man schätzt die Zahl auf 35 Millionen. Und der schreckliche Nachsatz: fast die Hälfte sind streunende Katzen. Wieviel mögen es bei uns sein? Auf dreieinhalb Millionen häuslicher Katzen eine halbe Million ohne Zuhause?

Und das nur, weil man »der Natur freien Lauf« läßt oder Geld spart. Mit meinem Katzenblick sehe ich nicht nur das heile Katzenland.

Das perfekte Raubtier

Katzen sind erstaunliche Tiere. Anatomisch gesehen kann man sie als ein Meisterwerk der Natur bezeichnen. Ihr Körperbau entspricht in idealer Weise ihrem biologischen Lebenszweck, sich als Raubtier zu behaupten. Will man einen sportlichen Vergleich ziehen, dann ist die Katze der Zehnkämpfer: kein Spezialist, sondern ein Allroundkönner, ganz einfach der König der Athleten/Raubtiere. Eine Katze ist Meisterin in folgenden Raubtierdisziplinen: 1. Anschleichen, 2. Kurzstrecken-Schnellaufen, 3. Weitspringen, 4. Hochspringen, 5. Zielspringen, 6. Hindernislaufen, 7. Klettern, 8. Bäume-Rauflaufen, 9. schwindelfreies Balancieren, 10. Sich-durch-enge-Spalten-Quetschen. Mit dieser Meinung stehe ich natürlich nicht allein da, schon Alfred E. Brehm gab sich in seinem »Tierleben« ganz enthusiastisch: »Unter den Krallentieren nehmen die Katzen beinahe dieselbe Stellung ein, die dem Menschen unter den Handtieren zukommt. Sie sind nicht bloß die vollendetsten Raubtiergestalten, sondern mit alleiniger Ausnahme des Menschen, die vollendetsten Tiere überhaupt. Ein gleiches Ebenmaß zwischen Gliedern und Leib, gleiche Regelmäßigkeit und Einhelligkeit des Baues wie bei ihnen finden wir in der ersten Klasse nicht wieder.« (Anmerkung: Die »erste Klasse« bedeutet zoologisch alle Wirbeltiere).
»... Jede ihrer Bewegungen zeugt von ebenso viel Kraft wie anmutiger Behendigkeit. Fast alle Arten der Familie ähneln sich in ihren leiblichen wie in ihren geistigen Eigenschaften.« Darum nennen wir unsere Katze ja achtungsvoll-zärtlich Haustiger oder Palmentopf-Panther.

So ließ sich die Katze auch nicht durch Züchter korrigieren. Ihr Erbanlagenpaket wehrte sich gegen kurze Beine, lange Beine, schweren Körper, tiefen Brustkorb, großen Kopf, lange Ohren, Zwergwuchs, Riesenwuchs: nur mit den Farben des Fells und der Haarlänge dürfen die Züchter spielen. Es ist beachtlich, wie konservativ sich die Natur beim Typ Katze gibt.

Bewegung – dein Name ist Katze

Daß Katzen ein Skelett wie andere Tiere haben, mag verwundern, wenn man sie gewissenhaft mit dem Blick eines Anatomen, der von Knochen, Sehnen und Muskeln weiß, beobachtet. Da liegt sie, ein Bündel Pelz mit einem runden Kopf und sonst gar nichts. Keine Gliedmaßen, keine Konturen, nur flaches Atmen. Wären Wirbellose behaart, man könnte sie dieser zweiten Klasse zuordnen. Aus der Form- und Reglosigkeit kann sie emporschnellen zu einem gespannten Bogen, gotisch fast in der Spitzkrümme ihres Rückens. Sie hat vier Beine, lang und gestreckt. Nun sollte man meinen, daß Fuß, Wadenbein und Oberschenkelbein eine Konstante sind, eine gesicherte Länge haben.

Irrtum, eine Katze kann ein Bein so strecken, daß es länger scheint, als der ganze Katzenkörper. Die ungemeine Beweglichkeit, das Verändern der physikalischen Zustände von weich, fast flüssig zu federnd hart, von steinern unbeweglich zu einem wischenden Strich, von am Boden klebender Schwere zu scheinbarer Schwerelosigkeit, hat Axel Eggebrecht versucht, mit der Begeisterung der Katze am eigenen Körper zu erklären: »dann kümmert sie sich einen Schmarrn um ihre anatomische Zugehörigkeit zu den Wirbeltieren.«
Eine Katze kann die Wände hinaufgehen – wie in einem Trickfilm. Sie balanciert auf einer Mauer eleganter und mit mehr Nonchalance als jeder Seiltänzer. Sie springt vom Schrank in einem präzisen Zielsprung mitten zwischen das Geschirr und schlängelt sich – atemberaubend, herzbeklemmend – ohne Schaden anzurichten – durch die Gläsersammlung in der offenen Vitrine.
Die Katze ist lautlos wie ein Geist und kann unvermittelt wie ein Pferd trampeln. Sie ist leise, wenn sie leise und laut, wenn sie störend sein will. Sie »gleitet wie Sirup am Boden« (John Steinbeck), sie galoppiert wie ein Islandpony und sie kommt auf einen zugeweht, halbschräg hoppelnd, wie es kaum ein Clown zuwege bringt. Die Katze ist »die Blüte und der Gipfel des Stammbaums der Säugetiere« schrieb 1881 der englische Zoologe George Mivart und eröffne-

1 Über kurze Distanzen ist die Katze eines der schnellsten Tiere. Hier hat der Zeichner sechs Phasen eines Katzensprungs festgehalten.

2 Wie eine Katze geht, läuft und galoppiert, hat 1878 der Londoner Eadweard Muybridge erstmals fotografisch dargestellt. Die Bilder waren damals eine wissenschaftliche Sensation. Sein Sammelband »Animals in Locomotion«, Tiere in Bewegung, diente vielen Malern als Modell für ihre Tierbilder.

te ihr damit eine leidensreiche Laufbahn als beliebtes Versuchstier.
Beim Hoch-Weit-Luftsprung kann sie Pfoten plus Krallen als Waffe einsetzen, und Katzen, die sich spezialisiert haben, gelingt es, auf diese Weise Vögel zu fangen, wenn das auch gerne von Katzenhaltern heruntergespielt wird. Das Katzenskelett ist verschiebbar konstruiert, damit die Tiere sich ganz schmal oder ganz flach machen können. So sind sie imstande, unter dicht bis auf den Boden reichenden Schränken zu verschwinden, durch schmalste Ritzen zu entweichen und sich in flachsten Schubladen zu verstecken. Ist unsere Katze einmal verschwunden, muß man sie an den unmöglichsten Stellen suchen; sie kann sich dort aufhalten, wo man eigentlich nichts Dreidimensionales vermutet.
Auch die Mutterkatze ist eine Meisterin im Verstecken ihrer Kinder: In einem ländlichen Haus sind sie die ersten acht Tage so gut wie nicht zu finden, wenn Frau Mama es nicht will.

Schreiten, Traben, Galoppieren
Es fing mit einer Wette an: Der Eisenbahnmillionär Stanford wettete um 25000 Dollar, daß ein Pferd beim Galoppieren für einen Augenblick alle vier Hufe in der Luft hat. Der Fotograf Eadweard Muybridge half ihm, die Wette zu gewinnen. 1878 baute er zwölf Kameras im Abstand von 65 cm an einer Rennstrecke auf, Belichtungszeit 1/1000 Sekunde, ausgelöst durch Fäden, die das vorbeigaloppierende Pferd zerriß. Die Fotos

2

der Bewegungsphasen bewiesen, daß einmal alle vier Hufe in der Luft waren. Muybridge konstruierte eine Multi-Objektiv-Kamera, mit der er die Bewegungsabläufe von Tieren fotografierte, so auch einer Katze. Daß diese Fotos damals eine Sensation und ein Vorstoß in wissenschaftliches Neuland waren, mag uns im Zeitlupen- und Video-Zeitalter nicht so ganz einleuchten. Ich finde die Aufnahmen noch immer faszinierend.

Betrachten wir die Fortbewegungsarten der Katze genauer, sozusagen Schritt für Schritt. Beim Gehen hebt sie jeweils ein Bein vom Boden, dem Vorderbein rechts folgt das Hinterbein links und umgekehrt. Das nennt man Kreuzgang. Die Schrittlänge be-

trägt etwa 30 cm. Da der Hinterfuß in das Trittsiegel der Vorderpfote tritt, sieht eine Katzenspur wie runde, sauber in einer Linie gereihte Perlen aus.

Das Schleichen ist ein konzentriertes Gehen, manchmal in Zeitlupe, wobei eine Pfote für geraume Zeit in der Luft schweben kann.

Den Paßgang, bei dem die Beine der gleichen Seite hintereinander bewegt werden, kann man beim Schleichen, aber auch beim Trab beobachten. Auf jeden Fall wechseln die Gangarten miteinander ab. Je schneller die Katze trabt, um so quirliger bewegen sich die Beine: es sind gleichzeitig zwei in der Luft, vorne-hinten und rechts-links. Die Schritte sind raum-

greifend, die Fortbewegung schnell. Die Schrittlänge liegt jetzt bei 40 cm, die Spur steht in einer Linie, die Katze *schnürt* wie ein Fuchs.

In Galopp setzt sich eine Katze, abgesehen von einigen Sprüngen, die die Jagd beenden, nur auf der Flucht. Eine trainierte Katze kann dabei für kurze Strecken Geschwindigkeiten bis zu 50 Stundenkilometern erzielen. Während der Galopp unsportlicher Katzen in seinen krummen Bocksprüngen eher komisch wirkt, ist ein gekonnter Katzengalopp ein ästhetischer Genuß. Man sieht nur das Ausgreifen der Beine und das stufenlos gleitende Krümmen und Strecken der Wirbelsäule. Bei Zeitlupenaufnahmen (oder auf Abbildung 2) kann

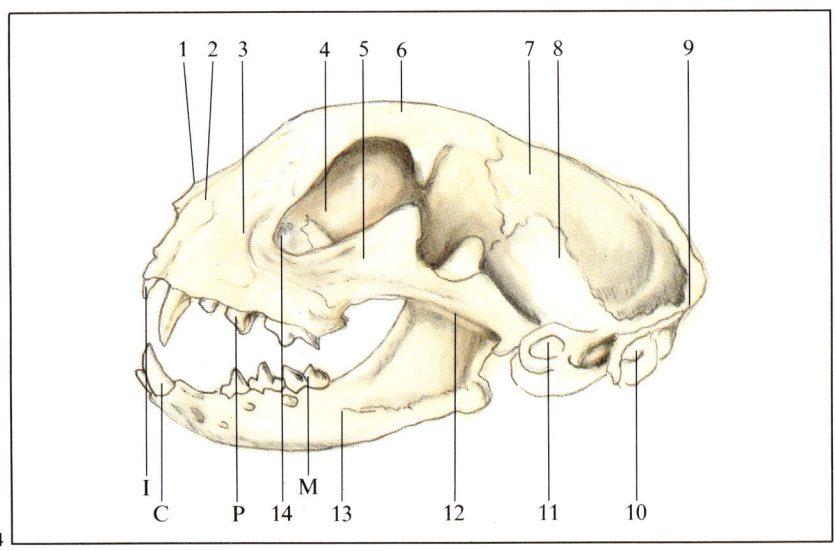

man beobachten, daß beide Vorder- und Hinterläufe gleichzeitig vorgesetzt und abgestoßen werden. Manchmal berühren drei Pfoten den Boden, manchmal sind sie auch in der Luft. Der Galopp wird meist dadurch beendet, daß die Katze ihre Flucht in eine höhere Ebene verlegt: auf einen Baum klettert oder auf eine Mauer springt. Für diese Sprints, für das Klettern und Springen bieten ihr Skelett und Muskulatur die besten Voraussetzungen.

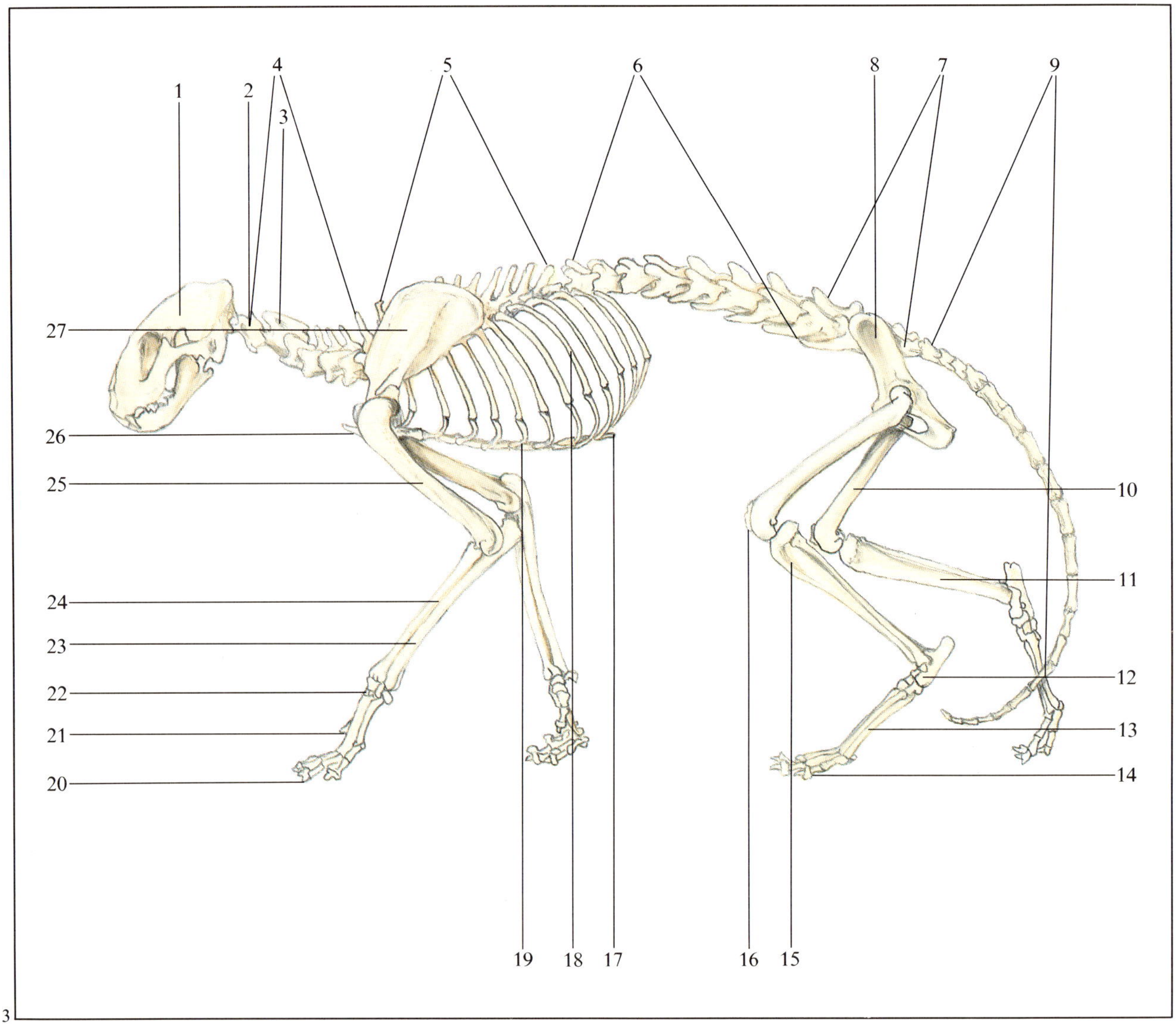

Eine erstaunliche Wirbelsäule

Die katzenhafte Beweglichkeit in alle Richtungen und die damit verbundene Eleganz beruhen auf der Konstruktion der Wirbelsäule. Das be-

3 Das Knochengerüst der Katze (insgesamt etwa 240 Einzelknochen): 1 Schädel; 2 Atlas = 1. Halswirbel; 3 Axis = 2. Halswirbel; 4 Halswirbel; 5 Brustwirbel; 6 Lendenwirbel; 7 Kreuzbeinwirbel; 8 Becken; 9 Schwanzwirbel; 10 Oberschenkelbein; 11 Wadenbein; 12 Hinterfußwurzel; 13 Hintermittelfuß; 14 Hinterzehen; 15 Schienbein; 16 Kniescheibe; 17 Schwertfortsatz; 18 Rippen; 19 Brustbein; 20 Vorderzehen; 21 Vordermittelfuß; 22 Vorderfußwurzel; 23 Elle; 24 Speiche; 25 Oberarmbein; 26 Schlüsselbein; 27 Schulterblatt.

4 Schädel und Gebiß der Katze: 1 Nasenbein; 2 Zwischenkieferbein; 3 Oberkieferbein; 4 die besonders große Augenhöhle; 5 Jochbein, bei Katern nach den Seiten stärker ausgewölbt; 6 Stirn; 7 Scheitelbein, das das Hirn schützt; 8 Schläfe; 9 Hinterhauptbein; 10 Halswirbelgelenkfortsatz (hier ist der Schädel mit der Wirbelsäule durch einen starken Muskelstrang verbunden, der das Drehen des Kopfes nach allen Richtungen erlaubt); 11 knöcherner Gehörgang; 12 Kiefergelenk; 13 Unterkiefer; 14 Tränenbein mit Tränenlöchern.
In beiden Kiefern zusammen 30 Zähne: M = 4 Molaren = Backenzähne; P = 10 Prämolaren = Vorbackenzähne; C = 4 Canini = Eck- oder Fangzähne; I = 12 Incivisi = Schneidezähne.

5 Die Muskulatur der Katze: 1 Musculus zygomaticus = Jochbein; 2 M. masseter = Kaumuskel; 3 M. sternomastoideus = Kopfwender; 4 M. occipitalis = Hinterhauptmuskel; 5 M. infraspinatus = Untergrätenmuskel; 6 M. trapezius = Kappenmuskel; 7 M. latissimus dorsi = langer Rückenmuskel; 8 M. obliguus externus abdominis = äußerer schräger Bauchmuskel; 9 M. glutäus medius = mittlerer Gesäßmuskel; 10 M. glutaeus maximus = großer Gesäßmuskel; 11 Fascia lata = Oberschenkelfaszie; 12 M. biceps femoris = zweiköpfiger Schenkelmuskel; 13 M. gastrocnemius = Zwillingsmuskel; 14 Zehenstreckersehnen; 15 M. extensor digitorum longus = langer Zehenstrecker; 16 M. satorius = Schneidermuskel; 17 M. serratus ventralis = Bauchsägemuskel; 18 M. flexor carpi ulnaris = Handbeugemuskel; 19 M. extensor carpi radialis = Handstrecker; 20 M. triceps brachii = dreiköpfiger Armmuskel; M. deltoidens = Deltamuskel; 22 M. sternohyoidens = Brust-Zungenbeinmuskel.

6 Katze mit Maus. Holzstichvignette aus England, um 1890.

ginnt mit den Halswirbeln, die besonders drehbar sind und von denen der zweite (Axis, früher Epistropheus = Umdreher genannt) große Ansatzflächen für die starke Muskulatur hat. So kann eine Katze auch größere Beutestücke davontragen oder den Kopf rückwärts nach oben drehen, um sich zum Beispiel die Zimmerdecke anzuschauen. Die Wirbelsäule besteht aus 7 Halswirbeln, 13 Brustwirbeln, 7 Lendenwirbeln und 3 Kreuzbeinwirbeln. Die hohen Dornfortsätze sind die Ansatzpunkte der Muskeln, die kräftig sind, ohne

massig zu erscheinen: Katzen sind keine Muskelprotze. Die Lendenwirbel, die von vorne nach hinten an Länge und Breite zunehmen, erweisen sich als perfekte Drehpunkte. Zusammen mit den an ihnen befestigten Muskeln sorgen sie für das enorme Sprungvermögen und die Fähigkeit der Katze, sich in der Luft im Sprung so wenden zu können, daß die Sprungrichtung korrigiert wird. An diese superelastische Konstruktion schließt sich etwas Festes an – ein Körper muß auch Stabilität haben –: die drei miteinander verschmolzenen Kreuzbeinwirbel, die dem Beckengerüst Halt geben. Der Schwanz mit rund 20 Wirbeln und Wirbelchen, die letzten sind nur noch millimetergroß, ist wieder ganz biegsam und elastisch: Wichtiger Balancierstab und Steuerungsinstrument, Signalflagge, persönliche Standarte und Accessoire der Eleganz. Wie unelegant eine Katze ohne einen Schwanz geht, beweist die Manx-Katze, die eher wie ein hoppelndes Karnickel wirkt.
Das Bauprinzip des gesamten Katzenskeletts ist auf feste Nachgiebigkeit ausgerichtet. Die Vorderbeine sind nicht starr mit dem übrigen Skelett verbunden, ihre lose Aufhängung durch starke Sehnen und Muskeln bietet optimale Federung auch bei Sprüngen aus größerer Höhe. Obwohl die Katzenknochen eher fein und vom Aussehen her zart sind, erweisen sie sich von großer Festigkeit, ohne bruchanfällig zu sein. Der

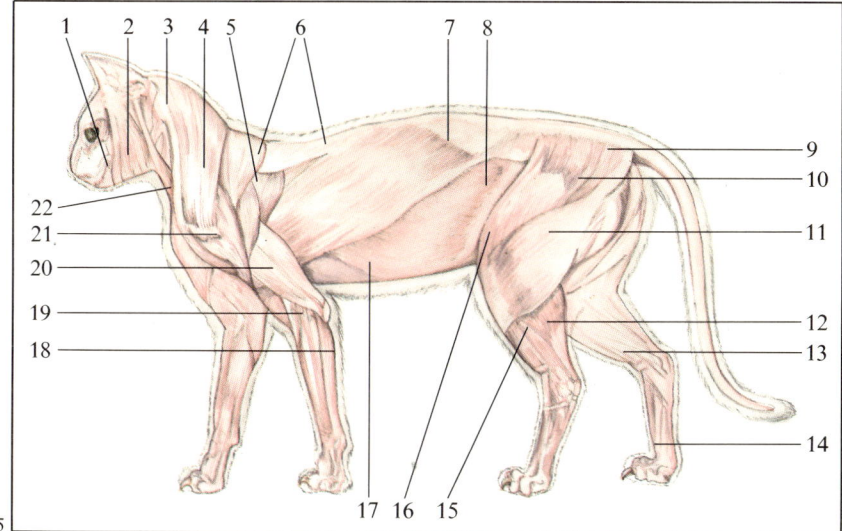

5

6

Brustkorb ist in sehr kräftige Muskulatur eingebettet, Brustbein und Rippen sind wiederum elastisch. Sie umschließen den Raum für ein großes Herz und Lungen mit reichlich Atemkapazität – wobei die Muskeln die Rippen eher pressen als dehnen. So sieht man der schlafenden Katze das Atmen meist nicht an. Kranke Katzen können bei Lungen- oder Rippenfellentzündung, wenn die Brustmuskulatur Schmerzen bereitet, auf Bauchatmung umschalten. Ein symptomatisches Zeichen.

Typisch für die Muskulatur der Katze sind weniger kräftige Muskelstränge als nicht so spektakuläre, dafür aber sehr effektive Muskelplatten mit horizontalen Fasern.

Aus gutem Grund: legere Kleidung

Mit Ausnahme der Nase und den Sohlenballen ist der ganze Körper der Katze mit Fell bedeckt. Und auch hier finden wir wieder das Prinzip der Beweglichkeit und des elastischen Nachgebens. Die Katze trägt sehr legere Maßkleidung, und das hat seine Vorteile, wenn man noch Jägerin oder Katerkämpfer ist. Alle Kater haben scharfe Krallen – und Mäuse wie Ratten spitze Zähne. Das wäre wesentlich unangenehmer, wenn die Katze durch strammsitzende Haut sozusagen auf Taille gekleidet wäre. So ist kein rechter Angriffspunkt da, Wegrutschen können ist auch eine Stärke. Dicht unter dieser Haut sitzen spezielle Muskeln, die die Haare aufrichten: Katzen können ihr Fell sträuben.

Fell und Haut regulieren die Körpertemperatur, die normal zwischen 38 und 39 Grad Celsius liegt. Hitzeausgleich erfolgt durch Hecheln, da nur die Sohlenballen Schweißdrüsen besitzen. Jedes Haar hat dagegen eine Talgdrüse, deren Inhalt beim Putzen über das ganze Fell verteilt wird.

Die Länge der Haare ist von Tier zu Tier und je nach Rasse verschieden, sie variiert zwischen einem und fünfzehn Zentimeter. Sogar die haarlosen Katzen (Abbildung 5, Seite 290) tragen einen leichten Flaum. Das Normalfell besteht aus der kurzen *Unterwolle*, die um so dichter ist, je mehr das Tier sich im Freien aufhält, den langen *Leithaaren* und den *Grannen*

oder *Oberhaaren,* die zusammen die *Deckhaare* ausmachen und für das glänzende Fell verantwortlich sind. Zweimal im Jahr ist Haarwechsel, im Frühjahr und im Herbst; dabei ist die Fellpflege durch den Menschen – das Entfernen der abgestorbenen Haare mit einer Bürste – besonders wichtig. Schnurrhaare, hart und borstenartig, gehören nicht hierher, sie sind besonders sensible Sinnesorgane. »Gegen den Strich«, von hinten nach vorne oder an der Kehle von unten nach oben, mögen Katzen nicht gestreichelt werden. Das bringt ihr Haut-Nervenkostüm durcheinander und macht die Katze unruhig. Es kann dadurch das sogenannte »Flohbeißen« ausgelöst werden, das im Ver-

haltensrepertoire dem Tötungsbiß verwandt ist. Die Katzenhaare sind so gewachsen, daß sie Hindernissen den geringst möglichen Widerstand bieten, beim Anstreifen jedes Geräusch verschlucken und die Haut vor Fliegen und Mücken schützen, wenn die Jägerin Katze minutenlang unbeweglich auf die Beute lauert. Ein guter Regenschutz ist das Katzenfell nicht. Ein kurzer Guß läuft zwar ab, Dauer- oder Nieselregen durchnäßt die Katze bis auf die Haut, weshalb die meisten Katzen keine Wasserfreunde sind.

Pigmenteinlagerungen im einzelnen Haar geben dem Fell Farbe. Zwei Arten des Farbstoffes Melanin sind kompetent für die ganze Vielfalt: Eu-

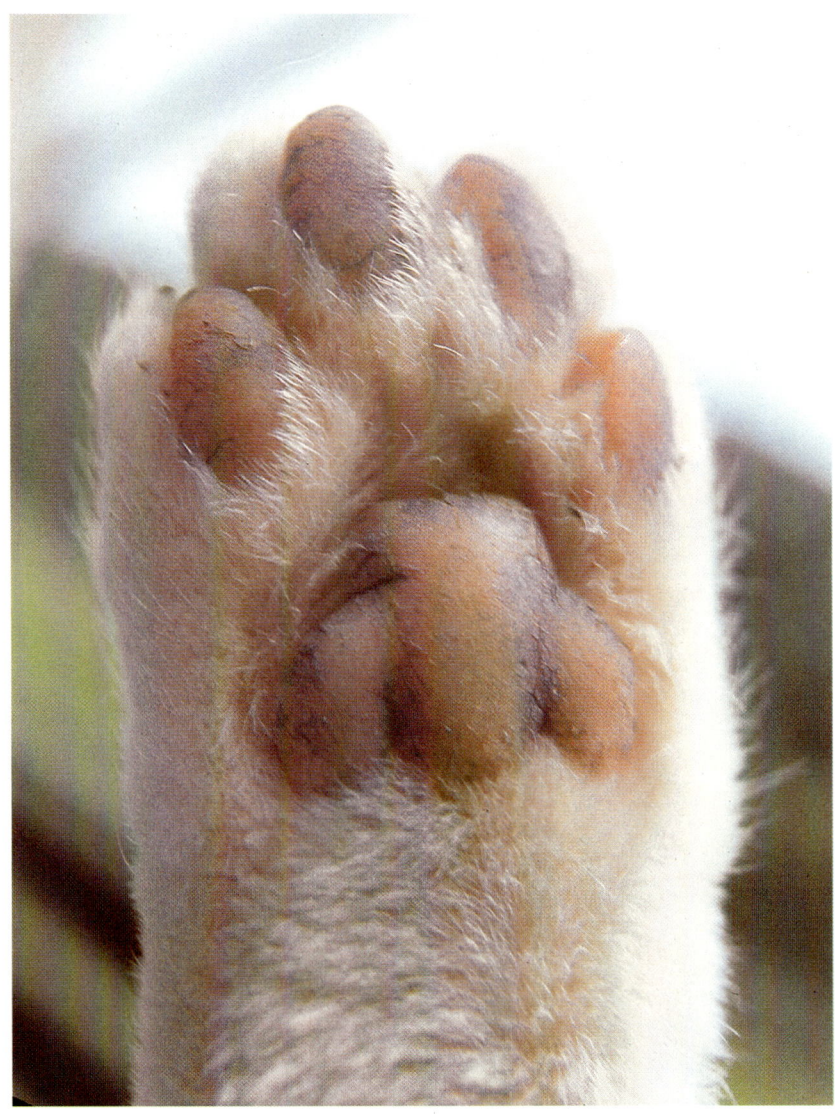

melanin für Schwarz und seine Aufhellungen Blau, Braun und Lila; Phaeomelanin für Rot und alle Cremefarben.

Der Trick mit den Krallen

Wenn in Gedichten von der *Tatze* gesprochen wird, so nur um des Reimes willen, denn Katzen haben keine Tatzen, sondern Pfoten. Zoologisch ist die Pfote eine Weiterentwicklung der Tatze. Tiere, die schnell laufen und springen, brauchen keine Fußsohle mehr, sie gehen auf den Zehen, beziehungsweise Fingern, wobei das Gegenstück des menschlichen Daumens nicht benutzt wird und verkümmert. Bei den Katzen ist es die Nebenklaue an den Vorderpfoten. Die Hinterpfo-

te hat nur vier Zehen. Die Pfoten selbst erscheinen rund und sind bis auf die Sohlenballen behaart. Wenn man sie in die Hand nimmt und vorsichtig befühlt, glaubt man kaum, daß sich in ihnen eine Art Hand fortsetzt: fünf Knochenreihen, die in Vorderzehenknochen enden, an deren Spitze die Krallenbeine sitzen. Denn diese weichen, runden Pfoten sind neben dem Gebiß die wichtigste und wirkungsvollste Waffe der Katze. Die Krallenbeine enden in nadelspitzen und rasiermesserscharfen Krallen aus Horn.

Betastet man die Pfoten, sind gerade noch die Spitzen der Krallen zu spüren, die in den Krallentaschen stecken wie Dolche in der Scheide. So

sind sie vor Abnützung beim Laufen geschützt und können nicht stumpf werden. Ein raffinierter Muskel- und Sehnenmechanismus (siehe Abbildung 9) hält die Krallen hochgeklappt, wenn sie nicht gebraucht werden. Will die Katze eine Beute packen, irgendwo hinaufklettern oder sich festhalten oder verteidigen, zieht der Beugemuskel (Flexor) mit den unten liegenden Sehnen die Krallen vor: blitzschnell, wie von einer starken Feder getrieben, schießen sie heraus und verwandeln die weiche Pfote in eine waffenstarrende Hand. Zur Verteidigung teilt die Katze Hiebe und Ohrfeigen aus, sie wirft sich auch auf den Rücken und hält vier behende Pfoten mit achtzehn scharfen Dol-

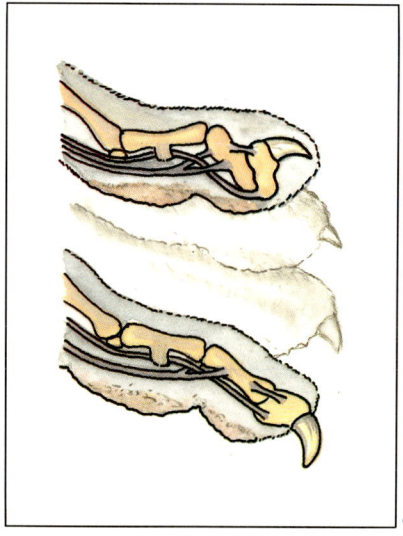

9

7 *Katzen sind Zehengänger, ihre Sohlenballen mit kräftiger, glatter Hornhaut überzogen und stark gepolstert. Sie verleihen den Tieren ihren leisen Gang und wirken bei Sprüngen als Stoßdämpfer.*

8 *Die Krallen sind beim Gehen eingezogen und werden deshalb nicht abgewetzt. So kratzt die Katze an Bäumen oder Möbeln, um die Krallen in optimalem Zustand zu halten.*

9 *Das vordere Zehenglied mit der Kralle wird in Ruhestellung durch zwei Paar elastische Bänder nach oben gezogen: die Kralle ist nicht sichtbar. In Erregung werden die Krallen durch unten verlaufende Sehnen in umgekehrter Richtung herausgestreckt.*

8

chen zur wirkungsvollen Abwehr bereit.

Wie effektiv ihre Krallen sind, weiß jeder, der mit Katzen umgeht: nur eine versehentliche Berührung läßt einen roten Strich auf unserer Haut erscheinen; ein etwas verrutschter Sprung auf unser Knie einige Blutströpfchen quillen. Um so bemerkenswerter finde ich, daß diese Schwerbewaffnete uns so wenig verletzt, wenn wir richtig mit ihr umgehen: sie zu keiner Ortsveränderung zwingen, unsere Hand nicht wie fliehende Beute vor ihr bewegen, sie nicht ohne Ausweichmöglichkeit zur Flucht lassen und uns mit einem Handschuh schützen, wenn wir wie ihresgleichen mit ihr spielen: unsere Haut sitzt nun mal prall auf Figur.

Hier noch einige Worte zu den Sohlenballen: 4 Zehenballen, 1 Hauptballen sowie der für den verkürzten Daumen an den Vorderpfoten. Die feste Hornhaut ist glatt und doch angenehm lebendig, so daß ich gerne darüber streiche. Das fühlt sich an wie kräftige Seide, richtiger noch wie Chintz, weshalb ich den Begriff *Samtpfoten* nicht zutreffend finde und lieber von *Seidenpfoten* oder *Sanftpfoten* schreibe und spreche. Denn sanft können sie mit ihren Pfoten sein, wenn sie uns zärtlich antupfen oder sogar streicheln.

Die äußersten Hornschichten der Krallen sterben von Zeit zu Zeit ab, so daß die Katzen sie entfernen wollen. Zu diesem Zweck kratzen sie an Bäumen und wenn sie die nicht haben, an Möbeln, Vorhängen oder Wänden. Das Kratzen dient auch zum Schärfen der Krallen, sowohl praktisch wie symbolisch, denn *Krallenschärfen* ist in gleicher Weise ein Imponiergehabe. Spielerisches *Krallenspreizen,* das so effektiv Fäden aus Teppichen und Stoffen zieht, gehört mit zum Repertoire der Rolligkeit und Hitze. Damit die Krallen nicht zu lang werden und unsere Wohnung nicht zu sehr leidet, haben die Katzenfreunde Kratzbäume und Kratzbretter erfunden, wie sie auf den Seiten 179 und 180 abgebildet sind. Keine katzenfreundliche Erfindung ist die Amputation der Krallen, die in der 1972 erschienenen veterinärmedizinischen Arbeit von Patrick Haegeli

beschrieben wird. In »Contribution à l'étude de l'amputation des griffes du chat« schlägt der Autor vor, die Krallen mitsamt dem dritten Zehenglied zu amputieren, damit sie nicht nachwachsen. Dadurch vermeide man großen Schaden an Möbeln, Tapeten und Teppichen. In den USA praktiziert man es mit Erfolg für die Möbel und, wie man sagt, ohne Schaden für die Katzen. Davon bin ich nicht überzeugt; selbst wenn die Kratzreflexe erhalten bleiben, können sich die Tiere nicht mehr mit ihrer natürlichen Sicherheit bewegen, vom Mäusefangen einmal abgesehen.

Es ist doch erstaunlich, was die Menschen so an Tieren herumschnippeln möchten. Und wenn es nicht die Ohren und Schwänze sind, müssen es die Krallen sein. Im übrigen ist die »Operation Samtpfote« bei uns verboten.

Die Kunst des Kletterns

Daß Katzen mit Schwung einen Baum hinaufklettern können, habe ich schon erwähnt. Sie benutzen dazu die kraftvollen Stemm-Muskeln ihrer Hinterbeine, die Nach-vorn-Heber ihrer Ober- und Unterschenkel bis zu den Muskeln ihrer Pfoten. Die Vorderbeine geben den Halt, dank ihrer Beweglichkeit zu den Seiten hin auch die Führung: eine Katze kann einen Ast »umarmen«.

In der biologischen Entwicklungsreihe steht die gute Kletterin Katze als »Krallen- und Schwielenkletterer« ziemlich am Anfang. Der größte Spezialist in ihrer Familie ist der Baumozelot, seine Hinterpfoten haben die Funktion von Greifwerkzeugen, und er ist die einzige Katze, die in Bäumen jagen und Beute machen kann. Unsere Hauskatze kann das nicht, auch wenn Vogelfreunde überzeugt davon sind oder Ihre Katze es vielleicht schon einmal mit Erfolg geschafft hat.

Zum guten Klettern gehören Schwindelfreiheit und die Kunst, seine Bewegungen perfekt zu beherrschen und koordinieren zu können. Über den guten Gleichgewichtssinn der Katzen und wie sie »immer auf die Füße fallen« lesen Sie auf Seite 79. Klettern kann jede Katze von Natur

10

11

aus – und zwar einen Baum hinauf. Das Herunterklettern muß sie lernen. Aus größerer Höhe geschieht das immer rückwärts, damit die Krallen als Steighaken eingesetzt werden können. Unerfahrene Katzen versuchen es vergeblich mit dem Kopf voraus. Sie rutschen, bekommen Angst und wagen sich nicht mehr vor oder zurück. Aus einem hohen Baum gelingt es dann nur noch der Feuerwehr, sie zu holen. Ist eine Katze auf einen Baum geflüchtet, kann sie starr vor Schreck lange Zeit oben bleiben.

Bei den gemeinsamen Spaziergängen mit Hunden und Katze gibt sie immer zirkusreife Vorstellungen: Sie läuft die Apfelbäume hinauf, sie krabbelt Weidezaunpfosten hoch, um

12

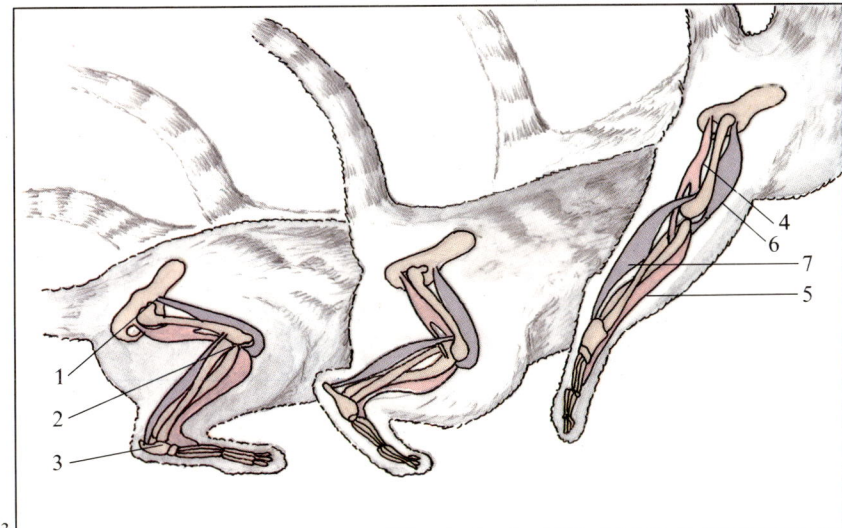

13

10 *Katzen können erstaunlich schnell einen Baum oder einen Pfahl hinaufklettern. Es sieht mühelos aus, wie ein Hinauflaufen.*

11 *Genauso »läuft« die Katze einen Baum wieder herunter. Nur wenn es schwierig wird, hangelt sie sich langsam rückwärts nach unten.*

12 *Auf den ersten Blick sogar unelegant sieht dieser Zielsprung einer Katze aus. Die Hinterbeine sind schon nach vorne gezogen, so daß sie auf allen vieren landen wird.*

13 *Um dem Sprung eine große Anfangsgeschwindigkeit zu geben, müssen die Muskeln an den Hinterbeinen sehr kräftig sein. Sie sind am Becken (1), am Knie (2) und an der Hinterfußwurzel (3) angesetzt. Es gibt zwei Muskeltypen: die Streckmuskeln (Extensoren 4 und 5) und die Beugemuskeln (Flexoren 6 und 7).*

oben lässig sitzend den Hunden zu sagen: »Das kann ich – die Katze!«

Nur ein Katzensprung?

Die Katze ist Meisterin im Zielsprung, einer Disziplin, die ein Raubtier beherrschen muß, das flüchtiges oder scheues Wild jagt. Die anatomischen Voraussetzungen für Zielspringen finden sich im wesentlichen in den Hinterläufen. Diese werden vor dem Sprung weit nach vorne gesetzt, möglichst unter den Schwerpunkt des Körpers, so daß sich die vier Pfoten fast berühren. Für die starke Beugung der Wirbelsäule – sie ist dabei wie ein Bogen gespannt – und des Beckens besitzt die Katze einen speziellen Muskel, den kleinen Lendenmuskel. Die Streckermuskeln im Oberschenkel sind sehr stark, dadurch bekommt der Sprung gleich eine hohe Anfangsgeschwindigkeit. So sind bei Katzen die Strecker in den Hinterbeinen doppelt so kräftig wie die Beuger, die wieder in den Vorderbeinen dominieren. Doch was sind Muskeln ohne Köpfchen. Zum richtigen Zielsprung muß das Ziel haargenau anvisiert, die Entfernung auf einen Zentimeter präzise geschätzt werden. Das wiederum setzt ein sicheres Sehvermögen voraus: die Augen müssen frontal stehen. Der Aufsprung wird möglichst erschütterungsfrei abgefangen, damit der Körper nicht das Gleichgewicht verliert, wenn der Sprung in der Höhe vom Schrank zum Tisch oder von Ast zu Ast erfolgt. Springt die Katze auf ihre Beute, werden während des Sprunges schon die Krallen ausgefahren. Aufsetzen und Zupacken sind miteinander gekoppelt. Beim Sprung dient der Schwanz gleichsam als Steuersegel und wird beim Aufsetzen zur Balancierstange oder zur Bremse.

Wenn man beobachtet, wie eine Katze mühelos, ohne Anlauf oder sonstige Vorbereitungen, ihren Standort vom Fußboden auf die Fensterbank verlegt, kann man über diese Körperbeherrschung nur staunen. Mit Hilfe ihrer Streckmuskeln in den Hinterbeinen »liftet« sie sich gleichsam hoch, als könne sie ohne Anstrengung die Ebenen wechseln.

Der Sprung unserer Katze auf meinen Schoß, ob vom Boden schwebend, ob – nach kurzem Anpeilen – von der Lehne des Biedermeiersofas, ob vom Rand des Kachelofens über meine Schulter fliegend, ist für mich immer ein kleines Wunder.

Doch etwas möchte ich hier klarstellen: Katzen sind, obwohl von der Natur dazu ausgerüstet, keine Sportfanatiker und Aktivisten. Am liebsten liegen sie faul herum, schlafen und träumen vom Klettern, Jagen, Sichanschleichen und Springen.

Das Gebiß als Werkzeug und Waffe

Das niedlichste Miezekätzchen, mit seinem runden Schnäuzchen so recht zum Liebhaben, erweckt den Anschein eines bedrohlichen Tigers, wenn es gähnt. Unübersehbar sind die großen, leicht nach hinten gebogenen, dolchartigen Eckzähne und entsprechen in ihrer formalen Schrecklichkeit den Krallen. Selbst wenn die Katze friedlich döst, an den Seiten unter ihrer Oberlippe schauen die Zahnspitzen vor, und mit tastendem Zeigefinger kann man sie bei geschlossener Schnauze fühlen.

Auf Seite 62 finden Sie das Katzengebiß anatomisch-abstrakt dargestellt [siehe Bildlegende zu 62/4]: die Eckzähne, die Vorbackenzähne und die Backenzähne sowie die kleinen Schneidezähne.

Auf der gegenüberliegenden Seite (Abbildung 14) sehen Sie das Gebiß in natura.

Mit den Eck- oder Fangzähnen kann eine Katze ihre Beute sekundenschnell töten. Sie muß den Tötungsbiß lernen (wie und warum lesen Sie auf Seite 106), und manche Wohnungskatze wird ihn nie beherrschen. Doch wer ihn gelernt hat, kann ihn perfekt.

Auch hier erkennen wir wieder das zurückhaltende Ritual der Katzenhandlungen. Da gibt es kein Zubeißen, Reißen oder blutiges Gemetzel, da wird gleichsam stilisiert getötet. Mit einem einzigen Biß packt sie die Beute im Genick. Die langen Fangzähne zerteilen die Muskelfasern, schieben die Sehnen und Bänder beiseite und renken die Halswirbel des Beutetieres aus. Sie brechen ihm das Genick und dabei fließt nicht mehr Blut als bei vier Nadelstichen. Daß dieses gezielte Genickpacken meist nur bei kleinen Beutetieren gelingt, ist der Unterschied zwischen Verhaltenslehre und Jagdpraxis. Eine Ratte, mit der die Katze kämpfen muß, wird selten so sauber erledigt. Da gibt sich die Katze auch mit einem Kehlbiß zufrieden, mit dem Löwen und Tiger meist Wildrinder töten, deren Nacken durch große Muskelstränge geschützt sind.

Soviel zum Gebiß als Waffe.

Als Werkzeug werden die Zähne ein wenig zur Körperpflege und hauptsächlich bei der Nahrungsaufnahme benutzt.

Die Schneidezähne, je sechs im Ober- und Unterkiefer, können durch die Größe der Eckzähne beim Beutemachen kaum eingesetzt werden. Sie sind extrem klein, helfen höchstens beim Festhalten der Beute und werden von der Katze zum Benagen von Knochen benutzt und zusammen mit der Zunge bei der Körperpflege eingesetzt. Man kann mit ihnen nach Flöhen beißen, man kann an den Krallen knabbern, man kann auch mal den Pelz damit kämmen. Oder zusammen mit der leckenden Zunge seinem Menschen sanft nagend sagen, wie gern man ihn hat.

Beim Kauen scheinen die Eckzähne der Katze im Weg zu sein. Das fällt mir immer wieder auf, wenn ich sie vor ihrer Schüssel kauern und kleine Stücke fressen sehe. Dann ragen die blankweißen Riesen ihr irgendwie hinderlich aus dem Maul. Anders ist es beim Anschneiden einer Maus. Da halten die Eckzähne wie eine Supergabel die ganze Portion fest, während die eigentlichen Bissen mit den Backenzähnen abgeschnitten werden. Dieses Schneidegebiß ist wieder ausgesprochen kätzisch konstruiert nach dem Motto: mit dem geringstmöglichen Einsatz den größten Erfolg zu erzielen. Die Zähne sind sehr scharfkantig, haben spitzhöckerige Schneideflächen, die genau passend zur anderen Zahnreihe die Lücken füllen. Ein kleiner, feiner, Fleisch ohne Kraftaufwand durchschneidender Zerteilmechanismus. Wer einmal einen Finger dazwischen brachte, wird so ein Katzengebiß nie mehr unterschätzen.

Abgebissen wird seitlich, gekaut wird seitlich: Katzen können die Nahrung nicht bei geschlossenem Mund zerkleinern. Sie schlingen aber auch nicht, und so geht eine Mahlzeit gemächlich vor sich. Man läßt sich Zeit, nagt die Knochen mit den Schneidezähnen ab, raspelt sie mit der hornigen Zunge fein. Meine einfachen Notizen zum Mäusefreßverhalten der Katze »Kitten und Co.«, sind eigentlich unverbindlich in der Aussage. Mal wird der Kopf zuerst gefressen oder ausschließlich. Dann bleiben Kopf und Magen wie Galle liegen. Dann wiederum wird eine Maus nur ausgehöhlt. An manchen Tagen werden nur die Schwänze beknabbert, und dann liegen tagelang unversehrte, nur durch den Nackenbiß getötete Mäuse vor der Haustür. Auch kommen alle Verhaltensforscher, die die Freßgewohnheiten der Katze beobachtet haben, zu bestimmten Regeln, was das Anschneiden und Zerbeißen betrifft; aber sie können nicht verbindlich sagen, was Katzen am liebsten mögen. So beschreibt es Paul Leyhausen: »Katzen kauen im allgemeinen nicht, sondern zerschneiden mit den als ›Brechschere‹ wirkenden Reißzähnen die Beute in kleine Stücke oder längere Streifen, die sie dann im ganzen herunterschlucken. Regelmäßig zerkaut werden nur die Köpfe größerer Beutetiere.«

Typisch ist die Kopfneigung beim Beißen und der Zusammenhang zwischen Kau- und Ohrmuskeln. Die Ohrmuscheln liegen dadurch flach nach hinten, einseitiges Kauen beeinflußt nur das der Kauseite zugehörige Ohr.

Da Katzen größere Stücke hinunterschlucken und die Knochen von Beutetieren mitfressen, arbeitet ihre Magensäure sehr aktiv: sie löst Fleischbrocken wie Knochenstücke auf und tötet Bakterien ab. Deshalb sind Katzen relativ unempfindlich allen Infektionen gegenüber, die durch Nahrung in den Körper gelangen.

Katzen kommen ohne Zähne auf die Welt. Die Spitzen der Milch-Eckzähne schauen bereits nach zwei Wochen durch, die Milchschneidezähne sind mit acht Wochen entwickelt, der Zahnwechsel erfolgt mit einem halben Jahr.

Die neun Monate alte Katze hat das komplette Gebiß und ist, was Katzen sind, ein perfektes Raubtier.

14 Das Gebiß eines Jägers.
Die Eckzähne packen die Beute und töten sie oder sie zerreißen das Fleisch in größere Stücke. Als »Scheren« und Knochenbrecher arbeiten der Backenzahn im Unterkiefer und der hintere Vorbackenzahn oben. Da Katzen keine Mahlzähne besitzen, wird die Nahrung mit den hornigen Huckeln der Zunge zerrieben.

14

Nur ein Katzensprung

In den sprichwörtlichen Redensarten begegnen wir häufig der Katze. Hans Sachs dichtete in seinem Schwank vom Katzenkrämer: »Der hat fünf Katzen feil, eine Schmeichelkatze, eine nasse Katze, eine Haderkatze, eine Naschkatze und eine faule Katze.« Rund tausend Redensarten, in denen die Katze eine Rolle spielt, zählt Karl Friedrich Wilhelm Wanders »Deutsches Sprichwörter-Lexikon« von 1870 auf, zu denen noch einige dazugekommen sind. Die allgemeine Tendenz der Sprichwörter: eher skeptisch, abwartend und herunterspielend, als großsprecherisch und optimistisch heiter.

Nur ein Katzensprung: eine kurze Entfernung, nicht der Rede wert.

Das ist für die Katz: das ist vergeblich, zwecklos. Beruht auf dem alten Sprichwort »Was einer spart mit dem Mund, ist für Katze und Hund.« Verwandt damit ist

Alles für die Katz: es ist alles vergebens, aus einem Klagelied des Burkard Waldis von 1542.

Verschwinden wie Schmitz' Katze: rasch und unauffällig flüchten. Schmitz steht hier für jedermann.

Das lockt keine Katze unter der Zentralheizung hervor: modernisierte Form vom »Hund hinter dem Ofen«.

Wie die Katze um den heißen Brei: Ausflüchte machen, nicht auf den Kernpunkt einer Angelegenheit kommen. Bereits im 16. Jahrhundert nachgewiesen. Auch französisch: »Tourner autour du pot«.

Die Katze aus dem Sack lassen: die bisher verheimlichte wahre Meinung sagen; die Wahrheit ans Licht kommen lassen. Hierher gehört auch »Raus mit der Katze aus dem Sack!« womit gemeint ist: »Heraus mit der Sprache!«

Die Katze im Sack kaufen: mit der vorigen Redensart verwandt, bedeutet etwas unbesehen kaufen. Geht auf eine Fabel zurück, in der dem Teufel in der Neujahrsnacht eine Katze im Sack als dreibeiniger Hase verkauft wird. In den ländlichen »Probenächten« als Rechtfertigung der vorehelichen Beziehungen: »Man kauft doch keine Katze im Sack.«

Die Katze hat's gefressen: wenn man keine Auskunft über den Verbleib einer Sache machen will oder wenn man keine Lust zu langen Erklärungen hat. Schon bei Geiler von Kaisersberg im 15. Jahrhundert in der Parabel von der naschhaften Magd.

Die Katze mag die Fische nicht: wenn jemand so tut, als möchte er etwas nicht essen, was er in Wirklichkeit sehr gerne mag.

Wie Katz und Hund zusammenleben: in Feindschaft leben, sich nicht vertragen können. Beruht auf der Volksmeinung, daß Katze und Hund von Natur aus Feinde sind. Die Wirklichkeit widerspricht dieser aus Preußen stammenden alten Redensart.

Ein Gesicht machen wie die Katze, wenn's donnert: vor Erstaunen die

Augen weit aufreißen, erstaunt oder verwundert schauen, überrascht sein. Seit dem 18. Jahrhundert.

Das geht wie das Katzenficken: etwas geht sehr schnell. Schon im 19. Jahrhundert, sonst Soldatensprache wie

Es ist zum Katzenficken: es ist zum Verzweifeln. Gleichzeitig in der Vulgärsprache entstanden.

Er kann die Katze am Arsch lecken: derbe Abweisung, gemildert durch den Hinweis auf die Katze. Gesamtdeutsch, aber nicht bayrisch.

Das trägt die Katze auf dem Schwanz fort: für eine kleine Menge, denn auf einem Katzenschwanz hat nur wenig Platz; außerdem ist er so beweglich, daß alles herunterfällt.

Es war keine Katze da: wenn man jemanden nicht angetroffen hat. Ber-

Die Katze läßt das Mausen nicht: wenn jemand seine Neigungen nicht unterdrücken kann, denn eine Katze muß immer Mäuse fangen. Eine der wenigen positiven Redensarten. So kommt nirgendwo die sprichwörtliche Geduld der Katze vor, mit der sie auf die Maus lauert. Sehr treffend in den beiden Katzenbronzen dargestellt, die mit M. Font signiert sind.

Die Katze nach dem Speck schicken: ähnlich wie »den Bock zum Gärtner machen«, jemandem eine für ihn völlig ungeeignete Aufgabe zuweisen.

Sieht doch die Katz den Kaiser an: so kann man sich entschuldigen, wenn man wegen Dreistigkeit getadelt wird. Statt *Kaiser* auch *Bischof:* eine Katze kümmert sich nicht um die Stellung einer Person, sie starrt jedermann an, ohne Böses zu denken. Und das tun wir ab und zu auch.

Eine Katze hat neun Leben: Redensart ungeklärter Herkunft in verschiedenen Sprachen. Spielt auf die Fähigkeit der Katze an, sich aus vielen Situationen zu retten. Die Zahl neun ist eine Glückszahl.

linerisch: *Keene Katze zu Hause* für wirklich niemand.

Spielen wie die Katze mit der Maus: jemanden zappeln lassen, mit jemandem nicht freundlich umgehen. Begründet auf realer Naturbeobachtung, stammt die Redensart aus Frankreich, deutsch um 1230: »Als die katze mit der mus spilten die Oselère«.

Der Katze den Schmer abkaufen: übervorteilt werden, etwas zu teuer kaufen, etwas kaufen wollen, was nicht verkäuflich ist. Denn der Katze ist ihr Schmer (= Fett) nicht feil. (Siehe »Spiegel, das Kätzchen« von Gottfried Keller auf Seite 47).

Die sieben Sinne

Der Kater hieß Foss. Seine Leute waren anglophil, liebten die Limericks und Nonsense-Gedichte von Edward Lear und hatten ihren Kartäuser nach dem Kater des Dichters benannt. Er war bestrebt, seinem Vorbild nachzueifern: mit Übergewicht tyrannisierte er das ganze Haus.

Als ich ihn kennenlernte, lag er in einem, seinem Sessel und schlief. Das heißt, er tat so, um zunächst von mir keine Notiz nehmen zu müssen oder gar das Zimmer zu verlassen; dafür war er zu faul und ich ja der Eindringling. So setzte ich mich in den Sessel nebenan, nicht ganz auf Fellfühlung, aber doch nicht so weit weg, daß wir nicht korrespondieren konnten. Ich schickte Gedanken voller Wohlwollen aus und die Bereitschaft, ihn kennenzulernen. Da sonst niemand im Zimmer war, wurden diese Sympathieströme nicht gestört.

Seit ein paar Jahren kann ich auch bei Katzen senden. Ich habe früher bemerkt, daß es möglich ist, Katzen durch abwehrende Gedanken auf Distanz zu halten, ja auch zu vertreiben. Einmal hatte eine Perserkatze, die ich nicht leiden konnte und wollte, sogar einen Angriff auf mich gestartet, als ihr Frauchen aus dem Zimmer gegangen war. Doch das ist lange her – und ich habe die Kraft guter Gedanken entdeckt.

Foss reagierte zuerst mit seinen Ohren. Er hob sie an, drehte das mir zugewandte mit schätzungsweise fünf der rund zwanzig Spezialmuskeln in meine Richtung, als wolle er horchen, was sich da in meinem Kopf tat. Immer mehr Muskeln wurden eingesetzt, und schließlich stand das eine Ohr aufrecht da, mir zugekehrt, und das sah aufdringlich und zugleich komisch aus. Bevor ich kichern konnte, wurde es wieder flachgelegt, dafür begann er Partien seines graublauen Fells aufzustellen. Er sah wie ein Ottermantel aus, in den der Wind bläst. Dieser mein Gedanke schien ihm nicht zu behagen, und er öffnete ein Auge, beide Augen: Reines Kupfer mit einem Querstrich, der sich langsam erweiterte. Ich sagte nichts, denn ich kannte ja meinen Eliot: »Bei Katzen sei nie die Regel durchbrochen, sprich nicht eh du nicht angesprochen!«

Foss richtete sich auf – Modell englische Kaminkatze, spätes 18. Jahrhundert – und schaute mich an. Unbewegt fixierte er mich, und ich tauchte meinen Blick in die kupfernen Monde und ließ mich in ihnen versinken. Habe ich geblinzelt? Ich weiß es nicht, denn für mich waren die Katzenaugen wie Mandalas. Tibetische Meditationsbilder, die einen aufsaugen und die Zeit vergessen lassen.

Kurz bevor er sprang, schien Foss zu grinsen. Er kam mir jetzt vor wie eine fröhliche Jugendstilkatze von Emile Gallé – ich bitte, diese Kunstvergleiche zu entschuldigen, aber meine Sammlernatur registriert Wesen und Situationen nun einmal so. Dann sprang er und landete auf meinem Knie. Da ich immer mit übereinandergeschlagenen Beinen dasitze, war das der ideale Zielpunkt. Er balancierte kurz mit seinem dicht befellten, am Ende gemütlich abgerundeten Schwanz und starrte mich aus zwei Handbreit Entfernung an. Da er mich solchermaßen angesprochen hatte, durfte ich reden. Ich tat es mit den Fingern meiner Hand, mit deren Rücken ich von seinem Kinn zum Ohr hinaufstrich. Er bot Gegendruck, und als ich meine Hand unbeweglich an seinem Kopf ließ, wurden seine Kupferleuchten verdunkelt, verschwanden ganz hinter den Lidern, und sein Kopf bewegte sich an meinen Fingern kinnauf, ohrab in einem stetigen Rhythmus einer entzückten Behaglichkeit. Als ich die Hand zu einer Schale krümmte, schob er seinen Kopf hinein und schnurrte. Nach zwei Minuten, in denen sanfte Wellen der Erregung über sein Fell glitten, wie ich es manchmal auf dem Roggenfeld von meinem Fenster aus sehe, machte er seine Augen wieder auf. Ich ließ die Hand sinken und legte sie auf seine Flanke, und da drängte Foss sein Gesicht immer näher an meines heran. Seine schwarzlederne Nase in Form eines T war ganz dicht vor meinem großen Menschenzinken, verharrte unbeweglich und . . . Ich weiß nicht, ob sie schnupperte oder meine Wärme kontrollierte, ich war gefangen in den Kupferseen seiner Augen. Es gibt nichts, was mich so hypnotisiert, als aus kürzester Entfernung in Katzenaugen zu schauen. Sie sind dann riesig, füllen mein ganzes Gesichtsfeld aus und zeigen keinerlei Gefühlsausdruck. Sie leuchten unpersönlich wie untergehende Sonnen. Sie sind nur faszinierend, willenlos machend und ein wenig schrecklich. Foss hatte seine Kontrolle beendet und machte sich in meinem Schoß breit und schwer. Mit allerlei Knochen und Muskeln drückend, stupsend und schiebend, schaffte er es, sich scheinbar meinen Beinen und meinem Bauch anzupassen; in Wirklichkeit hatte er mich veranlaßt, für ihn bequem zu sitzen.

Das war der Beginn meiner Freundschaft mit Foss und zugleich ein kleines Lehrstück, um Sie in die Sinneswelt der Katze einzuführen. Es grenzt ans Wunderbare, wie Katzen ihre Umwelt wahrnehmen und sich in ihr zurechtfinden. Vor allem, wenn sie neben ihrem Wohnungskatzen-Dasein noch ein Draußen-Leben führen können.

Das sind die sieben Sinne

Da Katzen Einzelgänger sind und nicht im Rudel jagen und leben, brauchen sie ein breitgefächertes Repertoire an Wahrnehmungsmöglichkeiten, das auf viele Reize und Möglichkeiten reagiert, die für die Katze bedeutungsvoll sind. Sie muß Bewegungen erkennen, Geräusche hören und orten, Gerüche berücksichtigen, sich lautlos bewegen und geduldig regungslos verharren können, wenn sie als Jägerin überleben will. Denn in freier Wildbahn bedeutet Jäger immer auch selbst Gejagter, und so muß unsere Katze nicht nur rechtzeitig ihre Beute ausmachen und fangen, sondern auch jede Gefahr wahrnehmen und erkennen, die sie selbst zur Beute machen könnte.

Die für die Katze wichtigen Sinne: das Gehör, das mit dem Gesicht gekoppelt ist; die Augen, die das Auffälligste an einer Katze sind. Erstaunlich ihr Gleichgewichtssinn, der sie besser als andere Tiere auf ihre vier

Füße fallen läßt. Der Geruchssinn ist nicht gerade unterentwickelt, aber auch nicht besonders ausgeprägt. Dafür besitzt eine Katze wiederum einen Tastsinn, der sie feinste Erschütterungen wahrnehmen läßt und ihre Schnurrhaare zu regelrechten Radarantennen macht. Der Geschmackssinn entspricht in seiner Ausprägung etwa dem Geruchssinn, hinzu kommt noch ein Temperatursinn, der ebenso merkwürdig wie einmalig ist. Das alles wird von einem hochspezialisierten Gehirn gesteuert und kontrolliert, in dessen Gedächtnisabteilung alle Reize der Katzenwelt mitsamt den Erfahrungen gespeichert und jederzeit abrufbar sind.

Den achten Sinn der Katze, ihr übersinnliches Vermögen, der dem sogenannten sechsten Sinn bei den Menschen entspricht, werde ich ab Seite 94 behandeln, soweit man das erforscht hat.

So wie der Hund seine Welt durch die Nase wahrnimmt, also ein Nasentier ist, wird das Wahrnehmungsvermögen der Katze durch die Augen beherrscht. Trotzdem möchte ich mit dem Gehör beginnen, da es mit dem Gesichtssinn direkt zusammenhängt und einen guten Einstieg in das ganze Thema bietet. Denn neben den Augen, die uns so geheimnisvoll erscheinen, sind es die Ohren einer Katze, die uns am meisten sagen können und als äußere Sinnesorgane am be-

1 Alle Sinne sind gespannt, die Katze von Gottfried Mind, genannt »Der Katzen-Raphael« (1768–1814), ist konzentrierte Aufmerksamkeit.

2

weglichsten und auffälligsten sind. An der Stellung der Ohren, ihrem Einsatz als Horchapparate, durch ihre Verfolgung eines für uns unhörbaren Geräuschs, wird uns das Hörvermögen einer Katze geradezu sichtbar gemacht.

Hören, wie die Maus trippelt

Da schläft eine Katze tief und wird plötzlich wach, weil eine Maus über die Steinplatten der Terrasse trippelt, Entfernung: etwa zehn Meter. Wäre sie wach gewesen, hätte sie sie etwa zwanzig Meter weit gehört. Katzen haben ein fabelhaftes Gehör, vergleichbar mit dem der Fledermäuse, die auch Ultraschall hören können. Wenn für uns Menschen absolute Stille herrscht, ist für die Katze die Welt voll von Gezirpe, Gewisper und anderen Tönen. Unser Hörbereich hört bei über 18 000 Schwingungen (= Hertz) auf, der der Katzen geht bis zu 60 000 und liegt damit noch über dem der Hunde. Würden Katzen Laut geben, sie wären hervorragende Wächter. Doch wer seine Katze kennt, erkennt an ihren Reaktionen, ob jemand kommt. Ihr Gehör ist so fein, daß sie in den obersten Oktaven, die das Menschenohr noch hören kann, nur ein Tausendstel seiner Schall-Energie braucht, um sie aufnehmen zu können. Anschaulicher beschrieben: damit wir etwas hören, müßten tausend Mäuse zusammen

pfeifen. Bei der Katze genügt eine einzige. Daß Katzen Mäuse so gut wahrnehmen können, liegt auch daran, daß Mäuse ungemein redselig sind. Sie wispern und knispern ständig vor sich hin, um Kontakt zu ihren Artgenossen zu halten. Die Wissenschaftler nennen das »Stimmfühlungslaute«, und die Mäuse wissen nicht, daß die Katzen – wie Schwarzhörer beim Polizeifunk – ihre Frequenz aufmerksam abhören.

Das gibt sogar blinden Katzen die Möglichkeit, auch einmal eine Maus zu fangen. Wie sich eine blind geborene Katze mit Hilfe ihres Gehörs und Tastsinnes zurechtfindet, so daß ihre Blindheit zunächst von Katzenkennern nicht bemerkt wurde, schildert Rosemarie Wolff, Schülerin von Professor Leyhausen, in ihrem Buch »Katzen«: »Trotzdem ist Kubbi durchaus in der Lage, beispielsweise eine Fliege, die an der Fensterscheibe entlangfliegt, in seiner Nähe durch die Luft schwirrt oder an den Möbeln entlangläuft, zu beobachten, zu verfolgen oder manchmal mit der Pfote zu erwischen.« Beobachten heißt hier mit dem Gehör verfolgen.

Die Radarschirme der Ohren

Wenn wir so große Ohren wie die Katze hätten, müßten unsere Ohrmuscheln doppelt so groß sein. Doch der Vergleich hinkt, sie müßten dann auch noch eine tütenartige Form ha-

ben: denn Katzenohren sind perfekt konstruierte Schalltrichter, die durch ihre im Fell verborgene, breite Basis in Wirklichkeit größer sind als sie erscheinen. Ein ausgeklügeltes System von 27 Muskeln für jedes Ohr kann diese Lauscher exakt auf die Stelle ausrichten, von der die interessanteste Geräuschquelle kommt. Und zwar Ohr für Ohr, unabhängig voneinander wie Radarschirme. Diese Bewegungen werden von Reflexen gesteuert und, wenn man seine Katze einmal aufmerksam und nur auf die Ohren fixiert beobachtet, wird man sehen: sie sind immer in Bewegung, manchmal nur um wenige Grade.

Die Ohren sitzen ideal am Kopf der Katze, in unmittelbarer Nähe der Hörzentren des Gehirns, so daß die Nervenleitungen – und entsprechend auch die Zeit zwischen Wahrnehmung und Auswertung – kurz sind.

Mit den Ohren peilt die Katze Geräusche an und sie erkennt die genaue Lokalisierung aus der zeitlichen Differenz der Geräuschwahrnehmung in beiden Ohren wie aus der unterschiedlichen Tonintensität in jedem Ohr. Hinzu kommt die auf Seite 78 dargestellte Fähigkeit, mit den Augen auch hören zu können.

Wesentlich für das Orten einer Geräuschquelle ist die Fähigkeit der Katze, aus einer Fülle von Geräuschen das für sie Wichtigste herauszufiltern. Sie hört die Maus mäuseln oder das Wurstpapier rascheln, wenn im Fernseher die Ansagerin spricht, das Telefon klingelt, ein Lastwagen bremst und das Töchterchen hustet. Aus dieser großstädtischen Alltagskakophonie hört sie, was sie will und kann obendrein noch völliges Desinteresse vortäuschen. Was wir leider noch nicht wissen: kann sie die Ungeräusche wegfiltern? Ich glaube es nicht, denn sonst würden Katzen nicht laute Menschen meiden.

Meine Katze versteht jedes Wort

Ein wunderschönes Katzenspielzeug, besonders für junge Katzen, ist ein Stück Zellophan- oder anderes Knisterpapier. Deren Rascheln im Hochfrequenzbereich ähnelt den Geräuschen von Mäusen und löst bei Kätzchen das Anschleichen und den Beutefangtrieb aus. Da man durch diesen

2 Katzen haben unwahrscheinlich feine Sinne. So nehmen sie Geräusche nicht nur mit den Ohren, sondern auch mit den Augen wahr. (Siehe auch Abbildung 7).

3 Eine Katze hat ein unwahrscheinlich großes Blickfeld: Beide Augen erfassen eine Fläche von etwa 100 Grad, in der sie dreidimensional sehen. Nach rechts und links kommen noch je 44 Grad dazu, so daß die Augen insgesamt einen Blickbereich von über 186 Grad ermessen können. In den Seitenfeldern sieht die Katze zweidimensional, nimmt aber auch Bewegungen wahr. Die im Katzengesicht wie beim Menschen nach vorne gerichteten Augen sind mit großen Weitwinkelobjektiven zu vergleichen. Sie erfassen alles, was sich bewegt, ganz scharf. Unbewegliches dagegen eher verschwommen.

Reiz die entsprechende Reaktion hervorrufen kann, benutzt man Schlüsselworte auch zur Erziehung. So lernt eine Katze auf ihren Namen zu hören, und sie versteht, was man ihr sagen will. Der Tonfall dabei bestimmt den Erfolg. Man spricht mit einer Katze leise, freundlich, eindringlich und sanft. Wobei höhere Frequenzen einen höheren Aufmerksamkeitsgrad erregen. Vielleicht kommt daher, daß Frauen sich besser mit Katzen verständigen können, daß Katzen Frauen genauer zuhören. Denn eines versteht eine Katze ganz vortrefflich; wegzuhören, wenn sie etwas nicht hören will.

Das Geräusch des familieneigenen Autos, das Öffnen der Garagen- oder den Schlüssel in der Haustür lernt eine Katze schnell zu unterscheiden und früh zu erkennen. Sie hört den Schlüssel schon, wenn er aus der Tasche genommen und bevor er ins Schloß gesteckt wird. Diese Fähigkeit des wunderbaren Hörvermögens und des Unterscheidenkönnens auch technischer Geräusche schildert S. Fischer-Fabian in seinem Katzenbuch »Geliebte Tyrannen« in einem dramatischen Beispiel: »Die vierjährige Tigerkatze ›Dammit‹ wurde von einer amerikanischen Kampfschwimmer-Abteilung mit zu den Salomon-Inseln genommen. Wenn sie unruhig wurde, mit dem Schwanz peitschte und schließlich in den Luftschutz-

bunker kroch, war eins sonnenklar: daß innerhalb kurzer Zeit japanische Flieger am Horizont auftauchen würden. Was sie beim Nahen eigener Flieger nie tat. Auch im weiteren Verlauf des Feldzugs gab sie regelmäßig Fliegeralarm, bevor die Sirenen ertönten.«

Wer ein so gutes und empfindliches Gehör hat, dem sind schrille Geräusche zuwider, der mag keinen Krach. Hinzu kommt die natürliche Empfindsamkeit der Katze. So entzieht sie sich dem Lärm, indem sie schlicht verschwindet oder irgendwelche inneren Jalousien herunterläßt. Wer eine Katze anschreit, muß sich nicht wundern, wenn sie gar nicht reagiert.

Die Tatsache, daß Katzen auf Menschengeräusche manchmal überhaupt nicht reagieren, hat zu dem Irrglauben geführt, viele Katzen seien schwerhörig oder sogar taub. Doch das sind nur häufig weiße Katzen mit blauen Augen.

Katzen werden jedoch, genau wie wir, im Alter schwerhöriger. Man erkennt es daran, daß sie lieber zu Hause bleiben, statt auf Streife zu gehen, daß sie schreckhafter werden, weil sie uns nicht kommen hören.

Behindernd für die Katze ist die Taubheit nicht. Der Tastsinn springt ein, und außerdem leiden Einzelgänger unter der Hör-Isolation nicht so sehr wie gesellige Lebewesen.

Augen, die fast alles sehen

Dem Gehör ebenbürtig, wenn nicht sogar noch ein bißchen überlegen, ist der Gesichtssinn. Zumindest empfinden wir die riesigen Augen als das Beeindruckendste an jedem Katzengesicht. Es sind die Augen eines Jägers, nach vorne gerichtet wie die Menschenaugen. Doch bleiben sie selbst unbeweglich. Die Katzenpupillen verlassen nur selten ihre Achse, sie schauen fast starr geradeaus. Wenn wir unsere Augen wandern lassen, bewegt die Katze ihren Kopf.

Wie und was die Katze sieht, möchte ich Ihnen als Erläuterung zu Abbildung 3 erzählen. Ich habe es als Tatsachen oder Vermutungen aus wissenschaftlichen Arbeiten zusammengetragen und entsprechend vereinfacht und auch etwas dramatisiert. Wenn eine Katze zum Beispiel einen

3

Garten betritt, kann sie ihn mit einem einzigen Blick auf Lebendiges überprüfen. Das Unbewegliche interessiert sie nicht und sie übersieht es, jede Bewegung aber wird herausgehoben und registriert.

Die Augen der Katze erweisen sich als Weitwinkelobjektive mit lichtstarker Linse. Das Blickfeld für dreidimensionales Sehen beträgt fast hundert Grad, in etwa wie bei uns. Innerhalb dieser Zone kann sie Blickpunkte scharf einstellen; ihre beste Tiefenschärfe liegt zwischen zwei und sechs Metern, wo sie nicht einmal eine Ameise übersieht, wenn diese sich bewegt. Denn Unbewegliches sieht sie undeutlich, leicht unscharf oder übersieht es. Das hängt mit dem

Aufbau ihres Augenhintergrundes zusammen. Die Natur hat sich auf Kosten der Schärfe für die Lichtstärke und Aufhellung entschieden.

Dieses Wissen um die Katzenaugen haben die Mäuse geerbt: Wenn die Katze kommt und sie nicht noch in ein Loch schlüpfen können, bleiben sie unbeweglich stehen, sie »erstarren vor Angst«, wie man sagt. Es ist die Chance der Mäuse, daß die Katze sie übersieht und nicht riecht oder mit ihrem Tastsinn bemerkt. Daß Katzen ganz nah Befindliches nicht wahrnehmen, hat man in Versuchen bewiesen. Im Versuchsraum wurden die Vier-Meter-Mäuse mit großer Begeisterung gejagt, während Nager, die fast über die Füße der Katzen liefen, überhaupt keine Beachtung fanden: Makroobjektive für den Nahbereich sind Katzenaugen nicht.

Neben dem stereoskopen Blickwinkel hat die Katze noch einen binokularen. Sie kann, geradeaus blickend, nach rechts und links bis hinter ihre Ohren sehen. Das sind jeweils Felder von 44 Grad, so daß der gesamte Blickbereich 186 Grad umfaßt. Dieses zweidimensionale »flache« Sehen nach den Seiten hat die Katze mit den gejagten Tieren gemeinsam: Mäuse und Kaninchen sehen ebenfalls in einem Rundumblick, ohne Tiefenschärfe und ganz auf Bewegung fixiert. Jean-Louis Hue drückt diese Fähigkeit der Katze sehr poetisch aus: »So spielt die Katze ein doppeltes Spiel: in der Mitte der Blick eines wilden Tieres, auf jeder Seite der Blick des Opfers. Löwe und Gazelle sind in ihrem Auge.« Oder Katze und Maus.

Daß Katzen sechsmal so scharf sehen wie wir Menschen, ist ein inzwischen widerlegtes Märchen. Ihr Auge ist zwar viel empfindlicher, doch können wir schärfer sehen. Eine Katze erkennt uns an unserem Äußeren, an unserem Umriß und an unseren Bewegungen. Und das auf etwa 100 Meter Entfernung: Probieren Sie es einmal aus, wenn Sie eine Freilaufkatze haben.

Augen, die wie Lampen glühen

Wenn Katzen auch nicht in völliger Dunkelheit sehen können, wie der Volksmund meint, so haben sie doch ein vorzügliches Sehvermögen in der Dämmerung. Das ist die Tageszeit, in der ihre Beutetiere die größte Aktivität entfalten und unterwegs sind. Dieses besondere Sehvermögen der Katze hängt nicht nur von der Größe ihrer Augen und der weit vorgewölbten Hornhaut ab, sondern auch vom Aufbau des Augenhintergrundes. Hinter der Netzhaut liegt eine Gewebeschicht, die von den Anatomen *Tapetum lucidum* genannt wird. Diese Tapete reflektiert das einfallende Licht wie ein Spiegel. Wenn die Katzenaugen in der Dunkelheit von Licht getroffen aufleuchten, dann sieht man die »Spiegelplättchen« aus dem Augenhintergrund.

Das einfallende Licht wird durch die Reflexion verstärkt und trifft zweimal auf die empfindlichen Lichtzellen der Netzhaut. So ist eine Katze in der Lage, die geringste Lichtquelle noch auszunutzen, und wo es für uns stockdunkel ist, kann sie noch sehen. In Zahlen: Katzenaugen nehmen sechsmal schwächere Lichtstärken als Menschenaugen wahr.

Es gibt zwei Sorten von Lichtzellen: die Zapfen – für Farben und für die Sehschärfe – und die Stäbchen, die helligkeitsempfindlich sind. Wie ich schon erwähnte, hat die Natur sich bei der Katze für das Sehvermögen im Dunkeln entschieden: eine Katzen-Netzhaut hat viel mehr Stäbchen als Zapfen. Zusätzliche Zapfen sind aus Platzmangel nicht möglich. Der amerikanische Verhaltensforscher Dr. Michael Fox, der sich sehr mit Hauskatzen beschäftigt, berichtet, daß man Katzen dressiert hat, ihr Futter im Dunkeln hinter zwei Holzblenden zu suchen. Die eine war unbeleuchtet, die andere so schwach beleuchtet, daß das Menschenauge keinen Unterschied bemerkte. Die Belohnung lag hinter der beleuchteten Wand. Die Katzen fanden sie bei einem Sechstel der Lichtmenge, die wir wahrnehmen können.

Katzen mögen rote Farbe

Lange Zeit hat man Katzen für farbenblind gehalten und war der Ansicht, ihre Welt bestehe aus Grautönen, die allerdings sehr fein abgestuft seien. Nun sind die Beutetiere nie sehr farbig, wenn man einmal von Schmetterlingen absieht: doch bei diesen Flattermännern ist es die Bewegung, die lockt.

In den vergangenen Jahrzehnten wurden zum einen vergleichende Untersuchungen der Netzhaut vorgenommen – denn Anordnung und Anzahl der Zapfenzellen haben mit Farbensehen zu tun –, zum anderen hat man Versuche mit Farben und Grautönen gemacht. Wie Christiane Buchholtz in ihrer Arbeit »Farbensehen und Hauskatzen« beschreibt, lernen Katzen schnell, Farben zu unterscheiden und sie bevorzugen offensichtlich Rot. Die Katzen mußten unter verschiedenfarbigen Mäuse-Attrappen auswählen und wurden auf bestimmte Farben und Grautöne dressiert. Wenn die Katze sich die richtige Pappmaus holte, wurde sie durch Spielen belohnt. Das Resümee: Katzen orientieren sich zwar an Helligkeitswerten, doch sie können auch Farben erkennen, was man ihnen beibringen sollte. Wie groß ihre Farbskala ist, wissen wir noch nicht.

Die Blende im Katzenauge

Lange bevor wir Menschen die verstellbaren Blenden für den Fotoapparat erfanden, war das Katzenauge schon mit dieser Einrichtung ausgestattet. Die hohe Lichtempfindlichkeit braucht einen besonderen Schutz, da die Katze kein Nur-Nachttier ist. So kann sich die Pupille – die in der Regenbogenhaut befindliche Öffnung, durch die das Licht auf die Netzhaut fällt – verengen und öffnen, je nachdem, wie groß die Lichtintensität ist. Auf den Abbildun-

4 Das Auge der Katze hat eine »Blendenautomatik mit Schlitzverschluß«. Ihre Pupille kann sich je nach Lichteinfall bis zu einem Strich verengen.

5 Die Pupille öffnet sich mehr und mehr, je schwächer das Umgebungslicht wird. Verantwortlich für diese Mechanik sind die Muskeln der Iris.

6 Maximal erweitert ist die Pupille im Dunkeln. Geschieht dies bei Tageslicht, ist die Katze erregt. Die Pupillenerweiterung wird dann durch das Nebennierenhormon Adrenalin gesteuert.

4

5

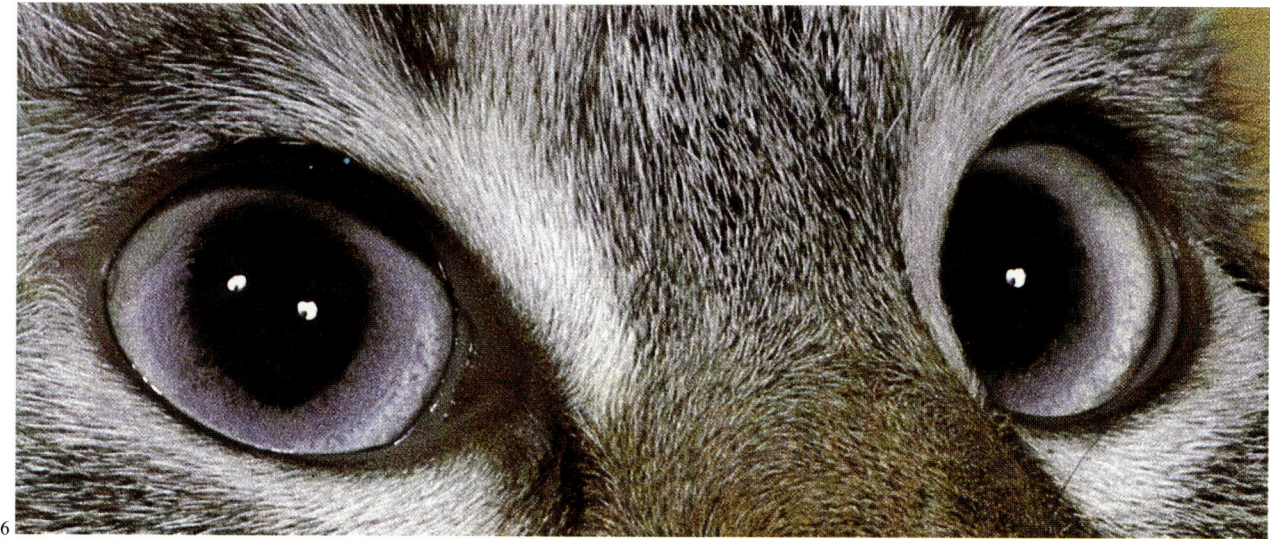

6

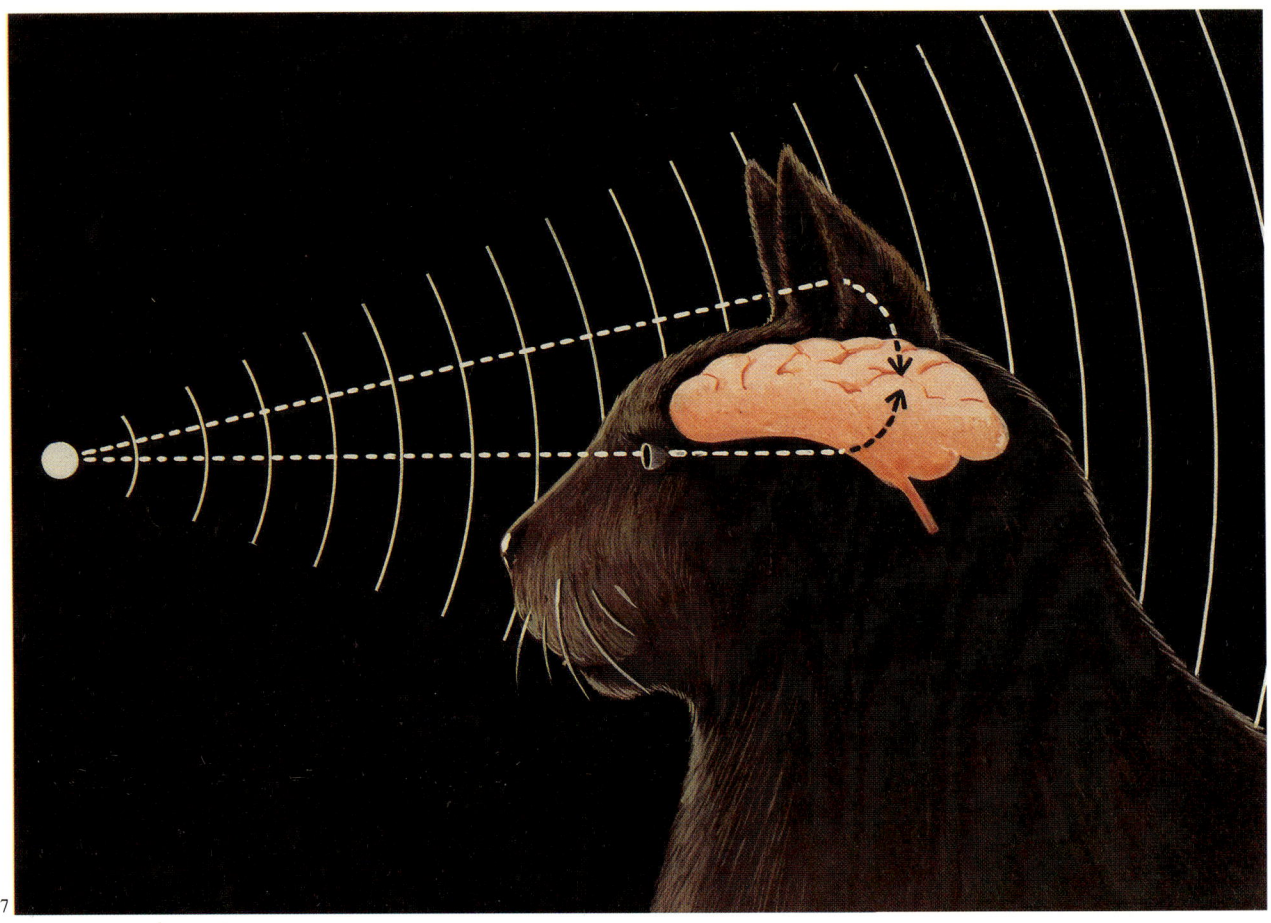

7

gen 4, 5 und 6 sehen Sie, wie die Pupille sich vom senkrechten Strich bis zum runden Loch verändern kann.

Aber nicht nur das Licht hat Einfluß auf die Pupillenform, sie drückt auch die Stimmung der Katze aus. Im wahrsten Sinne des Wortes ist das Auge Spiegel der Katzenseele. Der angreifende Kater hat nach Paul Leyhausen zusammengezogene Pupillen, wenn er »überlegt und bei kaltem Blut« seinen Angriff startet. Es wird kein Adrenalin ausgeschüttet, das die Pupillen erweitert. So sind erweiterte Pupillen bei Tageslicht ein Zeichen für Zorn, aber auch für Furcht, auf jeden Fall für Erregung. Beginnt eine Katze zu blinzeln oder die Augen zu schließen, dann zeigt sie damit, daß sie sich völlig sicher fühlt. Es ist ein offensichtlicher Beweis ihres Vertrauens und ihrer Zuneigung.

Die Pupillen verändern auch ihre Form, wenn die Katze etwas fixiert. Der Fachausdruck dafür heißt Akkommodation (= Anpassungsfähig-

keit) des Auges an eine Entfernung. Dieser Pupillenreflex mit den nach vorne gerichteten Augen befähigt die Katze zum punktgenauen Sprung, um die Beute zu fassen (siehe auch Seite 67). Unterstützt wird die Katze bei diesen Zielsprüngen auf lebende Beute durch ihr Gehör und die Nervenzellen in den Augen, die hören können. Im Auftrag der amerikanischen Kriegsmarine auf der Suche nach neuen Ortungsmethoden, entdeckte Dr. Frank Morell in Teilen des Katzenhirns, die für das Sehen zuständig sind, Reaktionen, wenn er in einem stockdunklen Raum nur akustische Reize aussandte. Diese lagen alle im für uns nichthörbaren Bereich, zum Teil darunter, mehr aber noch darüber – zwischen 20000 bis 50000 Hertz. 70 von 169 eindeutig für das Auge zuständigen Nervenzellen in der Großhirnrinde reagierten auf Signale.

Das dritte Augenlid der Katze, die Nickhaut oder anatomisch *membra-*

na nicitans, kann von der Unterseite und dem inneren Augenwinkel diagonal nach oben gezogen werden, um das Auge zu putzen oder vor Staub und Schmutz auf der Jagd zu schützen. Sichtbare Nickhaut kann auch ein Zeichen für Krankheit sein oder bedeuten, daß die Katze einen Bandwurm hat.

Immer auf die Füße fallen

Der Gleichgewichtssinn der Katze ist sprichwörtlich, und wie sie auf alle viere fällt, zeigt nebenstehende Aufnahme. Sie wurde angeregt durch Versuche der Weltraumbehörde NASA, die für die Astronauten herausfinden wollte, wie man im Zustand der Schwerelosigkeit oben und unten findet und sich bewegt. Der elegante Fall der Katze wurde zum Lehrstück. Immer wieder ließ Thomas R. Kane vor der Kamera Katzen fallen. Das Studium vieler Bildfolgen enthüllte das Geheimnis: Die Katze benutzt während des Falles ihren Schwanz

7 *Der amerikanische Hirnforscher Dr. Frank Morell hat im Katzenauge Nervenzellen nachgewiesen, wie sie andere Tiere nur in den Ohren haben. So werden akustische Reize nicht nur durch die Lauscher, sondern auch durch die Pupillen aufgenommen und im Hirn kombiniert. Zum anderen orientieren sich die Katzen bei völliger Dunkelheit mit den Hörzellen in Augen und Ohren. Des weiteren ist diese Fähigkeit für das Heimfindevermögen wichtig (siehe Abbildung 1, Seite 96/97).*

8 *Im Auftrag der US-Weltraumbehörde studierte der amerikanische Wissenschaftler Thomas R. Kane, wie Katzen im freien Fall sich um sich selber drehen. Die Auswertung der Reihenaufnahmen, bei denen mit offenem Kameraverschluß gearbeitet wurde, verriet den Astronauten, wie sie sich im Zustand der Schwerelosigkeit am besten kontrolliert bewegen können. So gut wie die Katze lernen die Astronauten es allerdings nie, denn neben ihrem Gleichgewichtssinn benutzt sie ihren Schwanz als Steuerruder. Außerdem wird der Körper mit Hilfe der Beine und der Wirbelsäule um 180 Grad gedreht.*

als Bremse und als Steuer. Er rudert der Drehbewegung des Körpers entgegen, bis das Kleinhirn als Gleichgewichtszentrale eine Normallage signalisiert. Dann dreht sich der Vorderkörper über die Schulter, die Wirbelsäule spielt einen Augenblick Taschenmesser und bildet fast einen rechten Winkel, bis auch das Hinterteil gerade gerichtet ist. Dann fällt die Katze, mit dem Schwanz stabilisierend, auf ihre vier Füße. Daß das klappt, hängt von der Höhe des Falles ab oder ob die Katze freiwillig springt. Katzen, die abstürzen, gestoßen oder geworfen werden, verletzen sich häufiger, als man denkt. Stürze aus geringer Höhe sind deshalb gefährlich, weil sich die Katze in der Luft nicht umdrehen kann, sie fällt auf die Wirbelsäule. Bei Stürzen aus zu großer Höhe ist der Aufprall für Beine und Pfoten zu hart. Es gibt Knochenbrüche, Kieferbrüche und Gehirnerschütterungen. Die Mindesthöhe für eine gekonnte Drehung liegt bei drei Metern. Doch sollte man einen Katzenfall weder provozieren noch ausprobieren.

8

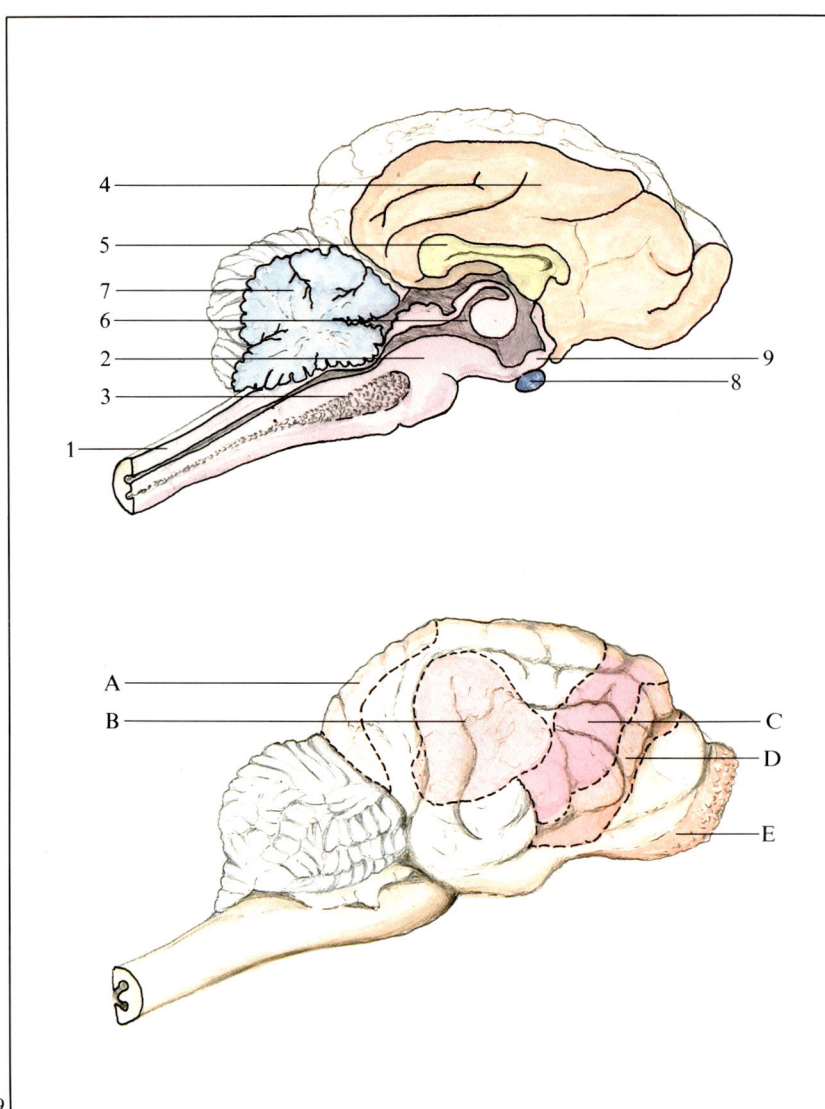

9

10

9 *Schematische Darstellung des Katzengehirns.*

Oben: Längsschnitt, der den linken Lappen zeigt; unten: seitliche Aufsicht auf den rechten Lappen. Das Rückenmark (1) geht in das Stammhirn (2) über, das die Motorik der Organe steuert und in dem die Alarmzentrale (3) für die Schlafphasen liegt. Den größten Raum nimmt das Großhirn (4) ein, das aus zwei Lappen besteht, von denen der linke für die rechte Körperhälfte und umgekehrt zuständig ist. Der Balken (5) verbindet beide Lappen, unter ihm befinden sich flüssigkeitsgefüllte Hohlräume (6) zur Abfederung und Lagerung. Das Kleinhirn (7) steuert das Gleichgewicht. Das Zwischenhirn (8 Hypothalamus) ist für Hunger, Schmerz, Zorn und Sex zuständig; es kontrolliert auch die Hirnanhangsdrüse (9 Hypophyse), die das Hormonsystem der Katze lenkt.

Auf dem rechten Großhirnlappen sind in der Hirnrinde die Regionen eingezeichnet, die für die Sinne zuständig sind: Feld A für das Sehen; Feld B für das Hören; Feld C für den Tastsinn; Feld D für die Bewegungen und Feld E für Geschmack und Geruch.

10 *Das Hinterlassen von Geruchssignalen nennt die Verhaltensforschung »Markieren«. Die Katzen haben Duftdrüsen an den Wangen, am Kinn, an den Pfotensohlen, Kater auch noch an dem Analbeutel am After.*

11 *Die Nase spielt im sozialen Leben der Katze eine wichtige Rolle, zugleich dient sie als Thermometer.*

Im Balancieren sind die Katzen Meister. Sie bewegen sich auf schmalen Mauern, dünnen Ästen oder hohen Zäunen mit der Sicherheit eines Drahtseil-Artisten. Die Veranlagung dazu besitzt die Katze, die Praxis muß sie jedoch erlernen. Als »Balancierstange« dient der Schwanz. Wie wichtig er ist, sieht man bei schwanzlosen Katzen. »Sie sind kaum imstande, einen Sprung korrekt durchzuführen, und es gelingt ihnen fast nicht, das Gleichgewicht zu halten, während sie versuchen, auf einem dünnen Ast oder über einen Zaun zu klettern.« Das schreibt Professor Friedrich Schwangart in der »Zeitschrift für Züchtung« über die Manx-Katze. Züchter dieser schwanzlosen

Rasse bestreiten es in blinder Liebe.

Das Gehirn der Katze ist hochentwickelt und dem eines Menschen ähnlich. Zugleich ist es das eines wilden Tieres, denn es hat sich während der Domestizierung kaum geändert. Diese Tatsache begeisterte die Neurophysiologen und Hirnforscher, und so wurde das Katzenhirn sehr genau erkundet und analysiert. Im »Sterotaktischen Atlas des Gehirns der Katze« der Universität Chikago sind alle Zonen dargestellt. Dafür mußten viele Katzen sterben.

Geruch und Geschmack sind die chemischen Sinne, wobei die Geruchsrezeptoren auf flüchtige, in der Luft befindliche Substanzen reagieren, die

Geschmackspapillen auf in Wasser oder Speichel lösliche Stoffe ansprechen. Beide Sinne arbeiten sozusagen mit Mund und Nase Hand in Hand. Die Katze verfügt noch über einen dritten chemischen Sinn, ein Mittelding zwischen Geruch und Geschmack, sein Rezeptor ist das Jacobsonsche Organ (siehe Seite 87).

Wie gut kann eine Katze riechen?
Bisher sind nur kleine Teilgebiete ihres Geruchssinns erforscht worden. Das ist typisch menschlich, da uns der Sinn dafür fehlt. Als geruchsunterentwickelte Lebewesen haben wir kaum Worte für die Beschreibung von Gerüchen, und es fehlt uns die Phantasie, sich Versuche dazu einfal-

11

len zu lassen. Die bisherige Meinung war, daß die Katze keinen besonderen Geruchssinn hat. Paul Leyhausen stellte 1953 kategorisch fest: »Geruchswahrnehmungen sind bei Katzen außerhalb der Sexualsphäre und der Nahrungsaufnahme anscheinend überhaupt von untergeordneter Bedeutung.« Das ist inzwischen überholt. So hat ein amerikanischer Verhaltensforscher den Geruchssinn neugeborener Kätzchen untersucht und festgestellt, daß sie, blind und winzig, auf ihrer Duftspur zurück zum Nest finden und schnuppernd die einmal gewählte Zitze am Leib der Mutter finden (Dr. Jay Rosenblatt von der Rutgers University). Neben dieser Geruchsbindung an das Nest in frühester Jugend gibt es zahlreiche Sozialkontakte zwischen Katzen wie zwischen Katzen und Menschen, die auf dem Geruchssinn beruhen. Katzen können sich an bestimmten Düften regelrecht berauschen. Das alles spricht für die wichtige Rolle dieses Sinnes im Leben der Katze.

Wenn wir uns ihren Nasenspiegel anschauen, so erscheint er uns klein im Vergleich zu dem des Hundes oder zu unserem Vorbau. Das macht Katzengesichter ja oft so niedlich. Doch hinter den eher winzigen Nasenlöchern befindet sich ein relativ großer Naseninnenraum mit einem Riechfeld bis zu 40 cm² Größe. Als Vergleich: wir Menschen haben ein Riechfeld von knapp 20 cm², ein Deutscher Schäferhund eines von 170 cm², womit er zur Schnüffel-Elite gehört.

Auf der Jagd verlassen sich die Katzen mehr auf ihre anderen Sinne, die häusliche Umgebung aber gehört in ihr Geruchsfeld. So werden neue Möbel genau mit der Nase untersucht, auch neue Kleidungsstücke der ihnen vertrauten Menschen. Die Beobachtungen von anderen Katzenhaltern und auch meine Erfahrungen machen die Schlußfolgerung wahrscheinlich, daß Katzen den individuellen Körpergeruch von Menschen sehr gut erkennen und daraus spontane Zuneigung oder Ablehnung entwickeln. Ich glaube, daß Katzen manche Menschen »nicht riechen können«, denn einen Bekannten von uns meiden die Katzen wie einen fremden Hund, obwohl er Katzen mag. Seine Versuche, mit einer Katze zusammenzuleben, sind zweimal gescheitert: Trotz fürsorglicher Behandlung wanderten die Katzen aus und suchten sich ein neues Zuhause.

Kontaktaufnahme mit der Nase

Wenn sich zwei Katzen begegnen, nehmen sie den ersten Kontakt von Nase zu Nase auf. Daß dabei neben dem Geruch auch die hochsensiblen Tast- und Barthaare eine große Rolle spielen, ist klar. Doch man sollte den Geruchssinn nicht unterschätzen. Wenn unsere Kitten mir ihre Nase entgegenstreckte, wenn ich mein Gesicht dem ihren näherte, dann zeigte sie mir ihre Zuneigung und daß sie zu mir gehört. Dabei schaute sie mich auch an. Wenn ich aber ein blumiges Rasierwasser verwendet hatte, schloß sie genießerisch ihre Augen. Genauso konnte es passieren, daß ein Geruch an meinen Händen ihre Pupillen vor Schreck weitete und sie zum Niesen brachte.

Nach dem Nasenkontakt unter Katzen folgt die gegenseitige Analkontrolle. Sie gehört bei der Katzenbegegnung, die von fremden Katzen ja relativ selten ist, nicht unbedingt zum festen Repertoire wie bei den Hunden. Doch diese Zeremonien gehören weniger in die Abteilung Geruchssinn, sondern zur Verhaltensforschung.

Die Bedeutung des Geruchssinnes für das Sozialverhalten der Katze zeigen die Duftdrüsen zu beiden Seiten des Kopfes, in der Kinngegend, an den Lippen und am Schwanz. Die Geruchsstoffe aus diesen Drüsen sind für uns nicht riechbar. Katzen markieren damit aber nicht nur Gegenstände, sondern auch andere Katzen, andere Tiere (siehe Abbildungen 16 und 17) und uns. Dieses »Köpfchengeben« ist ein Zeichen der Freundschaft, sicherlich auch ein Besitzvermerk im Sinne von »Klever gehört mir« oder klassischer: »Coc-

12 »Siam Bluescreen« nennt Fotograf Wolfgang Lauter diese Aufnahme. Ein Symbol für die Radaranlage Katzenkopf, dessen Antennen die sensiblen Schnurrhaare sind.

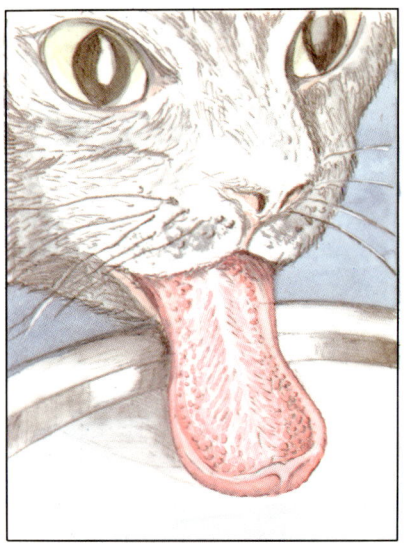

13

14

13 Wenn eine Katze trinkt, schlabbert sie. Sie formt ihre Zunge zum Löffel und schleudert die Flüssigkeit in den Mund. Tropfen können von der rauhen Zungenoberfläche nicht ohne weiteres ablaufen.

14 Die Katzenzunge, hier nach vorne gewölbt (man sieht das kräftige Muskelband unter der Zunge), ist sowohl ein Werkzeug wie Träger der Geschmackspapillen. Mit hornigen Stacheln besetzt, wie ein Reibeisen, kann die Katze damit Knochen abraspeln und auch ihr Fell putzen. Geschmack nimmt die Katze mit dem Zungenrand, der Mitte und der Basis wahr.

15 Wie ein Strahlenkranz umgeben die Tast- und Schnurrhaare das Katzengesicht und reagieren feinstfühlig.

teau gehört mir«. Kater setzen Duftmarken mit ihren Analdrüsen, indem sie ihr Hinterteil gegen einen Gegenstand drücken (siehe Abbildung 10). Diese Marken können wir auch wahrnehmen, und die Duftstoffe, die der Urin der Kater enthält, mit dem sie spritzend ihre Visitenkarte abgeben, findet unsere Nase unerträglich. Die einzige Abhilfe ist die Kastration, denn eine Operation der »Spritzdrüsen«, wie man immer noch hören und lesen kann, gibt es nicht. Es gibt also keine Spritzdrüsen. Mit den Analbeuteln am Darmausgang können Katzen nicht spritzen, sondern nur stempeln – und das ist harmlos – gespritzt wird Urin, in feinem Strahl oder wie mit dem Zer-

15

stäuber und bis zu einem Meter weit. Der im Spritz-Urin, und nur in diesem, enthaltene fettige Duftstoff stinkt penetrant.

Auf dem Nepeta-Trip

Was Katzen gerne riechen, muß für uns nicht stinken. Der Duft mancher Blumen übt auf sie einen gewissen Reiz aus. Die bevorzugten Blumen sind individuell verschieden, manche Katzen mögen Tulpen, andere Rosen, andere wiederum Alpenveilchen. Keine Katze aber kann der Katzenminze und Baldrian widerstehen. Sie werden sogar »high« davon. Daß Katzen sich von Baldrian anlocken lassen, berichtet schon Conrad Gessner in seiner »Historia animalium«

von 1563 (siehe Abbildung 1 auf Seite 160). Er beschreibt in diesem Zusammenhang auch, daß Katzen Abscheu vor schlechten Gerüchen hätten und deshalb ihren Kot vergraben. Katzenfänger benutzten zu allen Zeiten für ihr schändliches Tun »Katzenkraut« oder »Katzenwurz«, wie der Baldrian im Volksmund genannt wird. Denn Katzen, vor allem Kater, gebärden sich, wenn sie Baldrian riechen, wie im Rausch oder in Ekstase. Untersucht hat man die Wirkung der Katzenminze.

Nepeta cataria gehört zu den Lippenblütlern und kommt in ganz Europa sowie in Amerika vor. Der Stengel ist haarig grau, die Blätter sind mit weißlichem Flaum überzogen, und im

Hochsommer blüht sie weiß. Es ist das in Stiel und Blättern enthaltene Nepeta-Öl, das die Katzen verrückt macht. Sie wälzen sich darin, um ihr Fell zu parfümieren und den Duft freizusetzen, die Blätter fressen sie nicht. Das Öl wird in der Volksmedizin gegen Brustschmerzen und Frauenleiden verwendet.

Auf die ganze Katzenfamilie, vom Löwen bis zur Hauskatze, hat das Öl die gleiche Wirkung: Der Trip beginnt mit intensivem Sniffen, die aufkommende Lust wird durch Kaubewegungen (auf dieses Flehmen werde ich noch zurückkommen) gezeigt. Köpfchengeben und Seitenreiben gehen bei stärker werdender Ekstase in Auf-dem-Rücken-Rollen über, dazu wird wohlig bis laut miaut. Das Verhalten, das sexueller Erregung ähnelt, ist in seiner Intensität von Katze zu Katze verschieden, wobei nicht alle Katzen auf die Minze ansprechen. Kater und kastrierte Kätzinnen sind «sucht»-anfälliger. Der Trip dauert zwischen fünf und fünfzehn Minuten, biochemisch sind die Reaktionen ähnlich wie bei LSD oder Haschisch, in der Folge allerdings harmlos. Die Nepeta-Ölmoleküle erzeugen im Riechzentrum des Großhirns psychedelische Reaktionen: Die Katze starrt ebenso entzückt wie entrückt ins Nichts oder jagt Phantom-Mäuse.

Auch im Baldrian, *Valeriana officinalis,* gibt es ein ähnlich wirkendes Öl. Man kann diese Öle in der Praxis einsetzen, um die Katze an einen Kratzbaum zu gewöhnen, indem man Nepeta-Öl oder Baldrian in einige Bohrlöcher träufelt. Außerdem kann man damit Katzen aus ihrem Schlupfwinkel locken.

Der Geruchssinn ist es, der die Katze zum Stehlen verleitet. Denn eine auf dem Tisch liegende Scheibe Leber bewegt sich ja nicht. So bedient sich die Katze, wenn etwas für sie gut riecht und sie gerade Appetit hat, ohne jede Hemmung. Es sind, soviel man bisher herausgefunden hat, die Fette in Fleisch und Fisch, die ihren Geruchssinn ansprechen. Auf Fäulnisgerüche reagieren Katzen sehr empfindlich und ablehnend, im Gegensatz zum Hund. Sie wollen es so frisch wie möglich und nicht abgelagert und gereift. Daß die Katze um ihren Napf wie »um den heißen Brei« herumgeht, kann eine Temperaturfrage sein, meist ist es aber ungewohntes Fressen, das sie argwöhnisch beschnuppert.

Bemerkungen zu Katzenzungen

Nach unseren bisherigen Erkenntnissen ist der Geschmackssinn der Katze nicht besonders entwickelt. So basieren ihre Feinschmeckergewohnheiten – ähnlich wie bei uns – stärker auf dem Geruch als auf dem Geschmack und sind anerzogen. Während die ewig hungrigen Stadtstreuner sich auf jedes Futter vom Wurstrest über die Bücklingsgräte bis zur Fertignahrung stürzen und, wie ich am Abendbrot-Katzen-Tisch meiner Tochter (siehe Seite 58) häufig beobachtete, schnell und zügig fressen, wobei die nächste in der Rangordnung schon wartet, kann eine verwöhnte Hauskatze durchaus zwischen Seelachs und Seezunge unterscheiden und wechselt gern ihre Fertiggerichte. Wobei es ihr nichts ausmacht, auch einmal in konsequenten Hungerstreik zu treten.

Katzenforscher Leyhausen vermutet, »daß die aktive Nahrungsaufnahme, d. h. die Entscheidung darüber, ob ein Objekt gefressen wird oder nicht, von olfaktorischen [= den Riechnerv betreffend] Reizen abhängt, Kauen und Schlucken aber von Geschmacks- und (?) Tastreizen ausgelöst werden«. Wie amerikanische Wissenschaftler entdeckt haben, können einen Tag alte Kätzchen schon salzige und nicht salzige Flüssigkeit unterscheiden. Im Alter von 5 bis 6 Wochen prägt sich der persönliche Geschmack: Quark, Nierchen oder Rinderhack können zum Lieblingsessen für ein ganzes Leben oder auf immer verschmäht werden.

16 Man nennt es »Köpfchengeben«: Es ist Begrüßung wie Zärtlichkeitsgeste, aber auch das Übertragen der eigenen Duftstoffe auf einen anderen, in diesem Fall den Hausesel.

17 Das Flankenreiben ist eine ähnliche Geste, befriedigt aber auch die Lust, gestreichelt zu werden: Die Katze streichelt sich sozusagen selbst.

Die Geschmackswahrnehmung erfolgt über die Zunge, lang, oval geformt und muskulös. Sie trägt auf ihrer Oberfläche mehrere Arten von Papillen (siehe Abbildung 14), von denen die pilzförmigen an der Zungenspitze und am Zungenkörper für den Geschmack zuständig sind wie auch die großen, kraterförmigen Papillen in der Rachenregion. Über die Zunge verteilen sich in die Schleimhaut eingebettete Geschmacksknospen. Sie stehen zusammen mit Spüldrüsen, die beim Fressen Flüssigkeit absondern.

Was die Zunge einer Katze so rauh wie Schmirgelpapier macht, sind die *Papillae filiformes*, rachenwärts gerichtete Hornzähnchen. Über ihren

Aufgabenbereich bei der Fellreinigung, Katzenwäsche und Körperpflege werden Sie auf Seite 113 lesen.

In diesen Papillen bleiben beim Trinken Flüssigkeitstropfen hängen und werden in den Mund transportiert.

Fachwort Flehmen

Eine besondere Reaktion im Geruchs- und Liebesleben der Katze, bei der Nase wie Geschmack gleichermaßen beteiligt sind, ist das *Flehmen*. Eine flehmende Katze hat den Mund halb offenstehen, Oberlippe und Nasenrücken sind hochgezogen und gerümpft wie vor Ekel, doch der Genuß ist unverkennbar. Das Tier scheint wie hypnotisiert, der Blick ist

16

starr oder die Augen halb geschlossen. Man merkt die Konzentration auf den Duft, und die auftretenden leeren Kaubewegungen erinnern an den Trip mit der Katzenminze.

Flehmen können Tiere, die das Jacobsonsche Organ besitzen, das nach einem dänischen Anatomen benannt ist. Die Kanäle zu dieser zusätzlichen Duftbestimmungszentrale befinden sich im Gaumen, hinter den Schneidezähnen, und die Zunge bringt die Geruchsmoleküle dorthin. Im übrigen orientieren züngelnde Schlangen sich mit dem Jacobsonschen Organ, und auch Pferde sind Könner im Flehmen.

Auf welche Duftstoffe die Katze flehmt, wissen wir nicht, abgesehen

dann, wenn sie den Urin einer anderen prüfen will. So sind es vor allem Kater, die bei Katzenurin flehmen, was Rosemarie Wolff so kommentiert: »Der Katzenfan möchte gerne glauben, daß nur eine Katzenbraut eine so hinreißende Duftmarke – als Liebesbrief – hinterlassen konnte.«

Wenn der Kater den Duft so richtig ausgekostet hat, parfümiert er sich Backen und Hals damit, indem er eifrig Köpfchen gibt und an dem Grasbüschel, Pfosten oder Hauseck hin und her streicht. Dann überspritzt er die Stelle. Der Amerikaner N. Todd hat in einer 1963 an der Harvard-Universität veröffentlichten Arbeit »Die Katzenminzen-Reaktion« die

These vertreten, daß alle Geruchsquellen, die Flehmen hervorrufen, eine Art »Überduft« gemeinsam haben müssen. Und es sei anzunehmen, daß es der Lockduft der weiblichen Katze sei. Daß auch Kätzinnen flehmen, deute nur auf die bisexuelle Potenz beider Geschlechter hin. Merke: Flehmende Katzen sind sicher zufriedene Katzen.

Tasthaare: Zollstock und Radar

Wenn eine Katze etwas mit ihrer Nase untersucht, so betrifft das oft nicht den Geruchssinn. Sie schnuppert nicht, sie untersucht das ihr fremde Ding mit vorgefächerten Tasthaaren. Das kann man bei genauem Beobachten erkennen. Beim Schnuppern werden die Haare an den Kopf angelegt, beim Betasten nach vorne gespreizt, das Fremde, Neue mit sensiblen Werkzeugen umgreifend wie mit einer Hand.

An den Backen, über den Augen, an der Nase und unter dem Kinn wachsend, bilden die Borsten einen hochempfindlichen Fächer, der den Kopf wie eine Aureole umgibt. Sichtbarer Schein eines uns unverständlichen, unbegreifbaren Sinnes.

Diese *Vibrissae,* wie Anatomen die Schnurrhaare nennen, sind nach Ansicht des Zürcher Tieranatomen Professor Eugen Seiferle Tastorgane, die auf gewisse Distanz und ohne direkte Berührung Gegenstände wahrnehmen können. Mit ihnen, dem Gehör und dem Hörsehen findet sich die Katze in der Dunkelheit zurecht und wirft auch bei nächtlichen Kletterpartien nichts um.

Neben dieser Radarfunktion erweisen sich die Fühl-, Tast- und Spürhaare auch als eine Art Zollstock, mit der die Katze Durchgänge mißt, die Passierbarkeit von Schlupflöchern und die Straßen durch Getreidefelder, ohne daß die Halme in verräterische Bewegung geraten. Dabei werden die Augen von den Fühlhaaren geschützt: Haare und Lider sind durch einen Reflexbogen verbunden. Die geringste Berührung, etwa durch ein zurückschnellendes Gras, löst sofort einen Blinzeleffekt aus, der das große Auge vor Verletzungen bewahrt.

Die ganze vordere Gesichtspartie

17

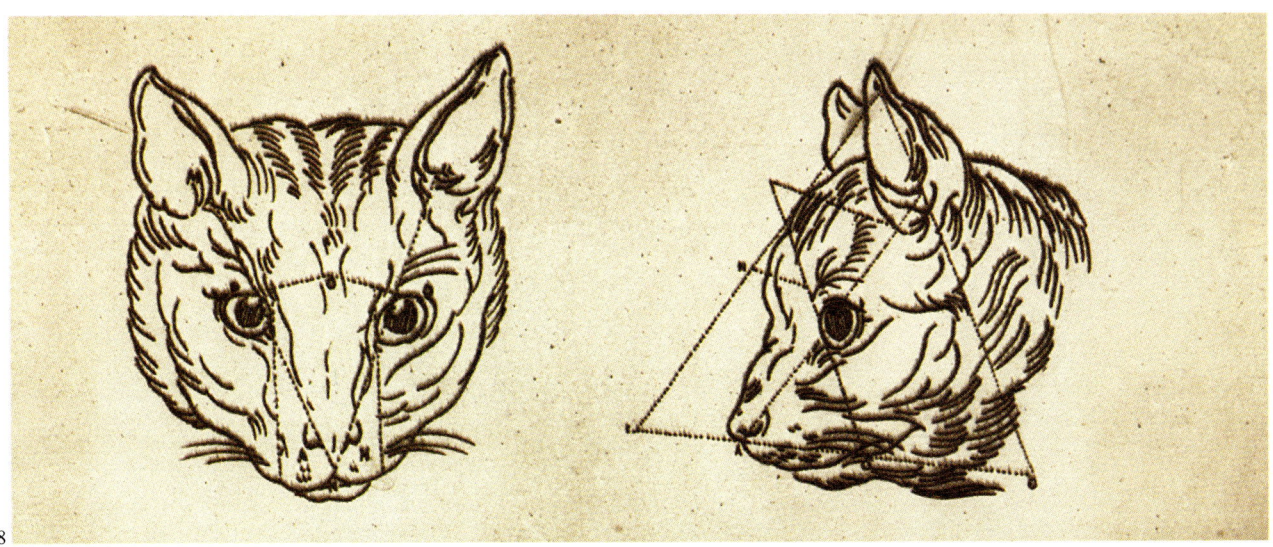

18

18/19 Zu allen Zeiten haben die Physiognomiker den menschlichen Körper beobachtet und aus ihm Veranlagungen und Verwandtschaften mit den Tieren herausgelesen. Der wichtigste Körperteil war der Kopf als Zusammenfassung des Ganzen und mit der Zirbeldrüse Sitz der Seele. Der französische Maler Charles Le Brun hat um 1670 in seinen physiognomischen Zeichnungen die Menschen und ihre tierischen Gegenstücke dargestellt und analysiert. Sie haben etwas Fabel-haftes. Hier ein Katzenmensch: Haben Sie schon einmal einen kennengelernt?

einschließlich der Nasenkuppe ist eine Konzentration hochempfindlicher Meßinstrumente. Sie reagieren sogar auf den Luftdruckwechsel, der in der Umgebung unbeweglicher Gegenstände herrscht. Die Folge: eine Katze stößt sich auch bei Nacht nicht an. Da ihre Augen auf ganz in ihrer Nähe Befindliches nicht reagieren (siehe Seite 76), tut es der Antennenwald ihrer »taktilen Leitstelle«: Die Maus, die unter ihrer Nase weg aus ihrem Gesichtsfeld entschwindet, kann noch immer geortet werden. Professor Leyhausen machte überzeugende Fotos, die zeigen, wie die Schnurrhaare beim Sprung auf die Beute ganz nach vorne gespreizt und aufgefächert sind und dann die gejagte Maus wie eine Federhand umhüllen und jede Bewegung kontrollieren, damit die Katze auf Fluchtversuche sofort reagieren kann. Die Haare

bleiben in Alarmbereitschaft, solange sich die Beute bewegt. Danach gehen sie in Ruhestellung zurück. Für eine Katze gibt es nichts Schlimmeres, als wenn Kinder oder böswillige oder dumme Menschen ihr diese Haare abschneiden oder stutzen. Solcherart verletzte Katzen zeigen Anzeichen von geistiger Verwirrung, von Desorientierung, sie stoßen sich an, als ob sie blind wären. Ich kann nur allen Katzenhaltern mit Kindern empfehlen, ihre Kinder rechtzeitig zu belehren, und wenn sie von Natur schwer belehr- und erziehbar sind, keine Schere herumliegen zu lassen, damit sie nicht doch einmal an der Katze Friseur spielen.

Pfoten, nicht nur zum Gehen
Zum Tastsystem gehören auch die Pfoten; sie ergänzen das Instrumentarium der vorderen Gesichtspartie. Was die Sinneseindrücke betrifft, ist die Katze ausgesprochen vorderlastig. Da haben wir die Sohlenballen, auf Seite 66 als dickhäutige Stoßdämpfer beschrieben. In ihrer chintzglatten Hornhaut befinden sich zahlreiche empfindliche Druckrezeptoren *(Pacinische Körperchen),* die auf jede Vibration reagieren, mag es das Getrippel einer Maus oder das Vorzeichen eines Erdbebens sein. Eine der vielen Anekdoten über das Vorausempfinden von Katzenpfoten: »Bei dem furchtbaren Erdbeben 1783 in Kalabrien kam ein Kaufmann durch das seltsame Benehmen

seiner Katze mit dem Leben davon. Sie bedeutete ihm wie von Sinnen, die Tür zu öffnen und mit ihm das Haus zu verlassen. Sie lief ihm durch Straßen und Gassen voraus, wobei sie sich ständig davon überzeugte, daß er auch wirklich hinter ihr herkam. Der Mann folgte ihr verwirrt und kopfschüttelnd bis vor die Tore der Stadt. Dann brach mit einem Schlag die Hölle auf. Die Erde öffnete sich. Eine Flutwelle raste durch das Land. Die Stadt wurde zerstört, vierhundert weitere Orte vernichtet. Fünfzigtausend Menschen fanden den Tod. Der Kaufmann aber war gerettet.« Durch die empfindsamen Fußsohlen seiner Katze. Auf ein Schlagwort gebracht: Katzen können auch mit den Pfoten hören.
Katzen, vor allem junge Katzen, zeigen mit den Pfoten, daß sie uns zugetan sind. Sie streicheln über unsere Haut, sie stupfen uns an, zart, sanft und doch mit spürbarem Druck. So machen es die Katzenmütter mit ihren Jungen, die Geschwisterkätzchen untereinander, die Menschenkatzen mit ihren Menschen. Das sind Zärtlichkeitsbeweise, die in der Katze-Mensch-Beziehung zu den Höhepunkten gehören, die Katzenfreunde über alles schätzen. Walter Schneider meint in seinem Katzenbuch: »Hier mag mit ein Grund dafür liegen, daß besonders viele Frauen Katzen halten. Sie empfinden die Berührungszärtlichkeit als äußerst angenehm.« Ich möchte hinzufügen, daß ich

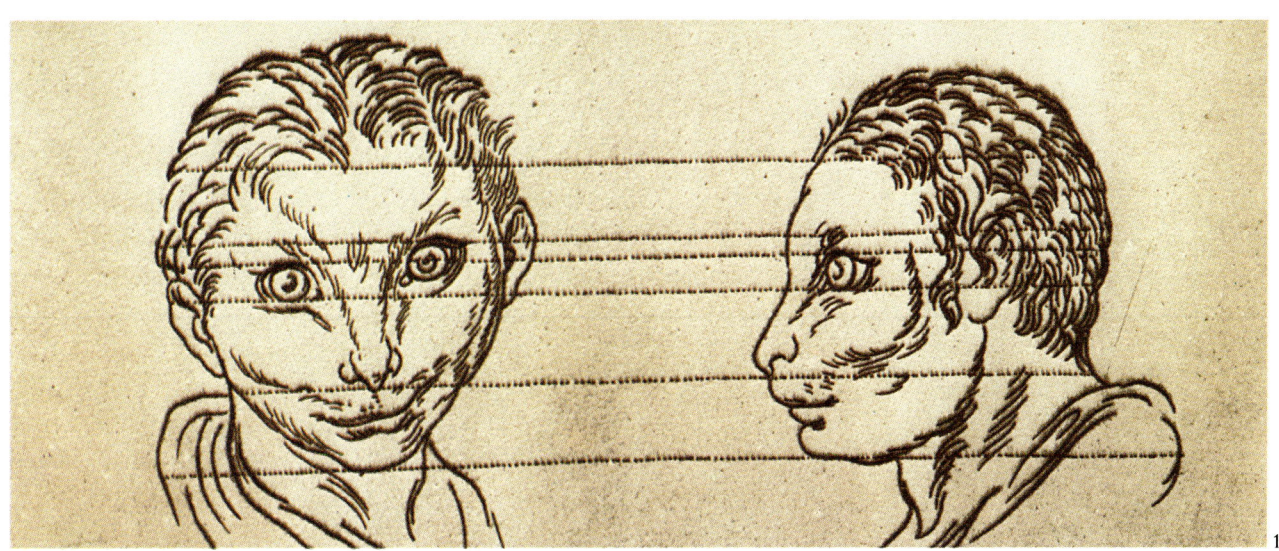

19

sehr gerne von einer Katze gestreichelt werde und daß dies eine erotisierende Wirkung haben kann.

Immer wenn ich *Katzen* oder *die Katze* schreibe, dann meine ich damit *manche Katze* oder *viele Katzen* oder *die meisten Katzen*. Wir sollten nie vergessen, daß jede Katze ein Individuum ist – und was für eines – und daß nicht unbedingt jede Aussage für jede Katze gilt. Meist übertrifft die eigene Katze die anderen an Klugheit, Scharfsinnigkeit und allen anderen Fähigkeiten.

Zwischenspiel Tierphysiognomik
Die auf diesen Seiten abgebildeten Zeichnungen bedürfen einer genaueren Erklärung, zumal in der späteren Tierphysiognomik durchaus Ansatzpunkte der modernen Verhaltensforschung zu finden sind. Die Physiognomik ist die Lehre von der Fähigkeit, aus der äußeren Erscheinung, insbesondere dem Gesichtsausdruck, auf innere Eigenschaften zu schließen. Ich finde diese Vergleiche sehr interessant. So haben seit langen Zeiten die Physiognomiker den Körper beziehungsweise den Kopf beobachtet, wie die Astronomen den Himmel. Mensch und Tier wurden gleichgesetzt, Methoden der Deduktion und Analogie angewandt und Regeln aufgestellt: 1. Jede Tierart hat eine ihren Eigenschaften und Leidenschaften entsprechende Gestalt. 2. Die Elemente dieser Gestalt findet man auch beim Menschen. Beispiel: Einem Lö

wen ist ein mächtig gebauter Mensch analog, der folglich auch des Löwen Mut und Stärke besitzt; die Katze hat ihre stärksten Übereinstimmungen zu Körpergestalt und Sitten der Frau. So einfach wurde das viele Jahrhunderte gesehen, von Leonardo da Vinci über Tizian bis zu Charles Le Brun, dessen Zeichnungen im »Cabinet des Dessins« des Louvre gesammelt sind und von dem unsere Abbildung des Katzenmenschen stammt.

Le Brun hat den Geist des Menschen und die Natur eines Tieres mit einem Winkel gemessen, der von den Geraden gebildet wird, die die Achse der Augen schneidet. Befindet sich der Schnittpunkt auf der Nase, dann ist das Wesen von edlen Leidenschaften beseelt, rückt er zur Stirn empor, handelt es sich um schändliche Antriebe. Arme Katze, um 1670 hatte sie kein gutes Image.

Die Geometrie des Profils erhellte den Charakter. Eine kurze Stirn und lange Nase deutete auf degenerierte Qualitäten, das Dreieck über den Augen zeigte den Scharfsinn an, je steiler es zu den Ohren stieg, um so feuriger die Leidenschaften. Gesamturteil über den Katzenmenschen: Verschlagenheit und schlaue Arglist. Bücher über Tierphysiognomik waren als populäre Menschenkenntnis und Charakterdeutung so beliebt wie Astrologie und Handlesekunst.

Zu Beginn des 19. Jahrhunderts begründete F. G. Gall die Phrenologie, die Lehre, aus der Schädelbildung

und der Form des Gehirns die Fähigkeiten von Mensch und Tier zu erkennen. Eine ihrer wichtigsten Inhalte: Drüsenfunktionen erschöpfen sich nicht im seelischen Bereich, sie rufen auch physische Reaktionen hervor, die sich in Gebärden ausdrükken. Auch hier gehört der Vergleich mit dem Tier zur Methode. Ein typisches Beispiel ist der Ausdruck der Zuneigung, deren Auslöser in der Hinterhauptregion lokalisiert ist. Auf Raffaels »Madonna mit dem Hasen« legt Maria diese Region ihres Kopfes an die entsprechende Stelle des Kindes, während Katzen, die ihre Zuneigung bekunden, ihren Kopf seitwärts von oben nach unten bewegen und den Auslöser sanft an der Person reiben, die sie liebkosen. So der Phrenologe Gall in seinen Schriften, der allerdings nicht das moderne Wort *Auslöser* benutzte, sondern die Stelle *Organ* nannte. Fazit: Die Gebärdensprache der Menschen und der Tiere gehört derselben Physiologie an und drückt sich mit denselben Zeichen aus.

Die moderne Forschung weiß, daß die ganze Haut der Katze mitsamt ihrem Fell ein sensorisches Feld ist, eine Oberfläche voller Tastorgane, vielleicht sogar ein einziges Organ, das auf alle Arten von Berührungen empfänglich reagiert, wenn diese Berührungen nicht grobschlächtig sind. Eine Katze, und hier kann ich mit gutem Gewissen sagen jede, läßt sich gern streicheln und kraulen.

Die Sucht nach Streicheleinheiten

Jedes Haar der Katze, auf dem Bauch hat sie pro Quadratmillimeter etwa 200, auf dem Rücken die Hälfte, sitzt in einer Vertiefung und ist von sensorischen Nervenzellen umgeben. Um genau zu sein: die feinen Unterwollenhaaren sitzen zu mehreren in einem Follikel, so nennt man die Haarschatullen der Haut. Zwischen den Haaren befinden sich auf der blanken Haut weitere Tastkörperchen, kleine Hügel, etwa 7 bis 25 pro Quadratzentimeter. Ein Dutzend verschiedener Nervenarten lassen sie Tastreize wie Berühren, Anfassen, Anstupfen, Stupsen, Streicheln, Streifen, Tätscheln, Kraulen, Krabbeln, Kratzen, Kitzeln, Schaben, Kämmen oder Bürsten unterscheiden. Ein einfaches, zartes Streicheln muß bei einer Katze eine Fülle und Folge von Empfindungen auslösen. Poetisch hat sich Jean-Louis Hue in die gestreichelte Katze hineingedacht: »Wie ein Feuerwerk mit seinen Vorboten, seinem Aufleuchten, seinen Intermezzi, seinen Ruhepausen und seinem Schlußbukett, das man sich hier in einem Innenraum vorstellen muß, einen Körper bestrahlend, zwischen Nerven und Blutgefäßen hervorsprühend, als Feuerräder, Springbrunnen, Wasserkegel, Sterne, stehende oder kreisende Sonnen.« Wissenschaftlich klingt es nüchterner, wenn auch nicht weniger überzeugend. Beim Streicheln entspannt sich die Katze, denn die Muskelspannung läßt nach. Der Herzschlag verlangsamt sich, die Verdauungssäfte und der Speichel beginnen zu fließen, die Verdauungsbewegungen des Darmes werden in Gang gesetzt. Das ist ein Überbleibsel aus der Kindheit, wenn die Mutter durch Streicheln (= Lecken) dafür sorgte, daß die Kleinen Verdauung hatten. Über diese profane Praxis hinaus, spielt dieses Streicheln von seiten der Mutter eine wichtige Rolle: um eine gefühlsmäßige Bindung zu entwickeln. Lecken-Streicheln bedeutet eben mehr als Putzen, es ist auch für Entwicklung und Wachstum notwendig. Bei Heimkindern hat man das gleiche festgestellt: Kinder, die in ihrem zweiten Lebenshalbjahr ohne Mutter aufwachsen und unter den Schwestern keine Bezugsperson finden, bleiben nach vier Monaten Heimaufenthalt körperlich und geistig zurück. Trotz bester Ernährung und guter Pflege sterben ein Drittel solcher Kinder bis zu ihrem dritten Lebensjahr. Wer von diesen »Kaspar Hausern der Liebe« überlebt, bleibt kontaktscheu und hat eine starke Neigung zum Kriminellen. Wie René Spitz von der University of Colorado, der diese Zusammenhänge untersuchte, schreibt: »Kinder, die ohne Liebe aufwuchsen, wurden zu Erwachsenen voller Haß«.

Streicheln ist für Katzen wichtig

Unsere Katze ist ein Kind geblieben. Alle Haustiere haben Merkmale einer Entwicklungshemmung, ein das ganze Leben anhaltendes Kindlichbleiben des Wesens. Wir Menschen übrigens auch: grob gesagt sind wir nicht erwachsen gewordene Affen. Ohne hier lange wissenschaftliche Theorien aufzuführen, ein überzeugendes Beispiel zur Katze: eine junge Wildkatze läßt sich in etwa so leicht halten wie eine junge Hauskatze. Die Hauskatze bleibt verspielt, anhänglich, handsam und freundlich, auch wenn sie erwachsen geworden ist. Die Wildkatze bleibt zwar auf ihren Menschen geprägt, wird aber trotz aller »Zahmheit« ein wildes, kaum zu haltendes Tier. Wer sich, zwischen Falb- oder Bengalkatze und Ozelot oder Tiger eine Wildkatze einbildet, sollte bitte vorher in Rosemarie Wolff's Katzenbuch das Kapitel »Vor Wildkatzen wird gewarnt« lesen. Die Autorin hat es ausprobiert.

Zurück zum Kind Katze, das gestreichelt werden muß. Sie braucht diese Zärtlichkeit, diese Anbindung an »Mutter« Mensch um so mehr, je weniger sie ein wildes Leben mit Mäusefang und Katzentreffs führen kann. Katzen können geradezu süchtig nach Streicheln werden. »Für viele ist Streicheln das reine Rauschgift«, sagt der Verhaltensforscher Dr. Michael W. Fox. Je mehr eine Katze um unsere Beine streicht, je mehr sie Köpfchen gibt, um so streichelsüchtiger ist sie. Und wenn man sie dann auf den Schoß nimmt und streichelt, werden sie zu Katzenbabies: sie strecken ihre Vorderpfoten aus, so wie sie es beim Trinken an der Mutter machten. Sie sabbern vor wohliger Lust und vergraben ihre Nase in unsere Achselhöhle oder legen ihren Kopf an unseren Hals – wie einst im Nest bei der Mutter. Und Raffaels Madonna (Text Seite 89) läßt schön grüßen.

Streicheln, das muß für die Katze der Ersatz für die ihr unbekannten Wonnen des Wassers sein. Da sie nie das wogende Streicheln der Wellen kennenlernt, das prickelnde Erwärmen der Haut durch eine Dusche, die massierende Kraft eines Whirlpools, hat die Natur sie mit der menschlichen Hand entschädigt. Versuchen Sie sich dieser Empfindungen zu erinnern: Baden in der Brandung, wenn die Gischt unsere Haut umsprüht, eine gewaltige Berührung, die durch die ablaufenden Tropfen in viele kleine Kitzeleinheiten aufgelöst wird. Liegen in sanft schwappendem Wasser, warm und geborgen, umhüllt von einem Element, das unsere sensorischen Nerven anspricht, zugleich auch beruhigt. Wasser, das unseren Körper streichelt wie eine mächtige, zärtliche Hand. Unsere Hand könnte das Wasser der Katze sein.

Kleiner Katzen-Kamasutra

Kamasutra, das indische »Lehrbuch der Liebeskunst«, ist der Klassiker der Liebkosungen. Ich möchte Ihnen zeigen, wie Sie Ihrer Katze Ihre Zuneigung handgreiflich beweisen, wie Sie ihr Zärtlichkeit schenken und reines Vergnügen bereiten können. Wichtig ist die Leichtigkeit der Hand und die Stetigkeit des Streichelns. Sie sollten es jeden Tag eine halbe Stunde tun. Für Sie selbst ist das die Zeit der Meditation.

Denken Sie an erfreuliche Dinge oder versuchen Sie, Ihre Gedanken laufen zu lassen.

Streicheln Sie Ihre Katze nicht gedankenlos und mechanisch. Außerdem muß sie Lust auf Streicheleinheiten haben, wie es Fridolin Tschudi in seinem Gedicht »Beim Betrachten meines Katers« beschreibt:

»Die meiste Zeit hingegen, wenigstens im Winter,/Verhält er philosophisch sich und stubenstill,/Indem er leise schnurrt … Ich komme nicht dahin-

ter,/Wann er gestreichelt, wann ganz ungestört sein will.«

Wenn Sie mit der flachen, ganzen Hand streicheln, sollten Sie zwischen den festen Strichen die flache Hand nur über das Fell gleiten lassen, millimeternah, doch ohne direkte Berührung. Die Haare werden sich wie elektrisiert aufrichten, und die Katze wie ein kleiner Elektromotor schnurren.

Streicheln Sie vor allem mit den Fingerkuppen. Sie sollen Bahnen in das Fell ziehen, die sofort wieder verschwinden. Streicheln Sie immer mit dem Strich, nur unter dem Kinn, da darf es auch in Gegenrichtung bis zu den Lippen sein. Kraulen Sie das Kinn in kleinen, kreisenden Bewegungen, die vom Schnurren gesteuert werden und die das Schnurren steuern. Enden Sie mit einem Fingertupfer auf die Nase, so leicht, wie sich ein Schmetterling hinsetzen würde.

Krabbeln Sie mit zwei Fingern zwischen den Ohren. Umfassen Sie Ohren, Kopf und Schnurrhaare mit einer Hand, zunächst nichts berührend. Kraulen Sie gleichzeitig mit der anderen Hand die Stelle zwischen den Schulterblättern. Wenn Ihre Katze beginnt, sich mit dem Kopf an Ihrer Handfläche zu reiben, dann schließen Sie ganz vorsichtig die Kopfhand.

Bestimmen Sie die Stärke des Schnurrens mit Ihren Fingern. Legen Sie die flache Hand fest und ruhig auf die Flanke und versuchen Sie, den sinnlichen Empfindungen der Katze nachzuspüren. Heizen Sie ihr mit Streicheln ein, denn Katzen mögen es warm und vertragen es warm. Die empfindliche Streichelhaut verträgt Temperaturen über 50 Grad, und die Katze kann sich unbemerkt das Fell versengen, während es uns ab 42 Grad ungemütlich wird. Nur die Nase, die kleine Nase ist ein Thermometer, das Veränderungen von einem Grad anzeigt. Sind sie nicht erstaunlich die sieben Sinne?

20 Ein warmes Zimmer, ein gemütlicher Sessel, eine streichelnde Hand: Katze, was willst du noch mehr?

20

Fritz the Cat – Held der Cartoons

»Ich bin fett, faul und stolz darauf«, sagt *Garfield,* der Kater von Jim Davis und zur Zeit erfolgreichste Comic-Katze der Welt. *Krazy Kat* von George Herriman 1910 erfunden, ist wohl das dümmste und unsinnigste Tier, das je durch einen Comic strip wanderte. Er liebt die Maus Ignatz, die ihn dafür mit eigens produzierten Ziegelsteinen bombardiert. Kenner schätzen ihn als den besten aller Comics. *Felix the Cat* von Pat Sullivan begann seine Karriere 1919 auf der Leinwand und wurde zur bekanntesten Trickfilmfigur der Stummfilm-

zeit. Da Sullivan nichts vom Tonfilm hielt, verschwand die intelligente, lebendige schwarze Katze und erstarrte zur Comic-Figur. Die biederste Comic-Katze ist *Oscar, der Familienvater* (großes Bild) von Cefischer aus Frankfurt. Die ausgeflippteste *Fritz the Cat* von Robert Crumb, ein Hippie-Typ und Polizistenschreck. Wenn man noch *Kater Carlo* von Walt Disney und *Tom* mit Freund-Feind-Maus *Jerry* dazunimmt: Katzen als Comic-Helden sind meist anrüchige Charaktere, klüger als Hunde, doch der Maus an sich immer unterlegen.

Der achte Sinn

Zunächst möchte ich eine Geschichte erzählen. Eine Geschichte, bei der jede logische Erklärung versagt und die deshalb von Skeptikern als Märchen verworfen wird. Sie ist jedoch wissenschaftlich abgesichert und stammt aus der Dokumentensammlung von Dr. J. B. Rhine, der 500 wundersame Tiergeschichten sorgfältig geprüft hat. Als wahr erwiesen sich die Heim-zu-Herrchen-Odysseen von 28 Hunden, 4 Vögeln und 22 Katzen.

Der Kater »Sugar« war von der Schulvorsteherfamilie W. in Anderson, Kalifornien, aufgezogen worden. Als die Familie in ein 2400 Kilometer entferntes Kaff in Oklahoma umziehen wollte, sprang Sugar bei der Abfahrt aus dem Auto und konnte nicht mehr gefunden werden. Später erschien der Kater bei Nachbarn, die eine Schwester von Sugar hielten. Er blieb zunächst, verschwand aber nach 3 Wochen, und die Leute brachten es nicht übers Herz, ihre Freunde in Oklahoma von Sugars Verschwinden zu unterrichten. 14 Monate später stand die Frau des Schulvorstehers im Kuhstall – mit dem Rücken zu einem offenen Fenster. Da sprang ihr eine Katze auf die Schulter, und das abgemagerte Tier wurde durch eine Knochenwucherung auf dem linken Hüftgelenk identifiziert. Dr. Rhine überzeugte sich selbst an Ort und Stelle. Alle Kenner sagten, daß nur ein so kräftiger Kater wie Sugar fähig sei, 2500 Kilometer schwieriges Gelände mit Gebirge und Wüsten zu durchqueren. Nur ein ausgezeichneter Jäger konnte überleben. Aber wie hat Sugar den Weg gefunden, den er nicht kennen konnte? Noch so feine und übersensible Sinne kommen als Argument nicht in Frage: es gab nichts wiederzuerkennen, er konnte sich nicht an registrierten Geräuschen orientieren, bekannten geomagnetischen Feldern folgen, sich von Strahlungen leiten lassen. Woher wußte Sugar, wo sich der Ort befand, an dem seine Familie lebte? Wir müssen an Psi-Fähigkeiten glauben. Und so nennt man diese Fälle von Menschfinden auf gut amerikanisch *Psi-trailing*: einer übersinnlichen Spur folgen zu können.

Das Mystische an der Katze

Es gehört mit zum Geheimnis der Katze, daß sie vielen Menschen als so geheimnisvoll erscheint. Dabei ist sie ein kleines, liebes Tier, ein Leben lang verspielt und tut uns im allgemeinen nichts zuleide. Und doch scheint sie übernatürliche Fähigkeiten zu besitzen, mehr zu sein, als das Auge wahrnimmt. Ich muß zugestehen, daß sich manche Katzen vorsätzlich so benehmen, als hätten sie teil an mehr Dingen im Himmel und auf Erden, als wir in unserer Schulweisheit zu träumen vermögen.

So vollbringen Katzen Leistungen, die wunderbar sind und von denen wir einige nicht erklären können. Sie liegen in den Grenzbereichen zur Metaphysik, vor der sich manche Wissenschaftler noch immer scheuen. Daß das fast unwissenschaftlich ist, beweist die moderne Physik, die uns lehrt, daß vieles sich nicht in Ursache und Wirkung einordnen läßt und die Lehren von Aristoteles und Newton veraltet sind.

Ich nenne dieses Kapitel den achten Sinn, weil ich schon sieben Sinne der Katze beschrieben und untersucht habe. Dieser »achte Sinn« reicht vom Wahrnehmen der Kraftfelder und Strahlungen, über die Wetterfühligkeit und die Beeinflußbarkeit durch Sonne und Mond, vom Zeitsinn und dem Heimfindevermögen bis hin zur Telepathie und zum Psi-trailing.

Die vierbeinige Wünschelrute

Im Volksmund heißen sie Erdstrahlen, und begabte Wünschelrutengänger können sie aufspüren. Wo sie verstärkt auftreten, wo sich Wasseradern kreuzen, wo Strahlen aller Art sich überschneiden, entstehen Reizzonen, die sogar Krankheiten verursachen können. Drei Tierarten, so hat man bisher herausgefunden, fühlen sich auf Reizzonen ausgesprochen wohl und verlegen ihre ständigen Aufenthaltsplätze möglichst sogar auf die stärksten Stellen dieser Zonen. Es sind Ameisen, Bienen und Katzen. Die Lieblingsplätze einer Katze auf einem bestimmten Fleck auf der Fensterbank, auf einer Mauer, im Garten oder an einem nicht durch seine besondere Bequemlichkeit erklärbaren

Platz, weisen darauf hin, daß sich dort ziemlich sicher eine Reizzone befindet, oder eine sich kreuzende Wasserader. Im Gegensatz dazu meiden Hunde alle Reizzonen.

So fühlen sich die Katzen wohl in dem räumlichen, dreidimensionalen Gitternetz von Strahlen aller Art, die unsere Erdoberfläche ausstrahlt oder von denen sie bombardiert wird. Vielleicht werden ihre uns oft unerklärlichen Wege von den Schnittpunkten dieser Strahlen gesteuert, von geomagnetischen Schwingungen gelenkt, von luftelektrischen Feldern beeinflußt. Was wissen wir, was die Katze von Kraftfeldern weiß, wie sie sie spürt? Warum gehen so empfindsame, sensible Tiere wie Katzen wie magisch angezogen auf Menschen zu, die Katzen hassen? Weil ihre krankhafte Abneigung, ihre Verkrampfung, ihre Angst als Energie abgestrahlt wird und ein Kraftfeld bildet? Denn nicht nur tote Materie, nicht nur Mond und Sonne, nicht nur Magnetismus und Elektrizität bilden Kraftfelder, sondern auch wir Menschen und unsere Gedanken, wenn sie intensiv genug sind. Ich habe die gleichen Beobachtungen gemacht und glaube Dr. Fox, wenn er meint, daß eine Katze sich deshalb auf das Papier legt, auf das wir gerade schreiben, weil wir dort ein Energiefeld aufbauen. Weitere Frage: Braucht die Katze diese noch nicht meßbaren Energien für ihre eigene Aura?

Das sanftpfotige Barometer

Katzen sind sehr wetterfühlig: ein weiterer Beweis für ihren Strahlungssinn. Denn Wetteränderungen sind Änderungen der elektrischen Felder, mit Entladungen, bei denen langwellige elektromagnetische Strahlung freigesetzt wird, lange vor jeder Luftdruckänderung.

Katzen reagieren darauf durch ein individuell atypisches Verhalten wie der Wiener Tierarzt Dr. Ferdinand Brunner konstatiert hat. An Tagen mit aperiodischen Wetteränderungen benehmen sich Katzen ruhelos, an Tagen mit periodischen Wetteränderungen ist gesteigerte Ruheneigung zu beobachten. An heißen, schwülen Tagen sind Katzen abwehrbereiter bei tierärztlichen Behandlungen; bei

relativ harmlosen Eingriffen können sie durch die notwendigen Zwangsmaßnahmen einen tödlichen Schock erleiden.

Auch die Gestirne haben Einfluß auf die Sinne der Katze, wobei ich nicht eine Astrologie für Miezen propagieren will. Gemeint ist: Die Sonne schickt pausenlos und mit unvorstellbarer Geschwindigkeit Elektronen und Protonen als »Sonnenwind« auf die Erde, der natürlich auf das Wetter und die Wetterfühligen einwirkt. Die Sonnenflecken(= Unwetter auf der Sonne)-Zyklen sind in ihrer Wirkung bisher nur bei Termiten untersucht worden, wobei die Berliner Forscher Günther Becker und Wolfgang Gerisch festgestellt haben, daß die Termiten bei verstärkter Sonnenaktivität weniger fressen.

Es ist so gut wie sicher, daß schließlich auch die Mondsignale von unseren Katzen empfangen werden. Ich meine damit nicht nur den Kater auf dem Dachfirst bei Vollmond, das beliebte Sujet romantischer Zeichner, sondern Einflüsse bei schlafenden, träumenden und nächtlich sich treffenden Tieren. Der Mond, der die Gezeiten der Ozeane, Ebbe und Flut auslöst, beeinflußt sicherlich auch die Körper von Lebewesen, die zu sechzig Prozent aus Wasser bestehen.

Genug der Spekulationen, zurück zu erforschten Ufern.

Die Katze und die Zeit

Es gibt die Geschichte vom Kater Willie, der wußte, wann Montag war. Aufgeschrieben hat sie 1950 der Psychologe Dr. Gustav Eckstein von der Universität Cincinnati. Pünktlich um 19.30 Uhr jeden Montag erschien er an der Küchentür, verlangte sein Fressen und verschwand wieder, um zielstrebig quer über das Universitätsgelände zur Frauenklinik zu marschieren; dort schaute er durch das Fenster dem Bingospiel der Frauen zu, das um 19.45 Uhr begann und zwei Stunden dauerte.

Professor Eckstein berichtet: »Der Kater weiß, wann Montag ist. Und er weiß ebenfalls, wann 19.45 Uhr ist. Denn er war immer pünktlich.« Und es waren weder rollige Katzen noch angebotenes Futter, »er wollte den

Menschen bei ihren geräuschvollen Spielen zusehen und zuhören.«

Was an dieser Geschichte erstaunlich erscheint, ist der kombinierte Wochen-Stunden-Rhythmus. Daß eine halbwilde Bauernkatze täglich zum Melken in den Stall kommt oder die freilaufende Katze pünktlich um zwölf Uhr zum Fressen, beurteilen wir eigentlich als normal. Auch machen wir uns kaum Gedanken darüber, wenn uns unsere Katze täglich kurz vor dem Weckerläuten weckt, und einige Leser werden sagen, daß ihre Katzen am Wochenende auch länger schlafen.

Dabei sind solche Gewohnheiten Anpassung an den Menschen, denn Katzen »leben in eigenen, verschieden ausgeprägten Zeitrhythmen.« Das schreibt Dr. Rosemarie Wolff, die als Schülerin von Professor Leyhausen das Revierverhalten von Katzen beobachtet hat und dabei eine faszinierende Theorie über den Zeitsinn aufstellte. Den eigenwilligen Tagesablauf im 24-Stunden-Rhythmus einer Katze könnte man »als ein Zwischending zwischen der Zeiteinteilung eines Tag- und Nachtschichtarbeiters und dem zeitraubenden Nichtstun eines Gammlers definieren.« Die Autorin glaubt, daß die innere Uhr der Katze, wenn diese stundenlang vor einem Mauseloch wartet oder regungslos in der Sonne döst, einfach stillsteht, daß für sie die Zeit nicht weiterläuft –, daß sie aber aus diesem Aus-der-Zeit-Sein sofort ganz dasein kann: »Der ganze Katzentag setzt sich ... aus einer ineinander überlaufenden Mischung von Trödelei und handelnder Beweglichkeit zusammen.«

Wie die Katze nach Hause findet

Das Heimfindevermögen von Katzen wurde von einer Reihe von Forschern beobachtet und in Versuchen getestet. So stellte der Amerikaner F. H. Herrick bei einer Bootsfahrt auf einem See in Wisconsin fest, daß eine mitgenommene Katze immer den ihrem Haus am nächsten befindlichen Punkt einnahm, obwohl sie das Haus nicht sehen konnte. Dann fuhr er sie im Auto auf kurvenreichen Straßen von zu Hause weg und ließ sie an verschiedenen Punkten frei. Sechsmal klappte der Versuch, bei einer Entfernung von 25 Kilometern kam sie nicht wieder. Der deutsche Katzenforscher Professor Friedrich Schwangart fuhr einen Kater auf Umwegen 16 Fahrkilometer weit in eine fremde Umgebung und setzte ihn dort aus. Überraschend schnell kam er nach Hause. Schwangart errechnete an der Marschgeschwindigkeit von Katzen, daß der Kater den direkten Weg von 9 Kilometern Länge eingeschlagen haben mußte.

Da solche Einzelversuche keine wissenschaftliche Gültigkeit haben, starteten G. Precht und E. Lindenlaub vom Zoologischen Institut der Universität Kiel 1954 einen Großversuch. 5 Kilometer von den Heimatorten verschiedener Hauskatzen bauten sie ein Labyrinth mit Ausgängen in verschiedene Richtungen und setzten die Katzen nacheinander hinein. Fast alle Tiere gingen sofort in den Gang, der Richtung Heimat führte und kamen auch zu Hause an. Die Ergebnisse verschlechterten sich bei Entfernungen von über 12 Kilometern. Und wie machen die Katzen das? Schauen Sie sich unser großes Bild an und lesen zuerst die Bildunterschrift.

1 Auf Seite 78/79 habe ich beschrieben, daß Katzen mit den Augen auch hören können. Diese Entdeckung ist die wissenschaftliche Erklärung für das erstaunliche Heimfindevermögen. Der Zeichner Joachim Widmann hat hier dargestellt, wie die Katze sich in der Landschaft zurechtfinden könnte: Die akustischen Wahrnehmungen durch Augen und Ohren vereinigen sich im Gehirn, in dem die Erinnerung an Geräusche der engeren Umwelt wie in einem Computer gespeichert ist. Zu diesem Hörbild gehören Lautstärken und Einfallswinkel der verschiedenen Geräuschquellen. So orientiert sich unsere hypothetische schwarze Katze für die Allgemeinrichtung an dem entfernteren Brummen der Autostraße, dem Rauschen des Wasserfalls, dem Dröhnen der Eisenbahnbrücke und dem Heulen der Fabriksirene. Dann peilen die Ohren die Signale der näheren häuslichen Umgebung an: die Kirchenglocken, das Hämmern im Steinbruch, das Knarzen der eigenen Haustür. So geleiten die Geräusche sie auf dem rot gezeichneten Weg nach Hause.

2

Für Entfernungen, in denen noch vertraute Geräusche empfangen werden, könnte man so das Heimfindevermögen erklären.

Professor Leyhausen glaubt an das Hörbild von den heimatlichen Geräuschen im Gedächtnis der Katze. Den am weitest reichenden Ton, auf unserer Zeichnung die Fabriksirene, benutzt sie als Leitstrahl, bis sich alle anderen Geräusche dazu addieren. Das ist so ähnlich wie beim Flugzeug, das sich zunächst nach dem Peilsender richtet, bis das Instrumenten-Landesystem die Feinsteuerung übernimmt. Bei der Katze sind das die sehr beweglichen Ohren.

Eine andere Theorie, die Dr. Fox vertritt: Mit Hilfe ihrer inneren Uhr kann die Katze die Sonne als Kompaß benutzen. Diese innere Uhr ist auf die Ortszeit ihres Zuhauses eingestellt. Wenn sie sich nun 50 oder 100 Kilometer von zu Hause entfernt befindet, stimmt der Sonnenstand nicht mit der Zeit der inneren Uhr überein. Die Katze geht also in die Richtung, in der Sonne und Zeitsinn sich annähern und schließlich übereinstimmen. Brieftauben, das ist erforscht worden, finden auf diese Weise präzise nach Hause zurück.

Freilaufende Katzen haben übrigens mehr Chancen, nach Hause zurückzufinden als reine Wohnungskatzen. Ihnen fehlen die Orientierungshilfen. Auch junge Katzen sind nicht so sicher wie alte: Bei einem Labyrinthversuch der bereits erwähnten Zoologen Precht und Lindenlaub, bei dem Katzen in die Mitte eines Labyrinths gesetzt wurden, das 25 Ausgänge hatte, wählten 8 von 10 Katzen sofort den Ausgang, der ihrem Zuhause am nächsten lag. Junge Katzen irrten sich häufig.

Was man einfach glauben muß

Beide Heimfindetheorien gehen jedoch davon aus, daß die Katze in das ihr bekannte Heim, zu ihren Leuten zurückkehrt. Wie verhält es sich aber mit den zahlreichen Fällen, in denen – wie bei Kater Sugar – das Tier sein Haus verläßt, um die verschwunde-

2 Symbol für Psi bei Katzen ist diese »Sterntaler-Mieze« von Wolfgang Lauter.

nen Menschen zu suchen? Das ist nur mit dem Vorhandensein übernatürlicher Kräfte zu erklären, für die wir die Formel *Psi* benützen. Psi ist der 23. Buchstabe des griechischen Alphabets und die zusammenfassende Bezeichnung für die psychischen Fähigkeiten, die den übersinnlichen Vorgängen zugrunde liegen.

Im Institut von Professor J. B. Rhine an der Duke University in Durham, North Carolina, wurden Psi-Experimente mit Katzen durchgeführt, bei denen die Tiere verstecktes, mit den normalen Sinnen nicht wahrnehmbares Futter erraten sollten. Obwohl die Erfolgsquote über dem Zufallsdurchschnitt lag, war das Ergebnis laut Parapsychologie-Professor Hans Bender, Freiburg, nicht allzu beweiskräftig. Dagegen gibt es neben vagen Anekdoten, nicht bestätigten Zeitungsmeldungen, verwechselten Katzen und anderen Irrtümern einige wirkliche *Psi-trails* von Katzen, die anders nicht zu erklären sind. Sie sollten uns aufgeschlossen und tolerant machen, damit wir scheinbar Unmögliches nicht ohne weiteres ablehnen. So haben Katzen drohende Erdbeben und Unwetter gefühlt und die Häuser verlassen, was durch einen Spürsinn für leichteste Erdstöße erklärbar ist, wie es auf Seite 88 beschrieben wurde. Die Chinesen haben sich 1975 beim großen Erdbeben in der mandschurischen Provinz Liaoning dieses tierischen Frühwarnsystems bedient und Zehntausende von Menschenleben gerettet. Auch in Friaul trugen am 6. Mai 1976 die Katzenmütter ihre Jungen aus den Häusern in die Gärten, Stunden bevor das große Beben begann. Doch welcher meßbare Sinn hat die Katzen bewogen, im Krieg Häuser zu verlassen, in die später Bomben einschlugen. Londoner Katzenbesitzer haben sich immer in die Bunker geflüchtet, wenn ihre Katzen bei Alarm unruhig wurden, nicht aber, wenn sie trotz der Sirenen weiter schliefen. Es gibt Beispiele, in denen Katzen den Tod eines Menschen angekündigt oder von ihrem eigenen bevorstehenden Tod gewußt haben. Das sollte uns nachdenklich machen und uns das Wunder Katze geistig noch näher bringen.

DIE KATZE

Komm, schöne Katze, auf mein liebend Herze
Und halte noch zurück der Pfote Krallen;
Laß tauchend mich in deine Augen fallen,
Worin sich mischen der Achat und Erze.

Wenn meine Finger streicheln ohne Hasten
Dein Haupt und den geschmeidigsten der Rücken,
Die Hände trunken werden vom Entzücken,
Den Leib, der Ströme ausschickt, abzutasten,

Seh' ich mein Weib im Geist! Sein Blick versehrt
Wie deiner, du so liebenswertes Tier,
Gleich tief und kalt und schneidend wie ein Schwert.

Und von dem Fuß zum Haupte schwimmen ihr
In flüchtigen Häuchen Düfte voll Gefahren,
Die ihres braunen Leibes Reiz sich paaren.

Charles Baudelaire, ins Deutsche übertragen von Carlo Schmid.

KATZEN

Weißes Händchen und weißes Tätzchen,
Und keines von beiden die Krallen zeigt –
Reizendes Weib und reizendes Kätzchen
Necken sich, wenn der Tag sich neigt.

Können weiße Finger auch kratzen?
Rosige Nägel sind spitz! Und sacht
Werden vier scharfe Krallentatzen
Aus weichen Sammetpfötchen gemacht.

Wie nur die weißen Pfoten schön heucheln
Können! Doch während sie tückisch schmeicheln,
Wedelt der Teufel schon mit dem Schwanz –

Und im Boudoir sieht man im Dunkeln
Wie von Schwefel und von Phosphorglanz
vier Augen aufeinander funkeln.

Paul Verlaine, ins Deutsche übertragen von W. Graf Kalckreuth.

Collage von Gyorgy Stefula »Gewidmet den Katzen von Köln«, 1980. Unter Verwendung von »Die Kirchgängerin«,
Louis Ammy Blanc, 1837.

Die Lebensart der Katzen

Vor dem Schlafzimmerfenster liegt die Bühne der großen Wiese, auf der ein Ensemble von 5 Katzen das Schauspiel ihrer Lebensart aufführt. Sie kommen aus den Kulissen des Maisfeldes, die Graue, die Schwarzweiße, der Rote, die Bunte und die Tigerin, einzeln oder mehrere, alle zusammen nur, wenn gemäht worden ist. Vom Roten weiß ich durch Besuche in unserem Garten, daß er ein Kater ist; die Bunte kann genetisch nur eine Kätzin sein; das Geschlecht der anderen ist unbekannt.

Jeder spielt sein eigenes Stück, und wenn alle fünf auf der Wiese sind, bewegt sich jede auf vorgezeichneter Bahn: parallel zueinander und in sicheren Abständen voneinander, ohne sich zu beachten. Spielt die unsere mit, beherrscht sie das vordere Drittel und darf sich in diesem Bereich auch in die Tiefe bewegen.

So stellt sich eine Szene: die Schwarzweiße sitzt unbeweglich für eine lange Zeitspanne vor irgend etwas – Warten auf Maus. Der Rote trabt quer durchs Bild, wie immer in Eile, zu wichtigeren Zielen. Die Bunte führt gerne ihre Im-Boden-Verschwinden-Nummer vor. Da wird geschritten und gestelzt, geschlichen, gesprungen und auf offener Bühne gegammelt und gepennt.

Hat nur eine ihren Auftritt, gehört die Wiese ihr, und das nutzt sie aus durch Gänge in die Diagonale, Schleifen und weite Kurven. Doch wenn dann Nummer zwei und Nummer drei aus dem Mais kommen, wird alles wieder exakt, geometrisch und sieht aus wie das große, mechanische Katz-und-Maus-Spiel. Mit dem Fernglas aus meiner Loge kann ich Jagdverhalten beobachten und Körpersprache studieren. Und ich habe gelernt, daß leben und leben lassen die Devise der Katzen von Anning und Weisham ist. Kommen sich zwei aus Versehen einmal sehr nahe, dann wird mit ruckartig aufgestelltem Schwanz gegrüßt, nicht gedroht. Soweit meine Amateurbeobachtungen, Rückfälle in meine Studienzeit, für eigenständige Forschungen nicht exakt und konsequent genug, doch die gesammelten wissenschaftlichen Arbeiten mit Au-

1

genschein bestätigend. So hat Dr. Roger Panaman von der schottischen Universität St. Andrew eine Gruppe von 21 frei lebenden Bauernkatzen systematisch beobachtet, was vor ihm noch niemand gemacht hatte.

Ein freies Leben führen sie

Der Tageslauf der schottischen Katzen wird dem meiner bayerischen ähnlich sein: 9 Stunden 40 Minuten Schlaf; 5 Stunden 30 Minuten Ruhen und Dösen; 30 Minuten Essen und Trinken; 45 Minuten Flanieren und Spazieren; 15 Minuten zielstrebiges Gehen oder Laufen; 3 Stunden 40 Minuten Sichputzen und Krallenschärfen = Katzenwäsche; 3 Stunden 40 Minuten Jagen: Beneidenswerte 24 Stunden, wenn man sie mit dem Leben einer Wohnungskatze oder eines Büromenschen vergleicht. Die Hauptjagdzeit beginnt mit der Abenddämmerung. Jede Katze durchstreift allein ihr Jagdrevier, wobei durchaus zwei Katzen nebeneinander jagen können, die Reviere überdecken sich. Keine von Dr. Panaman's Katzen entfernte sich weiter als 400 Meter von ihrem Zuhause. Katzenfreundschaften wurden nicht beobachtet, die einzigen engeren Bindungen, die diese Katzen eingingen, waren die zu den Menschen.

Katzen sind Singles. Zwar nicht ungesellig, doch zu keinen festen Beziehungen bereit. Diese Ansicht wird von Michael Allaby und Peter Crawford bestritten, die die Forschungs-

2

gruppe »Curious Cat« (Geheimnisvolle Katze) leiteten und die Ergebnisse in einem Buch veröffentlichten. Ihre Katzengruppe lebte als eine Art Großfamilie zusammen, die Tiere begrüßten sich, sie putzten sich gegenseitig, sie halfen sich bei der Geburt und Aufzucht der Jungen. So gab sich denn in einem »Pro & Contra« der Zeitschrift »Ein Herz für Tiere« zum Thema »Sind Einzelkatzen einsam?« Michael Allaby als ein Verfechter der Haltung von zwei oder mehr Katzen. Er empfiehlt, zur Erstkatze eine jüngere Zweitkatze zu nehmen, damit eine natürliche Rangordnung und keine Rivalität entsteht. »Die Katze wird glücklich mit anderen Katzen zusammenleben, und zu-

sammen werden sie der Beschäftigung nachgehen, die sie am besten können, den Menschen auszubeuten!« Professor Leyhausen, Verfasser des Buches »Katzen, eine Verhaltenskunde«, sagt dagegen, daß sich die Mehrzahl der Katzen allein wohler fühlt und sich Einzelkatzen enger an ihren Menschen anschließen. Das gilt vor allem für Katzen mit freiem Auslauf, die ihr zeitweiliges Geselligkeitsbedürfnis mit Katzen der Nachbarschaft befriedigen können. Bei der Wohnungskatze kommt es auf das Individuum an, aber darüber werden wir uns in den Kapiteln der Praxis noch genauer unterhalten.

Katzen sind so große Individualisten, daß sich viele Beobachtungen gar

1 Das nächtliche Treffen der Katzen auf den Dächern, das im vorigen Jahrhundert so gerne dargestellt wurde, hat in der modernen Verhaltensforschung seine Bestätigung gefunden. Die Illustration aus den Münchner Bilderbogen zeigt die muntere Katzenversammlung, während Hausherr und Haushund schlafen.

2 Sehr genau hat der Schweizer Katzen-Raffael Gottfried Mind (Bern, 1768 bis 1814), die Katzen beobachtet. Diese Radierung von F. Hegi einer nicht gerade freundlichen Katzenbegegnung entstand nach einer Zeichnung von Mind.

3 Freundschaftliche Annäherung mit gewisser Zurückhaltung von links. Kontakt besteht durch die Schnurrhaare.

3

nicht verallgemeinern lassen. Inzwischen haben die Verhaltensforscher das eingesehen. Wie sagen doch die Katzenhalter so gern und so richtig? »Meine Katze tut das nicht!«

Meine Berichte über die Lebensart der Katzen beginne ich mit der Beschreibung des Johann Peter Scheitlin, einem Verhaltensforscher aus der Zeit, als es dieses Wort noch nicht gab, als man die Tierpsychologie noch nicht kannte. Mitte des vorigen Jahrhunderts schrieb er den »Versuch einer vollständigen Tierseelenkunde«. Alfred Brehm zitiert ihn viele Seiten, ich nur ein Katzenstückchen: »Zu ihrem Mute gehört ihre Rauflust, ihre große Neigung zu Balgereien unter sich. Es geht dies schon

in die alte Sünde zurück. Der Kater lebt oft wochenlang außer dem Hause in seiner grenzenlosen Freiheitssphäre; man hält ihn für verloren, unerwartet kommt er wieder zum Vorschein. Die Miez hat viel mehr Haussinn, Nestsinn wie alle Tierarten. Nicht immer sind die Raufer die stärksten, und nicht allemal sind die Kater die ärgsten Raufbolde; es gibt auch weibliche Haudegen, wilde Weiber. Solche rennen allen Katzen ohne Unterschied nach, fürchten die stärksten Kater nicht, fordern alle mit Tadel heraus und machen sich allen, der ganzen, langen Straße furchtbar, so weit man von Dach zu Dach, ohne die Straße überschreiten zu müssen, kommen kann.«

Leyhausen: »Nach anfänglichen Kämpfen stellt sich so zwischen denjenigen, die sie bestehen und nicht völlig besiegt und unterworfen werden, eine formale Rangordnung ein, und zusammen beherrschen sie ihrer aller Gebiet als eine Art Bruderschaft. Sie treffen sich in freundlicher Gesellschaft.«

Neue Kater, die innerhalb des Gebietes zuziehen oder heranwachsen, werden regelrecht aufgefordert, der Bruderschaft beizutreten oder wie man im Jargon von Verbindungsstudenten sagt, sie werden von Mitgliedern durch spezielle Lockrufe »gekeilt«. Als Aufnahmeprüfung müssen sie Kämpfe bestehen, und die Prozedur bis zur Anerkennung als

4

5

aus ihrem Hang zum Spielen und ihrem Mutwillen hervor: sie sind Nachtbuben. Zwar schlagen sie sich auch bei Tage auf dem Dache herum, zerzupfen einander gräßlich und rollen auch, miteinander sich windend und kugelnd, über das Dach und durch die Luft auf die Straße herunter, sich sogar in der Luft raufend; dennoch führen sie am meisten Krieg in der Nacht, die Kater unter sich der Weiber willen. Mancher Kater kommt in gewissen Zeiten des Jahres beinahe alle Morgen mit blutigem Kopfe und zerzaustem Kleid heim; dann scheint er gewitzigt und daheim bleiben zu wollen, nicht lange aber; denn er vergißt seine Wunden so schnell, als sie heilen, und fällt dann

Ja, die Katzen des 19. Jahrhunderts waren noch Kerle, obwohl unser Kätchen (Ableitung von Kätzchen) alle Katzen der Nachbarschaft verprügelte und vertrieb und außer mit unserem Bassethound Henry mit keinem Tier in Frieden lebte.

Die Bruderschaft der Kater

Daß es auch in Katerkreisen nicht immer so wild zugeht wie Scheitlin beschreibt, hat Katzenforscher Leyhausen beobachtet und erforscht, Rosemarie Wolff hat dies durch eigene Beobachtungen ergänzt und gefestigt. Unter freilebenden Katern gibt es eine Art gesellschaftliche Rangordnung, die man sich im Rivalenkampf um Kätzinnen erstreiten muß.

4 Im Verlag Gustav Weise erschienen nach 1850 Bilderbogen im Holzstich, darunter ein Blatt von E. Bosch »Verschiedene Ständchen«. Hier das Katzenlied: »Wenn i am Fenster steh' und so in d'Nacht naus seh'; Da muß i weine, bin i alleine!«

5 »Katzen auf dem Dach« heißt der englische Stich von 1878. Die Katzen wirken erschrocken und erstarrt.

6 Wie die Katze eine Ratte packt, hat Gottfried Mind realistisch dargestellt. R. Reyher hat das Blatt radiert.

7 Zum Umhertragen wird die Beute von der Katze hinter dem Kopf gefaßt, so wie sie ihr Junges trägt (siehe Seite 230).

vollgültiges Mitglied dauert ungefähr ein Jahr. Der Sinn dieser Bruderschaft mit ihren gelegentlichen Treffs: zu verhindern, daß ein besonders starker Kater eine ganze Gegend tyrannisiert. So hat eine Gruppe von starken und gesunden Katern eine faire Chance, eine Partnerin zu finden und sich fortzupflanzen. Die Bruderschaft repräsentiert ein reales Gleichgewicht von Kraft und Abschreckungspotential. Natürlich gehört in einem Gebiet eine Gruppe von annähernd gleichstarken freilaufenden Katern dazu. An die Bruderschaft unserer Katzen hier bin ich noch nicht herangekommen; meine Versuche mit Infrarotglas und Katerverfolgung sind fehlgeschlagen. Als

ich aber noch in München wohnte und vom Küchenbalkon auf ein Hügelland von niedrigeren Ziegeldächern herunterschauen konnte, habe ich in Vollmondnächten manchen Katerkampf und einmal eine Katerversammlung beobachtet. Es ist schon beeindruckend, wie sie da sitzen, ruhig, friedlich und ungemein geräuschlos. Damals hatte ich Leyhausen noch nicht gelesen und konnte mit der merkwürdigen Versammlung nichts anfangen.

Die Jägerin und ihre Beute
Von allen Verhaltensweisen unserer Katzen ist der Beutefang am genauesten untersucht worden. Seit 1930 haben Zoologen, Tierpsychologen und

Verhaltensforscher die Annäherung an die Beute, das Ergreifen, das Spielen mit der Beute, das Töten, das Rupfen und Schütteln sowie das Verzehren in jeder Phase und in jedem Detail beschrieben, analysiert, fotografiert, gezeichnet und gefilmt. Aus dieser Materialfülle kann ich nur das Wichtigste herausgreifen, zumal die meisten Wohnungskatzen gar keine Beute mehr machen, die Verhaltensfaktoren aber für das häusliche Spiel sehr wichtig sind.

Die Verhaltensforscher nennen den auslösenden Faktor für eine angeborene Handlungsweise einen *Schlüsselreiz*. So steht beim Beutefang (oder dem entsprechenden Spiel) am Anfang das Geräusch. Knistern, Krat-

6

7

8 Der Katzenforscher Paul Leyhausen hat eine Schemazeichnung entwickelt, die die Körperhaltung der Katzen bei Angriff und Abwehr zeigt. Wir haben die Mimik, für die der Forscher ein zusätzliches Schema hat, nur in zwei Stimmungen an Anfang und Schluß gesetzt: Friedliche Normalstimmung (A_0B_0) und extrem starke Angriffs- und Abwehrstimmung (A_3B_3). A bedeutet jeweils Angriffsdrohung, B Abwehrbereitschaft. Die Ziffern geben die Stärke der Stimmungen an: 0 = indifferent; 1 = geringe Stimmung, 2 = starke Stimmung; 3 = extrem starke Stimmung. Beide Stimmungen überlagern einander.

9 Diese aufmerksame Katze in entspannter Stimmung stammt aus Longwy, Frankreich. Blaue Fayence, 25 cm hoch.

10 Die gespannte Aufmerksamkeit ist Thomas Cartier mit seiner feuervergoldeten Bronze gut gelungen. 14 cm hoch.

11 Katzenschönheit von Louis Riche. Bisquitporzellan aus Sèvres, 21 cm hoch.

12 Sitzende und schlafende Katzen, ein Kupferstich von Johann Adam Klein.

13 Sitzende Katze, ruhige Stimmung. Carl Mortensen, Manufaktur Bing & Gröndahl, Kopenhagen um 1900. 35 cm hoch.

14 Katzengymnastik voller Wohlbehagen. Plastik von Fumio Asakura (1883 bis 1964), dem bedeutendsten Katzenbildhauer Japans. Er formte nur Katzen.

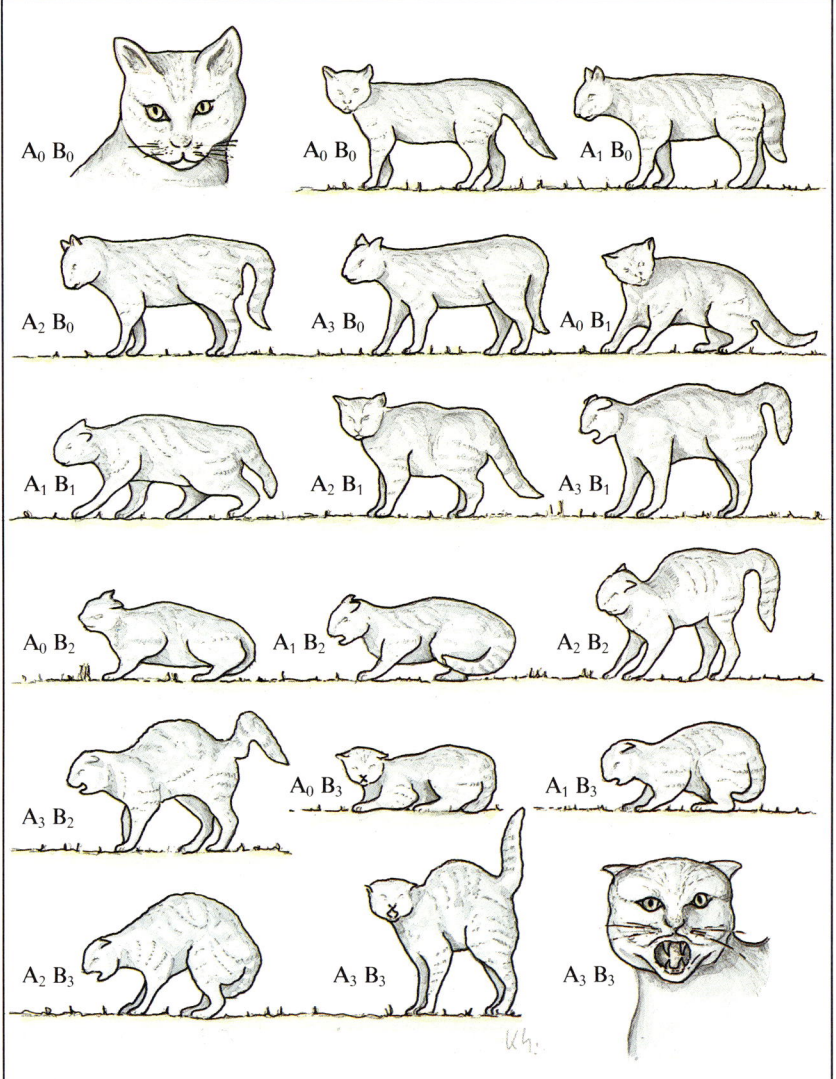

8

zen oder Mäusewispern erregt die Aufmerksamkeit. Sie geht in das Fangen über, wenn sich etwas von der Katze wegbewegt. Was auch immer davonläuft, ein Schnurende, eine Papierkugel oder eine Maus, es muß verfolgt, eingeholt, mit den Pfoten geschlagen, festgehalten und mit der Schnauze gepackt werden. Diesen Ablauf beherrscht die junge Katze von Natur aus, wenn auch noch nicht perfekt. Die ersten Mäuse sind ein echtes Problem: das Kätzchen fürchtet sich vor ihnen. Die Überwindung dieser Furcht führt zum perfekten Tötungsbiß, der nicht angeboren ist. Er wird den Katzen aber auch nicht von der Mutter beigebracht, es ist wirklich ein Sprung über eine seeli-

sche Hürde, eine innerliche Hemmung. Denn in Technik und Ansatz entspricht dieser Biß dem Griff in den Nacken, mit dem die Mutter ihr Junges packt, um es davonzutragen oder der Kater seine Kätzin beim Liebe machen. Katzen, die innerhalb ihrer sechsten und zwanzigsten Lebenswoche keine lebende Beute bejagt haben, lernen diesen Biß meist nie mehr. Die Überwindung der Beißhemmung wird durch äußere Reize in Gang gesetzt: der Konkurrenzkampf mit Mutter und Geschwistern um die Maus läßt die Furcht vergessen, steigert die Erregung, und in einer Art blindem Jagdeifer beißt sie zu, perfekt und richtig.

Das als »grausam« empfundene

Spiel der Katze mit der lebenden Maus hat mit dem zu tun, was ich auf Seite 90 schrieb: »Die Katze ist ein Kind geblieben«. Das Spielen mit der Beute ist ein Beibehalten kindlichen Verhaltens, das Fangen scheint wichtiger als das Töten, und je weniger die Katze jagt, um so stärker staut sich ihre Jagdlust und wird in einem Erleichterungsspiel abreagiert. Das ist die einfache Erklärung eines wesentlich komplizierteren Vorgangs. Hierher gehört auch der *Mäusetanz*, bei dem die Katze einem Papierball oder einer Garnrolle mit den Pfoten wieder Leben gibt. In einem wilden und eleganten Tanzspiel wirft sie das Ding hoch, fängt und umspringt es. Dieses Ballett, das Katzenkinder

9   10   11

12   13

14

schon perfekt beherrschen, besteht nicht aus dem immer gleichen Ablauf von Bewegungen, die die Katze ererbt hat. Es kann durchaus variiert werden und es kann Ausdruck freudiger Stimmung sein. Auf jeden Fall läßt sie so inneren Dampf ab, und deshalb sollte man es mit Wohnungskatzen häufig spielen. Wie sie die Beute frißt, habe ich Seite 68 beschrieben.

Drohgebärden und Imponiergehaben
Vor den Kampf hat die Natur überall die Drohung gesetzt: Man zeigt dem Gegner, wie stark man ist, man versucht, ihm zu imponieren, wie die Forscher dieses Verhalten nennen. Wer droht und imponiert, der möchte

15

15 *Macht die schlafende Katze schon ein Auge auf und hört die Maus? Oder ist die Maus schon Beute? Sepiafederzeichnung auf Velin von Ryckebusch, tätig in Paris 1850–1872. 17 × 26 cm.*

16 *Anschleichen an die Beute, Fangen der Beute, der Tanz mit der Maus, und wenn zwei sich streiten, freut sich die Dritte. Aus »des Chats«, dem Bilderalbum von Th. A. Steinlen.*

17 *Noch einmal Anschleichen an die Beute. »Katze und Spinne«, vom japanischen Maler Toko in der Meiji-Periode (1868 bis 1911) auf Seide gemalt. 37,5 × 27,9 cm. Aus der Charles Stewart Smith Collection im Metropolitan Museum of Art, New York.*

16

17

18 Starr und unbeweglich, in endloser Geduld kann die Katze sitzen und warten.

weder kämpfen noch fliehen; er möchte nur sein Gesicht wahren. Bei diesem Kampfvermeidungsgehabe sträubt die Katze das Fell, denn das vergrößert ihren Umriß von der Seite her, da nur die Rückenhaare wie ein Kamm aufgestellt werden. Der Schwanz, zum Haken gebogen, vollführt schnelle, peitschende Bewegungen mit der Spitze.

Der Rücken wird zum Buckel gekrümmt, und damit er auf den Gegner auch tüchtig Eindruck macht, stellt sich die Katze quer. Je selbstsicherer sie ist, desto gerader und direkter steht sie ihrem Gegner gegenüber. Hochgereckte Beine deuten Angriffsbereitschaft an, zurückgelegte Ohren Abwehr, wobei diese Geste praktischen Ursprung hat: bei einer Rauferei sind die Ohren gefährdet. In Abbildung 16 hat der große Katzenkünstler Steinlen das alles sehr gut getroffen. In Abbildung 8 zeigt Paul Leyhausen, daß die Stimmungen einer Katze sich überlagern und selten eindeutig Angriff oder Abwehr signalisieren. So ist die Stimmung $A_3 B_0$ mit höherem Hinterteil typisch für einander bedrohende Kater.

Obwohl diese Gestik zunächst für Artgenossen gedacht ist, wird sie natürlich auch Hunden und fremden Menschen gegenüber angewandt. Wenn man sie versteht, läßt sich mancher Streit und mancher Kratzer vermeiden.

Das sprechende Gesicht

Das Katzengesicht ist mit Sinnesorganen aller Art bestückt, die blitzschnell reagieren können. Darüber haben wir schon auf den Seiten 73–88 gelesen. So kann sich durch die Bewegung der Ohren und Tasthaare oder durch Verengen oder Erweitern der Pupillen der Gesichtsausdruck schnell und markant ändern.

Hier einige Deutungsformen:
● Kopf hochheben und zurückziehen (wie auf Abbildung 13): »Sie sind mir zu aufdringlich.«

18

- Halbgeschlossene Augen, zur Seite gedrehte Ohren: »Ich genieße das!«
- Gespitzte Ohren, weit geöffnete Augen: »Ich möchte spielen.«
- Angelegte Ohren, halbgeschlossene Augen, halb zur Seite gedrehter Kopf: »Ich tu dir nichts, tu mir auch nichts.«
- Erweiterte Pupillen trotz Licht: »Ach du Schreck!«
- Hochgestellte nach hinten gedrehte Ohrmuscheln und verengte Pupillen: »Paß bloß auf!« Und
- Herzhaftes Gähnen: »Ich bin friedlich, du bitte auch.«

Bei genauem, längeren Beobachten Ihrer Katze werden Sie sie ganz genau verstehen lernen. Dazu kommt als dritte Verständigungsart:

Miau ist mehr als ein Wort

Miau, in der Volksmeinung das Katzenwort schlechthin, ist nur eine von vielen Lautäußerungen, und zwar die des Mißbehagens. Das gilt für Kätzchen wie für Katzen. Die Forscher unterscheiden Gruppen von Lauten, Paul Leyhausen *stimmlose* und *stimmhafte,* wobei zur ersten Gruppe das *Schnurren* (auf das ich noch ausführlich eingehe), das *Fauchen, Spukken* und *Knurren* gehören. Sie sind vornehmlich für die Katz-zu-Katz-Verständigung gedacht. Die zweite Gruppe, die auch oder nur im Umgang mit Menschen benutzt wird, besteht aus dem *Miauen,* dem *Gurren,* dem *Kreischen* und dem *Gesang der Kater.* Für den internen Verkehr zwischen Mutter und Kindern gibt es noch den *Mäuseruf* und *Rattenruf,* je nachdem welche Beute den Kleinen vorgeführt wird. Michael W. Fox benützt eine andere Einteilung. Er unterscheidet sechzehn Lautmuster, die er so gruppiert: 1. *Plauderlaute* als Ausdruck freundlicher, entspannter Stimmung. 2. *Ruftöne,* die den Menschen auffordern oder Hunger, Durst und Zärtlichkeitsbedürfnis signalisieren. 3. *Erregungslaute* beim Kampf, bei der Paarung, beim Erschrecken, bei der Rolligkeit.

Der Mensch, der mit Katzen zusammenlebt, lernt den Wortschatz seiner Katzen recht bald kennen und deuten. Es gibt viele individuelle Unterschiede, sehr wahrscheinlich auch

19

Dialekte und sicherlich »Spezialworte« einzelner Katzen. So quasselte unser Kätchen (von Seite 104) mit moduliertem Maunzen und Purren auf Bassethound Henry ein, der ihr mit schiefgelegtem Kopf interessiert zuhörte. Eine Idylle aus dem wirklichen Tieralltag.

Unter den Rassekatzen sind die Siamesen die gesprächigsten; sie können ihre Gefühle und Stimmungen wie keine andere Katze stimmlich ausdrücken. Siamkatzen-Züchterin A. Donay-Weber weiß darüber: »Ihr stimmliches Repertoire ist fast unerschöpflich und reicht vom leisesten Gurren bis zum lauten markerschütternden Urschrei, der den ungeübten Hörer erschauern läßt, aber schrecklicher klingt, als er gemeint ist.« (Das Rufen und Singen bei der Läufigkeit ist hier noch nicht erwähnt.)

Schnurren – das ungelöste Rätsel

So tönten früher die Spinnräder: *schnurr, schnurr*. In England hört man es als *purr, purr* und Madame Jules Michelet lautmalte in ihrem in der zweiten Hälfte des vorigen Jahrhunderts geschriebenen Katzen-Buch: *mourrons, mou'ons, mrrr*. Es ist ein Ton, den man ebenso fühlen wie hören kann, ein vibrierendes, schwingendes Summbrummen, das sich schwer beschreiben läßt: Streicheln Sie Ihre Katze und hören Sie es sich an. Es ist der erste Laut der jungen Katze, wenn sie saugt, und wird von der Mutter aufgenommen. Es ist ein beruhigender, beschwichtigender Laut: Alles ist gut, mmurrr, alles ist gut. Dasselbe sagt uns unsere Katze, wenn wir sie streicheln und sie schnurrend wieder zum Katzenbaby wird.

Schnurren ist jedoch nicht nur ein Zeichen des Wohlbehagens, es soll auch anzeigen, daß die Katze friedlich gestimmt ist: eine akustische weiße Fahne. Deshalb schnurren Katzen auf dem Operationstisch des Tierarztes; sie schnurren, wenn sie sehr krank sind und wenn sie sterben müssen. Schnurren kann Liebeserklärung, Hilferuf und letzter Gruß sein. Seit zwei Jahrhunderten hat dieser Laut die Anatomen unter den Zoolo-

20

21

22

19 »Erfolgreich das Wild fangen« nennt der japanische Bildhauer Fumio Asakura seine Plastik, die den Tötungsbiß und Tragegriff genau zeigt.

20 Eine bewährte Abwehrstellung, hier im Spiel, ist das Auf-dem-Rücken- oder Auf-der-Seite-Liegen, um mit allen vier Pfoten zuschlagen, abwehren und den schutzlosen Bauch des Gegners treffen zu können.

21 Hier noch einmal die Rückenlage, mit hochgereckten, weitgespreizten Pfoten: vollkommene Abwehrbereitschaft.

22 Beim Sichputzen demonstriert die Katze ihre verblüffende Gelenkigkeit. Es gibt Beinstellungen und Haltungen, die man kaum für möglich hält.

23

24

gen interessiert: Hat die Katze einen Schnurrapparat oder nicht? Um die Frage zu beantworten, mußten viele Katzen auf schreckliche Weise sterben. Wenn man die einschlägigen Arbeiten liest, weiß man immer noch nicht, wie und womit eine Katze schnurrt, man weiß nur, daß solche Tierversuche sinnlos sind.

Je weniger eine Katze auf die Jagd gehen kann, um so mehr will sie mit ihren Menschen spielen. Aus diesen Spielen entwickeln sich Bindungen und Beziehungen, die für eine Katze im Menschenland wichtig sind.

Die verspielten Katzen

Beim Beutefang auf Seite 106 haben wir über den *Mäusetanz* gelesen, das Spiel mit der lebenden und der toten Maus und mit Ersatzobjekten wie Papierknäuel oder Garnrollen. Spielen ist Jagdersatz, Fortsetzung wichtiger Bewegungsabläufe, die zum Wohlbefinden der Katzen beitragen – mehr zur seelischen als zur körperlichen Fitness. Jeder Gegenstand ist ein interessantes Objekt und muß erforscht und erkundet werden: mit allen Sinnesorganen, mit den Pfoten, mit dem ganzen Körper. Deshalb kriechen Katzen in jede zugängliche Öffnung. Rohre, Kamine, Waschmaschinen, Schubladen, Schachteln oder Taschen sind für sie unwiderstehlich. Ich glaube nicht an die Theorie von der Suche nach dem schützenden Nest, sondern an den

starken Forscherdrang, den man Neugier nennt. Hinzu kommt die fast magische Wirkung, die eine Höhlung, ein Loch oder eine Spalte auf jede Katze ausüben und die man in der Sprache der Verhaltensforscher *Spaltenappetenz* nennt.

Spiele sind Handlungen zweiter Ordnung. Eine Katze, die hingebungsvoll spielt, wird sich sofort vom Klappern der Eßschüssel ablenken lassen. Eine fressende Katze aber nie von einem vorbeirollenden Garnknäuel.

Das Spielverhalten und seine Bestandteile und Abläufe entwickeln sich von Natur aus schon in frühester Jugend. Katzen können spielen. An uns liegt es, mit ihnen zu spielen, sie zu Spielen zu animieren. Das ist die

25

26

27

28

beste Therapie gegen seelische Störungen von Katern, die nicht kastriert wurden und doch in der stark reduzierten Umwelt einer menschlichen Wohnung leben müssen. In einer Wohnung »mit einigen Fenstern nach draußen als ›Fernsehbildscheiben‹, einer durch bewegte Objekte, wie vorbeifliegende Vögel und ähnliches, oft lockenden, jedoch unwirklichen und unbekannten Welt«, wie Dr. Ferdinand Brunner schreibt.

Da in der Natur gegen Abend die Jagdzeit der Katzen beginnt, sollten wir die Stunde der Dämmerung zur Spielzeit machen. Dann ist die Bio-Uhr jeder Katze voll auf Lauern, Springen, Haschen und Fangen eingestellt.

Man nennt es Katzenwäsche

Wie so oft, hat der Volksmund auch mit der *Katzenwäsche* unrecht: Er bezeichnet als oberflächliches Waschen, was so ungefähr die ausdauerndste und regelmäßigste Reinigungsprozedur unter allen Lebewesen ist. Jede Katze beschäftigt sich, wie wir schon gelesen haben, mehr als dreieinhalb Stunden täglich damit, sich mit Zunge und Pfoten von Kopf bis Fuß pedantisch zu waschen. Für die freilebende Katze neben der Jagd die wichtigste Tätigkeit, für die Wohnungskatze die Beschäftigung schlechthin. So ist denn die Katzenwäsche die erste Tätigkeit, die Kätzchen selbständig ausführen können. Der Putztrieb ist also angeboren.

Warum sich die Katzen so intensiv putzen, ist noch nicht untersucht worden. Es nur mit Reinlichkeit zu erklären, erscheint mir zu vordergründig, wobei ich anerkenne, daß Katzen besonders reinliche Tiere sind. Nun gibt es bei Vögeln und Säugetieren eine soziale Hautpflege: das gegenseitige Putzen beschwichtigt die Aggressionen. Das können wir beim Zusammenleben mehrerer Katzen beobachten oder bei einer Katze-Hund-Freundschaft: man leckt sich gegenseitig und ist eitel Wonne.

In bestimmten Situationen kann Sichputzen auch mehr als nur Säubern bedeuten: Wenn eine Katze sich plötzlich bei der Mäusejagd langweilt; wenn sie nicht weiß, ob sie den

23 Pfote leckende junge Katze. Keramik mit blaugrüner Lüsterglasur, Glasaugen. Frankreich, Rambervillers, Höhe 16 cm.

24 Junge Katzen: spielend, fressend und schlafend.

25 Studie von Th. A. Steinlen zum Fangverhalten und Erschrecken: »Furchtbares Ende eines Goldfisches.«

26/28/29 Verschiedene Aufnahmen sich putzender und waschender Katzen. Man sieht, daß fast jede Stelle des Körpers mit der Zunge erreicht werden kann.

27 Pfote leckende Katze. Hellbraun patinierte Bronze, signiert »Jaques Nam 2/8«. Frankreich um 1920. 15 cm hoch.

29

Gegner angreifen oder fliehen soll; wenn irgend jemand sie geärgert hat, dann setzt sie sich plötzlich hin und putzt eine Pfote oder ihren Bauch. Die Verhaltensforscher nennen das *Übersprungshandlung* und ist ein Verhalten, das keine Beziehung zur eigentlichen Situation hat. Die gestaute Erregung springt gewissermaßen auf ein anderes Gleis über: die Jägerin wird zur Pflegerin. Auch wir Menschen kennen solche Übersprünge ins Putzen: wenn wir uns vor Verlegenheit am Kopf kratzen, wenn wir uns den Bart streichen, auch wenn gar kein Bart vorhanden ist, oder die Augen reiben.

Das Putzen am Ende einer Jagd oder als Abschluß des Fressens gehört in

gleich Waschlappen, Massagehandschuh, biegsame Bürste, Kamm mit eingebautem Befeuchter und Striegel. In Verbindung mit den Schneidezähnen löst sie Haarverfilzungen, vernichtet Ungeziefer, befreit die Haut von Schuppen, sammelt tote Haare ein, glättet, scheitelt, frisiert und erfrischt die Haut mit Speichel. Beim Waschen verliert eine Katze soviel Flüssigkeit wie durchs Urinieren.

Es klingt wie eine Binsenweisheit, wenn ich erwähne, daß langhaarige Katzen sich länger putzen als kurzhaarige. Durch die nach hinten gerichteten Hornzähnchen auf der Zunge gelangt totes Haar in den Magen und wird durch Erbrechen wieder herausbefördert. Kommt es nicht da-

Ellbogen gestützt – wie sie es den Pharaonen abgeschaut hat – und putzt intensiv und in sich versunken ihre Brust, um dann beinegrätschend uns den Götzgruß zu entbieten, wobei sie vormacht, was wir sie könnten. Sie ist gotischer Wasserspeier im Gewirr ihrer Gliedmaßen und zum Zirkel gekrümmte Fellarabeske. Doch auch die dehnbarste und biegsamste Anatomie hat ihre Grenze. Für den kleinen rosa Waschlappen Zunge, der nach Putzorgien manchmal schlapp und wie ausgewrungen zwischen den Eckzähnen hängt, sind Kopf und Gesicht nicht erreichbar. Hier behilft sich die Katze mit den Vorderbeinen als Bürsten, den Pfotenrücken als Putztuch, nachdem sie

30

31

die Abteilung Hygiene, und mit ihr wollen wir uns nun eingehend beschäftigen.

Eine Katze will immer adrett sein. Haben wir sie auf dem Arm gehalten oder auf unserem Schoß gestreichelt, wird sie sich nach dem Herunterspringen als erstes immer schütteln. Das ist keine Geste des Abscheus, sondern der Koketterie und Eitelkeit, das Fell soll wieder so liegen, wie es die Katze sich vorstellt. Meist wird sie sich anschließend hinsetzen und besinnlich die rechte oder linke Schulter lecken.

Der Putzapparat der Katze ist ihre Zunge, ein Mehrzweckinstrument, von dem eine Kosmetikerin oder ein Friseur nur träumen kann. Sie ist zu-

zu, so können aus den sich verfestigenden Haarballen vornehmlich bei Langhaarkatzen *Bezoare* (= Magensteine) entstehen, die eventuell operativ entfernt werden müssen.

Eine Katze bei der Wäsche zu beobachten ist ein ästhetischer Genuß. Sie führt uns vor, wie geschmeidig, beweglich und formbar ihr Körper ist. Für mich ist das olympiareifes Bodenturnen und Ballett ohne Stange zugleich: Da wird ein Bein in den Himmel gestreckt, während die Zunge im rechten Winkel dazu den anderen Fuß bearbeitet. Bei dieser kosmetischen Trigonometrie gibt es kaum Lächerliches oder Groteskes, und ich sah noch nie eine Katze ihr Gleichgewicht verlieren. Da liegt sie auf den

sie vorher mit der Zunge angefeuchtet hat. Mit den Hinterbeinen werden Hals und Ohren bearbeitet, gestriegelt oder gekratzt. Es geht ein seltsamer Ernst, eine konzentrierte Versunkenheit von der Katzenwäsche aus. Einzige Ausnahme dabei ist das Hinter-den-Ohren-Kratzen, das wirkt flapsig, fast unmanierlich und irgendwie ansteckend. Die Putzsucht ist ein Zeichen von Wohlbefinden und besagt, daß die Katze putzmunter ist. Seelische Störungen oder Krankheiten der Organe zeigen sich im Nachlassen der täglichen Waschungen. Solche Katzen machen bald einen verwahrlosten Eindruck, wenn wir nicht Nachhilfe leisten und Abhilfe schaffen. Altgewordenen

32

30 *Der japanische Künstler Hokusai zeichnete diese sich leckende Katze in der ersten Hälfte des 19. Jahrhunderts.*

31 *Um auch die wenigen Stellen des Körpers zu waschen, die sie mit der Zunge nicht erreicht, beleckt sich die Katze eine Pfote und putzt mit ihr.*

32 *Ein wunderschönes Katzenblatt von Th. A. Steinlen, das man sich ganz genau ansehen sollte.*

allen artgleichen Konkurrenten ausschließt. Der Kern oder Mittelpunkt eines jeden Reviers ist das *Heim erster Ordnung.* Das ist der ruhende Pol im Leben jeder Katze. Die Wohnung ihres Menschen oder nur eine Ecke in dieser Wohnung, wenn sie die Räume nicht verlassen kann oder sie vielleicht noch mit anderen Katzen teilt. Das reduzierteste Heim erster Ordnung ist der angestammte Ruheplatz, der Korb, den sie aber auch als ihr ganz persönliches Eigentum betrachtet. Die Hauskatzen (= Bewohnerinnen) eines Hauses haben mehrere solcher Ruheplätze, wenn sie expansive Naturen sind: im Kuschelkorb, auf dem Schrank im ersten Stock, in der Schachtel auf dem Dachboden. Die freilebenden Katzen können ihr Heim auch vor die Tür tragen, ins Gartenhaus zum Beispiel oder in den Geräteschuppen. Bauernkatzen nehmen sich den Stall und den Heuboden dazu, und einige ihrer Plätze sind geheim; dorthin werden die eben geborenen Jungen gebracht und versteckt.

In der Nähe dieses Heims befindet sich der Eßplatz, der konstant sein soll. Auch Katzen mit mehreren Ruheplätzen bestehen auf einem einzigen Eßplatz. Wird jedoch eine freilebende Katze noch an einer anderen Stelle gefüttert, im Stall zur Melkzeit beispielsweise, dann frequentiert sie auch pünktlich diesen Neben-Eßplatz. In der Nähe des Heims sollte sie auch ihr Katzenklo haben.

Das *Heimgebiet,* die nähere Umgebung des Heims erster Ordnung, ist nochmals eine Begrenzung innerhalb des Reviers, das man auch *Streifgebiet* oder *Heim zweiter Ordnung* nennt. Ich finde diese Bezeichnung

Katzen müssen wir bei ihrer Toilette helfen.

Auch das Krallenwetzen, jene nutzvolle, lustvolle Tätigkeit, die Polster zerfetzt, Teppiche auffasert und manchmal auch Tapeten abreißt, gehört mit einem Teilbereich zur Körperpflege. Durch das Einschlagen der Krallen in weicheres Material werden Hornschichten abgesplittert (siehe Seite 66) und die Krallen geschärft beziehungsweise entsplittert und dabei zugleich die Unterseiten der Vorderpfoten und die Region zwischen den Zehen gesäubert. Doch das Krallen ist mehr als nur Kosmetik. Es gehört zum Imponiergehaben, es ist nicht nur eine praktische, es ist eine ausgesprochen kätzische Tätig-

keit. Wie oft warf mir Kitten, wenn ich sie gescholten hatte, über die Schulter einen kurzen Blick zu, um mit drei, vier Tatzenhieben den Samtbezug der Biedermeier-Bergère zu traktieren. Kratzen gehört mit zur Rolligkeit, und mit einigen Krallenspuren markiert man sein Revier. Ob das nun der alte Apfelbaum oder der Sessel im Wohnzimmer ist.

Das Heim erster Ordnung

In der Verhaltensforschung wird das *Revier* definiert als: verteidigtes Wohngebiet. Als *Revier* oder *Territorium* wird ein Gebiet bezeichnet, in dem die Anwesenheit seines Bewohners die Anwesenheit von gleichgeschlechtlichen Artgenossen oder von

33

33 Eine Mutterkatze mit Jungen, die erst kurz das Nest verlassen haben, verteidigt ihr Heimgebiet mit unwiderstehlicher Angriffslust und Kampfkraft. Katzen, Hunde und fremde Menschen sollten ihr tunlichst ausweichen.

34 Die Heimgebiete und das Revier von sieben Katzen am Rande eines hessischen Dorfes. Vorne links auf dem Balkon sitzt ein Kater in seinem »Heim erster Ordnung«, in das er keine fremde Katze läßt. Der Garten ist Heimgebiet, hier gestattet er seinem Nachbarn Mitbenutzung. Der Hof des Bauernhauses ist zur Zeit Tabuzone, die Kätzin hat Junge und verteidigt ihr Heimgebiet gegen jeden. Das Areal mit Hund und Hundezwinger ist katzenfreie Zone, da Arco nicht freundlich gesinnt ist. Straßen und unbebautes Gelände gehören zum Revier der Dorfkatzen und können von jederkatz betreten und bejagt werden. Am Zaun markiert ein Kater, daß er da war. Ähnliche Gemeinschaftsgebiete sind die Dächer, hier trifft man sich des Nachts. Auf dem Weg vorne rechts begegnen und tolerieren sich gerade zwei Katzen. Sie grüßen mit steil erhobenem Schwanz. Bei Jagdrevieren und Zugangswegen verhalten Katzen sich großzügig.

für das Heimgebiet logischer – Heim erster Ordnung, darum erstreckt sich das Heim zweiter Ordnung, dann erst kommt das Revier –, da die Katze es auch noch als eine Art Eigentum betrachtet, jeden Platz darin kennt und feste Orte hat, von denen aus sie beobachtet, an denen sie sich sonnt oder schläft, in denen sie sich versteckt und an denen sie ihre Geschäfte verrichtet und vergräbt. Im Revier dagegen setzt sie Geschäfte auch als Markierungspunkte hin, um anderen Katzen zu zeigen, daß sie unterwegs ist.

Dieses Heim- und Revierverhalten haben Rosemarie Wolff und Paul Leyhausen einzeln und zusammen genau studiert und beschrieben. Für alle Menschen mit reinen Wohnungskatzen mag das Theorie sein, sind das Märchen von der großen Freiheit, die es für ihre Katzen nicht gibt: Weil das Katzenleben auf Straßen und Hinterhöfen der Städte für Katzen viel zu gefährlich geworden ist, weil Hochhauskatzen gar kein Revier mehr haben können, weil auch in den Vorstädten und auf dem Land die rasenden Autos und zielsicheren Jäger viel zu viele Opfer fordern. Und trotzdem möchte ich das Revierverhalten ausführlich schildern. Nicht um zu zeigen, was Wohnungskatzen alles vermissen müssen, sondern weil es zur Katze gehört und man die Katzen gar nicht gut genug kennen kann. Mit dem Wissen um Reviergewohnheiten wird der Wohnungskatzenmensch

sich manches erklären können, was ihm sonst merkwürdig erscheint.

Ein schlechtes Gewissen braucht jedoch niemand zu haben, der seine Katze nicht frei laufen läßt. Wir haben die Verantwortung für unsere Tiere und sind verpflichtet abzuwägen, ob unser Wohngebiet als Revier nicht absolut tödlich für die Katze ist. So sehr ich einer Katze das freie Leben wünsche, so sehr bin ich auch gegen die Katzenverbraucher, denen pro Jahr mindestens eine oder zwei Katzen überfahren werden.

Das Leben der Revierkatze

Bei uns im Chiemgau ist die Revierkatzenwelt noch relativ heil. Wobei sich das relativ nur auf die zwei Straßen bezieht, die ein sonst zusammenhängendes Gebiet von einigen Quadratkilometern durchkreuzen. Da das Streifgebiet einer unternehmungslustigen Katze höchstens einen Quadratkilometer umfaßt, beim Kater in der Fortpflanzungszeit dürften es fünf Quadratkilometer sein, kann man von einem Katzenparadies sprechen. Trotzdem ist, während ich dieses Buch schreibe, unsere Kitten von einem Auto angefahren worden und daran gestorben. Es muß ein unglücklicher Zufall gewesen sein, da sie ihr Revier diesseits der Straßen hatte und nach meinen Beobachtungen sehr vorsichtig beim Kreuzen der Straße war. Passiert ist es übrigens am hellichten Tage.

Was ist nun ein Katzenrevier? Hat es

feste Grenzen? Wird es regelmäßig begangen?

Bisher wissen wir, daß das Revier ein Streifgebiet, ohne feste Grenzen, ohne flächendeckende Geländekenntnis ist, mehr ein Netz von vertrauten Wegen und Straßen, die, allmählich von der Katze erkundet, sich eingeprägt haben und manchmal weiter vorgetrieben werden. Ich habe unsere »Kitten« einige Tage beobachtet, als sie zu uns kam und sich ihr Revier aufbaute. Sie ging zunächst etwa 100 Meter auf der großen Wiese nach Norden. Nicht geradewegs, sondern am Rand entlang, Grasbüschel als Deckung benutzend. Erst als sie später die Wiese »im Griff« hatte, sie zum Heim zweiter Ordnung erklärt war, ging sie auch mitten darüber, alle Deckung verachtend. Nach und nach erkundete sie so – eher oberflächlich die Nachbarschaft, um sie dann in Feinarbeit genauer kennenzulernen und dabei das Revier mehr und mehr zu erweitern. Daß das auch für die Wohnungskatze an der Leine gilt, hat

35

mir Alice Meyer von Kater Bip aufgeschrieben: »An den ersten Aben-
den geht Bip immer nur eine bestimmte Entfernung fort. Während
er sonst am liebsten die ganze Nacht
weitergehen möchte, scheint er am
Anfang sich vorzunehmen, erst einmal die groben Umrisse der Nachbarschaft erkunden zu wollen. Meistens
geht er die ersten vier Abende in eine
andere Himmelsrichtung und schlägt
erst am fünften Abend die Richtung
des ersten Abends wieder ein. Dann
erst mag er das Areal weiter ausdeh-
nen. Dieses Muster hat sich öfter wiederholt, weil Bip nur alle 4–5 Monate
bei mir ist. Ich erkläre mir das so, daß
er jedesmal das Auskundschaften des
Reviers von vorne anfangen muß.«

Die freilebende Hauskatze teilt ihr
Revier mit den anderen Katzen der
Gegend. Begegnungen zwischen
Nachbarkatzen führen selten zu
Streitigkeiten. Man sieht sich auf
Entfernung, wartet ab, was die andere macht und einigt sich auf eine
noch nicht erforschte Weise. Die Annahme, daß die Duftmarken von
Urin, die Katzen recht gezielt und
häufig absetzen, Signale sind, die Zu-
sammenstöße verhindern, ist durch
Dr. Panaman's Katzen (Seite 103) in
Frage gestellt worden. Bisherige Meinung: Eine Katze erkennt am fri-
schen Duftsignal, daß die Strecke besetzt ist und wählt einen anderen
Weg. Die schottischen Katzen igno-
rierten selbst die frischesten Signale.

Das kann an der Dichte der Katzen-
besiedlung liegen, was Paul Leyhausen schon bedauert hat: »Hauskatzen
können ihre eigene Bevölkerungs-
dichte nicht selbst bestimmen und
kontrollieren, und in der Regel dürfen sie auch ihr Heim erster Ordnung
nicht selbst wählen.« So haben sie ihre Verhaltensweise im Gegensatz zu
den Wildkatzen geändert oder müssen sie nach den Gegebenheiten ändern. Es kommt noch hinzu, daß die
Mäusejagd für die meisten Katzen
nur noch Sport und nicht Lebenser-
haltung ist, und im Sport kann man,
vermenschlicht gesagt, fairer und toleranter sein. Außerdem kennen die
Katzen eines Reviers sich und ihre
Duftmarken. Kommen Fremde ins

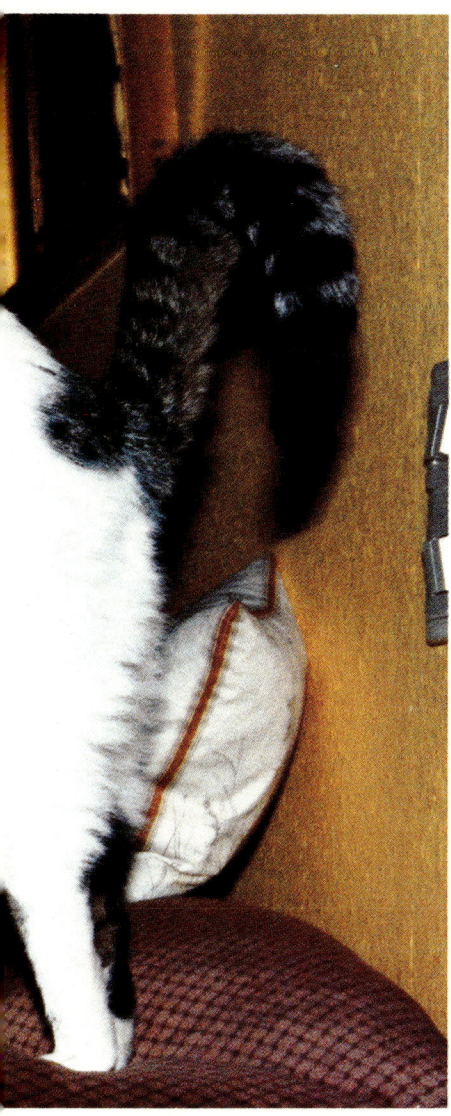

es ein Rangordnungsritual? Nach den Lehren der Verhaltensforschung ja, im Idealfall so: Die Katzen nähern sich zum Beschnuppern von Nase zu Nase, die Ohren freundlich-neugierig auf- und nach vorne gerichtet. Umkreisendes Flankenschnuppern, anschließende *Analkontrolle* durch Beriechen unter dem Schwanz, abschließendes *Flehmen* (siehe Seite 86). Doch im Normalfall verläuft so eine Begegnung meist anders; sie zu beobachten kann sehr zeitraubend sein, da sich Katzen bis zu einer Stunde anstarren, angiften, wieder wegschauen, auf keinen Fall aber weggehen. So eine Begegnung ist trotz ihrer Unergiebigkeit – zumindest sieht der menschliche Beobachter es so – für eine Katze von absolutem Vorrang. Ich weiß nicht, was nach einer Trennung ohne Beschnuppern, ohne Ritual, für die jeweilige Katze herausgekommen ist. Ob der letzte Blick der Sieg war, das Abkippen des linken Ohres die Niederlage? Es gibt auch Begegnungen, die nach einigen Sekunden entschieden sind: Ohne jede Kenntnis des kätzischen Verhaltens fällt die Aggressive über die andere her und verprügelt sie.

Die größten Feinde der freien Revierkatze sind die Autofahrer und die Jäger. Der Deutsche Jagdschutzverband gibt die Zahl der jährlich als »wildernd« erschossenen Katzen mit etwa 200 000 an, in der DDR sind die Katzen mit einer Zahl von rund 120 000 das Wild Nummer eins und kommen noch vor den Kaninchen und Hasen. Was das Wildern betrifft, haben die Jäger unrecht, Katzen wildern so gut wie gar nicht. Dr. Günther Heidemann vom Kieler »Institut für Haustierkunde«, selbst leidenschaftlicher Jäger, hat die Mägen von überfahrenen und erschossenen Katzen untersucht, insgesamt 240. Das Ergebnis: 89 Prozent der Katzen hatten in den drei Tagen vor ihrem gewaltsamen Tod außer Whiskas nur Mäuse, Ratten und Hamster gefressen. »Bei der Suche nach jagdlichen Objekten fanden wir dreimal je ein Jungkaninchen, einmal Aas einer Stockente und einmal Federn eines Fasanenhalses, und nur 4,5 Prozent der Jagdbeute dieser wildernden Katzen bestanden aus Vögeln – die mei-

36

37

35/36/37 Die Katze erwacht und lockert alle Körperteile in einem Ritual des Streckens. Das beginnt mit der Verbeugung und dem Strecken der Vorderbeine, wobei sie ihre Krallen in Polster oder Teppich gräbt. Dann wird der Körper wie eine Ziehharmonika zusammengezogen und ein Superbuckel gemacht. Die Show endet mit dem Ausstrecken des rechten und linken Hinterbeines.

Durch diese yogaartige Gymnastik wird der während des Schlafes verlangsamte Herzschlag wieder aktiviert, die abgesunkene Körpertemperatur angeheizt und der ganze Körper wieder in volle Aktionsbereitschaft gebracht.

Versuchen Sie doch einmal wie eine Katze aufzustehen und jedes Glied zu strecken und zu dehnen.

Revier, gelten die Regeln wahrscheinlich nicht mehr. Und unter Katern herrschen sowieso andere Sitten. Unter den Katzen eines Reviers besteht eine aus Plänkeleien und Raufereien entwickelte Rangordnung, die Leyhausen *relative Rangordnung* nennt. Relativ im Gegensatz zur *absoluten Rangordnung* bei Hunden und anderen gesellig lebenden Tieren, bei denen die soziale Stellung eindeutig festgelegt ist. Das kann man gelegentlich bei Katzen in Massenhaltung beobachten, bei der sich vor allem um die Futterschüssel eine absolute Rangordnung mit einem autoritären Herrscher entwickelt.

Was geschieht, wenn sich zwei Katzen plötzlich gegenüberstehen? Gibt

sten wiederum von Arten, die zahlreich sind – Amsel, Fink und Star.«

Da Jäger empfindlich sind, was ihre Schießlust betrifft, möchte ich auch etwas zu ihrer Entlastung beitragen. Nicht alle Jäger sind wilde Katzengegner und eine Reihe von ihnen weiß auch, daß Raubzeug (eine seltsame Bezeichnung für unsere Katzen aus der Sicht des Jägers) für die Erhaltung des biologischen Gleichgewichts wichtig ist. Doch Raubzeug ist auch Träger der Tollwut; freilaufende Katzen können sich mit Tollwut infizieren und die Seuche weiterverbreiten. Und da die wenigsten Katzenhalter auf dem Lande ihre Katzen impfen lassen, ist der Jäger vom Gesetz her verpflichtet, Katzen, die weiter als 300 Meter von bewohntem Bereich entfernt angetroffen werden, abzuschießen. Soviel hier zu diesem Thema. Die Entscheidung, ob wir, auf dem Lande lebend, unsere Katze frei laufen lassen, liegt bei uns. Manchmal geht es kaum anders, denn ein Haus mit Garten ist so gut wie nicht katzenausbruchssicher zu machen. Und nicht jeder mag wie in einem Käfig leben. Auf jeden Fall aber sollte man seine Katze gegen Tollwut impfen lassen. Wenn das auch kein Schutz für das Leben der Katze ist, es schützt ihre und unsere und die Gesundheit unserer Kinder.

Meister im Dauerschlaf

Schlafen und Dösen sind die Haupt-

beschäftigungen unserer Katze. Über 15 der 24 Tagnachtstunden verbringt sie in diesem Zustand. Sie wird darin nur noch vom Opossum mit 18 und von manchen Fledermäusen mit 20 Stunden übertroffen, sonst ist sie Weltbeste. So meint Jean-Louis Hue: »In ihren Adern fließt kein Blut, sondern Lindenblütentee.« Ein poetisches Bild. Doch dieser Tee kann sich von einer Sekunde zur anderen in Superkraftstoff oder in kochende Lava verwandeln. Weil das so ist, verlaufen die Schlafkurven der Katzen ziemlich verschieden von unseren.

In der noch recht jungen Schlafforschung gibt es zwei Hypothesen, warum Katzen soviel schlafen. Die der Forscher Harold Zepelin und Allan Rechtschaffen aus dem Jahr 1974 lautet: Je höher der Energiebedarf eines Tieres, um so mehr profitiert es von Ruhezeiten mit herabgesetztem Energieverbrauch. Also: Je mehr Energie ein Tier braucht, um so länger wird es schlafen. Truett Allison und Domenic V. Cicchetti suchten die Begründung für die Schlafdauer in äußeren Umständen. Ihre Folgerung: Ein Tier, das gejagt wird, kann sich nur wenig Schlaf leisten. Beispiel: Ein Reh schläft nur 2 Stunden; Jäger dagegen, die sich zum Schlafen auch noch an geschützte Orte zurückziehen, können Langschläfer sein. Wie sehr erst unsere so behütete Hauskatze. Die Zivilisationskrankheit Schlaflosigkeit kennt sie nicht.

Als *Dämmerungsräuber,* so nennt man Tiere, die bei Einbruch der Dunkelheit mit ihren Jagdaktivitäten beginnen, verschlafen sie am liebsten den Tag. Da unsere Wohnungskatzen des Nachts nicht mehr auf Jagd gehen, verschlafen sie Teile der Nacht dazu. Unsere Freilebenden, wenn man ihnen ein Fenster offen läßt, verschwinden mit Einbruch der Dämmerung, um gegen zwei Uhr morgens wieder heimzukommen.

Das tägliche Schlafpensum wird zusätzlich von äußeren Umständen bestimmt. Regenwetter wirkt schlafverlängernd, Hunger macht wacher, ebenso Rolligkeit und andere Sexualaktivitäten. Junge und alte Katzen schlafen mehr als gesunde erwachsene, und die Kombination von Wärme, Ruhe im Haus, sicherem Platz und vollem Magen kann einen Langstreckenschlaf bewirken.

Während wir durchschnittlich 7,5 Stunden hintereinander schlafen, schläft die Katze in kleinen Abschnitten, wobei sie innerhalb von Sekunden tief schlafen und genauso schnell auch wieder hellwach sein kann.

Bevor wir uns mit den Schlafpositionen, -phasen und Träumen befassen, ein Gedicht des chilenischen Nobelpreisträgers Pablo Neruda.

Katzentraum

Wie schön schläft eine Katze,
schläft mit Pfoten und Schwere,
schläft mit ihren grausamen Krallen

38

39

40

41

42

38 *Das herzhafte Gähnen einer Katze hat Erik Nielsen für die Königliche Porzellan manufaktur Kopenhagen meisterhaft dargestellt. Modell Nr. 667, Erstformung 1905, bis 1941, 15 cm hoch.*

39 *Aus Japan stammt diese polychrom bemalte Porzellankatze in der Phase des »langsamen Schlafes«.*

40 *Mutter mit junger Katze, Phase des Traumschlafes, die Pfoten zucken.*

41 *Schlafender Kater auf Kissen. Traumschlaf, völlig entspannt. Pastell auf Papier. Von Nikolaus Störtenbecker am 16. 7. 1980 gezeichnet. 27 × 38 cm.*

42 *Einrollstellung kurz vor dem Wiederaufwachen.*

und ihrem blutgierigen Blut,
schläft mit allen den Ringen,
die wie versengte Kreise
die Geologie eines sandfarbenen
Schweifes errichteten.

Ich möchte wie eine Katze schlafen
mit allen Haaren der Zeit,
mit des Feuersteins Zunge,
dem trockenen Sexus des Feuers
und dann mit niemand sprechen,
mich ausstrecken über die Welt,
über Dachziegel und die Erde,
angespannt darauf aus,
die Ratten des Traums zu jagen.

Ich hab' gesehen, wie die Katze
im Schlafe dünte; es rann
durch sie die Nacht wie dunkles Wasser,
und zuweilen war sie im Begriff zu fallen,
war sie vielleicht im Begriff, hinabzustürzen
in nackte Schneeschluchten,
vielleicht wuchs im Schlaf sie so sehr
wie eines Tigers Urahn
und wollte im Finstern
auf Dächer, Wolken und Vulkane
springen.

Schlafe, schlaf, nächtliche Katze
mit deinen Bischofszeremonien
und deinen steinernen Schnurrhaaren:
bestimme all unsere Träume,
lenke die Dunkelheit
unserer schlummernden Großtaten

43

*mit deinem blutgierigen Herzen
und dem langen Hals deines Schweifs.*

Ins Deutsche übertragen von Erich Arendt

Die Existenz zweier, einander ab-
wechselnder Typen von Schlaf, die
sich quer durch die Natur verfolgen
lassen, erschwert die Forschung in
gewisser Beziehung. Der eine, der seit
langem bekannte *ruhige* (meist bewe-
gungslose), *langsame* (von langsamen
elektrischen Hirnwellen begleitete)
oder *synchronisierte* (im elektrischen
Gleichtakt schwingende) Schlaf, wird
in der modernen Fachterminologie
als *NonREM* bezeichnet. Er ist das
Gegenteil des neuentdeckten *REM*-
Schlafes, abgeleitet von *Rapid Eye*

Movements. Sein Kennzeichen sind
Abfolgen schneller Augenbewegungen bei geschlossenen Lidern und ein
völliges Gelöstsein der Haltemusku-
latur. Er wird auch *paradoxer* Schlaf
genannt, weil er gehirnphysiologisch
mehr dem Wachzustand gleicht, der
Schläfer aber kaum zu wecken ist. Da
die langsamen Gehirnwellen fehlen,
nennt man ihn auch den *schnellen*
Schlaf.
Im REM-Zustand wird geträumt. Es
bestehen viele Hypothesen darüber,
warum es einen REM-Schlaf gibt;
keine ist unbedingt schlüssig. Vielleicht dient diese Tiefschlafphase mit
Gehirnaktivität der Regeneration des
Gehirns. Interessanterweise haben
Katzen und Menschen den gleichen

REM-Anteil, nämlich 25 Prozent der
Gesamtschlafzeit. Das macht die Erklärung von REM noch schwieriger,
denn was hat die Psyche des Menschen mit der der Katze gemeinsam?

Den Katzenschlaf erkennen
Unsere Katzen können wir beim
Schlaf häufig beobachten. Hier der
Schlüssel zu den verschiedenen Phasen, die typische Positionen haben:
1. Die Katze sitzt aufrecht in der
»ägyptischen Position«, jedoch nicht
ganz so straff wie sonst und schaut
durch zufallende Lider ins Nichts.
Sie döst oder schläft schon leicht, ist
aber sofort aufzuwecken. Diese Phase kann zwischen 10 und 30 Minuten
dauern und in den NonREM-Schlaf

44

43 Schlafende Katze in völlig gelöster Stellung. Öl auf Leinwand, signiert Steinlen. Vor 1910. 50 × 65 cm.

44 Schlafende Katze in völlig gelöster Stellung, andere Version. Die Träume beginnen. Foto von Stefan Moses.

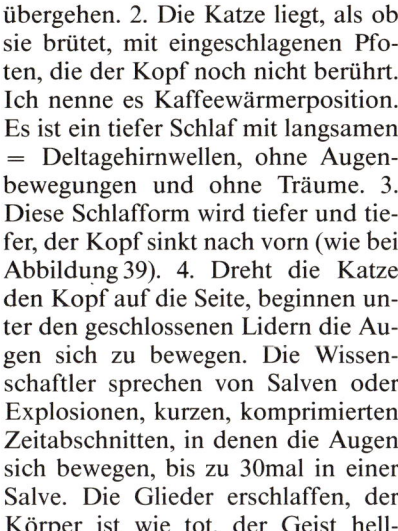

übergehen. 2. Die Katze liegt, als ob sie brütet, mit eingeschlagenen Pfoten, die der Kopf noch nicht berührt. Ich nenne es Kaffeewärmerposition. Es ist ein tiefer Schlaf mit langsamen = Deltagehirnwellen, ohne Augenbewegungen und ohne Träume. 3. Diese Schlafform wird tiefer und tiefer, der Kopf sinkt nach vorn (wie bei Abbildung 39). 4. Dreht die Katze den Kopf auf die Seite, beginnen unter den geschlossenen Lidern die Augen sich zu bewegen. Die Wissenschaftler sprechen von Salven oder Explosionen, kurzen, komprimierten Zeitabschnitten, in denen die Augen sich bewegen, bis zu 30mal in einer Salve. Die Glieder erschlaffen, der Körper ist wie tot, der Geist hell-

wach. Das Herz schlägt schnell, der Atem geht wie bei schnellem Lauf, die Pfoten zucken, die Ohren flattern, die Schwanzspitze schlägt. Man sieht, daß die Katze träumt, auch oder gerade wenn man noch nie etwas vom REM-Schlaf gehört hat. In dieser Schlafphase ist die Katze am wehrlosesten; sie dauert im Durchschnitt 6 Minuten und folgt auf etwa 30 Minuten langsamen Schlaf. 5. Wenn sich die Katze aus ihrer Toter-Mann-Lage oder der Embryohaltung heraus zusammenrollt und den Schwanz quer vor die Nase oder über die Pfoten legt (Abbildung 42), ist der Schlaf wieder synchronisiert, die Haltemuskeln reagieren, die Katze befindet sich im Aufwachstadium.

In den ersten vier Wochen ihres Lebens kennen die Kätzchen nur Tiefschlaf und Träume, jeden Tag über 12 Stunden lang. Was träumen Säuglinge? Doch nur die ererbten Bewegungsabläufe und Verhaltensstrukturen, die sie im Wachsein schleichen, springen, fangen, fauchen und einen Buckel machen lassen. Und was träumen erwachsene Katzen? Die Reproduktion ihres Tageslaufes? Oder

kann auch eine Wohnungskatze im Traum ein Territorium mit Mäusen, Käferspuren und fremden Katzen erforschen? Wir wissen es nicht! Die erwachende Katze gähnt, sie reckt, streckt und dehnt sich in immer gleichem und wirkungsvollem Ritual.

Wie man mit seiner Katze spricht

Die Einzelgängerin Katze hat sich uns Menschen angeschlossen und sonst keinem auf der Welt. Eine Hauskatze steht den Menschen näher als andere Katzen. Das heißt, daß wir ihr ein Umfeld bieten müssen, das ihr Behagen verschafft, in dem sie sich wohl fühlt. Eine ausgewogene Mischung aus Ansprache und Unterhaltung (= Spiel) und Ruhe, die Möglichkeit, sich zurückzuziehen.

Wer mit seiner Katze reden will, muß zunächst ihre Sprache verstehen. Wohlgesonnen und freundlich ist die Katze, die mit steil erhobenem Schwanz und leicht nach vorne gebogener Spitze auf uns zu kommt. Sie stellt den Kontakt her, indem sie sanft an den Beinen des Menschen entlangstreicht und vielleicht sogar dabei schnurrt. Wirft sie sich auf den Rücken, so ist das unmißverständlich die Forderung, gestreichelt zu werden. Reagiert man darauf nicht, springen temperamentvolle Katzen uns auf den Arm oder den Schoß. Nähert sie ihre Nase unserer Nase, so ist das eine ganz vertraute Form der Begrüßung. Sie anzublasen, wäre ebenso unliebenswürdig wie mißverständlich. Durch Wind an ihren Schnurrhaaren wird eine Katze meist irritiert, und Blasen verwechselt sie mit Fauchen, und das bedeutet Ablehnung. Leckt die Katze unsere Hand, so können nur Materialisten daraus Salzbedarf ableiten. Es ist eine Zärtlichkeitsgeste, das Vorspiel zum Katzenkuß und Liebesbiß: Zeichen innigster Zuneigung.

Zuneigung beweisen unsere Freiläufer – von Kätchen über Kitten bis Koko – durch kleine Mitbringsel von ihren Ausflügen. Sauber vor die Türe gelegt wurden und werden Feldmäuse, Spitzmäuse, Maulwürfe und die großen Schermäuse, die im Chiemgau so häufig sind. Wir haben gelernt, sie für diese ehrenwerten Geschenke zu loben und uns zu bedanken. In den Mülleimer befördern wir sie erst, wenn der Spender sich entfernt hat. Es vor seinen Augen zu tun, wäre unhöflich.

Wir sprechen am besten mit unseren Händen: Kraulen und Streicheln versteht jede Katze. Und sie sagt uns mit einem Pfotenhieb, wenn wir zu grob sind, zu schnell in der Bewegung oder der Zeitpunkt nicht richtig ist. Verkratzte Handrücken oder Unterarme sind ein Zeichen falscher Kommunikation oder für eine wenig zärtliche, wilde Katze. Die Warnung vor dem Pfotenhieb ist bei gutem Einverständnis der peitschende Schwanz und als Draufsetzer ein mahnender Fingerbiß. Katzen wollen selbst die Form der Zärtlichkeit bestimmen. Und wenn wir richtige Katzenmenschen werden, lernen wir von ihnen. Frances und Richard Lockridge, die Krimi-Autoren, haben das in ihrem »Cats and People« (Katzen und Menschen) treffend beschrieben: »Der Katzenliebhaber, wie sehr er auch andere Menschen lieben mag, bringt es selten über sich, sie derb auf den Rücken zu schlagen oder sie über eine Straße hinweg anzurufen. Da er das individualistische Benehmen der Katzen beobachtet und ihnen zu Gefallen sein möchte, eifert er ihnen unter Umständen nach . . . Er grölt nicht mehr, sondern lächelt, und er ist wenig geneigt, durch Auf- und Niederhüpfen seinen Beifall kundzutun.«

45

Im Umgang mit der Katze verhalten wir uns leise und ruhig. Wir sprechen zu ihr mit summender, schnurrender Stimme, wenn wir uns mit ihr unterhalten wollen. Es gibt Katzen, mit denen man eine echte Unterhaltung führen kann. Wenn wir sie tadeln, wird unsere Stimme scharf, aber nicht laut: Katzen hassen Krach.

Katzen können sich uns verständlicher machen, als wir uns ihnen, da wir keine Meister der Körpersprache sind. Meine ausdrucksvollste Geste ist die flache Hand als Stopschild vor das Katzengesicht gehalten, wenn sie irgendwo nicht hin soll. Dazu ein bestimmtes, scharfleises NEIN mit abgehacktem Schluß-N. Und – den Namen der Katze nur in Verbindung mit Angenehmem verwenden. Das habe ich mir zur Regel gemacht. Der Erfolg: unsere Katzen kamen auf den Ruf, aber nur, wenn sie sich außerhalb ihres Heimes erster Ordnung befanden. Innerhalb des Hauses kamen sie nicht, denn nach ihrer Katzenlogik waren sie ja schon da.

Katzen und andere Haustiere

Bei uns waren zuerst die Hunde da und die Katzen kamen dazu. Das fing mit Basset Henry und dem wilden Kätchen (siehe Seite 104) an, die zusammen aufwuchsen, sich aber nur an den Wochenenden und für die Zeit trafen, die wir damals auf dem Lande verbrachten. Kätchen überließ Henry sogar ihre Kinder, wenn sie ihre Ausflüge machte. Die Babysitterrolle übernahm er zunächst geniert, später mit Begeisterung, und er trug die Kleinen sogar herum wie eine Katze. Was ihn allerdings nicht hinderte, die Nachbarkatzen zu jagen, und Kätchen nicht, alle anderen Hunde zu verprügeln. Sie, die so vorsichtig war, wurde im Alter von fünf Jahren bei einem Schneetreiben überfahren. Henry fand ihre Leiche und grub sie aus dem Schnee aus.

45 Kopf einer schlafenden Katze von Pierre Lebouteux, 1683–1730.

46 Keineswegs »wie Hund und Katze«. Das den-Schwanz-über-den-Rücken-Legen ist eine Geste der Vertrautheit und Zusammengehörigkeit.

Die »Erbfeindschaft« zwischen Hund und Katze beruht auf sprachlichen Mißverständnissen. Hebt die Katze eine Pfote, bedeutet das »Hau ab!« Ein Hund meint mit der gleichen Geste »Komm her!« Wenn der Hund mit dem Schwanz wedelt, ist das ein Zeichen der Freundlichkeit. Bewegt die Katze den Schwanz hin und her, sagt sie damit »Vorsicht! Bleib mir vom Leibe«. Katzen begrüßen sich Nase an Nase, Hunde beriechen sich unter dem Schwanz, und das mag die Katze nicht so gerne. Schließlich springt ein Hund zur Begrüßung lebhaft an, die Katze läuft davon, der Hund automatisch hinterher, und schon haben wir die Hetzjagd, die die Katze fürchtet. Zu diesen Mißverständnissen zwischen den Tieren kommt die Dummheit und Gedankenlosigkeit mancher Menschen, mit dem Satz »Wo ist die Katz?« die Aufmerksamkeit des Hundes zu erregen und ihn zur Katzenhatz zu animieren.

Katzen und Hunde, die zusammenleben, lernen einander zu verstehen. Entscheidet man sich für diese Haustiermischung, holt man am besten zu einem erwachsenen Hund eine junge Katze oder läßt beide miteinander aufwachsen. In einen Katzenhaushalt einen Hund zu integrieren ist schwieriger. Doch meist wird es bei den solitären Katzen bleiben.

Ob ein Katzenfreund gleichzeitig Meerschweinchen oder Kaninchen

46

halten will, ist eine ganz persönliche Frage. Es geht alles, und es war die eigentliche Bestimmung des Haustiers Katze, mit allerlei Getier unter der Menschen Dach zu leben.

Meisterin in sozialer Anpassung

Katzen sind überall zu Hause: in Bauernhäusern und Villen, in Hochhausappartements und in Dachterrassenwohnungen, in Reihenhäusern, in möblierten Zimmern (mit Zustimmung der Vermieter). Sie haben sich uns angeschlossen und an-

47 Die Meisterin sozialer Anpassung und Überlebenskunst nutzt die Motorwärme dieser »Ente« in Paris.

gepaßt, ohne sich zu unterwerfen. Sie gehören mehr zu uns Menschen als zu irgendeinem anderen Lebewesen, die eigenen Artgenossen mit inbegriffen. Diesen Menschen zu Gefallen ist die freie Jägerin, das Tier, das seine eigenen Wege geht, zum Zimmerpanther und Stubentiger geworden und hat sich mehr als Hund und Pferd auf seinen zweibeinigen Partner eingestellt. Oft ist er der einzige Ersatz für artgemäße Sozialpartner oder Reviernachbarn. Es gibt Katzen, die ein Leben lang keine anderen Katzen zu Gesicht bekommen, die den Himmel nur durch das Fenster sehen und Papierknäuel oder Stoffmäuse jagen. Und dies nicht als Folge einer jahrhundertelangen Entwicklung zur

Kammerkatze, sondern zur gleichen Zeit, während Artgenossen, vielleicht sogar Geschwister aus gleichem Wurf, an Kornfeldrändern schreiende Spitzmäuse töten und ihre Reviernachbarn mit erhobenem Schwanz grüßen. Daß ein einzelgängerisches Raubtier in einer durch Gemeinschaft (Familie) bestimmten Umwelt leben kann, ohne überzuschnappen, beweist eine Meisterschaft in sozialer Anpassung.

Ich möchte hier noch einmal das in meiner Einleitung zitierte Wort von Dr. Fox wiederholen: »In den Zwängen der Anpassung ist die Katze ein Stückchen Freiheit« für den Menschen. Und ich frage: Und was sind wir für die Katze?

Gräber für die Lebenden und die Toten

Paris ist eine Katzenstadt. 180 000 leben dort in Wohnungen bei ihren Menschen. Unzählige im Untergrund, frei, oft krank und in Gefahr eingefangen, ins Tierasysl gebracht und dort nach drei Tagen getötet zu werden, wenn niemand sie holt.

Die halbwilden Katzen von Paris lassen sich gerne bei den Toten nieder. Sie leben auf den Friedhöfen am Montparnasse, im Père-Lachaise und zwischen den Gräbern von Heinrich Heine und Jacques Offenbach auf dem Montmartre. Gefüttert werden sie seit Menschengedenken von alten Frauen, die einen Teil ihrer Rente für die täglichen Rationen ausgeben, die sie ihren Kostgängern auf den Gräbern anrichten (Abbildung 1). Sie störten auch die Fangaktionen der Polizei, die die wilden Katzen reduzieren wollte: vergiftete Köder auslegte, Fallen aufstellte. Das Leben der Friedhofskatzen war ein köstliches und gefährliches zugleich.

Heute ist es nur noch köstlich und rosig. Das verdanken die Katzen Michel Cambazard, der im Sommer 1977 seinen Kampf für die Katzen von Paris begann. Der Grund: Die Friedhofskatzen hatten Schnupfen, die Polizei fürchtete für die Hygiene und verbot das Füttern der Katzen und sperrte den Friedhof. Sie sollten verhungern. Mit eingeschmuggeltem Futter, mit der Spraydose und Graffiti kämpfte Cambazard für die Aufhebung der Aushungerung. Er schaffte es. Und damit die Katzen von nun an

Ruhe hatten vor den Häschern, gründete er die »École du Chat«, die mit dem tierärztlichen Amt verbundene Katzenschule. Mit Hilfe dieser Einrichtung werden die wilden Katzen an eine Fütterperson gewöhnt, eingefangen, geimpft, kastriert, registriert und tätowiert und als »freie Katzen« wieder ausgesetzt. Sie fangen Ratten und Mäuse, aber sie pflanzen sich nicht mehr fort.

Der erste freie Kater von Paris war Nicolas, der am 18. Juni 1978 seinen Personalausweis bekam. Er ist wie weitere hundert Katzen gesund und satt. Die 1500 Mitglieder der Katzenschule bringen das Geld für das Futter und für den kontrollierenden Tierarzt auf. Für Katzenfänger sind diese Tiere tabu, neue Katzen kommen dazu. Und in Marseille gibt es auch schon freie Katzen, die, wie eine Zeitung schrieb, »oft die einzige Beschäftigung der alten Leute sind«. Wie sagt man? Ein Beispiel, das in allen Städten Schule machen sollte.

Auf der Seine-Insel Ile des Ravageurs liegt der Tierfriedhof von Asnières, wohl der schönste der Welt. Er wurde 1839 von Madame Marguerite Dunant gegründet und ist in vier Sektionen für Hunde, Vögel, Katzen und »Diverses« gegliedert. Nahezu 50 000 Menschen haben ihre Lieblinge dort beisetzen und ihnen künstlerische oder kitschige Denkmäler setzen lassen, so wie sie auch auf Menschenfriedhöfen stehen.

Im Ausland haben solche Tierfried-

höfe Tradition und gelten als normal. Bei uns werden sie belächelt, und ihre Genehmigung ist mit behördlichen Schwierigkeiten verbunden.

Der älteste deutsche Tierfriedhof ist in Berlin und wird vom Tierschutzverein unterhalten. Es gibt weitere private Friedhöfe in Quickborn, Seevetal und Timmaspe-Nortorf; Friedhöfe von Tierschutzvereinen in Brinkum, Ülzen, Braunschweig, Duisburg, Bad Homburg, Mainz, Stuttgart und in München-Riem ein Krematorium. Hier kann man sein Tier auch einzeln einäschern lassen und zur Erinnerung in eine Urne geben. Und nicht in die Tierkörperverwertungsanstalt.

Folgende Doppelseite:

1 Täglich werden die Katzen vom Friedhof Montmartre gefüttert und kontrolliert, ob sie auch gesund sind.

2 Diese Katze ist geimpft, kastriert, fotografiert, wurde in eine Kartei aufgenommen und trägt eine tätowierte Nummer im Ohr. Sie führt ein wildes und freies Leben und hat keine Angst vor Tierfängern.

3 Auf dem Friedhof von Asnières ruhen Katz und Hund in Frieden nebeneinander. Dieses Grab mit der kleinen weißen Katze stammt aus dem Jahr 1978.

4 Auf dem gleichen Friedhof ein Doppelgrab, das noch immer mit Blumen geschmückt wird.

1

2

3

4

Die Lebensalter einer Katze

Beneidenswert ist der Ablauf eines Katzenlebens. Während wir Menschen ein Drittel unserer Lebenszeit brauchen, um erwachsen zu werden, ein weiteres Drittel erwachsen und im Vollbesitz unserer Kräfte sind und im letzten Drittel unaufhaltsam altern, braucht die Katze nur ein Zehntel für Kindheit und Jugend, acht Zehntel ist sie erwachsen, reif und stark, und nur ein Zehntel dauert ihr Alter. Und das Leben einer Katze kann 20 Jahre währen; der Durchschnitt liegt etwa bei 14.

Nur ein Vierteljahr, von ihrer Geburt bis zur Übernahme durch den Menschen, lebt die Katze in enger, liebevoller Gemeinschaft mit Mutter und Geschwistern. Dann tritt sie ins Le-

ben und wird zur einsamen Jägerin – wenn der Mensch nicht wäre. Für das sichere Leben einer Hauskatze zahlt sie den Preis der Freiheit.

Sie bleibt, körperlich ein perfektes Raubtier, seelisch ein Kind, das die Nähe von Mutter Mensch braucht.

Das neugeborene Kätzchen

In diesem Kapitel gebe ich keine praktischen Hinweise zur Aufzucht. Diese finden Sie ab Seite 226. Hier schildere ich Ihnen den Verlauf eines Katzenlebens vom ersten Atemzug an bis zum letzten, auf daß Sie Katzen im allgemeinen und Ihre im besonderen besser kennenlernen.

Das winzige, etwa 100 Gramm schwere Wesen, das blind und taub bei der Mutter liegt, hat einen viel zu großen Kopf, den es aber schon aufrichten kann. Die Mutter sorgt durch Belecken dafür, daß die Atmung in Gang kommt und durch Bauchmassage mit ihrer Zunge, daß auch die Verdauung funktioniert. Solange die

Kleinen nur säugen, frißt die Mutter die Ausscheidungen auf: das Nest muß sauberbleiben, die Kleinen können und dürfen sich noch nicht vom Nest entfernen.

In dieser Nur-Leben- oder vegetativen Phase spüren die Kätzchen, wenn es kälter wird. Dann sind sie irgendwie vom Bauch der Mutter weggekommen und schreien, damit die Mutter sie holt. Sie können den Nest-Mutter-Geruch riechen, der ihnen Sicherheit gibt. Ist der Geruch schwächer, reagieren sie mit Geschrei. Sie fühlen den mütterlichen und die geschwisterlichen Körper. Verlieren sie den Kontakt, lassen sie den großen Kopf rhythmisch hin und her schwingen, bis sie durch diesen *Suchauto-*

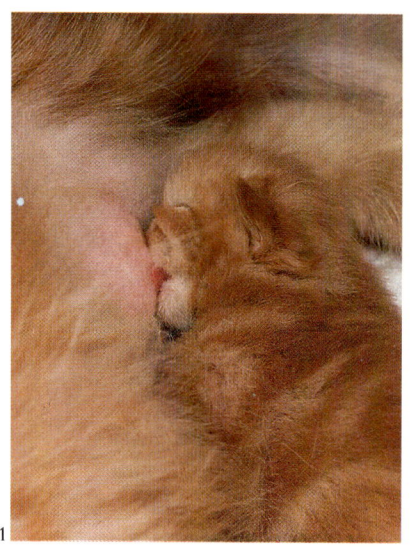

1 Blind und taub am Bauch der Mutter, an der Zitze, die das Kätzchen ausschließlich benutzt.

2 Katzenmutter beim Gesichtwaschen der Kleinen, die Mitte der dritten Woche erstmals das Nest verlassen.

3 Die Augen öffnen sich am zehnten Lebenstag. Hier eine kleine Perserkatze, die gerade richtig zu sehen beginnt.

3

4 Mit der sechsten Woche beginnt die Selbständigkeit. Die Kätzchen beherrschen schon Drohgebärden vor Fremden.

5 Seit Ende der dritten Woche ist das Spiel die Hauptbeschäftigung; hier Sechswöchige beim Raufspiel.

6 Mit Ende der fünften Woche bringen Freilauf-Katzen den Kleinen die ersten bereits toten Mäuse zum Üben.

7 Das erste Mal draußen – ein großes Abenteuer. Warnsignale der Mutter mahnen zur vorsichtigen Zurückhaltung.

matismus den Kontakt wieder hergestellt haben. Die kleinen Kätzchen zucken und zittern im Schlaf, wie es für REM-Schlaf typisch ist. Man nimmt an, daß diese Säuglingskatzenträume Impulse sind, mit denen sich das Gehirn stimuliert. Während der ersten Tage sollte niemand die Kätzchen anfassen, und man sollte nicht zuviel Interesse zeigen, sonst trägt die Mutter sie an einen unzugänglichen Ort. Die Katze hat einen Spezialgriff für den Kindertransport, der mit dem Tötungsbiß und dem Liebesbiß der Kater verwandt ist. Sie packt das Kleine im Genick, das Kätzchen verfällt in die Tragestarre und kann gefahrlos getragen werden.

Das Kätzchen, das nur säugt
Die blinden und tauben Tierchen haben als erste Lebenshandlung eine der paarweise angeordneten, meist acht Zitzen gefunden, an der sie am ersten Tag, ohne loszulassen wie angeklebt saugen. Diese Zitze ist für 5 Wochen die Nahrungsquelle; sie wird nicht gewechselt. Die Wissenschaft nennt diese Vorliebe *Zitzenpräferenz,* in der Praxis bedeutet das Wort, daß man einmal angesaugte Kätzchen nicht mehr von einer Amme nähren lassen kann. Während des Saugens ist die Zunge um die Zitze gerollt, die Pfoten *treteln* den Bauch der Mutter, um den Milchfluß anzuregen. Diesen *Milchtritt* behält die erwachsene Hauskatze als kindliches Verhalten bei; wenn wir sie kraulen und streicheln, zeigt sie uns so ihre Zärtlichkeit.
Am 10. Tag öffnen sich die Augen der Kätzchen, doch sie verlassen das Nest noch nicht. Die Mutter entfernt sich nur, um ihre Notdurft zu verrichten. In dieser *ersten Phase* geht das Füttern nur von der Mutter aus.

Lernen, eine Katze zu werden
In der Mitte der 3. Woche können die Kätzchen richtig sehen. Sie verlassen gelegentlich und vorsichtig das Nest, sie erledigen ihre Geschäftchen ohne Hilfe der Mutter, was anfangs manchmal mit Schwierigkeiten verbunden ist, weil die Mutter die Verdauung nicht mehr anregt. Auf das Geschrei hin kommt Mutter und hilft, sonst können wir mit einem feuchten Tuch Mama imitieren. Man kann jetzt ein Katzen-Kinderklo aufstellen, das von den Kleinen eigenständig aufgesucht wird.
Findet ein Ausflügler nicht ins Nest zurück, beginnt er ebenfalls zu schreien und wird auf den Hilferuf hin von seiner Mutter im Nackentragegriff ins Nest zurückgebracht. Normalerweise findet das Kätzchen aber mit Hilfe des Geruchssinns auf seiner eigenen Spur ins Nest zurück. Wenn die Mutter weg ist, kuscheln sich die Kätzchen instinktiv zusammen, um sich warm zu halten. Ist die Umgebung warm, strecken sie sich einzeln aus. Das brauchen sie nicht zu lernen. Lernen müssen sie, wie man sich richtig bewegt, beziehungsweise seine Bewegungen koordiniert. Gegen Ende der 3. Woche wird es um das Nest lebhaft. Die Kätzchen spielen miteinander und lernen dabei die Bewegungsweisen von Angriff und Abwehr, Flucht und Verfolgung, Begrüßung und Beutefang. Sie benutzen ihre Pfoten und lernen die Krallen einzuziehen. Die Milchzähne brechen durch, und mit 30 Tagen ist das Gebiß komplett. Beim Putzen der Kleinen muß die Mutter ihre Pfote zum Festhalten einsetzen, um die Temperamentbündel zu bändigen. In dieser *zweiten Phase* wird das Saugen durch eine Wechselwirkung zwischen Mutter und Kätzchen ausgelöst.

Das wichtigste erste Vierteljahr
Bis zum Ende der 5. Woche wird das Kätzchen *geprägt,* das heißt, sein Verhalten für das ganze spätere Katzen-

6

7

8

9

8 Der Schwanz der Mutter ist wie alles, was sich bewegt, ein schönes Spielzeug; Purzellagen sind häufig.

9 Die Neugier ist groß, alles auf der Welt ist neu. Sechswöchige schaut aus dem Fenster.

10 Das wichtige erste Vierteljahr in Bildern von oben links nach rechts:
9.–15. Tag: Leben an Mutters Bauch
Mitte der 3. Woche: Erstes Verlassen des Nestes
Ende der 3. Woche: Lernen durch Spiel
bis Ende der 5. Woche: wichtige Hinweise durch die Mutter
6. Woche: Die Selbständigkeit beginnt, auch das Sichputzen
10. bis 12. Woche: Aufbruch ins richtige Katzenleben.

leben wird jetzt festgelegt. Die Mutter und ihre Hinweise sind wichtig, damit aus den Kätzchen richtige Katzen werden. Die Gewöhnung an Menschen aber auch, damit die Katzen nicht scheu werden und »wild« bleiben. Wird ein Kätzchen jetzt nur von Menschen aufgezogen, sehen sie ihn als Artgenossen an. Die Bevorzugung der Lieblingszitze hört auf, das erste Zusatzfutter muß gegeben werden. Die Mutter erteilt jetzt ersten Jagdunterricht, Draußen-Katzen bringen tote Mäuse zum Üben. Bestimmte Warnsignale lassen die Kleinen Deckung suchen, wobei der »Feind« (das kann ein mit im Hause lebender Hund sein) kein lebenslänglicher bleibt. Beim Belehren durch die Mutter lernen die Jungen auch den *Mausruf* kennen, einen typischen Locklaut für die harmlose Maus im Unterschied zum *Rattenruf* für die gefährlichere Ratte, falls die Mutterkatze eine Rattenfängerin ist.

Mit 5 Wochen ist das Gehirn des Kätzchens völlig ausgereift. Das bedeutet, alle Sinne sind die eines erwachsenen Tieres; es muß aber noch einige Zeit lernen, mit ihnen umzugehen, das fertige Hirn perfekt zu benutzen, die gesamte Motorik Klettern, Laufen, Springen und Fangen zu erlernen.

Mit der 6. Woche beginnen die Kätzchen sich selbst zu säubern und lernen das Putzlecken. Sie erkennen ne-

11

12

13

11 Spielende Kätzchen. Handkolorierte Radierung von Meta Plückebaum (1876 in Dortmund geboren – unbekannt). Plattengröße 20,3 × 24,4 cm.

12 Kätzchen mit Wespe. Handkolorierte Radierung von Meta Plückebaum mit dem Titel »Bsssss«. 24,5 × 20,5 cm.

13 Schmollendes Kätzchen von Julius II Adam. Detailstudie zu des Künstlers letztem Gemälde »Mutterglück«.

14 Liegendes Kätzchen. Radierung auf Velin, signiert Meyer-Eberhardt. Plattengröße 32 × 23 cm.

Frage an den Betrachter: Sind wir nicht süß?

ben der Mutter und den Geschwistern vertraute Menschenhände am Geruch, vor fremden Händen machen sie einen Buckel. Die Draußen-Katze bringt lebende Mäuse mit und lehrt den Mäusefang und Tötungsbiß. Wenn die Kleinen jetzt erschreckt werden, gehen sie ähnlichen Lebewesen oder Ursachen für lange Zeit aus dem Weg.

Langsam erfolgt die Entwöhnung von der Muttermilch, in dieser *dritten Phase* fordern nur noch die Jungen die Mutter auf, sie trinken zu lassen. In der 10. bis 12. Woche kann das Kätzchen von der Mutter getrennt und in seine neue Familie gegeben werden. Es lernt durch Versuche, was ihm bekömmlich und schädlich ist,

mit großer Aufnahmefähigkeit und Neugier erkundet es die Umwelt. Es dauert bis zu seinem 6. Monat, bis das Kätzchen alle Spielregeln kennt und die kätzischen Instinkthandlungen richtig anzuwenden versteht. Darf es frei laufen, muß es sich in die Revierordnung und die sozialen Rechte der ansässigen Katzen einfügen, genießt aber die Nachsicht, die die Natur den Jungen gewährt.

Kalender der Katzen-Kinderspiele
Hauskatzen bleiben ihr Leben lang verspielt. Spielen ist wichtig für die heranwachsende Katze, es macht intelligenter und lebhafter; es ist geradezu lebensnotwendig für die erwachsene Wohnungskatze, die im

14

Spiel ihre Aktivitäten und Verhaltensweisen ausleben kann.

Die Amerikanerin Meredith West hat einen Kalender der Katzenspiele erarbeitet, aus dem wir ersehen können, wann die Katze wie zu spielen beginnt und wie »kindlich« unsere erwachsene Katze gerade spielt.

1. 3. bis 4. Woche: Legt sich auf den Rücken und strampelt mit den Hinterbeinen. Beißt die Geschwister in den Hals, übt Buckel machen und Schwanz aufstellen. Geht im Krebsgang rückwärts.

2. Ab 4. Woche: Macht Bocksprünge, übt das Anschleichen, boxt mit den Vorderpfoten und macht Purzelbäume.

3. Ab 6. Woche: Das Ohrfeigenspiel. Zwei Kätzchen sitzen sich gegenüber und schlagen sich mit den Pfoten.

4. Ab 8. Woche: Verfolgungsjagd und Fangen. Sich verstecken und Kampfspiele mit Übereinanderkugeln. Fangspiele mit Gegenständen.

Unsere Katze wird erwachsen

Zwischen dem 4. und 6. Monat tut sich viel: Das Milchgebiß wird gegen die endgültigen Zähne ausgetauscht, die Kätzin kann schon geschlechtsreif werden. So sollte man ab dem 5. Monat vorsichtig sein; besonders wenn es sich um Maikätzchen handelt, kann der Oktober gefährlich werden. Das klingt wie eine Bauernregel, stimmt aber häufig. Ich möchte hier noch nichts Ausführliches zur Kastration sagen, sondern Zahlen sprechen lassen. Eine normale, unkontrollierte Katze kann im Verlauf ihres Lebens mit Kindern, Enkeln und Urenkeln an die 12 000 Nachkommen haben. Das ist allerdings eine theoretische Zahl. Die Praxis reicht jedoch völlig aus, um die Katzenpopulation zu groß zu halten. Ein englischer Tierarzt hat über Jahre eine Katze und ihre Nachkommen beobachtet und registriert und ist auf die stolze Zahl von 1400 Tieren in 10 Jahren gekommen.

Kater werden etwas später geschlechtsreif als Kätzinnen und sind im Durchschnitt mit einem Jahr zeugungsfähig. Doch auch im Sexualbereich ist die Katze Individuum.

Die erwachsene Katze paßt sich dem Lebensrhythmus ihrer Umgebung an und entwickelt feste Gewohnheiten. Sie kann, wenn es notwendig sein sollte, selber für ihren Lebensunterhalt sorgen und sich allein durchschlagen. Sie kann aber auch verhätscheltes Schmusehaustier sein.

Frank Manolson gibt uns eine geometrische Faustregel, um das Alter einer Katze zu taxieren. Die junge Katze hat mit bemuskeltem Rücken und spitzem Bauch den Querschnitt eines auf der Spitze stehenden Dreiecks. Die erwachsene Katze, gleichmäßig bemuskelt, ist rechteckig, die alte Katze mit knochigem Rücken und größerem Bauch ist ein gleichschenkeliges Dreieck.

Das Sexualverhalten der Katzen

Doris Lessing schreibt in ihrem »Katzenbuch«: »Die graue Katze wälzte sich ekstatisch quer durch den Garten. Sie kam zu uns, rollte sich zu unseren Füßen und biß zu. Sie raste den Baum am Ende des Gartens hinauf und hinunter. Sie wälzte sich und schrie und rief und forderte auf. ›Die abscheulichste Zurschaustellung der Lust, die ich jemals gesehen habe,‹ sagte S. und beobachtete H., der in unsere Katze verliebt war.«

Rolligkeit nennt man den Zustand, in dem die Katze zur Paarung bereit ist. Laut Lehrbuch ist die Brunstzeit der mitteleuropäischen Hauskatze dreimal im Jahr; im Februar, im Juni und im Oktober. Rassekatzen sind nur zweimal bereit, bei ihnen fällt der Oktober aus. Doch das ist nicht Gesetz. Es gibt Katzen, die viermal rollig werden oder überhaupt nicht deckbereit sind oder, falls sie nicht befruchtet werden, eine Dauerrolligkeit bekommen. Hier kann nur der Tierarzt helfen, und er muß es auch, da dieser Zustand unerträglich ist. Ebenso sind brünstige Kater, die man nicht herausläßt, für Ohren, Nase und Polstermöbel eine Zumutung.

Eine Zwischenfrage und meine Antwort darauf: Ist es nicht besser, wenn eine Katze einmal Junge bekommt, und ist es nicht selbstsüchtig, ihnen die Freuden der Liebe zu nehmen?

»Freuden der Liebe«, eine recht menschliche Betrachtung und doch nicht falsch. Katzen haben eine ungebundene Sexualität und leben sie aus, wenn man sie läßt. Wenn man sie nicht läßt, wird die Brunst jedoch zur Qälerei. So sind Deckkater, die nicht ganz regelmäßig dürfen, launisch, unruhig oder depressiv. Regelmäßig heißt bei einem Kater mindestens zweimal pro Woche. So plädiere ich für die kastrierte Katze, um des lieben Friedens willen und damit nicht so viele kleine, gesunde Kätzchen getötet werden müssen. Das ist vernünftiger als ein Wurf, der nicht unterzubringen ist und der unsere Katze nur für wenige Wochen verändert. Mütterlichkeit ist im Tierreich keine Dauereigenschaft.

Wenn die Katze rollig ist, will sie begattet werden. Alle Kater sind dazu bereit, dazwischen steht nur das Ritual des Aktes. Das ist laut und kompliziert. Die Katze läßt sich nicht vergewaltigen, sie trifft die Wahl, und sie nimmt nicht unbedingt den Sieger eines Katerkampfes. Manchmal ist ein Unbeteiligter der lachende Dritte.

Beim Rendezvous der zwei wird geplaudert (siehe Seite 110), ihr Nein mit Pfotenhieben bekräftigt. Es dauert seine Zeit, bis sie stehenbleibt, den Schwanz zur Seite streckt und ihr Hinterteil anhebt. Das heißt ja. Der Kater packt sie beißend am Nacken, steigt auf, stampft mit seinen Hinterbeinen, führt den Penis ein. Die Katze schreit, er springt ab und weg, damit er keinen Pfotenhieb fängt, und das war's dann schon.

Die Wissenschaftler haben das Sexualverhalten gründlich untersucht, haben das Verhältnis des Hodengewichts zum Körpergewicht berechnet. Hier sind die Kater mit 1 zu 181 Weltmeister. (Als Vergleich der Hund mit 1 zu 727 oder der Mensch mit 1 zu 1785). Sein Penis dagegen ist klein, 2 cm lang, dafür aber mit Stacheln besetzt. Sie stimulieren die Vagina und lösen den Eisprung aus. Katzen, die sich mehrfach hintereinander mit verschiedenen Katern paaren, werden mehrfach befruchtet. Das ist die Erklärung für die manchmal farblich sehr bunte Nachkommenschaft. Im übrigen gibt es keine Regeln: Der Kopulationsstil der Kater ist verschieden, manche Katzen sind einem Kater treu, andere treiben es mit jedem, wobei Erfahrung sich als starke Triebfeder erweist.

Allein gehaltene Tiere können in ih-

15

16

rem Sexualverhalten auf einen Menschen, auf einen Gegenstand oder auf den Hund fixiert sein, wobei sich recht bizarre gegenseitige Beziehungen entwickeln können.

Die Tragezeit einer Katze dauert 63 bis 65 Tage. Und es ist kein Naturgesetz, daß eine Hauskatze unbedingt mütterliche Gefühle entwickelt.

Die alte Katze

Es gibt Tabellen, in denen das Alter der Katze dem des Menschen gegenübergestellt ist und ein Katzenjahr etwa vier Menschenjahren entspricht.

So hübsch sich das liest, eine 5jährige Katze ist wie ein 40jähriger Mensch und eine 10jährige wie ein 60jähriger: es stimmt nicht. Hier kann man nicht vergleichen. Katzen bleiben länger gleich alt und machen dann plötzlich einen Sprung ins Alter, und der ist von Katze zu Katze verschieden. Manche sind schon mit 8 Jahren Greise, andere mit 15 Jahren noch aktive Kater oder muntere Katzen. Alterserscheinungen sind: schuppige Nase, Zahnfleischschwund, stumpfe Krallen, sich versteifende Gelenke und eine nicht mehr elastische Wirbelsäule. Sie springen ungern und werden tyrannisch. Raymond Chandler beschreibt es so: »Sie schläft auf einem Tisch in der Seitenveranda und verlangt jetzt, daß man sie rauf- und runterhebt. Sie kriegt abends gegen acht ihre warme Milch und fängt bereits um halb acht an, danach zu schreien.«

Jede Veränderung oder Abwechslung ist ihr lästig. Wenn ihr das Leben unerträglich wird, sollte man an den Abschied denken.

15 Katzenhochzeit: Der Kater steigt über die Kätzin, packt sie am Nackenfell und führt knurrend den Penis ein, die Katze stößt einen tiefen Grollschrei aus. Das Ganze ist eine Sache von Sekunden.

16 Aus einem alten Zoologiebuch nach Motiven von Gottfried Mind stammt diese handkolorierte Lithographie, die Kater und Kätzin, die Katze als sorgende Mutter und die Katze beim Verlassen der Jungen zeigt. 28 × 21 cm. Anfang 19. Jahrhundert, wahrscheinlich Schweiz.

Katzenmusik

1 Singende und musizierende Katzen. Ein viktorianischer Weihnachtsgruß, als Oblate auf Glanzpapierkarton gedruckt und ausgestanzt.

2 Katzenkonzert, in der Kunst ein häufigeres Motiv. Radierung nach einem Gemälde von Jan Brueghel dem Älteren (1568–1625).

Unmusikalischen Lärm oder mißtönende Musik hat man seit dem 16. Jahrhundert als *Katzenmusik, Katzengeschrei* oder *Katzenkonzert* bezeichnet. Es gibt einen Holzschnitt, der den Satiriker Thomas Murner als Kater zeigt, wie er mit Katzen nach Noten singt, um mißtönend Luthers Tod zu feiern. Die falsche Musik kann auch ungewollt sein. So heißt es im Schelmenroman »Geschichte des Gil Blas von Santillana«: »Ein Musikant spielte die Melodie des ersten, der andere die des zweiten und der dritte die Melodie des dritten Liedes … mit vieler Mühe gelang es dem Wirthe, diesem Katzenkonzert ein Ende zu machen.« Und Goethe dichtet auf die Geigenspieler: »ein jeder streicht zu, versucht sein Glück, es ist zuletzt eine Katzenmusik«.

Doch meist waren die Mißtöne gewollt: mit Katzenmusik verhöhnten Studenten eine mißliebige Person zu nächtlicher Stunde. Mißliebig war jemand, der das sittliche Volksempfinden verletzt hatte. Mädchen, die nicht zimperlich waren; geschiedene Eheleute, die sich wieder verheirateten; ein alter Mann und eine junge Frau und was sonst nicht als normal galt. Heute gibt es in der Schweiz Katzenmusik zur Fastnachtszeit.

Das Fauchen einer Katze imitierte das altägyptische Rasselinstrument *seschesch,* das die Griechen dann *seistron* (= *sistrum*) nannten. Wie Miauen klingen die Töne der japanischen Laute *shamisen.* Ob das daher kommt, daß der Korpus meist mit Katzenhaut bespannt ist? Der javanische *Saron,* eine Art Metallxylophon, hat einen Katzensound, bei uns kätzelt die *singende Säge.*

Mit Domenico Scarlattis (1685–1757) *Katzenfuge* wird die Katze zur Musikfigur. Der Komponist imitierte eine Katze, die über Klaviertasten läuft. Das Stück wurde im vorigen Jahrhundert von Hans v. Bülow herausgegeben und bearbeitet und häufig von Franz Liszt gespielt.

In Peter Iljitsch Tschaikowskijs 1889 geschriebenem Ballett *Dornröschen* treten zwei Tänzer als Gestiefelter

1

3

3 Katzenorchester mit Dirigent und tanzendem Paar. Wiener Bronzen polychrom bemalt. Höhe 3,5 bis 4 cm. Österreich, um die Jahrhundertwende.

4 Schminktäschchen aus 935er Silber mit Miniaturmalerei unter Email: »Katzenkonzert« nach dem Gemälde von D. Teniers. Mit Tanzkarte. Wien, 20er Jahre.

Kater und Weiße Katze auf und tanzen in typischen Katzenbewegungen. Dazu gehört der *Saut de chat*, ein Tanzsprung, bei dem die Oberschenkel in der Luft gespreizt, die Füße zusammengeschlagen werden und die Beine einen Rhombus bilden.

Igor Stravinskij hat 1917 *Wiegenlieder für eine Katze* geschrieben, vier Lieder für eine Frauenstimme und drei Klarinetten, die aus dem Russischen ins Französische übersetzt wurden. Sie wurden zum ersten Mal von Eva Gauthier am 15. Dezember 1919 im Greenwich Village Theatre in New York gesungen.

Das neueste Katzenwerk ist die Oper *Die englische Katze* von Hans Werner Henze. Der Komponist hatte eine Bühnenfassung von Balzacs Briefroman »Herzensleiden einer englischen Katze« (siehe Abbildung 5 Seite 47) gesehen und sich gedacht »Wenn die jetzt singen würden«. Der englische Dramatiker Edward Bond schrieb das Libretto zu einer musikalischen Parabel, in der die Tiere stellvertretend für die Menschen stehen.

Es gibt eine Reihe von Katzenschlagern, über das Musical *Cats* habe ich ausführlich auf Seite 20 berichtet. Eartha Kitt wird *die Katze* genannt, Jazzfans nennt man *hep cats,* und ein Jazz-Klassiker ist Zez Confrey's *Kitten on the Keys* aus dem Jahr 1921. Und in Johann Sebastian Bachs *Kaffeekantate* singt Lieschen mit Vater Schlendrian und den Tenören: »Die Katze läßt das Mausen nicht, die Jungfern bleiben Coffeeschwestern.«

2

4

Eine Katze zu malen, dazu gehört Genie

Das schrieb vor 120 Jahren der Autor und Katzomane Théophile Gautier und fügte noch: »mein Junge« hinzu. Er lebte ständig mit so zahlreichen Katzen, daß er sie nach ihrer Fellfarbe in Dynastien einteilte, und eine Karikatur von Nadar zeigt ihn mit Fes im Schneidersitz auf einem Teppich sitzend, an einem Manuskript arbeitend. Fünfundzwanzig Katzen, wenn ich richtig gezählt habe, wimmeln um ihn, denn sie: »fühlen sich wohl in der Stille, der Ordnung und der Ruhe, und kein Ort ist ihnen gemäßer als das Arbeitszimmer des Literaten.« Das mit dem Genie scheint zu stimmen; die Katze ist im Vergleich zu Pferd, Löwe, Kuh oder Geflügel ein Stiefkind der abendländi-

schen Kunst. Entsprechendes Zitat des amerikanischen Kritikers Philip Gilbert Hamilton: »Wie merkwürdig eigentlich, daß Katzen trotz ihrer ungewöhnlichen Schönheit, ihrer Eleganz und ihren faszinierenden Bewegungen, trotz der Intensität ihres Ausdrucks von bedeutenden Künstlern kaum gemalt worden sind.«
Also gibt es auch keine Arbeiten über die Katze in der Kunst, und wenn sich ein Artikel oder ein Büchlein so betitelt, werden Bilder gezeigt, der begleitende Text ist aber immer nur eine Liebeserklärung an das geheimnisvolle Wesen Katze, beginnend bei den alten Ägyptern und endend mit der Erklärung, daß Katzen doch mehr als Haustiere sind.

Entdeckt habe ich einen Aufsatz der New Yorker Kunsthistorikerin Laura Battiferi »Die Katze in der modernen westlichen Kunst«, der von Giulio Romano's *Madonna della Gatta* (um 1523) bis zu Gauguins *Stilleben mit Katzen* (1899) reicht, aus dem uns eine Katze genauso anstarrt wie aus dem Madonnenbild. Glücklich bin ich über »Metropolitan Cats«, das ein Versäumnis der Kunstgeschichtsschreibung an Katzenfreunden gutmacht. Im Vorwort schreibt John P. O'Neill: »Katzen, Katzen und noch mehr Katzen zeigen sich auf Kunstwerken, die die Sammlung des Metropolitan Museum of Art bilden.« Diese Katzen berühmter Maler, naiver Maler, unbekannter

3

4

Künstler hat man in einem schönen Buch versammelt. Zwar sind die Bildunterschriften auch hier die einzigen Texte, und doch bieten die rund 100 Katzenabbildungen einen Querschnitt durch die künstlerische Darstellung von Katzen, von Ägypten über den Fernen Osten bis in die sechziger Jahre unseres Jahrhunderts: Auf dem halbabstrakten Porträt »Kiesler and Wife« von Will Barnett (geboren 1911) ist die schwarze Katze wesentlicher Bestandteil und balancierendes Gewicht. Was in dieser Kunstgeschichte völlig fehlt, sind die Katzenmaler, die ich hier vornehmlich beschreibe.

Die Gilde der Katzenmaler

Wem absolute Naturtreue, Vermenschlichung und die Bevorzugung des Lieblichen und Niedlichen nicht ins Kunstbild paßt, der wird an den meisten Katzenmalern des 19. Jahrhunderts, die ihren Stil bis ins 20. hinein beibehielten, keine große Freude haben. Und doch haben sie, wie die Auktionspreise beweisen, viele Freunde: Sie wollen ja nichts anderes als erfreuen, wobei natürlich oft das »Geheimnis Katze« auf der Strecke blieb. Dafür aber entzücken sie durch die Flauschigkeit des Fells, die Kindlichkeit ihres Ausdrucks, sie verkörpern Mondänes wie Gemütlichkeit, sie zeigen, daß die Katze im bürgerlichen Zeitalter ein notwendiger Bestandteil des Inventars einer gepflegten Wohnung war.

1 »Die Katze – Abendfrieden«. Radierung von Hans Thoma (Bernau 1839 bis 1924 Karlsruhe). 1901, vierter Zustand. 19,5 × 16,0 cm, Behringer Nr. 49.

2 »Ein gemütliches Plätzchen«. Öl auf Leinwand, 40 × 50 cm, signiert W.(ilhelm) Schwar (Münster 1860–1943 München). Auf Katzen spezialisierter Tier- und Genremaler der deutschen Schule des 19. Jahrhunderts.

3 »Siesta«. Öl auf Leinwand, 40 × 50 cm, signiert W.(ilhelm) Schwar.

4 »Flat Cats« (Stadtkatzen). Feder und Aquarell von Ronald Searle (Cambridge 1920) aus dem Jahr 1975. 46 × 32,5 cm.

Der Hamburger Katzensammler Dirc Berkenhoff hat mir ein Künstlerverzeichnis der Katzenmaler und Kleinmeister erstellt, das nicht den Anspruch auf Vollständigkeit erhebt, dafür aber das vollständigste ist, das je veröffentlicht wurde.

Adam, Julius II, genannt Katzen-- Adam (1852–1913)
Bamber, Betsy (erwähnt ab 1895)
Bateman, James (1814–1849)
Brodtmann, Joseph (1787–1832)
Brown, Agnes (erwähnt 1890–1900)
Brunel de Neuville, Alfred (erwähnt 1879–1907)
Burmeister, Paul (1847–?)
Burri, Francois (1838–1897)
Chance-Strachey, Julia (erwähnt 1884–1899)
Colsul(l)e, Gustave (1843–1895)
Couldery, Horatio Henry (1832–?)
Darriet, Leontine (1872–?)
Dolph, John Henry (1835–1903)
Dufour-Neuhauser (erwähnt 1911–1913)
Duval-Lecamus, Pierre (1790–1854)
Eycken, Charles, van den (1859–1923)
Flury, Burkhart (1862–1928)
Gardner, E. (?–1916)
Gempt, Bernard, de (1826–1879)
Gram, Johanna (1865–1930)
Hamburger, Julius (1830–?)
Hazon de St-Firmin, Jane, de (1874–?)
Heimerl, Josef (1867–?)
Hermann (Hoermann), Joseph (1732–1811)
Heyer, Arthur (1872–1931)
Heymann, Moritz (1870–?)
Hirschmann, Sophie (1871–1937)
Huber, Leon Charles (1858–1928)
Istfanffy-Rainer, Gabrielle (1877–?)
Janssen, Bernardus (1874–?)

Max Raffler, 1902 geboren auf dem Raffler-Hof in Greifenberg am Ammersee, hat viele Katzen gemalt:

5 »Katze im Gras«. 1978, 42 × 56 cm.

6 »Sonnenuntergang«. 1977, 38 × 48 cm.

7 »Vier Katzen in der Wiese«. 1980, 42 × 56 cm.

8 »Katzentafel«. 1980, 42,5 × 56 cm.

5

6

7

8

Kluijver, Nicolaas (1872–1940)
Kögl, Benedikt (Benno), Paul
(1892–1973)
Krantz, Marie A. (1874–1904)
Lambert, Eugen Louis (1825–1900)
Lauer, Josef (1818–1881)
Laur, Yvonne (1879–?)
Leslie, George (1835–1921)
Maguire, Helena (1860–1909)
Merlin, Daniel (1861–1933)
Merssemann, Auguste, de
(1808–1879)
Meyer, genannt Claus, Nicolaus
(1856–1919)
Michel(l), Gustav (1838–?)
Mind, Gottfried, genannt Katzen-
Raffael (1768–1814)
Muecke, Carl (Karl) Emil
(1847–1923)
Müller, Moritz (1841–1899)
Nam (Lehmann), Jacques
(1881–1974)
Nielssen, Clemence (Klementine),
(1842–1928).
Oehring, Hedwig (1855–?)
Plückebaum, Carl (?)
Plückebaum, Meta (1876–?)
Raaphorst, Cornelis (1875–1954)
Reichert, Carl (1836–1918)
Ronner, Alfred (1852–1901)
Ronner, Alice (1857–?)
Ronner-Knip, Henriette (1821–1909)
Rouse, Daniel (erwähnt 1881)
Saltini, Pietro (1839–1908)
Scheuerer, Otto (1862–1934)
Schippers, Joseph (1868–1950)
Schmitzberger, Josef (1851–?)
Schwar, Wilhelm (1860–1943)
Specht, Friedrich (1839–1909)
Sperlich, Sofie (1863–1909)
Steinlen, Théophile Alexandre
(1859–1923)
Stocks, Minna (1846–1928)
Tallboys, Agnes Augustus (?)
Trood, William (1848–1899)
Waegener, Ernst (1854–?)
Wain, Louis (1860–1939)
Weir, Harrison (1824–1906)
Winiarz, Ella (1875–?)
Wuerz, Hermann (1836–1899)

Eine Reihe dieser Künstler sind mit
Bildern in diesem Buch vertreten.
Auf andere trifft man beim Studium
von Auktionskatalogen; so ist Julius
Adam II in Deutschland hoch be-
zahlt, Louis Wain desgleichen in
England. Über ihn erschienen in den
letzten drei Jahren zwei Bücher und

9 »Tigerkatze mit erbeuteten Vögeln«. Öl auf Leinwand, 49,5 × 41 cm. Frankreich, 18. Jahrhundert.

10 »Interieur mit sitzendem Kätzchen«. Öl auf Leinwand, 42 × 27,5 cm. Signiert 1920 Léon Huber = Huber, Léon Charles (Paris 1858–1928).

11 »Granny's Knitting Circle« (Omas Strickgesellschaft). Mischfarben auf Papier 8,5 × 25 cm, signiert L. Wain (= Louis Wain, London 1860–1939). Katzenmaler, anfänglich naturalistisch, ab 1884 vermenschlichte Katzen.

12 »Lady Decies' Chincilla Persian Champion, Zaida«. Mischfarben. Aus »Louis Wain's Annual«, London 1915.

ein Spezialkatalog. Henriette Ronner hat ihren Markt in der belgischen Heimat, in Frankreich und den USA, der Katzen-Aquarellist Alfred ist ihr Sohn. Und Steinlen, international im Preis gestiegen, übertrifft die anderen (hier spricht mein Geschmack), indem er nicht nur perfekt das Äußere, sondern auch das Wesen der Katze zeigt. Sein Album »des Chats«, Bilder ohne Worte, das mit 26 Tafeln 1898 bei Flammarion, Paris, erschien, ist ein Muß für alle Katzenfreunde und Illustrationsfundgrube für alle Katzenanthologien. Das lithographierte Titelbild (Abbildung 2, Seite 161) stellt eine Variante seines Plakates »Lait pur stérilisé« (Abbildung 7 Seite 285) dar, das inzwischen

auf Auktionen mit 15 000 Dollar gehandelt wird. Der gebürtige Lausanner, der wie sein Großvater und seine neun Onkel in Paris als Illustrator arbeitete, zeichnete für den »Gil Blas« Bilder aus dem Milieu der Unterdrückten und Entrechteten. Sie sind heute vornehmlich zeitgeschichtlich interessant, wenn auch rasant gezeichnet. Seine Katzenbilder sind vollendete Schöpfungen aus Farbe, Schatten und Strich. Ein Bild von Steinlen, das zeigt Genie, mein Junge, möchte ich Gautier zurufen, der Steinlens Katzen nicht mehr erlebt hat.

Die zweite Ausnahme unserer Künstlerliste ist Gottfried Mind. Von seinem armen, kurzen und doch erfüll-

9

10

11

12

13

13 »Katze, einen Vogel fangend«. Öl auf Leinwand von Pablo Picasso 1939 unter dem Eindruck des spanischen Bürgerkrieges gemalt. 96 × 130 cm.

14 »Je ne pense qu'à chat« (Ich denke nur an Katzen) nannte Siné 1958 seine Folge von 80 Zeichnungen. Siné ist das Pseudonym des Cartoonisten Maurice Sinet.

15 »Die Katze«. Radierung von Pablo Picasso, 27,0 × 20,6 cm. Aus einer Folge von 31 Radierungen zu Texten aus Buffon's »Histoire naturelle«, die 1942 bei Fabiani in Paris erschien.

16 »Stilleben mit Katze«. Zeichnung von Willi Glasauer (1938 in Böhmen geboren), Originalgröße.

ten Leben künden Katzenporträts, Stiche nach seinen Zeichnungen und die Novelette des Franz Freiherrn Gaudy »Der Katzen-Raphael«. 1768 in Bern geboren, schwachen Geistes und schwächlicher Gesundheit, wurde er durch den Landschaftsmaler Legel mit Bleistift und Papier vertraut gemacht. Der Achtjährige kam in Pestalozzis Erziehungsanstalt für arme Kinder, doch er konnte nur zeichnen. So wurde er Gehilfe beim Genremaler Sigmund Freudberger und lernte das Kolorieren. Er geriet in die vollständige Abhängigkeit seines Meisters und später dessen Witwe, die seine Blätter mit Kindern, Bären (in Bern gab es den Bärengraben) und Katzen verkaufte. 1814 starb

14

15

16

Mind an der Brustwassersucht. Seine Blätter bestechen durch ihre reine Klarheit, an ihnen ist nichts Intellektuelles, keine Katzendämonie, nur das Abbild von Individuen, die er liebte. »Er lebte nur im Umgange mit Katzen«, schrieb sein Biograph. Da Mind-Katzen sehr gesucht wurden, haben viele Künstler sie nachgestochen und -radiert und als echte Minds verkauft.

Der vergessene Katzenmaler Schwar
Wilhelm Schwar wurde in Münster als neuntes Kind des Schönfärbers Jodocus Schwar geboren (1860), ging 1884 als Commis nach Hamburg und begann neben seiner kaufmännischen Ausbildung autodidaktisch zu malen. Die Künstlerhochburg München lockte, und Ende 1885 arbeitete er als Maler in München. Er begann mit Genrebildern, malte ab 1890 nur noch Tiere und ab 1895 ausschließlich Katzen, vornehmlich schlafende Katzen, wie sie der Zeitgeschmack sich wünschte. Sein Vorbild war Julius Adam II, akademischer Maler und Professor, einer Künstlerfamilie entstammend, der ebenfalls zu den Katzen gefunden hatte. Beide lebten in München-Gern, beide stellten im Glaspalast aus, beide waren erfolgreich. Wilhelm Schwars flauschige Katzenfelle sind Haar für Haar mit feinstem Pinsel gemalt. Die Bilder haben fast immer das Format 40 × 50 cm, die sensible Darstellung ist von fotografischer Naturtreue, die Farben sind zart. Weil Schwar-Katzen so beliebt waren, lieferte er viele Vorlagen für die Hanfstaengl-Kunstdrucke, mit denen man preiswert die Wände schmückte. Es gab auch zahl-

reiche Postkarten mit Schwar-Motiven (siehe Seite 237), und die Familienzeitschriften »Gartenlaube« und »Über Land und Meer« brachten Schwar-Kätzchen als ganzseitige Blickfänger.
Wie rationell erfolgreiche Maler arbeiteten, kann man an Schwars Hintergründen sehen. So taucht das Kissen mit den Holländerkindern (Abbildung 2, Seite 142) auch auf Gemälden mit anderen Katzen auf. »Die Angorakatze auf der Fensterbank« schaut uns einmal mit der Frauenkirche in München im Hintergrund an, auf einem zweiten Bild ist es der Stephansdom in Wien. Und schließlich gibt es die Katze auf blauer Decke (Abbildung 3, Seite 143) noch einmal

mit drei Jungen. Ähnlich rationell haben auch die anderen Katzenkleinmeister gearbeitet; den blaugrauen Leinenrupfen plus Spankorb von Julius Adams großem Katzenbild (Seite 2) findet man quer durch sein Werk wieder: Die Herren Katzenmaler waren halt gefragt.
Heute ist Wilhelm Schwar im Kunsthandel völlig vergessen und unbekannt, obwohl er bis 1943 gelebt und bis in die dreißiger Jahre hinein gearbeitet hat. Wo sind seine Bilder geblieben?
Julius Adam II, der schon 1913 starb, fand in dem 1892 geborenen Benno Kögl eine Art von designiertem Nachfolger. Er benutzte Adams Atelier und malte für dessen Witwe eine

17

18

17 Diese sich putzende Katze stammt vom »Katzen-Raffael« Gottfried Mind (Bern 1786–1814). Aquarellierte Zeichnung, um 1800.

18 »Schlafende Katze«. Öl auf Malkarton, 31 × 46 cm. Signiert Steinlen (= Théophile Alexandre Steinlen, Lausanne 1859–1923 Paris).

19 »Great British Cat«. Öl auf Holz, von Andrew Murray, schottischer Naiver. Courtesy Portal Gallery, London.

Zeitlang weiter Katzen. Wenn auch nicht in Adams Meisterschaft. In dem 1921 erschienenen Bändchen »Hund und Katz im Künstlerbild« sind, neben zahlreichen Hundemalern, als Katzendarsteller nur Julius Adam, Wilhelm Schwar und Minna Stocks vertreten.

Louis Wain – König der Katzenmaler
Diese Titulatur stammt nicht von mir, sondern aus England, wo man bis heute Wain-begeistert ist. Im Oktober 1983 veranstaltete die Chris-Beetles-Galerie in London eine Ausstellung mit 106 Wain-Blättern, die zum Teil verkäuflich waren. Die Preise für Formate wie 17,8 × 22,8 cm lagen bei 1500 Pfund und wurden auch be-

zahlt. Postkartengroße Watercolours wurden mit 500 Pfund bewertet. Möglich, daß Wain-Blätter für potente Katzenfreunde Kindheitserinnerungen bedeuten, denn bis in die dreißiger Jahre hinein war ein Weihnachten ohne einen Wain-Kalender wie ein Pudding ohne Johannisbeeren. Oder, wie H. G. Wells schrieb: »Louis Wain hat einen Katzenstil, eine Katzen-Gesellschaft, eine eigene Katzenwelt erfunden. Englische Katzen haben wie Wain-Katzen auszusehen.« Dieses Wain'sche *Catland* war ein Spiegelbild der Edwardianischen Epoche: Sie trinken Tee, sie picknikken, sie spielen Golf im Kilt, sie spielen Tennis, sie tragen Bowler und Monokel, ihre Blumenhüte sind der

Dernier cri, ihre Badeanzüge gestreift. Das ist der Wain, der von 1884 bis 1914 jährlich über 600 Zeichnungen produzierte, die als Postkarten, Kalenderblätter, Kinderbuchillustrationen oder Jahrbücher erschienen.
Louis Wain, in London am 5. August 1860 geboren, ältester und einziger Sohn eines Textilarbeiters und einer Teppichdesignerin. Fünf Schwestern. Als sein Vater stirbt, muß der 20jährige sieben Frauen ernähren, seine Mutter, seine Schwestern und die 30jährige Gouvernante Emily Mary Richardson, die er 1884 heiratet. Er lebt vom Zeichnen, ein Dompfaff wird sein erstes Titelbild, bisher noch keine Katze. Wain betrachtet sich als Hunde-, Hasen-, Fisch- und Vogelmaler, bis 1884 Peter ins Haus kommt, ein schwarzweißer Kater. Er zeichnet ihn, die Zeichnungen werden in »Illustrated London News« veröffentlicht, und von da an gibt es nur noch den Katzen-Wain.
Louis Wain hat aus den Startlöchern heraus gleich seinen Stil gefunden. Die Zeichnungen der achtziger Jahre quellen von Katzen über, die noch keine Kleider tragen. Auf einer *Kittens Christmas Party* warten 22 Katzen darauf, daß der Gastgeber eine Mausefalle öffnet; oder 8 Katzen schlafen in einem Messingbett, zu ihren Köpfen sitzen 11 Vögelchen, und auf der Bettdecke sitzen 21 sie betrachtende Mäuse. Niedlich? Und ein bißchen bedrohlich. Dann wird es braver: in *Mrs. Tabitha's Cats Academy* von 1886 sind die Katzen angezogen und Gesinnungsgenossen von Beatrice Potters Hasen und Mäusen. Die Kinder freuen sich über die »100 Möglichkeiten, Mäuse zu essen«, die die Kätzchen in der Schule lernen. Wain wird in England ein Synonym für Katze.
Der so Erfolgreiche wird 1891 Präsident des National Cat-Club und verbreitet in dieser Eigenschaft interessante Ansichten: Katzen schützen ihre Menschen vor Rheumatismus und nervösen Leiden. Katzen haben eine geistige Anfälligkeit, weshalb man sie besser immer im Hause hält. Das Katzenfell ist elektrisch geladen und sprüht Funken. Katzen unter Hochspannung, in einem Zickzack

19

20

von Blitzen, in Farben, die es damals noch nicht gab, sondern die erst mit dem Neonlicht aufkamen, mit Spitzen, Ecken und Kanten, mit wilden, mörderischen Augen, zeichnete er später, als er im Juni 1924 in das Springfield Hospital eingewiesen und in der geschlossenen Abteilung interniert wurde. Die Krankheit selbst, Schizophrenie, hatte schon Jahre vorher begonnen, war in seinen Zeichnungen kaum zu erkennen, wenn man von merkwürdigen blauen Katzen absieht und von einem gewissen Funkeln der Augen, das die späteren Wain-Katzen aus aller Lieblichkeit und Kitschigkeit (um dieses Wort zu gebrauchen) herauslöst.

In der Anstalt für Arme wird er von dem Buchhändler Dan Rider erkannt, der ihn anspricht: »Mein Gott, Mann, Sie zeichnen ja wie Louis Wain!« Die schlichte Antwort »Ich bin ja Louis Wain« rief viele Aktivitäten hervor. Ein Louis-Wain-Found wurde begründet mit Mitgliedern wie Prinzessin Alexandra, dem Schriftsteller John Galsworthy und dem britischen Premierminister Ramsay MacDonald. Geld wurde gesammelt, so daß Wain in eine luxuriöse Klinik verlegt werden konnte. Ganz England beteiligte sich, die Zeitungen, der BBC, die Bevölkerung und sicherlich auch die englischen Katzen, denen H. G. Wells zurief, sich als Louis-Wain-Katzen zu fühlen und so auszusehen.

22

Wains letzte Ausstellung war 1937. Die Clarendon House Gallery in London zeigte 150 Zeichnungen zu Preisen von 10 Shillings bis zu 10 Pfund. Der Künstler starb 1939. Statt der 17 Katzen, die in gesunden Zeiten mit ihm gelebt hatten, lebten mit ihm Hunderte Katzen auf Papier. Elektrische Katzen, verrückte Katzen. Sein Werk wurde 30 Jahre lang vergessen, nur die Psychiater studierten seine Bilder und illustrierten wissenschaftliche Artikel mit ihnen.

Seit 10 Jahren haben die Katzenfans und Katzensammler Louis Wain wieder für sich entdeckt.

Katzen mit tieferer Bedeutung

Zwei Maler haben sich im Reich der Katzen selbst gekrönt. Germaine Van der Steen, Franzose mit flämischen Ahnen, nannte sich *Katzenkaiser*. Die

21

Steinlen

24 *Katzenkopf mit Glöckchen-Halsband, Aquarell auf Elfenbein. Miniatur 7 × 5,5 cm, signiert Hené, vermutlich Belgien, 19. Jahrhundert.*

25 *»Romeo und Julia«. Öl auf Leinwand, 46 × 33,5 cm. Signiert L. Eug. Lambert (= Louis Eugène Lambert, Paris 1825 bis 1900); mit Steinlen saß er in der Jury der ersten Pariser Katzenausstellung.*

26 *»Mutterglück«. Öl auf Holz, 11 × 16 cm. Signiert B. Kögl (= Benedikt »Benno« Kögl, Greding 1892–1973 München). Arbeitete in Julius Adam II' Atelier für dessen Witwe und spezialisierte sich auf Katzen.*

27 *Tigerkatze. Öl auf Papiermaché,*

26

24

25

27

14 × 12 cm, England, Beginn 19. Jahrhundert. Möglicherweise von Samuel Raven aus Birmingham, da fast identisch mit der Schnupftabakdose auf Seite 183 Abbildung 6.

28 *Stallinterieur mit zwei Katzen. Öl auf Holz, 13 × 22 cm. Von Alexandre Rizzoni (Rom 1836–1902 Riga).*

29 *Der französische Maler Théodore Géricault (Rouen 1791–Paris 1824) liebte Katzen: hier eine Zeichnung mit Bleistift und Feder.*

30 *Eines der zahlreichen Albumblätter mit Katzenstudien von Eugène Delacroix (St-Maurice bei Paris 1798–Paris 1863) aus der Zeit um 1830.*

28

29

30

Katzen, die er malte, waren unheimliche Tiere, die normalen Katzenfreunden sicherlich nicht gefallen. Mit seinen Blaubart-Katzen, Alchimisten-Katzen und Einhorn-Katzen zeigte er das zweite und dritte Gesicht der Katze, malte das, was die göttlichen Katzen von früher wußten und dachten. Ein Naiver? Ein Verrückter? Ich weiß es nicht.

The King of Cats, der König der Katzen, nennt Balthus (Balthazar Klossowski de Rola, 1903 in Paris geboren) ein Selbstporträt, auf dem eine großköpfige Katze sich an seinem Bein reibt. Das Bild wurde im Sommer 1984 für über eine Million Mark bei Sotheby's versteigert. Der teuerste lebende Maler der Welt wurde von Rilke entdeckt, der zu einer gemalten Katzengeschichte des Zwölfjährigen das Vorwort schrieb.

Der bildnerische Historiker der Katzenheit zeichnet und aquarelliert seit nunmehr 60 Jahren auf dem Raffler-Hof im oberbayerischen Greifenberg am Ammersee. Der Sonntagsmaler Max Raffler wurde in den sechziger Jahren bekannt, als er in einem internationalen Wettbewerb unter 3 000 Teilnehmern den zweiten Preis erhielt. Heute sind seine Bilder galerie- und museumswürdig. Er malt vor allem Katzen. Kein deutscher Maler hat sich in diesem Jahrhundert so intensiv und so unbefangen mit ihnen beschäftigt. Seinen Katzen (siehe Seite 144, 145) fehlt jeder Oh-wie-süß-Effekt. Dafür nimmt Raffler die Kat-

zen zu ernst. Er schildert ihre Welt. Keine konstruierte, sondern die wirkliche, ihr Wesen, ihr Katzsein, ihr Leben neben den Menschen. Und weil Raffler nicht schmeichelt, weil er nicht vordergründig schön malt, können die meisten Rassekatzen-Ästheten nichts mit ihm anfangen. Raffler-Katzen haben ein Geheimnis, das sie nicht zu entschlüsseln vermögen.

So ist auch das Verhältnis mancher Katzomanen zu Ronald Searle durchaus gebrochen. Sie mögen seine Katzen nicht. Der große englische Cartoonist hat ein bedeutendes Katzen-Œuvre geschaffen, das zum Teil in zwei deutschsprachigen Büchern veröffentlicht ist. Die kleinformatigen Einzelkatzen der sechziger Jahre hatten unter Problemen zu leiden (»Total erschöpfter Perserkater sinnt über die Vorteile der Monogamie nach«) und ließen kätzische Geschmeidigkeit gerade noch ahnen. Auf den großformatigen, oft vielkatzigen Blättern der siebziger und achtziger Jahre haben sich die Katzen in ihrem Fell verborgen und sind zu kegeligen Haufen geworden, mit spitzen Ohren und weisen, ratlosen, erschrockenen oder überlegenen Gesichtern. Undurchschaubar, unbekümmert, von furchterregend bis sehr liebenswert. Vom Habitus wirklicher Katzen sind sie weit entfernt, sie haben auch nichts von der lässigen Spannung der Steinlen-Katzen. Klar, denn in der Searle-Bilderwelt fallen ihnen andere Aufgaben zu: Sie agie-

ren als Menschen-Spiegel in Fabeln, sie sind Abgesandte einer Welt hinter der Grenze. Nur wer sich zusammen mit einer Katze in diese Blätter vertieft, kann manchmal über die Grenze schauen.

Ich habe entdeckt, daß Searle's Katzen Verdichtungen, Kompressionen ganzer Katzenwelten sind, mit einem Schuß Mensch dazu.

Im Katzengalopp durch die Kunst

Mit Ägypten, Rom und dem Fernen Osten haben wir uns schon befaßt. Mehr kultur- als kunstgeschichtlich, doch das soll uns genügen. Das erste richtige Katzenbild ist ein Studienblatt von Leonardo da Vinci in der Royal Library of Windsor Castle. Es zeigt, wie Katzen sich putzen, dukken, schleichen, miteinander spielen und Buckel machen. Merkwürdigerweise hat Leonardo auch ein paar kleine Drachen und ihre Verhaltensweisen gezeichnet. Sonst ist die Katze Beiwerk, Symbol. Auf Bildern von Ghirlandaio, Luini oder Cellini kauert sie zu Füßen des verräterischen Judas. Auf dem Gemälde von Antonello da Messino (um 1450) leistet sie aber auch Hieronymus, der die Bibel ins Lateinische übersetzte (Vulgata), Gesellschaft; bei Dürers Hieronymus ist sie zum Löwen geworden. Bei der »Heiligen Familie« des Dosso Dossi (1521) steht die Katze statuarisch am vorderen Bildrand, so, als hätte sie mit den Menschen nichts zu schaffen. Fünfzig Jahre später, bei der »Heili-

*31 Kätzchen, Öl auf Leinwand, 33 ×
25 cm. Signiert W.(ilhelm) Schwar.*

*32 Katzenkopf, Öl auf Pappe, 25 × 22 cm.
Signiert Emily Franks. Englische Schule
des späten 19. Jahrhunderts.*

*33 Studie von zwei Katzenköpfen, Pa-
stellkreide auf Velin, 26,5 × 38 cm. Signiert H. Stoltz, Pseudonym eines neuzeitlichen Malers in England.*

*34 »Katzenliebe«. Aquarell mit Deckfar-
ben auf Velin, 19 × 24,5 cm. Signiert Jane
d'Hazon.*

*35 »Ich bin so hungrig«. Öl auf Lein-
wand, 46 × 41 cm. Signiert Adrienne Lester, 20. Jahrhundert.*

gen Familie« des Federico Barocci,
spielt die Katze mit einem Kind, das
Maria neben Jesus im Arm hält. Um
1660 malte Luca Giordano seine
»Geburt Mariä«, ein Bild voller Bewegung, bei der nur die heilige Anna
in ihrem Bett sitzt. Ein einziger Stuhl
befindet sich im Zimmer und auf ihm
schläft, unbeeindruckt von aller Aufregung, tief und fest eine Katze. Jetzt
hat sie in der Kunst den ihr gemäßen
Platz gefunden, sie ist Tier des Menschen geworden. Den Maler, der sich
ihr verschreibt, findet sie nicht.
Fast alle haben einmal Katzen gemalt, nicht nur als Symbole oder dra-
maturgische Elemente, sondern als
Bestandteil einer Bildgeschichte, als
Gesellschafterin auf Porträts von

31

34

32

33

35

(meist) Kindern und Damen, als belebenden Teil eines Stillebens oder als Katze schlechthin. Hier einige Beispiele.

Jan Steen malt ein Familienidyll (um 1650), auf dem Kinder einer Katze das Lesen beibringen.

Watteau malt um 1712 die »Kranke Katze«: Ein Arzt wie aus einer italienischen Komödie untersucht eine sich wehrende Katze, die von ihrer besorgten Besitzerin wie ein Baby gehalten wird.

Bei Goya zeigt sich die Katze wieder dämonisch. Auf dem »Bildnis des Don Manuel Osorio Manrique de Zuniga«, hinter diesem langen Titel steht ein kleiner Junge in rotem Anzug, der eine Elster an einer Schnur hält, starren aus dem Schatten drei Katzen den Vogel an. Goya malte das Bild 1786 und 1789, Vorläufer seiner Hexenkatzen in den später radierten »Los Caprichos«.

Zu Beginn des 19. Jahrhunderts malt Théodore Géricault »Die weiße Katze«, das die Katzeneleganz von Steinlen vorwegnimmt. Sie ist in der Carlsberg Glyptok in Kopenhagen zu bewundern. Dürfte ich eine kleine, feine Katzengalerie des 19. Jahrhunderts einrichten, würde ich folgende Bilder dafür auswählen. Von Pierre Auguste Renoir (1840–1914) der »Jüngling mit Katze«, ein Rückenakt und zärtliches Kopf-an-Kopf-Reiben. Das Bild wurde 1981 bei Christie's in London für 1 138 000 Mark

Das Bild hängt in der Kunsthalle in Bremen. Und auch das Stilleben mit zwei Katzen von Paul Gauguin (1848 bis 1903) sollte nicht fehlen: der große Blumenstrauß und zwei Katzen im NonREM-Schlaf.

Von den bedeutenden Künstlern unseres Jahrhunderts hat wohl Tsugouharu Foujita (1886 bis 1968), der französische Japaner, die meisten Katzen gemalt. Eine Katze gehört zu seinem Selbstbildnis von 1928, Katzen schmücken die Porträts der nackten Damen von 1921 (Museum Genf) und 1927 (Museum Brüssel). Doch es sind für alle Nicht-Millionäre Traumkatzen: 1984 wurde eine Foujita-Katze aus dem Jahr 1947 versteigert, elegant und liebenswürdig mit dem

36

36 »Schlafende Katze« Kater Bobby. Holzschnitt von Ernst Ludwig Kirchner, 1921, 38 × 47 cm, Dube 462. Auflage 5 bis 8 Exemplare, Holzstock 1938 zerstört. Copyright by Dr. Wolfgang & Ingeborg Henze, Campione d'Italia.

37 Katzendame oder La Belle Bête, auf einen gestiefelten Menschen wartend. Zeichnung 25 × 40 cm von Willi Glasauer. Der Künstler, der nur zeichnet, lebt in den französischen Pyrenäen. Seine Menschenkatzen zeigen, daß viel Kätzisches im Menschen steckt.

versteigert. Vom selben Maler die »Frau mit Katze«, auch hier die gleiche Zärtlichkeit. Von Edouard Manet (1832 bis 1883) die Frau mit der Katze auf dem Schoß, die in der Tate Gallery in London hängt, und die »Olympia« aus dem Louvre in Paris, mit der schwarzen Katze zu Füßen der selbstbewußten Nackten. Hier hätte ich als Ergänzung gerne noch die gleichnamige Radierung. Von Pierre Bonnard (1867 bis 1947) die Dame mit Topfhut, die ihre Katze gegen die Brust gepreßt spazieren trägt.

Pinsel hingeschrieben, und sie war ihrem Käufer 80 000 Dollar wert.

Auch Max Beckmann hat Katzen geliebt. Wir finden sie bei Durchsicht seiner Bilder. Einige Beispiele:

• Auf der Radierung »Der Abend« aus dem Jahr 1916 hat Frau Battenberg eine Katze auf dem Schoß.

• Auf dem Holzschnitt »Frau mit Kerze« aus dem Jahr 1920 sitzt eine Katze auf dem Fensterbrett.

• Am interessantesten ist die Radierung »Selbstbildnis mit steifem Hut« aus dem Jahr 1921. Beim 1. Zustand hält Beckmann eine Katze auf dem Arm. Beim 3. und endgültigen Zustand hat er die Katze in den leergeräumten Hintergrund gesetzt: als strenge, wichtige Idolfigur.

Vergessen dürfen wir nicht die vielen Grandville-Katzen. Jean-Ignace-Isidore Gérard (1803–1847), der sich Grandville nannte, hat Tausende von Blättern gezeichnet, Hunderte mit vermenschlichten Tieren und darunter zahlreiche Katzen. Als Beispiel schauen Sie sich die Abbildung 5 auf Seite 47 an. Grandvilles Zeichnungen sind amüsant, sie machen aber auch nachdenklich, denn die Katzen agieren stellvertretend für die Menschen.

Einige Bemerkungen zu den Naiven: Von Max Raffler, Morris Hirshfield, Jan Balet, Van der Steen, Maria Kloss einmal abgesehen (diese Aufzählung ist nicht vollständig und subjektiv), sind mir deren Katzen zu ungekonnt lieb. Sie haben meist die großen, staunenden Augen, die Zärtlichkeit in uns wachrufen. Sie haben das, was Konrad Lorenz das »Kindchenschema« nennt, den Oh-wie-süß-Effekt. Ihre Körper sind standardisiert, und meist sind es Kitschkatzen und haben deshalb in diesem Kapitel nichts zu suchen.

Dagegen gibt es drei Malerinnen, die die Spezies Katze nie verniedlicht haben, und daß sie für Kinderbücher zeichnen, ist um so schöner. Die Miniaturmalerinnen sind Nicola Bayley aus England und die Deutsche Anita Albus. Ganz der Katze verschrieben hat sich Almut Gernhardt. Wie gut und katzabsolut, sehen Sie auf Seite 170.

37

Katzenbücher – eine spezielle Literaturgeschichte

Dichter haben sich immer mit ihnen beschäftigt. Sicherlich wurden den Katzen im alten Ägypten Lieder gesungen, im klassischen Athen Verse auf sie gereimt, die islamischen Dichter umgaben sie mit Legenden. Diese poetische Stafette geht von Jahrhundert zu Jahrhundert und wird von Charles Baudelaire auf ihren Ursprung rückprojiziert. Beflügelt vom Ägyptenfieber seiner Zeit und von seiner noch größeren Katzenverehrung hat er sie 1857 in seinen »Blumen des Bösen« fromm bedichtet:

Nachsinnend nehmen sie der Spinxe edle Haltung, / Die dämmernd an dem Strand der tiefen Einsamkeiten / Endlose Träume dichten in lässiger Entfaltung.
Um ihre Lenden irrt ein mystisches Gefunkel; / Und Stäubchen Goldes, die wie flüchtger Sand entgleiten, / Erstirnen in der Augen geheimnisklugem Dunkel.

Die Chronisten und Wissenschaftler haben sie lange mißachtet oder übersehen. Der Grieche Herodot (um 490–etwa 425–420 v. Chr.), der alles aufschrieb, was er sah, gelesen hatte oder vom Hörensagen kannte, ist sozusagen unsere erste Katzenquelle. Von ihm stammt die Behauptung, daß Kater in ihrer Geilheit ganz besonders raffiniert sind: »Hat das Weibchen Junge geboren, so geht es nicht mehr zum Kater. Die Männchen versuchen vergeblich, die Weibchen zu begatten, finden aber keine Gelegenheit dazu. Um dennoch ihr

Ziel zu erreichen, wenden die Kater eine List an. Sie rauben den Katzen ihre Jungen und töten sie, ohne sie jedoch zu essen. Dann kommen die Weibchen, die ihre Kleinen verloren haben und sich neue wünschen, die Kater wieder besuchen. Denn Katzen lieben ihre Jungen.« Für Herodot ist dieses Verhalten der Grund, warum Ägypten nicht von Katzen überschwemmt wurde.

Diese Geschichte hat sich zweitausend Jahre gehalten. In Conrad Ges-

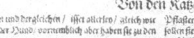

ners gewaltigem Werk über die Naturgeschichte der Tiere (»Historia animalium«, 5 Bände, 1551–1587, deutsch »Thierbuch« 1563) lesen wir über die Katzen:

»Wann die Katzen rammlig seyn/ so schweiffen sie herumb. Es schreibt Elianus/ daß der Meuder [= Kater] ganz geyl seie/ die Kätzin aber habe eine besondere Begierd zu den Jungen/ und fliehe doch den Meuder/ außer der Ursach/ weil er einen so hitzigen Samen hat/ von welchem sie auch gebrannt wird/ welches/ weil es dem Kater wohl bewußt/ so beißt er die Jungen todt/ die Katz aber aus Begierde andere Junge zu haben/ willfahret dem Kater alsdann wiederumb.«

Vor Gesner, auf den ich noch zurückkomme, finden wir Kätzisches bei Plinius dem Älteren (23 oder 24–79 n. Chr.) in seiner »Naturalis historia«, einer 37bändigen Naturgeschichte, in der er exakt und unkritisch alles greifbare Wissen verzeichnete. Katzen muß er persönlich gekannt haben, denn seine Beschreibung stimmt: »Mit welcher Lautlosigkeit, auf wie gelinden Sohlen beschleicht die Katze einen Vogel. Wie heimlich auflauernd springt sie ein Mäuslein an. Ihre Exkremente deckt sie mit aufgewühlter Erde zu, wohl wissend, daß der Geruch sie verraten könnte.« Viel mehr Konkretes wußte Plinius nicht.

Die frühmittelalterlichen arabischen Naturwissenschaftler schreiben dieses: »Die Katze ist ein bescheidenes,

1

liebevolles Tier, das Gott zum Vertreiben der Mäuse geschaffen hat. Gegen Ende des Winters wird ihre Brunst erregt, und sie hat große Schmerzen, weil das Sperma brennt [Conrad Gesner kannte wohl viele Quellen!], und sie schreit so lange, bis sie dies ausgestoßen hat. Das Weibchen wird nach der Begattung stark und kühn; deshalb läuft der Kater vor ihr davon, wenn er fertig ist. Diese Kühnheit hatte der Kater vor der Begattung; doch sie wird auf die Katze übertragen. Wenn der Kater erregt ist, schreit er abscheulich, so daß jeder, der ihn hört, irritiert wird, weil es so greulich klingt.«
(Von Annemarie Schimmel aus Originaltexten ausgesucht, übersetzt und

veröffentlicht in: »Die orientalische Katze«, Köln 1984).
Der erste deutsche Katzenbeschreiber ist Konrad von Megenberg (1309–1374). Er war Kanonikus am Regensburger Dom und schrieb um 1350 »Das Buch der Natur«, nach der Handschrift erstmals 1862 gedruckt. Der Katzentext ist so knapp, daß ich ihn ganz zitieren kann:
»Musio oder Murilegus oder Cattus heißt eine Katze. Das ist ein sehr listiges Thier, wie Jakobus [Bestseller schreibender Bischof von Genua aus dem 11. Jahrhundert] sagt. Es sieht so scharf, daß es die Mäuse auch in großer Finsternis wahrnimmt. Zur Brunstzeit wird es leicht wild. Zuweilen kämpfen sie heftig miteinander,

1 Conrad Gesners »Thierbuch« erschien 1563 in Zürich in deutscher Sprache. Er faßte das Wissen seiner Zeit über die Katze zusammen. Der hier nicht abgebildete große Holzschnitt wurde 100 Jahre später von Edward Topsell übernommen (Seite 28, Abbildung 10).

2 Das lithographierte Titelblatt zu Théophile Alexandre Steinlens Bildgeschichten aus dem Jahr 1898.

3 Illustration von Gustave Doré (Straßburg 1832–1883 Paris) zu einem Märchen der Comtesse de Ségur, in dem Prinzessin Blondine den als weiße Katze Beau-Minon verzauberten Prinz befreit.

4 Dorés berühmter Gestiefelter Kater.

5 Umschlag des 1904 in München erschienenen, von Ferdinand Avenarius (Berlin 1856–Kampen auf Sylt 1923) neu erzählten Märchens vom Gestiefelten Kater mit den Illustrationen von Otto Speckter aus dem Jahr 1823.

6 Katzenrassen: »Le chat domestique« (die Hauskatze) und »Le chat d'Angora« (Angorakatze). Kolorierte Stahlstiche, gedruckt von Furne, Paris um 1860.

7 »Le chat sauvage« (Wildkatze) und »Le chat d'Angora« (Angorakatze). Kolorierte Stahlstiche, gedruckt von Laurent, Paris um 1880.

8 Frontispiz einer englischsprachigen Ausgabe (Edinburgh 1847) der Feengeschichte

bemerkt, so springt sie, in der Meinung, es sei eine ihr ähnliche Katze, absichtlich in den Brunnen herab. Dies geschieht besonders dann, wenn die brünstige Katze den Kater sucht, und namentlich passiert es jungen Katzen, die noch keine Erfahrung gesammelt haben.«

Bis auf das Ohrenabschneiden erstaunlich sachliche Bemerkungen. Aber der Megenberger lebte ja noch vor der Hexenzeit.

Buffon und Brehm – contra und pro

Die Katzenbeschreibung des Renaissance-Zoologen Conrad Gesner (siehe Abbildung 1) beginnt so: »Die Katz ist ein schnelles und geschwindes Thier mit Steigen, Laufen, Springen, Kratzen und dergleichen, isset allerley gleich wie auch der Hund, vornemblich aber haben sie zu den Fischen eine besonder Begier, wiewohl sie die Füße nicht gerne netzen. Sie sitzen gerne zu Faulenzen auf den Herdstätten in der Küche und auf den Stubenöfen, dieweil sie die Wärme lieben, aus welcher Ursach sie oft den Balg verbrennen.« Aus Gesners Zeiten haben sich eine Menge Vorurteile erhalten.

Hundert Jahre später erschien in London 1658 Edward Topsell's »History of Four-footed Beasts«, mit einer Katzenbeschreibung, die inklusive der Illustration nur der ins Englische übersetzte Gesner ist (Seite 28). Wir müssen weitere hundert Jahre

5

»La chatte blanche« (Die weiße Katze) der Comtesse d'Aulnoy (1650–1705). Der Zeichner hat die Geschichte ins alte Ägypten verlegt.

weil jede Katze ihren gewohnten Platz zum Mäusefangen behalten will. Am Maul haben sie langes Haar. Mit seinem Verlust schwindet auch ihr Muth. Zeigt eine zahme Katze Lust zum Verwildern, so schneide ihr die Ohren ab. Die Regentropfen fallen ihr dann in die Ohren, sie kann es im Wald nicht mehr aushalten und wird wieder zahm. Die Katze liebt Ihresgleichen sehr. Denn wenn eine auf dem Rand eines tiefen Brunnens sitzt und ihr Spiegelbild unten im Wasser

LE CHAT DOMESTIQUE.

6

warten, bis wir in Georges Louis Buffons (1707 1788) »Histoire naturelle«, deren 40 Bände zwischen 1749 und 1767 in Paris erschienen, mehr und Neues über die Katze lesen können. Schon die ersten Sätze zeigen, daß er den Katzen nicht sehr zugetan ist: »Die Katze ist ein ungetreuer Diener, den man einzig aus der Notwendigkeit hält, ihn einem anderen, noch unbequemeren häuslichen Feind, der sich nicht verjagen läßt, aufsetzig zu machen. Denn von jenen Leuten wollen wir nicht reden, die an allen Tieren überhaupt Gefallen finden und darum bloß zu ihrem Vergnügen Katzen halten: jenes ist Nutzung, dieses Mißbrauch. Wenn auch diese Tiere, zumal so lange sie jung

sind, eine gewisse Artigkeit zeigen, ist ihnen zugleich doch eine eingeborene Bosheit, ein falscher Charakter und ein verstocktes Naturell zu eigen.« Ein bißchen besser sieht Buffon das Äußere: »Die Katze ist gefällig, leicht, gewandt und reinlich.« Ihre Unabhängigkeit schätzt er richtig ein und zählt sie nicht unbedingt zu den Haustieren: »Ja, man darf sagen, daß sie völlig frei geblieben sind. Sie tun nur, was sie wollen, und keine Macht der Erde ist imstande, sie nur einen Augenblick länger an einem Ort verweilen zu machen, wenn ihnen darum ist, wegzugehen.«
Buffons Schüler und späterer Bearbeiter Charles Sonnini korrigiert das Katzenbild seines Lehrers, stellt es

objektiver und freundlicher dar: »Ungerechterweise ist die Auffassung verbreitet, daß die Katze kein Gefühl der Anhänglichkeit kenne. Wie will man sich anmaßen, Gelehrigkeit und Zutrauen von Tieren zu erwarten, die ständig geneckt und gejagt werden, wie die meisten Katzen bei uns.« Und von seiner eigenen Angorakatze schreibt er, daß sie mit dem Pudel verglichen werden könne, »… sie trug den Charakter des liebenswürdigsten Hundes unter dem prächtigen Kleid einer Katze.« Der französische Schriftsteller François René Chateaubriand versuchte um 1830, das falsche Katzenbild Buffons geradezurücken.
Im 18. Jahrhundert sind noch drei

Katzenbücher erschienen, die wohl eher kurios als belehrend waren. Ich kenne nur ihre bibliographischen Titel:
1. »Kattologia, das ist kurtze Katzen-Historie, darinnen ingemein von denen Katzen auch insonderheit von einer ungewöhnlichen Katzengeburt zu Leipzig in dem 1713. Jahr geschehen, gehandelt wird. Leipzig 1716.«
2. »Les Chats, 1727 Paris, mit 9 Radierungen nach Zeichnungen von Charles Coypel.« 1728 erschien eine weitere Ausgabe dieses anonymen Buches in Rotterdam.
3. »Versuch einer Katzengeschichte nebst einem Kupfer. Anonym, Augsburg bey Gottfried Mayer 1772.« Auf

9 »Die kleine Alice« von Lewis Carroll trifft die Lachkatze (1888).

10 Illustration von Grandville zu Balzacs »Les peines de cœur d'une chatte anglaise« (Herzensleiden einer englischen Katze) 1842. (Siehe auch Seite 47 Abbildung 5.)

11 Rudyard Kipling (Bombay 1865–1936 London) schrieb 1902 seine »Just so Stories«, die er selbst illustrierte. Hier die Zeichnung zu »Die Katze geht ihre eigenen Wege«.

dem Kupferstich ist eine Art Fledermaus mit Katzenkopf zu sehen.

Ihren großen Fürsprecher bekommen die Katzen in Alfred Brehm (1829–1884), der in seinem 1864 bis 1869 erschienenen sechsbändigen »Tierleben« die erste gültige Katzenbeschreibung gibt, von seinem Zeitgenossen Johann Peter Scheitlin (siehe Seite 104) einmal abgesehen, den Brehm häufig zitiert. Brehms Resümee: »Aus all dem geht hervor, daß die Katzen die Freundschaft des Menschen in vollstem Grade verdienen, sowie daß es endlich einmal Zeit wäre, die ungerechten Meinungen und mißliebigen Urteile über sie der Wahrheit gemäß zu verbessern und zu mildern.«

Die Katzenliteratur beginnt 1868

Im Gegensatz zu ernsthaften Hundebüchern, die seit Beginn des 19. Jahrhunderts erschienen, mußten die Katzen bis 1868 warten. Da erschien in Paris von Jules Husson (1821–1889) unter dem Pseudonym Champfleury »Les Chats«, ein rundherum rundes Katzenbuch mit wissenschaftlichen und praktischen Beobachtungen, Anekdoten, der Kulturgeschichte der Katzen weltweit, einer Kunstgeschichte: kurzum die ganze Welt der Seidenpfote. Es wurde ein Erfolg. Die mir vorliegende fünfte Luxusausgabe von 1870 ist auf den doppelten Umfang erweitert und zählt 332 Seiten. Das Frontispiz zeigt Victor Hugos Katze und eine hand-

schriftliche Widmung des Dichters. Edouard Manets Radierung »Le Chat & les Fleurs« ist in Farbe abgedruckt. Dieses Werk führt eine neue Zeit an: Die Katze ist salonfähig geworden und deshalb werden Katzenbücher interessant.

Im Dezember 1904 wurde im »Börsenblatt für den Deutschen Buchhandel« die »Katzen-Bibliographie« von Tony Kellen, Autor von »Das Katzenbuch«, das 1895 in Berlin erschienen war, veröffentlicht. Diese erste Katzenbibliographie entstand, wie der Autor schreibt: »Seit etwa zehn Jahren sind in vielen Städten Katzen-Ausstellungen veranstaltet worden, in denen zumeist auch einige Katzenliteratur ausgelegt war. Da solche Ausstellungen sich an manchen Orten wiederholen, und da es manchen Katzenfreunden erwünscht sein wird, die Literatur über ihr Lieblingstier kennen zu lernen, so habe ich im nachfolgenden die einschlägige Literatur zusammengestellt, soweit sie zu meiner Kenntnis gelangt ist.«

Kellen's Bibliographie enthält 144 Titel. Nicht aufgeführt wurden Fabeln und Märchen von Katzen, weil sie zu verstreut sind, und allgemeine Werke über Tierkunde, in denen Katzen nur in einem Kapitel behandelt werden. Damals gab es noch kein Buch über eine Katzenrasse und erst drei deutschsprachige allgemeine Katzenbücher:

Jean Bungartz, »Illustriertes Katzenbuch, Rassenbeschreibung, Zucht, Pflege, Fütterung und Krankheiten«. Paul Parey, Berlin 1896, 118 Seiten. Philipp Leopold Martin, »Das Leben der Hauskatze und ihrer Verwandten,

11

eine Schilderung ihrer Abstammung und Geschichte, ihrer Rassen und Varietäten; Lebensweise, Nutzen und Schaden, Krankheiten, Pflege und Erziehung«. B.F. Voigt, Weimar 1877. 122 Seiten.

Gustav Michel, »Das Buch der Katzen«. Hermann Weißbach, Weimar 1876. 264 Seiten. – Soll in mehrere Sprachen übersetzt worden sein.

Jede Menge Katzenbücher

In unserem Jahrhundert wurde die Katze buchwürdig und das mit Macht. Die ersten großen Katzenbücher mit Inhalten über Rassenbeschreibungen, Ausstellungswesen, Zucht und vielen Bildern erschienen in englischer Sprache:

Harrison Weir, »Our cats and all about them« (Unsere Katzen und alles über sie) erschien 1889 in England bei R. Clements, Turnbridge Wells und gleichzeitig in den USA bei Houghton, Mifflin & Co. in Boston. 248 Seiten.

Frances Simpson, »The Book of the Cat«, Cassell London, 1903. 380 Seiten, Großformat (Quart) mit vielen Bildern. Ein Muß für Katzenbuchsammler. Genauso wie das 1920 zum ersten Mal bei Knopf in New York in einer numerierten Ausgabe von 2000 Exemplaren erschienene »The Tiger in the House« von Carl Van Vechten. Das 367 Seiten starke Buch, mit präziser Genauigkeit und doch sehr lesbar geschrieben, ist eine Geschichte der Katze auf allen Gebieten und befaßt sich mit ihrem Charakter und ihrer Psychologie. Bemerkenswert: die Bibliographie mit 645 Titeln zum Thema Katzen, darunter allein 100 literarische Quellen und 133 Hinweise auf Dichter und Gedichte. Das Buch ist über die Jahre immer wieder erschienen, zuletzt 1961.

Wie intensiv die angelsächsischen Katzenfreunde sich mit der Literatur über ihre geliebten Schnurrpelze befassen, zeigt eine Bucherscheinung aus dem Jahr 1972. Claire Necker veröffentlichte in den USA »Four Centuries of Cat Books«, eine Bibliographie der Katzenbücher, die von 1570 bis 1970 reicht und 2294 fast ausschließlich englischsprachige Bücher umfaßt. Trotz der Fülle ist für Kontinental-Europäer die Van-Vech-

12

ten-Bibliographie interessanter. Erkenntnisse aus Necker:

Louis Wain (siehe Seite 150) hat insgesamt 86 Katzenbücher illustriert, vornehmlich für Kinder.

Die erste ausführliche Geschichte einer Katzenrasse erschien 1911 als Übersetzung aus dem Spanischen ins Englische. »La gata de angora« von J. Benavente y Martinez: »The angora cat«.

Die drei am häufigsten gedruckten Katzengeschichten sind die von »Dick Whittington« und seinen Katzen Mitz und Mutz (Abbildung 19). Sir Richard Whittington's Geschichte wurde zum ersten Mal 1641 gedruckt, und insgesamt lassen sich bis 1970 (Kinderbuch aus New York) 157 verschiedene Ausgaben aufzählen, der abgebildete Münchner Bilderbogen nicht mitgerechnet. Den zweiten Platz in der Hitliste belegt »Der Gestiefelte Kater« (siehe Seite 42), von ihm erschienen 121 Ausgaben in Englisch. Nummer drei ist das Feenmärchen »Die Weiße Katze« (siehe Abbildung 8), das häufig in Märchensammlungen auftaucht, seit 1803 aber auch 23 eigene Buchausgaben hatte, die letzte illustriert von Jan Balet (Patricia Jones »Columbine the white cat«, 1955).

Den Katzen aufs Maul geschaut

Das früheste Buch über die Sprache der Katzen kam 1895 in New York heraus. Sein Autor Marvin Clark, nannte es »Pussy and her language«.

Es ist ein Versuch über Katzenverhalten, Umfang: 123 Seiten. Genausoviel schrieb der Tierpsychologe Frances Pitt mit »Katie, my roving cat«, London 1930: Beobachtungen an einer freilebenden Katze über ihr Verhalten, mit 17 Fotos. Das eigentliche Schlüsselwerk zum Wesen der Katze, die als Experimentalobjekt zwar kein Stiefkind der Wissenschaft ist, als Subjekt dagegen ziemlich im Hintergrund steht, hat Paul Leyhausen 1956 geschrieben. Im Vorwort seines »Katzen – eine Verhaltenskunde« heißt es: »Diese Arbeit entstand in jahrzehntelangem täglichen Umgang mit Katzen und mehr als fünfjähriger intensiver Beobachtungs- und Versuchsarbeit.« Inzwischen erschien 1979 die fünfte Ausgabe, auf den doppelten Umfang erweitert und die Lebensgewohnheiten der Hauskatze beschreibend und sie mit den Wildformen vergleichend. Ein Riesenwerk, das wie ein Puzzle aus vielen einzelnen Stücken besteht und wohl nie vollständig werden wird. Doch 40 Jahre Arbeit an der Katze haben viele Lücken geschlossen.

Dr. Michael Fox, der Leiter des Instituts für Verhaltensforschung an Tieren in Washington, beschäftigt sich sehr intensiv mit Katzen. Sein »Understanding Your Cat« (Versteh deine Katze) ist für Laien geschrieben und enthält eine Fülle von Erkenntnissen, die alle in die Praxis umzusetzen sind. Dr. Fox ist der Spezialist für die Zivilisationskatzen.

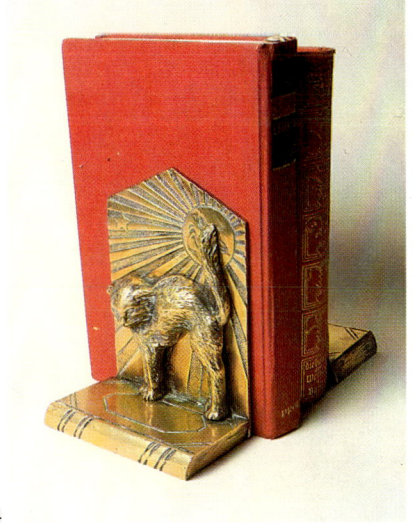

13
14

15

12 Buchstütze, Wiener Bronze, farbig gefaßt. Höhe ohne Sockel 20 cm. Wien, Ende 19. Jahrhundert.

13 Buchstützen, Bronze versilbert auf Marmorsockel. Höhe ohne Sockel 17 cm. Frankreich, Art Déco, 1920 bis 1930.

14 Buchstützen, Messing, reliefplastische Preßform. Höhe 15 cm. Vermutlich deutsch, 50er Jahre.

15/16 Illustrationen von Louis Wain zu »Baby's Picture Book«. Das Bilderbuch mit Gedichten erschien 1903 bei James Clarke in London.

Der Wiener Tierarzt und -psychologe Dr. Ferdinand Brunner hat sich auf verhaltensgestörte Großstadtkatzen und -hunde spezialisiert. Zusammen mit dem Journalisten Kurt Hlawacek veröffentlichte er sein Wissen und seine Erfahrungen in »Wie sag' ich's meiner Katze«, dessen Text wissenschaftlicher ist, als der Titel vermuten läßt.

Da sagte die Katze zur Maus

»So wird bei der Katze die eingeprägte Neigung zu den Mäusen unentbehrlicher Hebel der Fabel, aus dem die eingreifendsten Verwicklungen hervorgehen«, schreibt Jakob Grimm in seinem »Wesen der Tierfabel«.

Das Verhältnis von Katze zu Maus, das Entstehen ihrer Feindschaft, ist ein unerschöpfliches Thema der Tierfabeln rund um die Welt. Immer wieder versuchen sie Freundschaft zu schließen, immer wieder bricht die Katze den Vertrag, immer wieder sind die Mäuse von der Anmut der Katze geblendet. Der zweite Themenkreis von Fabel und Märchen ist das Verhältnis von Katze und Hund. Die Märchenerzähler nehmen immer Partei, in katzenliebenden Kulturen für die Katze, in hundebevorzugenden für den Hund. Man müßte untersuchen, ob diese Vorlieben mit der Theorie Ernst Jüngers übereinstimmen, der in seinem »Hund und Katz – Parerga zu den ›Annäherungen‹« 1974 schreibt: »Der Norden, die aktive Welt, die Melancholie, der Hund, das Bier passen zusammen, ebenso wie der Süden, der Traum, der Wein, die Katze, die dionysische Heiterkeit.«

Die Katze-Mensch-Beziehung im Märchen ist durchwegs eine freundliche. Entweder erweist sich die Katze als Helfer, der seinem Menschen Glück und Reichtum bringt, oder sie ist eine verzauberte Prinzessin. Dieses Kunstmärchen von der weißen Katze (Abbildung 3 und 8) gibt es auch bei Grimm »Der arme Müllerbursch und das Kätzchen« oder bei Bechstein »Das Kätzchen und die Stricknadeln«.

Aus der Unzahl märchenhafter Katzengeschichten möchte ich noch zwei herausgreifen: die Begegnung von »Alice im Wunderland« mit der

16

17 Abc-Buch aus dem 19. Jahrhundert mit Katzen als Schulanfängern.

18 Erscheinung der Fee im Palast der weißen Katzen. Kupferstich von Cl. Kohl, Wien 1795 nach H. Ramberg, 1793. Bildgröße 18,5 × 13,5 cm.

19 »Der Knabe Whittington und seine Katzen«. Münchner Bilderbogen Nr. 517 von E. Ille aus dem Jahr 1870. Die Geschichte des Waisenknaben Richard Whittington, der in London wegen seiner Katzen verjagt wurde, nach Java segelte, dort die Rattenplage besiegte und reich und hochgeehrt nach England zurückkehrte. Mitsamt seinen Katzen.

20 Porträt der Schriftstellerin Colette (1873–1954) mit einer ihrer Katzen von Marcel Vertes (1895–1961) und der Widmung an Vertes: „… der mich besser kennt, als ich mich.«

Lachkatze (Abbildung 9) und Kiplings »Die Katze geht ihre eigenen Wege« (Abbildung 11), in der der englische Dichter der Hauskatze nachträglich einen Mythos geschaffen hat. Auf Seite 184 erzähle ich diese für mich wichtigste Katzengeschichte als Einstimmung in das Kapitel »Mit der Katze leben.«
Und die kleine Alice? Sie fragt die Lachkatze: »Woher wissen Sie, daß Sie verrückt sind?«
»Na, erstens«, sagt die Katze, »ein Hund ist nicht verrückt. Gibst du das zu?«
»Ja, ich denke schon«, sagte Alice.
»Na gut«, fährt die Katze fort, »ein Hund knurrt, wenn er böse ist, und wedelt mit dem Schwanz, wenn er

sich freut. Und ich knurre, wenn ich mich behaglich fühle, und wedle mit meinem Schwanz, wenn ich wütend bin. Deshalb bin ich verrückt.«

Mit deiner grünen Augen Schmelz
Was willst du, zierlich Tiergebild,
Mit deiner grünen Augen Schmelz?
Ist dir der Wind zu scharf und wild
Für deinen sanften, grauen Pelz?
Ricarda Huch schrieb diese Zeilen, und ihr haben es – wie vielen anderen Dichtern – die Katzenaugen angetan. Da sagt John Keats um 1820: *Sieh mir ins Gesicht mit deinen grünen Monden. Kratze nicht.* Baudelaire nennt sie Mitte des vorigen Jahrhunderts: *Die Glut der Augensterne fahl, Opal, der lebt, und hell Fanal, die mich beschaut und sich nicht rührt.* Und als letztes Beispiel Ernst Jünger, 1974, in poetischer Prosa: *Die Blicke der Katzen sind ferner und fremder; ihre Augen sind gelb wie der Bernstein, blau wie der Saphir, grün wie der Türkis. Mandas Augen sind von einem Blau, wie es sonst in der Natur kaum vorkommt, auch nicht bei Korallenfischen und Paradiesvögeln. Die Iris erinnert mich an das Blau der Kaiserwinde an einem warmen, windstillen Vormittag.*
Die Dichter und die Katzen. Während sich Petrarcas Katzenliebe noch

damit erklären läßt, daß sie seine Manuskripte vor den Mäusen bewahrte, geraten die späteren Deutungen der besonderen Beziehung zwischen schreibendem Menschen und Katze emotioneller: Die Katze ist das Lieblingstier der Dichter geworden, weil kein anderes Tier durch seine bloße Gegenwart so beglückt; eine Katze nichts anderes schenkt als ihre Anwesenheit. Vielleicht ist sie, in der Charakterisierung von Axel Eggebrecht, für den Bohemien erstrebenswertes Vorbild: „… letzte göttliche Inkarnation der Morallosigkeit, sie gehorcht nicht, sie hält nicht viel von Treue, der Fleiß ist für sie noch nicht erfunden …«. Aus rein praktischen Gründen ist die Katze für mich keine idea-

n und seine Katzen.

20

le Muse: Alle, die bei uns lebten, haben sich, wann immer möglich, auf meinen Manuskripten breitgemacht. Und das stört mich ordentlichen Menschen.

Die anderen hat es nicht gestört: Baudelaire nicht und nicht die Colette, Pierre Loti nicht und Mark Twain, Axel Eggebrecht und Paul Gallico, Rudolf Hagelstange, Kurt Tucholsky oder Rainer Maria Rilke. Sie alle und die Schriftsteller, die ich auf den Seiten 42 bis 48 vorgestellt habe, haben über Katzen geschrieben. Ich kann hier keine langen Namenlisten aufführen, wer lesen will, findet die schönsten Gedichte, Geschichten und Ansichten über Katzen in den Anthologien »Samt und Krallen«

von Sybil Gräfin Schönfeldt, der zweibändigen »Bibliothèque illustrée du chat« von Juliette Raabe oder in »The indispensable Cat« (Die unentbehrliche Katze) von J. C. Suarès. Katzen haben in der Science Fiction Fuß gefaßt. In den Romanen von Robert A. Heinlein spielen sie Nebenrollen. Beispielsweise in »Tür in die Zukunft«. Als »Schrödingers Katze« wird ein Paradoxon der Quantenphysik bezeichnet, und so heißt auch ein Okkult-Thriller von Robert Anton Wilson, eine absolut verrückte Geschichte.

Das wichtigste Buch der letzten Jahre scheint mir »Doris Lessings Katzenbuch« zu sein. In schöner Sprache und ganz unsentimental zeigt es, was

sich alles abspielt unter Katzen und zwischen den Menschen und den Katzen. Hier ein Satz für unsere Katze: *O Katze! sagte ich wie im Gebet. Schöööööne Katze! Kostbare Katze? Erlesene Katze! Seidige Katze! Katze wie eine weiche Eule, Katzen mit Pfoten wie Falter, juwelengeschmückte Katze, wunderbare Katze! Katze, Katze, Katze, Katze!*

Folgende Doppelseite: „Pumpi auf Kissen" von Almut Gernhardt. 1983, Öl auf Hartfaser, 36 × 30 cm. Das Bild (links) wurde verdoppelt.
Das Gedicht „In den Köpfen der betagten Katzen" aus „Wörtersee" von Robert Gernhardt, erschien 1981 bei „2001".

Welt, Raum und Zeit

In den Köpfen der betagten Katzen
spiegelt sich die Welt in starken Bildern:
Mäusetürme ragen steil ins Blaue,
Nierentische stehn in ihren Hallen,
Leberhaken ragen aus den Wänden,
all das wartet nur auf ihre Tatzen
in den Köpfen der betagten Katzen.

In den hochbetagten Katzenköpfen
gliedert sich der Raum in klare Zonen:
Fauladelphia, Ratzibor und Essen
sind die einz'gen Städte, die sie kennen,
doch Paris liegt für sie an der Sahne,
und die malt sich breit, nicht
auszuschöpfen
in den hochbetagten Katzenköpfen.

In den Köpfen der betagten Katzen
fächert sich die Zeit in reine Takte:
heißt der erste Tag der Woche Mordtag,
fällt der Sommeranfang in den Jauli,
schreiben wir schon bald das Jahr
Zweimausend,
und die Stunden fliehn dahin wie Spatzen
in den Köpfen der betagten Katzen.

Eine Katze kommt ins Haus

Kätchen war da, als wir kamen. Ein Katzen-Teenager als Letzte einer Bauernkatzensippe, die mit Aufgabe der Landwirtschaft ausgestorben oder ausgewandert war. Daß sie sich mit unserem Basset Henry verstand – und er mit ihr, war ein Naturereignis und keine Sache der Erziehung.

Kitten suchte sich uns aus. Zunächst kam sie nur zum Fressen, dann, in bitterkalten Winternächten, auch zum Schlafen, und schließlich zog sie ganz bei uns ein.

Puma und Koko haben wir uns ausgesucht; zwei Kater, Wurfgeschwister, zwölf Wochen alt. Sie stammen aus einem Haus, 15 Kilometer von uns weg, in dem Katzen, Hunde, Ziegen, Enten und Pferde leben. Das läßt einen Bauernhof vermuten, ist aber ein von Künstlern zum Wohnen umfunktioniertes Dorfgasthaus.

Wir mußten nicht viel überlegen: Wir haben Erfahrung in der Kombination Katze mit Hund; wir haben sehr viel Platz, und die Tiere sind nie allein.

Für viele von Ihnen dürfte das nicht zutreffen. Deshalb bitte ich Sie, bei folgenden Tests ehrlich zu sein.

Bin ich ein Katzenmensch?
1. Ich bin laut, schreie und lache gern und knalle auch mal Türen.
2. Ich liebe Musik, und zwar möglichst lautstark.
3. Ich bin schnell in meinen Bewegungen und manchmal hastig.
4. Ich bin ein nervöser Typ und verliere leicht und häufig die Nerven.

5. Ich bin zerstreut, ungeschickt und schaue nicht, wo ich hintrete.
6. Ich bin penibel mit meinen Sachen und sehr, sehr ordentlich.
7. Ich bin ein ruhiger und stiller Mensch. Lärm ist mir zuwider.
8. Ich bin konzentriert, achtsam und bewege mich gemäßigt.
9. Ich bin beherrscht, und mich kann kaum etwas aus der Ruhe bringen.
10. Ich bin lässig mit meinen Sachen und eher ein bißchen schlampig.

Ich möchte eine Katze anschaffen:
1. Weil ich mir keinen Hund halten kann, aber ein Haustier möchte.
2. Weil ich im Schaufenster einer Tierhandlung so süße Kätzchen gesehen habe.
3. Weil ich im Tierheim so arme Kätzchen gesehen habe.
4. Weil ich zu Hause von jemandem erwartet werden möchte.
5. Weil ich als Kind immer eine Katze hatte.
6. Weil ich jetzt pensioniert werde und Zeit habe.
7. Weil meine Kinder gerne eine Katze möchten.
8. Weil ich Katzen so faszinierend finde.

Für jeden Kenner ist es offensichtlich, daß Leute, die sich laut, hastig oder nervös verhalten oder penibel auf ihre Sachen achten, keine Katzenmenschen sind. Liegen Sie bei der ersten Fragegruppe zwischen 1 bis 6, Ergebnis also: kein Katzenmensch.

Von 7 bis 10: zur Haltung einer Katze gut geeignet, wenn alle anderen Voraussetzungen stimmen.

Bei der zweiten Fragengruppe über den Grund, warum man eine Katze haben möchte, liefern die Antworten 1 bis 3 keine stichhaltigen Argumente. Bei 4, 5, 7 und 8 müssen »die weiteren Voraussetzungen« stimmen; Antwort 6 ist stichhaltig, denn Zeit braucht man für eine Katze.

»Die weiteren Voraussetzungen« werden in der folgenden Gewissenserforschung beantwortet. Sie soll Ihnen klarmachen, was es bedeutet, mit einem Tier wie einer Katze zu leben. Zunächst einmal macht es Arbeit, man lädt sich Verantwortung auf, man ist für Jahre gebunden. Dafür bekommt man etwas im Grunde genommen Unbezahlbares: die Zuneigung eines besonderen Lebewesens.

Kann eine Katze mit mir leben?
1. Ist in meinem Mietvertrag die Katzenhaltung erlaubt?
2. Sind Lebensgefährte oder Familienmitglieder mit einer Katze einverstanden?
3. Wird meine Katze wochentags länger als sechs Stunden allein sein?
4. Kann ich auch einmal auf einen Wochenendausflug verzichten?

1 Zwei Katzen, möglichst Wurfgeschwister und zusammen aufgewachsen, dazu Menschen, die viel zu Hause sind: Das kann ein Katzenparadies sein.

5. Kenne ich jemanden, der meine Katze versorgen kann, wenn ich krank werde, plötzlich verreisen muß, in Urlaub fahren will?

6. Kann ich eine Sache durchstehen, die ich einmal begonnen habe? Auch wenn sie sich nicht so entwickelt, wie ich es mir erträumt habe?

7. Bin ich von Natur aus treu?

8. Kann ich Erbrochenes aufwischen, stark riechende Katzenklos leeren, ohne daß mir schlecht wird?

9. Stören mich Kratzspuren an Möbeln und Polstern, Katzenhaare auf dem Teppich oder aus dem Klo gescharrte Katzenstreu auf dem Boden?

10. Bin ich mir klar darüber, daß aus einem verspielten Schmusekätzchen in wenigen Monaten eine oft eigenwillige Persönlichkeit wird, die nicht manipulierbar ist?

11. Ich bin mir klar darüber, daß eine Katze meine Zuwendung und Liebe braucht, daß ich für jemanden sorgen muß!

12. Kann ich monatlich etwa 50,– DM für Futter aufbringen?

Argumente dafür und dagegen

Ihre Katze wird zehn Jahre und älter, wenn sie nicht verunglückt oder als junge Katze (selten) an einer Krankheit stirbt. Sie gehen also eine Bindung für lange Zeit ein. Das sollten Sie genau bedenken, ehe Sie sich eine Katze ins Haus holen. Eine Katze, die sich eingewöhnt hat, die Sie mag, gibt man nicht einfach weg. Das meine ich mit den Fragen 6 und 7. Für Frage 3 gibt es eine ganz einfache Lösung: Sind Sie allein und berufstätig, dann schaffen Sie sich am besten gleich zwei Katzen an. Die beschäftigen sich miteinander, wenn Sie weg sind. Ansonsten benimmt sich eine allein gelassene Katze zwar nicht so auffällig wie ein Hund, sie bellt nicht und heult nicht, aber ihr ist langweilig und sie fühlt sich einsam. Und für Tiere gibt es nichts Schlimmeres. Je intelligenter eine Katze ist, um so mehr leidet sie unter dem Nichtstun. Ich betone das, gerade weil die Katze als bequemes Haustier für Berufstätige empfohlen wird. Man sollte sich einiges für die Unterhaltung seiner

Katze einfallen lassen, wenn man sie allein lassen muß. Und bitte noch etwas: Wer beruflich die Woche über weg ist, sollte auf jeden Fall die Wochenenden mit der Katze verbringen.

Über Mietverträge und deren rechtliche Bestimmungen hinsichtlich Katzenhaltung werden Sie auf Seite 260 lesen.

Wenn Ihr Kind sich eine Katze wünscht, müssen Sie selber ebenfalls den Wunsch haben. Denn auch wenn man davon ausgeht, daß Kinder ab zehn eine Katze selbständig versorgen können: es sind Ihre Polster, die die Katze zerschleißt; es ist Ihr Geld, das für Futter und Tierarzt ausgegeben wird, und vielleicht bleibt Ihnen die altgewordene Katze, wenn Ihr Kind das Haus verläßt.

Überlegen Sie das *Ob-überhaupt* sehr gründlich, ehe Sie alles andere entscheiden.

Katze oder Kater?

Wenn Sie zur *Katze-an-sich* ja gesagt haben, kommen die Detailfragen. Die erste betrifft das Geschlecht. Kätzinnen sind anschmiegsamer, Kater distanzierter und eigenwilliger – sagt man. Die Damen sind zierlicher, die Herren kräftiger. Wollen Sie Kätzchen aufziehen (was Sie sich genau überlegen sollten), kommt nur eine Kätzin in Frage, sonst plädiere ich für den Kater. Er kostet zwar mehr, falls Sie eine Katze kaufen, die Kastration dagegen ist preiswerter und unkomplizierter. Und ein verantwortungsbewußter Katzenhalter sollte heutzutage seine Katzen kastrieren lassen. Denn akzeptabel finde ich das Töten gesunder kleiner Katzen nicht. Und ein freilaufender, potenter Kater trägt zur hemmungslosen Vermehrung der Katzen bei.

Wohnungskatze oder Revierkatze?

Hier prallen die Meinungen hart aufeinander. Die Verhaltensforscherin und Züchterin Dr. Rosemarie Wolff schreibt: »Wenn man bei Katzen eine Umfrage veranstalten könnte, ob sie ein freies, gefährliches und kurzes Leben einem eingesperrten, ereignislosen und langen vorziehen – ich glaube, sie würden die Ungebundenheit wählen.« Der gleichen Meinung

2

3

4

ist Professor Leyhausen, der die Zimmerhaltung einer Katze mit einem in feuchte Tücher gewickelten Goldfisch vergleicht. Gegensätzliches liest man in der Zeitschrift »Die Edelkatze«: »Für den freien Auslauf unserer Katzen spricht heute kaum noch etwas, eigentlich nur der Drang nach Freiheit, nach frischer Luft und Sonne. Dagegen spricht fast alles.«

Es gibt natürlich Zwischenlösungen. Der eingezäunte Garten mit Elektrozaun, das Katzenhaus (Abbildung 10 und 11), der gesicherte Balkon, die mit Draht geschützte Aussichtsplattform am Fenster.

Lassen Sie Ihre Katze frei laufen, wird sie bei den heutigen Verkehrsverhältnissen auch auf dem Lande sehr gefährlich leben, doch so glücklich sein wie die von mir auf Seite 102 beschriebenen Anninger und Weishamer Katzen. Wie man einer Wohnungskatze ein möglichst glückliches Leben bieten kann, lesen Sie ab Seite 210.

Hauskatze oder Rassekatze?

Natürlich ist jede Rassekatze auch eine Hauskatze. Ich benütze diesen Begriff nicht als Unterscheidungsmerkmal gegenüber den Wildkatzen, son-

2 Die mit Samtflor bespannte »Gondel« und der darüber befindliche »Bungalow« (48 × 48 × 29 cm) sind an einem Rohrbaum befestigt, der mit 10 mm starkem Sisaltau umwickelt ist. Der Katzenbaum wird von Lorenz Klever (ein Namensvetter von mir) in Wegberg hergestellt, ist auf Haltbarkeit getestet und trägt eine »Kratzgarantie«.

3 Katze in ihrem Hausklo. Das Dach hält Kleinkinder und neugierige Hunde von den Exkrementen fern und die Streu in der Toilette, wie temperamentvoll auch immer gekratzt wird.

4 Ein Puppenwagen als idealer Schlafplatz. Er ist erhöht, rundum geschlossen und kuschelweich.

5 Der Kratz- und Kletterbaum aus dem Wald, mit oder ohne Rinde, kann durch ein aufmontiertes Brett zur Aussichtsplattform werden. Nur stabil muß die Konstruktion sein.

5

dern für alle die Katzen, die ohne züchterische Hilfe auf die Welt kommen. Der Züchtername für diesen Katzentyp ist *Europäisch Kurzhaar*. Neuesten Zahlen zufolge sind nur fünf Prozent der Katzen Rassekatzen, zwei Prozent insgesamt werden beim Züchter gekauft. Ich halte das zunächst einmal für eine Preisfrage. Man zahlt ungern circa 300,– DM für etwas, das man nicht lange besitzt. Im »PRO KAT-forum« las ich: »Wie gerne hätte ich ein Rassekätzchen, nur – bisher habe ich noch nie länger als ein Jahr Freude an einer Katze gehabt. Sie wissen ja, sie werden überfahren oder vom Nachbarn vergiftet. So nehme ich Hauskatzen, denn man kann ja schließlich nicht 350,– DM für ein Tier zahlen, das höchstwahrscheinlich schnell sterben wird.« Logisch und schrecklich: Wenn eine Hauskatze, die man gern hat, umkommt, nimmt man eine andere und hat sie genauso gern. Und es fallen keine Anschaffungskosten an. Die sind allerdings immer gering im Vergleich dazu, was eine Katze uns innerhalb von zehn Jahren kostet: Grundausstattung und ihre Erneue-

6 Münchner Tierheim: Das Freigehege mit Auslauf und Liegebank

7 Alles für die Katz: 1 verschiedene Formen von Transportbehältern. 2 Ein Futter-und-Wasser-Spender für die Katze, die manchmal übers Wochenende allein ist. 3 »Step 'n' din« aus den USA: durch das Gewicht der Katze wird der Klarsichtdeckel über dem Futter gehoben. 4 Doppelnapf. 5 Wasserschüssel. 6 Keramiktopf mit Katzenkopf. 7 Flaches Katzenklo mit Katzenstreulöffel aus Plastik. 8 Katzenhaustoilette mit Schublade und Transportgitter. Das Gitter kann entfernt und nur bei Bedarf angebracht werden. 9 Gumminoppenbürste, die durch statische Aufladung lose Haare entfernt. Sprattskämme fein, mittel und grob und ein Entfilzungskamm, der Haarknoten aufschneidet. 10 Krallenzange. 11 Zweiseitige Bürste. 12 Jumbo-Staubsaugerdüse, entfernt Katzenhaar von allen Materialien. 13 Ledergeschirr, Halsband und Leine. 14 Sich selbst aufrollende Leine in Kunststoffkasten, 3 m lang. 15 Spielzeug: Fellmaus und Rasselball.

rung, Katzenstreu und anderer Tierbedarf, Tierarzt-, Impf- und Versicherungskosten sowie Futterkosten ergeben zusammen eine Durchschnittssumme von 6 500 DM.
Hauskatzen bekommt man immer umsonst und viel leichter als Rassekatzen. Um in Kontakt mit den Züchtern seltener Rassen zu kommen, kann man Ausstellungen besuchen. Sonst helfen die Anschriften auf Seite 344 weiter. Beim Kauf selbst kommt es noch darauf an, ob Sie ein perfektes, teures Zuchttier oder ein preiswerteres »Liebhabertier« mit kleinen, für den Laien nicht sichtbaren »Fehlern« erwerben wollen. Wenn der Anschaffungspreis einer Rassekatze dieser das Leben verlängert,

weil der Halter achtsamer ist, plädiere ich für die Rassekatze.
Brauchen Sie eine Mäusekatze, dann sehen Sie sich auf dem Lande um. Ist die Mutter eine gute Jägerin, soll Ihr Jungtier so lange bei der Mutter bleiben, bis es Mäuse fangen kann.

Katze oder Kätzchen?
Ein Kätzchen paßt sich uns besser an und wir erleben, wie es erwachsen wird. Es sollte allerdings mindestens zehn Wochen alt und schon stubenrein sein. Unter der erwachsenen Katze leidet zwar unser Inventar nicht so sehr, sie aber bleibt ihr Leben lang reservierter, wenn sie sich überhaupt eingewöhnt. Denn Katzen sind, das wissen wir ja schon, oft auf

einen Menschen fixiert. Eine neue Bezugsperson sowie ein Ortswechsel können zu Verhaltensstörungen führen, wenn man die Gewohnheiten einer Katze nicht kennt. Man läßt sie sich, wenn möglich, vom Vorbesitzer schildern und beobachtet gezielt.
Merke: Katzen können sogar aus Gram sterben. Sie suchen sich manchmal aber auch freiwillig ein neues Zuhause. Bekannte, die in einem Hochhausblock wohnen, bekamen Besuch von einem sehr kräftigen Kater. Die Besuche wiederholten sich, und schließlich quartierte er sich ganz bei ihnen ein. Sie erkundigten sich und fanden die Besitzer. Doch dem Kater gefiel es bei meinen Bekannten besser; die Menschen waren vernünftig und einigten sich: Was will man gegen den Willen einer Katze machen? Wird man also von einer Katze adoptiert, muß man sich erkundigen, ob sie wirklich herrenlos ist, sonst eignet man sich, juristisch gesehen, »eine fremde bewegliche Sache« an – und das ist Diebstahl.

Eine Katze oder zwei?
Wer wenig Zeit für seine Katze hat oder sie regelmäßig allein lassen muß, schafft sich am besten zwei Katzen an. Die geringsten Probleme machen Wurfgeschwister des gleichen Geschlechts. Sie wachsen zusammen auf, spielen miteinander und werden unzertrennlich. Das sollte jedoch nicht auf zu engem Raum

stattfinden, jede Katze – wie auch der Mensch – braucht einen persönlichen Freiraum. Man muß es, wie ich zur Zeit, erlebt haben, was zwei kleine Kater an Temperamentstänzen, Jagden und Kletterpartien aufführen können, um sich an ein solches Experiment in einem Eineinhalbzimmer-Appartement zu wagen.

Wo bekommt man eigentlich Katzen?

Soll es eine Rassekatze sein, dann erkundigen Sie sich über einen Katzenverein (Seite 344) nach den Ihnen am nächsten gelegenen Verbandsgruppen oder Züchtern der gewünschten Rasse. Wohnen Sie in einer Großstadt, finden Sie auch Adressen im Telefonbuch. Der Kauf einer Rassekatze ist eine Frage des persönlichen Geschmacks und der Ästhetik: Man verliebt sich in eine Katze von ganz bestimmtem, züchterisch festgelegtem Äußeren. Zudem weiß man vorher über Wesenseigenschaften Bescheid. So sollten veranlagt sein:
Perser: ruhig, freundlich, nicht lebhaft. Ideal für die Stadtwohnung.
Birma: temperamentvolles Langhaar, verträglich mit anderen Tieren.
Siam: sehr lebhaft, temperamentvoll, dem Menschen stark zugetan.
Burma: sehr menschenbezogen. Liebt lebhaften Haushalt, andere Haustiere.
Kartäuser: robust, sehr folgsam, leinenführige Katze.
Abessinier: liebenswürdig, eifersüchtig, wählt Bezugsperson.
Werden Rassekatzen in Kleinanzeigen angeboten, sollte man sich Haushalt, Katze und Papiere anschauen, damit man nicht zuviel zahlt.
Hauskatzen bekommt man im Be-

8 Verschiedenfarbige Kuschelhöhlen, gepolstert und mit Stoff bezogen.

9 Mit Sisal umwickelter Kletterbaum mit Liegeplattform, 66 cm hoch.

10 Katzenzwinger aus Normteilen. Dieses Modell ist zwei Meter hoch, einen Meter tief und zwei Meter breit.

11 Ein Katzenhaus fürs Freie mit Dach und fester Rückwand. Zum Luftschnappen oder für spritzende Zuchtkater.

kanntenkreis, wo man sich *sein* Kätzchen frühzeitig aussuchen kann und noch eine Zeit bei der Mutter läßt. Bei Kätzchen per Anzeigen: immer auf das Milieu achten. Gegen Kätzchen aus Tierhandlungen bin ich, wenn sie im Schaufenster oder im Laden ausgestellt sind. Sie haben alle einen seelischen Knacks.

Abgabe von Katzen aus dem Tierheim

Die Heime des Tierschutzbundes sind mit meist unerwünschten und herrenlosen Katzen gefüllt, oft überfüllt. Holt man so eine Katze zu sich, tut man ein gutes Werk und rettet ein Leben. Denn irgendwann müssen Dauergäste eingeschläfert werden, um Platz für die neuen zu schaffen.

8

Man zahlt eine Spende und unterzeichnet einen Schutzvertrag für das Tier. Man sollte sich darauf einstellen, daß man eine Reihe Fragen beantworten muß, ehe man eine Katze ausgehändigt bekommt. Die Tierschützer wollen sichergehen, daß es die Katze gut hat und nicht schon bald wieder herrenlos ist oder in einem Tierversuchslabor landet. Im Schutzvertrag steht, wie man die Katze zu halten hat, und daß man sie in den ersten drei Wochen keinesfalls frei laufen lassen darf. Es ist auch nicht gestattet, sie weiterzuverkaufen oder zu verschenken. Kann man sie aus irgendeinem Grund nicht halten, muß sie ohne Entschädigung an das Tierheim zurückgegeben werden. Er-

wachsene Katzen aus dem Tierheim sollten sterilisiert oder kastriert sein. Auf jeden Fall läßt man Kätzchen oder Katze, das gilt für jeden Neuerwerb, umgehend vom Tierarzt anschauen und wenn nötig impfen. Daß eine Katze, die ausgesetzt wurde, wild gelebt hat und dann im Tierheim landete, schwierig im Umgang sein kann, ist einleuchtend. Doch manche Katzenfreunde bevorzugen gerade solche Herausforderungen. In einigen Städten gibt es Vereinigungen wie in München den »Bund der Katzenfreunde«, die Pflegeplätze vermitteln und dafür sorgen, daß frei lebende, regelmäßig gefütterte Katzen kastriert werden (siehe auch Seite 127).

Wie man sich eine Katze aussucht:

Eine Rassekatze bitte nicht nur nach den Papieren, selbst wenn Sie sie ausstellen wollen. Viel wichtiger ist das Ambiente des Züchters, dessen persönliches Verhältnis zu den Tieren. Katzen müssen mit Menschen zusammenleben, damit ihre Kätzchen gute Menschenkatzen werden. Auch sollen die Kleinen möglichst früh an die Menschenhand gewöhnt sein. Deshalb achten Sie darauf, wie die Katzen wirklich leben und lassen Sie sich diese nicht nur in der guten Stube vorführen. Ein guter Züchter wird diesen Wunsch verstehen. Rassekatzen dürfen laut Zuchtrichtlinien erst mit zwölf Wochen von der Mutter getrennt werden. Das Mindestalter bei Hauskatzen beträgt zehn Wochen. Kätzchen, die früher abgegeben werden, bleiben meist ihr Leben lang Kümmerlinge.

Sucht man sich aus einem Wurf ein Kätzchen aus, sollte es auf jeden Fall gesund sein. Und das kann man an folgenden Kriterien erkennen.

• Es ist munter, spielt, balgt sich mit seinen Geschwistern und sitzt nicht abseits.

• Es ißt mit gutem Appetit, eher gierig als zurückhaltend oder saugt schnurrend an seiner Mutter.

• Es hat klare, leuchtende Augen, möglichst ohne Tränenspuren.

• Sein Körper ist weder mager noch fett, sondern geschmeidig muskulös.

Dummerchen, sollten Sie vor der Katzenauswahl die Tierchen beobachten und mit ihnen spielen. Hier die Checkliste dazu:

• Bei der Fütterung kann man sehen, wer besonders draufgängerisch ist und wer immer beiseite geschubst wird. Suchen Sie sich ein Tier aus dem Mittelfeld aus.

• Wer hat den meisten Kontakt zu seinen Geschwistern, ohne am aggressivsten zu sein?

• Wer reagiert schnell auf Geräusche, aktiv und nicht verschreckt?

• Wenn Sie das Kätzchen aufnehmen und es bleibt verkrampft, dann ist es noch zu jung oder kontaktarm. Es sollte beim Streicheln zu schnurren beginnen.

daß Katzen Individuen sind und sich zu Persönlichkeiten entwickeln können, die man in den Jungtieren nicht vermutet hat. Das ist immer das Risiko bei den Nicht-Rassekatzen, daß man über ihr Charakterbild so gar nichts weiß. Bei den Rassekatzen kann man wenigstens an die Charakter- und die Wesenseigenschaften glauben, die der Rasse im allgemeinen eigen sind.

Garten vorhanden – die Zwingerfrage
Wer einen Garten hat, kann seine Katze an die frische Luft lassen und ihr ein Draußen-Revier geben, auch wenn man sie nicht frei laufen lassen will.

Wie Sie Ihren Garten sichern, hängt

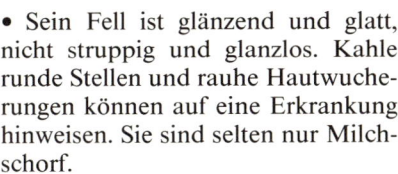

9   10   11

• Sein Fell ist glänzend und glatt, nicht struppig und glanzlos. Kahle runde Stellen und rauhe Hautwucherungen können auf eine Erkrankung hinweisen. Sie sind selten nur Milchschorf.

• Es hat eine kühle, trockene Nase.

• Es hat eine gute, feste Verdauung. Schmutzspuren am Hinterteil lassen auf Durchfall schließen.

• Die Ohren sind sauber und ohne Schmutz. Es schüttelt weder den Kopf, noch kratzt es sich ständig.

• Das Milchgebiß ist gut gewachsen und voll vorhanden.

Da Sie an einer intelligenten und aufgeschlossenen Katze mehr Freude haben werden, als an einem dösigen

• Sondern Sie das Kätzchen Ihrer Wahl von den Geschwistern ab und spielen Sie mit einem Papierknäuel oder einer Schnur mit ihm. Beobachten Sie die Spielfähigkeit; sie sollte gut sein.

• Versuchen Sie das Kätzchen zu veranlassen, Ihnen zu folgen. Das müßte klappen, wenn das Individuum aufgeschlossen ist. Kätzchen haben von Natur aus einen gut ausgebildeten Folgetrieb.

• Schauen Sie sich die Mutter an, ob sie zutraulich oder scheu ist: Furchtsamkeit kann erblich sein.

Führen Sie diese Tests durch. Wählen Sie auch mit den Augen, denn Sie wollen ja sicherlich eine hübsche Katze haben. Und denken Sie daran,

von der Lage Ihres Hauses und den Nachbarn ab. Der Reihenhausbewohner wird seinen Garten kaum ausbruchsicher einzäunen können. Dafür kann er sich eine »Katzen-Voliere« (Abbildung 10) in den Garten oder ein Katzenhaus (Abbildung 11) auf die Terrasse stellen. Eine Katze mit diesem Freiraum hat es besser als eine Nur-Wohnungskatze. Ist der Balkon groß genug, kann man auch auf ihm eine Alu-Voliere installieren, die nach Baukastenprinzip in verschiedenen Größen zusammensetzbar ist. Grundgröße ein Meter mal ein Meter: die Höhe immer zwei Meter, damit man einen Kletterbaum darin aufstellen kann. So ein Kletterbaum ist wichtig, vor allem bei kleiner Grundfläche: Er erschließt der Katze die Dimension nach oben, und Katzen mögen den Blick von der Höhe. Damit wir uns recht verstehen: Kleine und große Katzenzwinger sind nur für stundenweisen Aufenthalt gedacht und nicht als ständige Unterbringung. Katzen brauchen unbedingt den engen Kontakt zum Menschen, sonst entwickeln sie eine Käfigpsychose. Deshalb bin ich auch kein Freund von Katzen aus Zuchten, die in einem Katzenhaus untergebracht sind, mag es noch so professionell und schön sein. Wenn die Tiere nicht ins Haus zu ihren Menschen können, bekommen sie einen psychischen Knacks.

Hat eine Wohnungskatze einen Bal-

Wer keinen Balkon besitzt, kann mit Genehmigung des Vermieters an einem Fenster einen kleinen Katzenbalkon bauen lassen; einen geschützten Hochsitz, von dem aus die Katze die Straße beobachten kann.

Soll die Katze den Garten mitbenutzen – was für sie natürlich herrlich ist –, aber nicht die Gartengrenzen verlassen, hilft am besten ein elektrischer Weidezaun, wie ihn die Bauern benutzen, will man sich nicht mit einem mindestens zwei Meter hohen, nach innen gebogenen Maschendraht umgeben. Vor dem vorhandenen Gartenzaun werden die an ein elektrisches Weidezaungerät angeschlossenen und auf Kunststoffisolatoren befestigten feinen blanken

alles zusammengestellt, was man an Katzenzubehör kaufen kann; die Abbildungen 2, 8 und 9 zeigen weitere Ausstattungsgegenstände. Und wenn Sie sich den Katalog eines Versandhauses für Katzenbedarf bestellen oder in eine Tierhandlung oder Katzenboutique gehen, werden Sie sicher noch viel mehr finden. Vorweg gesagt, einiges davon ist nötig, manches wahrer Luxus und manches auch unnötig.

Das Wichtigste ist das Katzenklo, und hier ist die Haustoilette mit Schublade (Abbildung 7/8) die beste. Katzen lieben es, ein Dach über dem Kopf zu haben. Beim Scharren in der Streu fliegt nichts in der Gegend herum, und die Schublade ist leicht zu reinigen. Sie mit einem Gitter, wie auf unserer Zeichnung, auch noch zum Transportgerät umzufunktionieren, halte ich für etwas übertrieben. Wer weniger Aufwendiges kaufen will, nehme eine flache Plastikschüssel mit Rand, der so hoch ist, daß beim Scharren die Streu aufgefangen wird. Katzen springen auch über etwas höhere Ränder. Wichtig ist nur, daß die Schüssel weder kippt noch wackelt, das kann Stubenunreinheit zur Folge haben. Notwendig ist auch ein Schäufelchen, um die feuchten Stellen herauszunehmen, dann muß man nicht jedesmal die ganze Streu wechseln.

Als Schlafplatz ziehe ich eine Transporthöhle aus Korbgeflecht vor, die man gegebenenfalls mit einem Gitter verschließen und dann auch zum Transport benutzen kann (Abbildung 7/1 links und Mitte). Sehr beliebt bei unseren Katzen sind die weichen Kuschelhöhlen (Abbildung 8), da Katzen gerne rundum geschützt sind. Diese Kuschelhöhlen haben den Vorteil, daß sie auch gegen Zugluft schützen.

In einem schweren Keramiknapf steht immer frisches Wasser bereit: er kann weder umgekippt, noch herumgeschoben werden. Trockenfutter gibt es von einem zweckentfremdeten Teller, und das Naßfutter servieren wir ebenfalls in einem Keramiknapf, da wir ihn kurz in das Mikrowellengerät stellen können, um das Futter anzuwärmen. Ansonsten eignet sich jedes leicht zu reinigende Material.

12

kon zur Verfügung, so kann das durchaus ihr Draußen sein. Die Bedingung ist, daß Sie den Balkon völlig mit einem Drahtgitter sichern. Es sollte feinmaschig und fest zugleich sein und so angebracht, daß die Katze es nicht überklettern kann. Andererseits sollte Ihr Balkon auch nicht wie ein überdimensionaler Vogelkäfig aussehen. Verständigen Sie auf jeden Fall vorher den Vermieter. Es ist übrigens ein Irrglauben, Katzen würden nicht vom Balkon fallen und könnten auch Stürze aus großer Höhe überleben. Es starben viele Katzen dadurch, daß sie vom Balkongeländer aus einen vorbeifliegenden Vogel fangen oder durch das offene Fenster einem Brummer folgen wollten.

Drähte angebracht, die bei Berührung einen schwachen Stromstoß abgeben. Man sollte sie in drei Höhen spannen: 25 cm über dem Boden, in 60 cm und in 1 Meter Höhe. Katzen lernen schnell, die Drähte zu meiden, und versuchen nicht mehr, den Zaun zu überklettern. Die Drähte dürfen keinen Erdschluß durch Gräser oder Zweige haben, auch Bäume, deren Zweige über den Zaun reichen, müssen klettersicher gemacht werden. Eine solche Anlage kostet allerdings einige hundert Mark, schützt aber sicher das Leben Ihrer Katze, deren Freiheit nicht beschnitten wird.

Die Ausstattung der Katze

Auf Abbildung 7 hat unser Zeichner

Futter-Wasser-Spender und »Step 'n' din« (Abbildung 7/2 und 3) wurden eigentlich nur abgebildet, um zu zeigen, was es alles gibt: Bei uns werden die Katzen nicht allein gelassen und bekommen ihr Futter bei Bedarf. Pflegegeräte wie Kämme, Bürsten, Nagelzangen und Ähnliches richten sich nach der Rasse der Katze. Ein Langhaarhalter braucht mehr und Spezielleres als der Kurzhaar-Katzenfreund.

Das beliebteste Spielzeug ist nach meinen Erfahrungen ein kurzer Kälberstrick mit einem Knoten am Ende. Dann folgen Bällchen, die an einem Band befestigt sind und frei herunterhängen – zum Beispiel von der Plattform eines Kratz- und Kletterbaums. So ein Gebilde sollten Sie Ihrer Katze gönnen, wenn sie nicht im Garten an richtigen Bäumen ihre Krallen bearbeiten und klettern kann.

Ein schräg und stabil aufgestelltes Stück Holz mit Rinde oder ein mit Velourteppich bezogenes Brett (die Krallen dürfen im Stoff nicht hängenbleiben) schont Ihre Polstermöbel und Teppiche beachtlich. Im Handel gibt es die verschiedensten Modelle zu kaufen (Abbildung 2 und 9), in allen Größen, auch vom Fußboden bis zur Decke reichend und dadurch besonders gut befestigt, wenn auch zimmerbeherrschend.

Wie man Katzenmöbel bastelt
Wenn man nicht alles fertig kaufen will, Geld sparen oder der Heimwerkerei frönen möchte; wenn man individuelle Kletterbäume und Kratzbretter den angebotenen vorzieht; wenn man einen nicht käuflichen Hochsitz schreinern möchte; kurz, wenn man für seine Katz kreativ werden will: auf Bild 12 sehen Sie die

12 Links: Wenn man selber einen Kratzbaum basteln will. Mitte: So sieht ein selbstgemachter Hochsitz aus. Rechts: So macht man ein Kratzbrett (Materialbedarf und Anleitung siehe Text auf dieser Seite).

13 Wer sieben Katzen halten will, muß schon sehr viel Platz haben. Am besten einen Bauernhof. Zeichnung von T.A. Steinlen.

Rohbauten, hier lesen Sie die Bauanleitungen.

Kletterbaum
Material:
1 Kantholz, 68 mm breit, 86 cm lang
1 Spanplatte (19 mm), 50 × 50 cm
1 Spanplatte (19 mm), 35 × 40 cm
8 Schrauben
4 Stuhlwinkel mit Schrauben
Gummirutschband
Teppichrest
1 Sisalwäscheleine

Das Kantholz wird auf Mitte von unten mit vier Schrauben auf die größere Spanplatte geschraubt, die obere wird ebenfalls mit vier Schrauben befestigt. Vier Stuhlwinkel, die von den

13

Kantholzseiten mit der oberen Platte verbunden werden, stabilisieren das Ganze. Die Flächen werden mit Teppich beklebt, der Stamm mit einer Sisalleine oder einem Tau dicht umwickelt. Damit der Baum auch bei wilden Katzbalgereien nicht wackelt oder rutscht, kleben wir auf die Unterseite das Gummirutschband.

Hochsitz
Material:
1 Spanplatte (19 mm), 60 × 25 cm
1 Spanplatte (19 mm) 60 × 40 cm
1 Spanplatte (19 mm), 60 × 30 cm
2 Viertelstäbe, 60 cm lang
8 Schrauben 3,5/50
2 Schrauben mit Dübeln
Teppich oder Teppichboden.

Die obere und untere Platte jeweils bündig mit Leim an der Rückwand befestigen und verschrauben, zur weiteren Stütze die Viertelstäbe einziehen. Zwei Löcher in die rückwärtige Spanplatte bohren, die mit zwei Schrauben in Mauerdübeln an der Wand befestigt wird. Vorher den Hochsitz mit Teppich beziehen, damit er für die Katze gemütlicher ist. Den Hochsitz so anbringen, daß die Katze ihn leicht erreichen, aber auch hoch genug sitzen und liegen kann.

Kratzbrett
Material:
1 Spanplatte (19 mm), 70 × 40 cm
1 Spanplatte (19 mm), 35 × 40 cm
2 Scharniere
12 Schrauben 3,5/20
Teppichrest oder Teppichboden
Gummirutschband

Die Platten flach aneinanderlegen, auf Mitte der Fuge zwei Scharniere je sechs cm vom Rand befestigen. Das Brett mit einem Velourteppich beziehen. Für die Standfestigkeit des Kratzbretts sorgt das Gummirutschband unter beiden Platten. Dieses Kratzbrett hat auch in einer kleinen Wohnung Platz und bewahrt Gardinen, Teppiche, Kissen und alle Arten von Polstermöbeln vor Kratz-Energien.
Wie Sie Ihre Katze daran gewöhnen, lesen Sie ab Seite 184 in dem Kapitel »Mit der Katze leben«.

1

2

3

Die Namen der Katzen

Die alltäglichen Namen, mit denen wir unsere Katzen rufen, lauten Mimi, Mieze, Miez Miez, Mohrle, Mukki, Pussy, Purzel oder Wulli. Sie alle sind zweisilbig, das klingt besser. Sie können auch auf weitere Entfernung von einer Katze verstanden werden und haben lockenden Charakter. Soviel zum rein Praktischen. Im übrigen ist das Namenreservoir schier unerschöpflich. Man kann Katzen wie Menschen nennen: Peter, Harriet oder Richard (siehe Seite 129); man kann sich durch ihren Namen soziologisch aufwerten, wenn man eine Queen, einen Baron oder eine Prinzessin im Hause hat; man kann seinen Sinn für Humor beweisen, wenn

man eine schwarze Katze Schneeball nennt. Es gibt Kater, die Humphrey Bogart heißen und Katzen, die man Lady Di oder Frau Schmidt ruft. Der Name sollte allerdings nicht zu kompliziert sein, sonst wird leicht aus einem Black Panther ein Blacky, aus einer Muschkanassajaka eine schlichte Muschi.

Nach T. S. Eliot's (siehe Seite 20) Gedicht »Wie heißen die Katzen?« hat jede Katze drei Namen: einen für den Hausgebrauch wie Max oder Moritz oder Schnurri; den zweiten, der ihnen schmeichelt, für den Stolz wie Kralline, Jellylorum oder Tatzitus, und den dritten, den geheimnisvollen, den nur die Katze kennt. Ich weiß, daß Katzen ihn nicht verraten, auch wenn man ihnen die verrücktesten Namen zuflüstert.

Katzennamen können berühmte Vorbilder haben wie Péronelle, gerufen

Prrou, der Dame Colette; wie Schopenhauer, genannt Schops, des Rudolf Hagelstange oder wie die Katzen aus Geschichten von Saki: Tobermory, von Sartre: Scipio, von Twain: Tom Quartz oder Mingo, dem Peter Panter (Tucholsky) einen Brief schrieb.

Perserkatzen könnte man Darius nennen, Cyros oder Fatima; Siamesen Balu oder Samira Birmakatzen Yogi oder Cathou. Hübsche Schweizer Katzennamen sind Brösmeli, Joggeli oder Schüggeli, österreichisch sind Striezi oder Pepi. Und wer sonst angeregt werden möchte: Balu, Billy, Bobby, Bubu, Chichi, Cleo, Didi, Dodo, Ebony, Felix, Fluffy, Gypsy, Jerry, Jojo, Kasimir, Lady, Lulu, Mao, Mascha, Moritz, Nicky, Onyx, Pablo, Pascha, Pinky, Rosinchen, Rumpel, Simba, Solo, Stromer, Sultan, Zulu und so weiter und so weiter.

7

8

9

4

5

6

Ausstellung von zwölf Katzendosen

1 Puderdose, 935 Sterlingsilber, Emailmalerei »Katze mit Rosen«. Innen vergoldet, mit Spiegel für Puder. England Beginn 20. Jahrhundert, 4,5 × 4,5 cm.

2 Pillendose, 900 Silber, Emailmalerei »Katze im Korb«. Frankreich, Beginn 20. Jahrhundert, 5,5 × 6,5 cm.

3 Carnet du bal, 935 Sterlingsilber. Emailmalerei »Kätzchen mit Schleife«. Innenfächer für Rouge und Puder, Spiegel. Rückseitig Tanzkarte aus Elfenbein, am Kopfende eingeschobener Silberbleistift. Cabochonsaphir-Verschlüsse Deutschland/Österreich, Beginn 20. Jahrhundert, 7,5 unten × 2 cm oben.

4 Dose, 935 Sterlingsilber. Emailmalerei »Vier spielende Kätzchen« nach Wilhelm Schwar. England, Beginn 20. Jahrhundert, 5,5 cm Durchmesser.

5 Pillendöschen, 935 Sterlingsilber, Emailmalerei »Kätzchen im Korb«. England, Beginn 20. Jahrhundert, 3 cm Durchmesser.

6 Schnupftabakdose, Papiermaché, Deckel bemalt von Samuel Raven, Birmingham: »Katzenkopf«. Deckelinnenseite typische rote Signatur »S. Raven Pinxt«, die den Sammlerwert beträchtlich erhöht. England, Beginn 19. Jahrhundert, 9,2 cm Durchmesser.

7 Zigarettenetui, 935 Sterlingsilber, Emailmalerei »Zwei Kätzchen«. Verschluß Cabochonsaphir. England, Anfang 20. Jahrhundert, 9 × 3 cm.

8 Balltäschchen, 900 Silber, Emailmalerei. Innenfächer für Rouge, Puder und Visitenkarten, Spiegel. Rückseitig Tanzkarte aus Elfenbein, versenkter Silberstift. England, 9,5 × 6,5 cm.

9 Balltäschchen, 935 Sterlingsilber, wie Nummer 8 ausgestattet. Emailmalerei »Kätzchen mit Schleife« nach einem Motiv von Julius II Adam = Titelbild des Büchleins »Vom Kätzchen«. Deutschland, Beginn 20. Jahrhundert, 8,5 × 6,5 cm.

10 Schminktäschchen, 900 Silber vergoldet. Reliefplastisches Kätzchen mit Augen und Schleife aus Rubinen. Rückseite Rükkenansicht der Katze mit filigraner Fellzeichnung. Wien, Beginn 20. Jahrhundert, 4,5 × 3 cm.

11 Tabakdose aus Kupfer mit Holzdeckel und Katze aus Hirschhorn. Japan, Mitte 19. Jahrhundert, 8 cm Durchmesser.

12 Pillendose, 900 Silber, plastischer Katzenkopf mit Rubinaugen. Der Boden zeigt ebenfalls plastisch die Rückseite des Kopfes. Wien, Anfang 20. Jahrhundert, 5 cm Durchmesser.

10

11

12

Mit der Katze leben

»Hör zu und paß auf und gib acht, denn dies ereignete und begab sich und trug sich zu, als die Haustiere noch wild waren. Der Hund war wild, und das Pferd war wild, die Kuh war wild, und das Schaf war ebenso wild, und das Schwein war so wild, wie es nur sein konnte, und alle liefen auf wilden Wegen im nassen wilden Wald herum. Aber das wildeste aller wilden Tiere war die Katze. Sie ging ihre eigenen Wege, und es war ihr gleichgültig, wohin diese Wege sie führten.«

So beginnt die Geschichte von Rudyard Kipling, in der er erzählt, wie die Tiere dem Menschen untertan wurden, es der Katze aber gelang, mit der Frau des Menschen drei Abkommen zu treffen und »trotzdem die Katze zu bleiben, die ihre eigenen Wege geht«. So ist ihr seit Urzeiten erlaubt, in die Höhle des Menschen zu kommen, am warmen Feuer zu sitzen und – dreimal am Tag weiße, warme Milch zu trinken. Der Mann und der Hund versuchten die Katze zum Mäusefang anzuhalten und sie zu bewegen, nett zu kleinen Kindern zu sein. Das versprach die Katze, wollte aber ihre eigenen Wege nicht aufgeben. »Von jenem Tag an werfen drei richtige Männer von fünfen alles mögliche Zeug nach einer Katze, sooft sie einer begegnen, und jeder richtige Hund jagt sie auf einen Baum. Doch die Katze hält ihr Abkommen. Sie fängt Mäuse und ist nett zu kleinen Kindern, sooft sie im Hause ist

und solange sie ihr nicht das Fell zu sehr rupfen.

Aber danach, und auch zwischendrin, und wenn der Mond aufgeht und wenn die Nacht kommt, dann geht die Katze auf ihren eigenen Wegen. Dann wandelt sie hinaus in den nassen wilden Wald oder klettert auf nasse wilde Bäume oder auf nasse wilde Dächer und schwenkt ihren wilden Schwanz auf einsam wilden Pfaden.«

Wir gewöhnen unsere Katze ein

Nun haben wir also das oder die von uns ausgesuchten Kätzchen nach Hause geholt. Im Transportkorb, der ihre Höhle werden soll oder in einem anderen verschließbaren Korb, der zugfrei und geräumig genug ist, so daß sich die Katze darin bewegen kann.

Wird die Katze mit dem Auto abgeholt, sollte der Fahrer bei dieser ersten Fahrt nicht allein mit ihr im Wagen sein. Eine Begleitperson sitzt hinten beim Katzenkorb und beruhigt die Katze, wenn sie jammert, nimmt sie aber nicht heraus. Alle Worte, alle Bewegungen sollten Ruhe ausstrahlen. Je vorsichtiger man fährt, je sanfter man in die Kurven geht, um so weniger wird der neue Hausgenosse sich vor dem Autofahren fürchten. Denken Sie daran: die kleine Katze kommt in eine für sie neue Welt. Ihr Bundesgenosse ist die natürliche Neugier, mit der sie die Umgebung erkunden will. Sie wird

also von selbst aus ihrem Transportbehälter herauskommen: langsam und vorsichtig, da alles fremd ist. Wir helfen nicht nach, wir schauen nur zu und sorgen dafür, daß Ruhe herrscht und das Kätzchen nicht erschreckt wird. Verkriecht es sich irgendwo, lassen wir es gewähren. Es wäre ein grober Fehler, es hervorzerren oder herausscheuchen zu wollen.

In diesem Raum soll die Katze die ersten Tage bleiben. Deshalb steht das Katzenklo schon bereit, ein Napf zum Trinken und ein Kratzbrett. Als Spielzeug möglichst etwas aus Stoff oder Fell – von daheim, mit Nestgeruch –, eine hängende Kordel mit Knoten, nach der sie haschen und mit der Pfote angeln kann, und was man ihr zum Spielen sonst noch anbieten will. Doch bitte nichts aus Weichplastik oder kleiner als ein Sektkorken.

Das Ganze ist völlig problemlos, wenn man sich für zwei Wurfgeschwister entschieden hat. Wir haben das mit Koko und Puma erlebt: da gab es außer einer halbstündigen

1 »Mädchen mit Katze«. Dieses Bild von William Thompson Bartoll aus der Mitte des vorigen Jahrhunderts hängt in Williamsburg im US-Staat Virginia im Abby Aldrich Rockefeller Folk Art Center. Fest an sich gepreßt hält das Mädchen die Katze, so wie heute noch Kinder Katzen tragen und wie es die Katzen immer noch nicht mögen.

1

Schreckstarre, die die beiden eng aneinandergepreßt verstreichen ließen, weder Geweine noch Sichverkriechen. Gemeinsam erkundeten sie das Terrain, verschwanden gemeinsam in ihrem Korb, schliefen miteinander und sind inzwischen gemeinsam Herren des großen Gartens, um bei allem Fremden, Lauten oder Ungewöhnlichen à tempo ins Haus zu sausen.

Bei der Einzelkatze geht es nicht so leicht. Ihr fehlen Mutter und Geschwister, wir müssen erst Bezugsperson werden. Deshalb beschäftigen wir uns gerade in den ersten Tagen viel mit ihr, reden in beruhigendem Tonfall mit ihr, wobei wir ständig ihren Namen benutzen. Die erste Nacht sollten wir sie möglichst nicht allein lassen.

Wenn sie ihr Erstzimmer genau erkundet hat, wenn gesunder Appetit und die Benützung der Toilette zeigen, daß sie sich eingewöhnt hat, dann steht ihr die ganze Wohnung offen. Es gibt Katzenindividuen, die sich Neuem schnell anpassen und andere, die leiden. Falls der Neuling zwei, drei Tage Nahrung verweigert und alle Mühen der Eingewöhnung nichts fruchten, sollte man das Kätzchen für einige Tage zur Mutter zurückbringen.

Frißt es dort wieder gut, kann man es noch mal versuchen. Und jetzt ist ihm das Erstzimmer, der Korb, das Spielzeug schon vertraut, Bei diesem zweiten Anlauf im neuen Heim wird es sicher gutgehen.

So findet eine Katze ihr Zuhause

Wie wir bei Kipling gelesen haben, geht die Katze ihre eigenen Wege. Es ist also nicht unbedingt sicher, daß das Kätzchen für immer bei Ihnen bleibt. Ist die Atmosphäre ungut oder gibt es häufig Krach, dann kann eine selbständig gewordene Katze auch

2 »Die brave Mietze«, eine lehrreiche Geschichte für alle braven Kinder. Wiener Bilderbogen Nr. 6, 46 × 32 cm.

3 »Die schlimme Mietze«, eine lehrreiche Krampusgeschichte. Verlagsanstalt Wiener Bilderbogen, Gottfried Sieben, Wien. Bogen Nr. 2: Szenen aus dem Katzenleben als Lehrstück.

ausziehen. Katzen haben ein großes Harmoniebedürfnis, sie brauchen für ihr Wohlbefinden die Ausstrahlung von innerer Zufriedenheit, von Gelassenheit, das Gegenteil von Hektik. Bei aller Liebe aber muß man dem Tier die Freiheit des Zärtlichseins lassen. Es ist doch um so befriedigender und schöner, wenn die Katze unsere Liebkosung fordert, als wenn wir sie pausenlos streicheln wollen. An den Lieblingsplätzen der Katze kann man ihre Einstellung zu den Menschen erkennen: Wer Zuneigung sendet, in dessen Nähe halten sie sich gerne auf, in dessen seelischem Umfeld ruhen sie.

In der Partnerschaft Katze/Mensch gibt es bei aller Individualität der Beteiligten gewisse Regeln, die eingehalten werden müssen. Je enger der Raum, auf dem beide leben, je weniger Ausweichmöglichkeiten, um so strikter ihre Befolgung.

Regel 1 (selbstverständlich): Der Mensch hat für richtige Nahrung, Unterbringung und Sauberhaltung zu sorgen.

Regel 2: Da sich die einzelgängerische Katze ihrem Menschen sozial anschließt (wider ihre Natur!), leidet sie unter allen Verhaltensveränderungen. In der Praxis bedeutet das: Im Zusammenleben mit einer Wohnungskatze dürfen wir uns keine gegensätzlichen Stimmungen leisten oder unsere Lebensführung ständig ändern.

Regel 3: Eine ruhende Katze muß ruhen können; sie soll Plätze haben, die nur ihr gehören.

Regel 4: Mensch und Katze sollen sich so häufig sie wollen miteinander beschäftigen. Nichts ist schlimmer für den nimmermüden Jäger als Langeweile.

Regel 5: Man soll seine Katze nicht unzulässig vermenschlichen. Beispiel: Nimmt man ihr durch Kastration rechtzeitig den Geschlechtstrieb, vermißt sie keineswegs die Freuden der Liebe.

Erziehung zur Sauberkeit

Fast immer ist die Katze, wenn sie mit mindestens zehn Wochen zu uns kommt, sauber und benützt das Katzenklo, es sei denn, sie hat auf einem Bauernhof im Freien gelebt. Beobachten Sie deshalb ihr Verhalten in den ersten Tagen, der Schock des Ortswechsels könnte sie wieder stubenunrein gemacht haben. Stubenrein wird eine Katze, wenn man sie rechtzeitig in ihre Toilette setzt. Das klingt einfach und ist auch einfach, sofern man das nach jeder Fütterung macht oder wenn das Kätzchen zu trampeln beginnt und unruhig wird.

Ins Katzenklo gibt man reichlich Katzenstreu, denn Katzen haben die angeborene Neigung, ihre Exkremente zu vergraben. Im Handel werden verschiedene Formen von Streu angeboten, die stärker geruchsbindend und flüssigkeitsaufsaugend als Sand, Torf, Sägespäne oder Papierschnitzel sind, die man früher benutzte. In unserer umweltbewußten Zeit geriet Katzenstreu in den Verdacht, Krebs zu erregen. Das hat sich als unbegründet erwiesen: Industriell hergestellte Katzenstreu, ob aus grobkörnig gemahlener Tonerde (= Meerschaum), aus Bimsstein, Kalziumsilikat oder Kieselgur, ist ungefährlich. Ich habe die besten Erfahrungen mit »Vitakraft« und »Catsan« gemacht.

Zum Eingewöhnen säubern wir das Klo nicht nach jedem Besuch, sondern lassen innerhalb der Schüssel einen gewissen Geruchsfilm stehen, der das Kätzchen wieder anlockt. Wer peinlich sauber ist und alle feuchten Stellen sofort entfernt, erzieht sich eine Katze, die immer darauf bestehen wird und das Klo nicht benutzt, wenn unter der Streu noch ein Geschäft von ihr verborgen ist. Das kann auf die Dauer lästig sein. Normale Katzen benützen auch ein Klo, in dem sie schon etwas verscharrt haben.

Die Hinterlassenschaft beseitigen wir mit einem Katzenstreulöffel. Die Streu wird alle zwei bis drei Tage erneuert und dabei die Schale ausgewaschen, einmal in der Woche mit einem unschädlichen, möglichst geruchslosen Desinfektionsmittel, zum Beispiel »Quartamon«.

Da Katzen ihr Geschäft sehr diskret verrichten, soll auch das Klo an einem ruhigen Ort stehen und immer zugänglich sein. Junge Katzen besuchen es etwa 15mal pro Tag. Zwei Klos sind besser als eines, und wenn Sie zwei Katzen haben, sollten es drei Toiletten sein.

Verlust der Stubenreinheit

Erwachsene Katzen können plötzlich die Stubenreinheit verlieren. Sie setzen ihr Geschäft neben das Katzenklo ab, pinkeln in Ecken oder sogar in das Menschenbett. Nach Dr. Ferdinand Brunner ist es häufig gerade dieser Platz, was man nicht ohne weiteres begründen kann. Es sei denn, die Katze war vom Vorbesitzer gewohnt, mit im Bett zu schlafen und darf es nun nicht mehr; oder sie durfte bisher im Bett schlafen und wird

wegen eines Babys oder einer neuen, kleinen Katze aus dem Schlafzimmer ausgesperrt. Das Nässen des Bettes ist wegen des äußerst intensiven und nur schwer zu beseitigenden Geruches besonders unangenehm, zumal die so markierte Stelle die Katze zum Wiederholungstäter macht. Hier hilft nur das Waschen mit einem enzymhaltigen Mittel. Auch das von der Vemie Veterinär Chemie, 4152 Kempen 1, Raum-Desodorant »R. D. 78« hilft ausgezeichnet gegen alle unangenehmen Tiergerüche.

Stubenunrein wird eine Katze durch Rolligkeit oder der unkastrierte Kater, weil er in der Nachbarschaft eine Braut wittert. Das ist natürlich und geht vorüber. Alle anderen Fälle sind psychisch bedingt: Konfliktsituationen, Eifersucht, Frustationen durch Versagen des menschlichen Partners: Man muß also, wenn Stubenunreinheit vorkommt, zunächst bei sich selbst suchen. Vielleicht ist man aus irgendeinem Grund auch mit der Toilettenreinigung nicht so sorgfältig wie gewohnt. Anmerkung von Dr. Brunner, der sich in »Wie sag' ich's meiner Katze« über mehrere Seiten mit diesem Thema befaßt: »Es bedarf gleichermaßen Beobachtungsgabe wie Erfindungsgeist, um nicht zu sagen kriminalistischen Scharfsinnes, um die jeweils individuell angepaßte Methode zur erfolgreichen Behandlung und Beeinflussung der Katze herauszufinden.«

Katzen, die von klein auf nicht stubenrein werden, haben entweder einen Sinnesdefekt, sind strohdumm oder völlig überzüchtet. Deshalb kommt diese Fehlhaltung häufiger bei Rassekatzen vor als bei den normalen Hauskatzen.

Grundschule der Erziehung

Das Märchen von der Unerziehbarkeit der Katze wurde von Katzenfreaks verbreitet, die die Unabhängigkeit dieser Tiere idealisiert haben, die nicht sehen wollen, daß Katzen in unserer heutigen Welt weitgehend vom Menschen abhängig sein müssen. Zitat aus der Unerziehbarkeits-Ecke von Axel Eggebrecht: »Eine abgerichtete Katze ist ein Greuel, eine

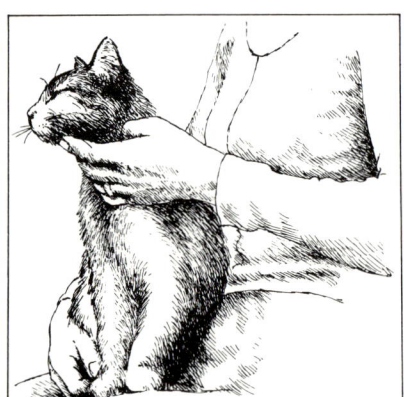

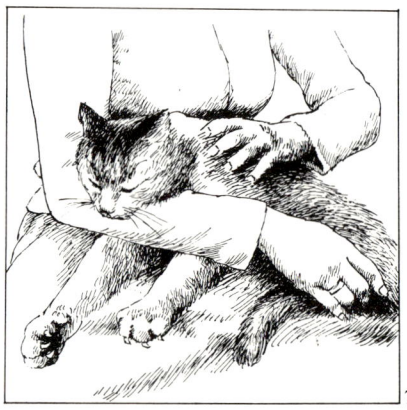

4/5/6/7 Ist die Katze mit uns vertraut, zeigt sie ihre Zuneigung, indem sie um unsere Beine streicht. Sie möchte, daß wir sie hoch nehmen, sie auf den Schoß setzen, mit ihr reden, sie streicheln und kraulen. Besondere Entspannungszonen sind Kinn und Hals sowie die Schultern und der Rücken bis zum Schwanz.

8 Eine Idylle, fast zu schön, um wahr zu sein. Wobei unserer Katze diese Vögel wahrlich zu groß sind. Katze und Vögel: ein Reizwort in der Auseinandersetzung um frei laufende Katzen. Dabei sind Katzen, von wenigen Spezialisten abgesehen, keine guten Vogelfänger; streunende, hungrige Katzen schon gar nicht.

Schändung der Kreatur, die einem Tränen der Wut in die Augen treibt.« Katzen lernen sogar gerne, wenn man es richtig anfängt. Ich wünschte, einer unserer Bassets wäre je so schnell auf Namensruf aus der entferntesten Ecke des Gartens, aus dem hintersten Hauswinkel gekommen, wie unsere Kater Koko und Puma.

Man muß nur Geduld haben, die Katzen durch Belohnungen und Spiele motivieren, sie nie zwingen, nicht überfordern und mit Lob nicht geizen. Wie bei jeder Erziehung sind Konsequenz, Freundlichkeit, Ruhe und Geduld die wirkungsvollsten Voraussetzungen. Daß Sie nicht wider die Natur handeln, wenn Sie Ihre Katze zu einem guten Hausgenossen

erziehen, können Sie an einer Katzenmutter mit ihren Jungen beobachten: Was bringt sie denen alles bei, wie geduldig ist sie und wie konsequent straft sie. Ohne Zorn, ohne Gekeife, mit einem gezielten Pfotenschlag.

Und das sollten Sie Ihren Katzen abgewöhnen oder beibringen, nachdem Sie sich mit der oder den Kleinen vertraut gemacht haben:

1. Keine Unarten dulden. Wie süß erscheint es, wenn die Kätzchen unsere Beine als Kletterbaum benutzen, wenn sie Angriffe auf unsere Hände starten, wenn sie uns mit den klitzekleinen Zähnchen beißen. Doch der Spaß vergeht und der Schmerz kommt: wenn die Krallen lang und

die Zähne groß geworden sind. Ich finde Katzenhalter mit permanent zerkratzten Händen und punktierten Beinen nicht bewundernswert; sie haben unerzogene Katzen. Von klein auf abgewöhnen, spielerisch ablenken, mit einem NEIN verbieten, mit dem Finger Mutters Pfote imitieren und einen Nasenstüber geben, der allerdings nicht zum Kampfspiel ausarten darf.

2. Nicht auf den Tisch springen lassen. Katzen sind neugierig und interessiert, was es alles auf dem Tisch zu untersuchen gibt. Ist es der Eßtisch, riecht es auch noch gut. Will sie springen, hält man ihr die flache Hand vor die Nase und sagt »NEIN«. Ist sie gesprungen, setzt

man sie unmittelbar nach dem Aufsetzen wieder auf den Boden, besser noch, man lenkt ihren Sprung so ab, daß er mißlingt. Füttert man sie unmittelbar vor dem eigenen Essen, wird sie gar nicht auf den Gedanken kommen, naschen zu wollen. Futterplatz, Futterzeit und Futternapf sollten feste, gleichbleibende Institution sein. Füttert man immer zu genau derselben Zeit, kann man seine Katze zur Pünktlichkeit erziehen. Das ist vorteilhaft bei einer frei laufenden Katze.

Es mag durchaus nett sein, wenn Katzen zusammen mit ihrem Menschen essen, aber es kann auch sehr lästig werden, wenn man zum Beispiel nicht mit seiner Katze allein ist. Bei Tisch gibt man keine Leckerbissen, sonst kann man diesen Erziehungspunkt gleich streichen.

3. Vorhänge sind nicht zum Klettern da. Natürlich verlockt ein wallender Vorhang das Kätzchen zu einer Kletterpartie, natürlich werden Tischdecken gerne vom Tisch gezogen. Im Katzenzimmer macht man die Vorhänge am besten ab, bis die Kätzchen etwa neun Monate alt sind. Dann ist diese Spielphase ausgestanden. Sonst nimmt man die Kletterer ab, sagt wieder »NEIN« und setzt sie auf den Boden. Geduld muß man dabei schon haben, ein Papierball oder eine Schnur lenken sie ab.

Das Tischdeckenzerren haben wir mit großem Erfolg durch leere Konservendosen, am Rand des Tisches aufgebaut, tabuisiert: Der Schreck vor dem rasselnden selbstverschuldeten Absturz war nachhaltig.

4. Polstermöbel sollen nicht zerkratzt werden. Nichts Schöneres für das naturgegebene Krallenwetzen gibt es als Polster- und Korbmöbel. Auch klettert man gerne an Sofarücken mit kratzenden Krallen hoch oder schlägt sie in die Lehnen von Sesseln. Läßt man das Kätzchen gewähren, wird es auch die Katze exerzieren, und man muß, will man nicht mit zerschlissenem Chintz oder aufgerauhtem Samt leben, rechtzeitig Ersatz schaffen. Das besorgt man durch Aufstellen von Kratzbrettern und Kletterbäumen (siehe Seite 181). Ehe man die Katzen an die Kratzmöbel gewöhnt, tabuisiert man die anderen. Beginnt

unsere Katze an einem Sessel zu kratzen, lustvoll, übermütig, wie provokativ, nehmen wir sie dort weg, betonen unser gekonntes »NEIN« und tragen sie zum Kratzbrett und streifen dort spielerisch ihre Pfoten auf und ab. Dies alles bitte ohne strengen Zwang, ohne Hektik und mit viel Geduld. Wer das Kratzbrett mit etwas Katzenminze präpariert hat oder einen schon mit Kräutern präparierten Kartonkratzpfosten benutzt, wird vielleicht schneller Erfolg haben. Wem ein Kratzbrett zu dominierend ist: unsere Katzen lieben eine rauhe Fußmatte sehr.

Ist die Katze schon kratzbrettgeübt und provoziert uns regelrecht an der Rückwand des Biedermeiersofas, dann werfe ich ein Klirrkettchen nach ihr; das hat Erfolg und schadet gar nicht.

5. Auf Rufen kommen. Beim Hund nennt man es Appell, und er ist die Voraussetzung für jede Erziehung. Auch Katzen sollten auf ihren Namen hören und kommen. Das ist besonders für frei laufende Katzen wichtig und auch nicht so schwierig, denn das der Mutter Folgen ist jeder Katze angeboren. Man ruft eine Katze mit ihrem Namen, den sie, wenn sie einigermaßen intelligent ist und wir ihn konsequent benutzen, bald lernt.

Wir rufen unsere Katze zu angenehmen Dingen, zum Fressen, zum Spielen, zum Vor-die-Tür-Dürfen. Nie aber sollte der Komm-Ruf mit etwas Unangenehmem für die Katze verbunden sein; Medizin-Einnehmen zum Beispiel oder plötzliches Einsperren, wenn man selbst fortgehen will. Da Katzen sehr gelehrig und merkfähig sind, dürfen uns hierbei keine Fehler unterlaufen.

Wir rufen den Namen und ein Kennwort; also: »MUCKI« und »KOMM« oder/und »SUPPI«, wobei wir die Kennwörter nicht wechseln und, wenn SUPPI (= Mittagessen) gerufen wird, dann auch immer gefüttert werden muß.

Wir rufen nicht in scharfem Kommandoton, sondern lockend. Wir werden weder ungeduldig noch wütend, wenn es nicht klappt. Läuft das Kätzchen von selber auf uns zu, rufen wir und loben es. Das Lob ist immer

9

10

11

12

13

wichtig, zunächst soll es in Form eines Leckerbissens ausgedrückt werden, später durch ein verbales Lob oder Streicheln. Auch Spielen ist Loben. Eine vier Monate alte Katze sollte in der Wohnung auf Ruf zu uns kommen, eine sechs Monate alte auch im Freien.

6. *Stillhalten auf dem Arm.* Manchmal ist es wichtig, daß unsere Katze auf unserem Arm bleibt, so, wenn man sie von irgendwo wegtragen will. Mit ihren krallenbewehrten Pfoten kann sie sich im Prinzip gut befreien. Je mehr sie aber gewöhnt ist, schnurrend auf unserem Arm zu sitzen, wird sie auch in kritischen Situationen unseren Arm als besonders sicheren Platz empfinden und bleiben. Mit der kleinen Katze beginnen wir zu üben, ohne Zwang auszuüben: will sie abspringen, darf sie es tun. Wenn wir sie richtig halten, mit Unterstützung ihres Hinterteils, wenn wir mit ihr reden, wird sie gern auf unserem Arm bleiben und, nach konsequentem Üben, auf unseren Arm kommen, wenn wir sie rufen.

7. *An der Leine gehen.* Eine Katze an der Leine ist keine Vergewaltigung der Natur. Je rassereiner die Katze, um so nützlicher, notwendiger und auch dem Naturell entsprechender ist das Führen an der Leine. Manche Rassekatzen sind durch Generationen nicht mehr frei herumgelaufen und könnten sich in Freiheit gar nicht mehr behaupten. Sie sind menschenabhängig wie ein Hund.

Wer jemals erlebt hat, wie sich junge Hunde, also geborene Leinengeher, anstellen, um das An-der-Leine-Gehen zu lernen und wieviel Zeit und

9/10/11 Bilder aus dem Katzenleben: Der Katzenschlupf in der Gartentür ist in halber Höhe angebracht. Ein Baum im Garten ist schöner als der Kratzbaum im Zimmer, doch auf Frauchens Arm fühlt sich eine Katze immer schnurrig wohl.

12/13 Katzen lieben Verstecke, Plätze mit Seiten- und Himmelschutz. Die Tasche auf der Bank wird zum bevorzugten Lager, und durch nichts zu übertreffen ist ein hohles Baumstück im Garten, das man bei Kälte durchaus in den Wintergarten stellen kann.

Geduld es erfordert, bis sie die Leine dulden, wird nicht mehr behaupten, Katzen könnten keine Leine ertragen, sie seien dafür nicht geschaffen. Das ist falsche Sentimentalität: Alle Tiere, die wir zu uns genommen haben, müssen sich mit dem *Schicksal Haustier* abfinden, und die meisten tun es sogar gerne. Selbst wenn man nicht vorhat, mit seiner Katze an der Leine spazierenzugehen (wie man das macht, lesen Sie auf Seite 214), sollte man sie an die Leine gewöhnen. Eine leinenführige Katze ist im Auto und zum Besuch beim Tierarzt praktisch, auf Reisen, bei Ausstellungen oder zum Besuch beim Deckkater notwendig.

Lernen Sie schon das Kätzchen an, wenn es zu Ihnen kommt. Legen Sie ihm für kurze Zeit ein Gummibändchen um den Hals. Gewöhnen Sie es daran und ersetzen Sie das Band durch ein Halsband. Katzenhalsbänder sollten nur durch einen Druckknopf verschlossen sein, damit die Katze sich nicht mit ihm erhängen kann. Hat sich die Katze an den Fremdkörper gewöhnt, ersetzen Sie ihn durch ein Geschirr. Auch das wird zunächst Widerstand geben, doch mit fünf Monaten dürfte die Katze das Geschirr tragen und an der Leine gehen. Zwar nie bei Fuß, wie ein Hund, doch so, daß man sie irgendwohin führen und vor Fortlaufen bewahren kann.

Anmerkung: Siamesen gehen von sich aus gerne an der Leine, doch das Glöckchen am Halsband halte ich für Katzenquälerei. Oder möchten Sie eine Glocke am Hals tragen, die immer klingelt?

14 und 16 Théophile Steinlens Album »des Chats«, Bilder ohne Worte, enthält einige Blätter mit Kind und Katze. Hier der mißglückte Reitversuch (14) und der Krach um die Schüssel mit Milchbrei (16). Beachten Sie dabei die Körpersprache der beiden Katzen.

15 Katzen lieben das »Auge in Auge« mit ihrem Menschen. Deshalb fühlen sie sich auf dem Arm noch wohler als auf dem Schoß.

14

15

Wenn die Katze Vögel fängt

Die Bimmel am Hals soll die Vögel vor der Katze warnen. Nun wird die Katze als Vogelfängerin von Vogelfreunden meist überschätzt. Zwar geht es bei Prozessen um frei laufende Katzen fast immer um die Vogeljagd, doch wie ich schon (auf Seite 119) betonte, erwischen Katzen nur wenig Vögel und wenn, nur die am häufigsten vorkommenden wie Amseln, Spatzen und Stare. Ich habe unsere frei laufenden, frei jagenden Katzen noch nie mit einem gefangenen Vogel erwischt. Dafür nistet bei uns eine Neuntöter-Familie, die im Sturzflug und unter lautem Gekecker zur Brutzeit unsere Katzen angreift. Auch hat einer unserer Turmfalken,

die unter unserem Dachfirst wohnen, einmal einen Angriff auf ein Kätzchen gestartet.

Nun will ich das für Vogelliebhaber sicherlich schwerwiegende Problem nicht verharmlosen. Natürlich versuchen Katzen, vor allem die gutgenährten, satten Wohlstandskatzen, sich aus Spaß an der Freud' einen Jungvogel zu greifen; dagegen können auch Amselmütter Katzen ganz schön nervös machen und vertreiben. Wie umgekehrt eine um ein Vogelfutterhaus streichende Katze Nervosität unter den dort fressenden Vögeln verbreitet und sie verjagt. Und das mögen wiederum die Menschen nicht, die das Futterhaus aufgestellt haben, um die Vögel zu beobachten.

Gegenseitiges Verständnis und das Eingehen auf berechtigte Beschwerden verhindert Attentate auf unsere Katze, wenn auch ihre Freiheit richterlich garantiert ist. Mehr darüber ab Seite 260.

Zusammen mit einer Katze kann man durchaus einen Papagei oder einen Kakadu halten; sie wissen sich Respekt zu verschaffen. Wellensittiche oder Kanarienvögel sind nicht die geeigneten Hausgenossen. Sie verleiten die Katze zu Aggressionen und werden selber nervös und erregt.

Hat man ein Futterhaus im Garten, sorgt man dafür, daß es durch ein Schutzgitter um das Standbein für die Katze unzugänglich ist.

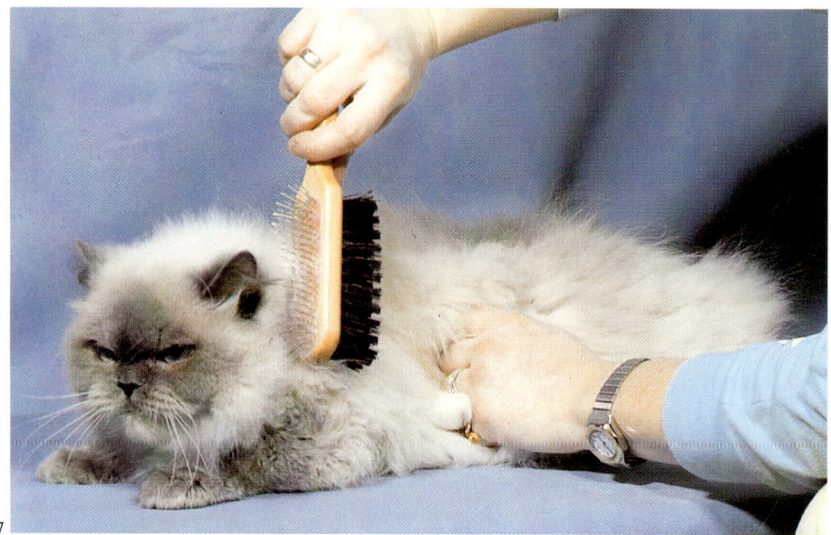

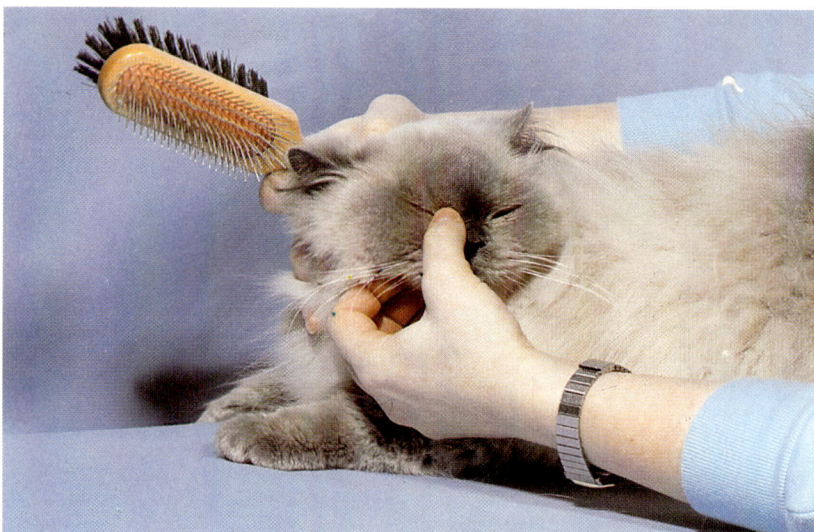

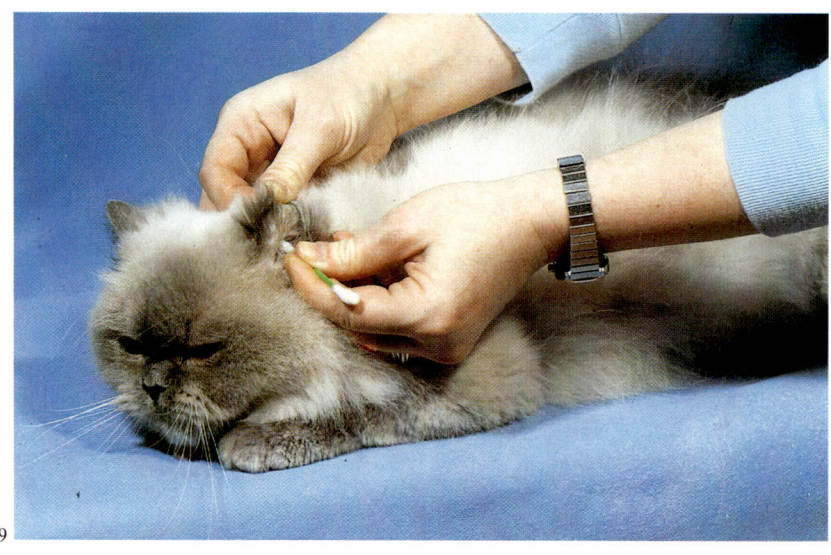

Wie man seine Katze pflegt

Eigentlich macht sie es selber sehr penibel, wie ich es auf Seite 113 beschrieben habe. Eine Katze, wenn sie nicht gerade von einem Regenausflug zurückkommt, muß nicht geputzt werden. Doch lieben es Katzen sehr, wenn man sie bürstet, krabbelt, krault und ihr Fell streicht, besonders an den Stellen, die sie selber nur sehr schwer erreichen können. Bei uns herrscht zur Putzstunde immer ein Gedränge, die Hunde wollen und die Katzen auch.

Für unsere kurzhaarigen Hauskatzen benutzen wir eine Bürste und einen etwas angerauhten Gummihandschuh. Und zur Zeit des Fellwechsels ist es immer erstaunlich, wie viele Haare die rauhe Katzenzunge nicht aus dem Fell geholt hat.

So bürsten wir und streichen mit dem leicht angefeuchteten Handschuh nach, und die Katzen lieben es und schnurren und drehen und schieben sich so unter den Händen, daß auch keine Stelle vergessen wird.

Beim Bürsten stehen die Katzen auf einem Tisch. So gemütlich die Pflegestunde mit untergelegtem Handtuch auf dem Schoß ist, auf dem Tisch geht es hygienischer und professioneller: Die Katzen wissen, daß Pflegezeit ist und nicht Schmusestunde. Wir bürsten mit dem Strich, dagegen

17 Mit einer Bürste, die feste Borsten hat, entfernt man nach dem Kämmen die losen Haare und regt die Hautdurchblutung an. Bei langhaarigen Rassen ist diese Pflege tägliche Pflicht.

18 Achten Sie darauf, daß Verkrustetes aus den Augenwinkeln entfernt wird. Vorsichtig mit dem Finger oder einem Papiertaschentuch, das in warmes Wasser getaucht wird, vorgehen.

19 Die Ohren müssen regelmäßig kontrolliert werden. Schmutz und Schmalz entfernt man vorsichtig mit in Wasser angefeuchteten Wattestäbchen.

20 Mit einer Einzelkatze muß man viel spielen, denn Langeweile ist mancher seelischen Krankheit Anfang. Eine Schnur zum Haschen, Fangen, Packen und Zerren ist ideal.

mögen es Katzen nicht, es kommt zu elektrostatischen Aufladungen. Dabei kontrollieren wir die Haut und schauen nach Flöhen und Zecken.

Flöhe sind schnell; man kann sie mit einem Flohkamm zwar aufstöbern, aber nicht fangen. Das macht man mit angefeuchteten Fingern und knackt sie zwischen den Nägeln. Vorsicht: Flöhe springen, und ihr Chitinpanzer ist hart. Da sie Krankheiten und Bandwürmer übertragen und sich rasch fortpflanzen, muß man sie rigoros bekämpfen: mit Spray, den Ihnen Ihr Tierarzt nennt. Bitte darauf achten, daß der Spray nicht in die Augen kommt, und die Katze vorher gut festhalten, denn sie mag das Sprayzischen (= Fauchen) nicht.

Wenn die Katze heimkommt und ein millimetergroßes braunes Scheibchen marschiert auf acht Beinen über ihr Fell, so ist das **ein Zeck.** Meist aber hat er sich schon fest in die Haut gebohrt und schwillt durch das gesaugte Blut bis auf Erbsengröße an. Das juckt, die Katze wird sich kratzen. Da Zecken wählerisch sind und sich die zartesten Hautstellen aussuchen, sitzen sie meist am Hals, um die Ohren und an der Schwanzwurzel. Ist man im Zeckenvernichten geübt, faßt man ihn fest zwischen Daumen und Zeigefinger – der sackähnliche Körper hält großen Druck aus – und zieht ihn so aus der Haut, als wolle man eine Schraube herausdrehen. Drehen deshalb, weil man dabei bes-

ser ziehen kann: ein Gewinde haben Zecken nicht. Vorne müssen die Krabbel- und Beißwerkzeuge noch vorhanden sein und sich bewegen. Die sicherere Methode ist das Einpinseln des Zeckenkörpers mit Öl. Man verstopft so seine Atemöffnungen, der Zeck fällt ab und vertrocknet irgendwo auf dem Boden.

Die Ohren der Katze müssen ständig kontrolliert werden. Zunächst auf Ohrenschmalz, das man mit angefeuchtetem Wattestäbchen (Wasser oder Babyöl) vorsichtig entfernt. Reagiert die Katze empfindlich, ist der Gehörgang verkrustet. Findet man dunkle Krümel, sollte man den Tierarzt aufsuchen, es kann sich um Ohrmilben handeln, die einen hefti-

20

gen Juckreiz und Ohrentzündungen verursachen. Manchmal sind diese Milben in der Umgebung verbreitet, und frei laufende Katzen stecken sich gegenseitig an.

Die Augen müssen nicht gepflegt werden, gelegentliche Absonderungen in den Augenwinkeln entfernt man, ehe sie das Fell verflecken. Tränen die Augen oder bildet sich Eiter, wendet man sich an den Tierarzt. Bei Perserkatzen mit »Stop« sind die Tränenkanäle verengt, die Augen tränen permanent, das Fell verfärbt sich. Hier müssen täglich mehrmals die Tränen abgetupft werden. Der Tierarzt kann Augentropfen verschreiben, das Waschen mit Borwasser ist von Übel.

Die Zähne sollten bei gesunder, richtiger Ernährung in Ordnung sein. Wenn außerdem regelmäßig Trockenfutter gegeben wird, dürfte sich kaum Zahnstein bilden. Trotzdem schauen wir uns Mund und Zähne an: Wirkt das Zahnfleisch entzündet oder hat die Katze Schwierigkeiten beim Fressen, ist wiederum der Tierarzt zu Rate zu ziehen.

Die Krallen kürzt und pflegt sich die Katze selber durch Kratzen. Es gibt auch kratzfaule Katzen, und wenn man verallgemeinern darf, sollen vor allem Perser dazu gehören. Zweimal im Jahr werden ihnen die Krallen an den Vorderpfoten mit einer Spezialzange geschnitten (siehe Seite 176, Abbildung 7/10), nachdem man es sich vom Tierarzt hat zeigen lassen. Auch wenn man seine Katze auf ei-

ner Ausstellung präsentiert oder in Urlaubspflege gibt, sollte man vorher die Krallen stumpfen.

Langhaarkatzen müssen regelmäßig gekämmt werden: einmal in der Woche mindestens, in der Zeit des Haarwechsels täglich. Denn die natürliche Katzenwäsche reicht bei der angezüchteten Haarpracht nicht aus. Damit das Haar nicht verfilzt, benötigt man zwei Kämme, einen gröberen und einen feinen. Wie man es richtig macht, läßt man sich vom Züchter zeigen, bei dem man seine Katze kauft. Lassen Sie sich auch das Lösen von Filzknoten beibringen. Sie dürfen ihre Langhaarkatze in der Pflege nicht vernachlässigen. Zitat von Ulrike Müller in »Das neue Katzen-

buch«: »Ich habe schon Perserkatzen gesehen, die wochenlang nicht gekämmt wurden. Ihre Haarknoten waren so zahlreich und so dicht an der Haut, daß sie niemanden ohne Gegenwehr an ihr Fell heranließen. Diese vernachlässigten Tiere müssen in Vollnarkose vom Tierarzt geschoren werden.«

Langhaarkatzen pflegt man zusätzlich einmal im Monat mit Puder, der aber wieder sorgsam ausgebürstet wird, wenn er eine Zeit eingewirkt hat. Kurzhaarkatzen bekommen durch Puder ein struppiges Fell.

Ein Problempunkt ist der After der Langhaarigen, der leicht verkrusten kann. Hier putzt man bei Bedarf mit warmem, feuchten Tuch.

21 Claudine Huza-Maréchal hat in Paris Katzen fotografiert, die »im Berufsleben stehen«. Minette verkauft geröstete Erdnüsse und läßt sich von Stammkunden auch streicheln. Sie schätzt die Wärme des Ofens sehr.

22 Kiki ist eine Bonbon-Katze. Sie achtet darauf, daß die Süßigkeiten ihrer Madame nicht von Mäusen angeknabbert werden und fängt auch die Süßes liebenden Silberfische.

23 Inmitten von Blumenzwiebeln und Knoblauchzehen ist Lulu zu Hause. Nach rosa Knoblauch aus der Auvergne ist er fast süchtig, Meerrettich verabscheut er ebenso, wie er Tulpen liebt.

24

25

Baden haben die meisten Katzen nicht nötig und verabscheuen es. Eine Ausnahme machen wiederum die Langhaarigen vor Ausstellungen oder wenn sie sich sehr beschmutzt haben. Manche Hautleiden verlangen ein Bad, das der Tierarzt dann verordnet. Nur Babyshampoo oder Spezialshampoo für Katzen benutzen.

Das Wasser soll eine Temperatur von 30 bis 35 Grad haben, die Katze muß auf einer rutschfesten Gummiunterlage stehen; das Wasser darf ihr höchstens bis zum Hals gehen, und

24 Pompon, der Textilkater, ist stolz auf sein Samthalsband und auch darauf, daß er so gravitätisch an der Leine geht.

25 Marie träumt von den Lammkoteletts, die gerade in der Küche ihres kleinen Bistros gebraten werden.

26 Rosy muß von Mäusen träumen, denn salzloser oder sonstiger Diätzwieback ist nicht gerade die Erfüllung eines Katzenlebens.

27 Die Fenster sind vergittert, als wären die Socken und Hemden darin aus purem Gold. Mimi spielt manchmal mit den Gitterschatten.

28 Für Moumou ist das Leben auf der Straße immer interessanter als ihre elektrischen Küchenquirle, Kaffeemühlen oder Haarföne.

alles muß ganz sanft und ruhig verlaufen. Wasserhahn, Wasserstrahl oder Wasser über den Kopf erschrekken sie. Nach dem Bad mit warmen Tüchern abfrottieren, vor Zugluft und Kälte schützen. Das Geräusch eines Föns haßt sie. Kurz, das Katzenbad ist eine nervenaufreibende Angelegenheit für alle Beteiligten, und Lesern, die jetzt sagen »Bei meiner Katze nicht!«, kann ich nur gratulieren – oder sie baden ihre Katze zu oft.

Wie man eine Katze trägt
Die Katzenmutter verfügt über einen speziellen Tragegriff, mit dem sie das Kätzchen am Genick packt. Durch richtigen Druck auf die richtigen Stellen fällt das Kleine in die *Tragestarre* und läßt sich mühelos transportieren. Wir können das nicht und tun der Katze weh. Der Griff zum Nacken ist jedoch gut, um die Katze festzuhalten, während man mit der anderen Hand unter den Bauch oder um das Hinterteil greift. So kann man sie hochheben und dabei sanft ihren Rücken an sich drücken; das Gesicht sollte die Katze von uns weggewandt haben. Also nie das Kätzchen nur am Nacken oder gar Nackenfell hochheben und eine erwachsene Katze schon gar nicht. Der Griff unter die Achseln, mit denen Kinder Katzen hochheben, tut den Bändern der jungen Katzen nicht gut; von Kindern dulden sie es, auch wenn diese sie noch so an sich pressen. Zeigen Sie

Ihren Kindern, wie man es richtig macht. Erwachsene Katzen trägt man, mit einer Hand das Hinterteil unterstützend, mit der anderen Hand hinter den Vorderbeinen die Brust umfassend, auf der Hüfte (siehe Abbildung 3, Seite 253). Je früher wir das mit unserer Katze üben, um so leichter wird es auch in kritischen Situationen klappen. Reden Sie aber immer beruhigend auf die Katze ein, wenn Sie sie hochheben.

Auch bei Ausstellungen werden die Katzen auf der Hüfte getragen. Der Arm, dessen Hand die Vorderpfoten hält, klemmt mit dem Ellbogen das Hinterviertel der Katze gegen den Körper. Die andere Hand hält den Hals der Katze (siehe auch Seite 253). Niemals versuchen wir mit ungeschützten Händen und Handgelenken eine wütende, erschrockene oder ängstliche Katze zu fassen. Zuerst dem Tier gut zureden, danach an der Hand schnuppern lassen, nun eine Hand auf seinen Rücken legen und es dann erst hochheben.

Der Schlafplatz und die Bettenfrage
Natürlich ist es am einfachsten, das neue Kätzchen in unserem Bett schlafen zu lassen, so verliert es sicher sofort sein Heimweh. Die Kehrseite der Medaille: wir bekommen es nie wieder aus unserem Bett heraus. Wie sollte eine Katze das auch verstehen?

Nun ist eine Katze im Bett nicht jedermanns und auch nicht jederkatz'

POUR CARDIO-RENAUX
BISCOTTES
SANS SEL
Heudebert
POUR DIABETIQUES
BISCOTTES
AU GLUTE
Heudebert

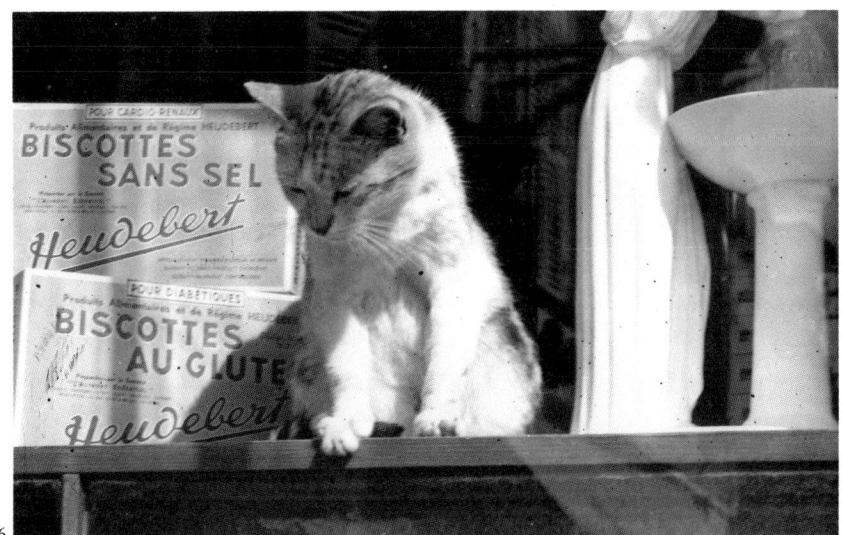

26

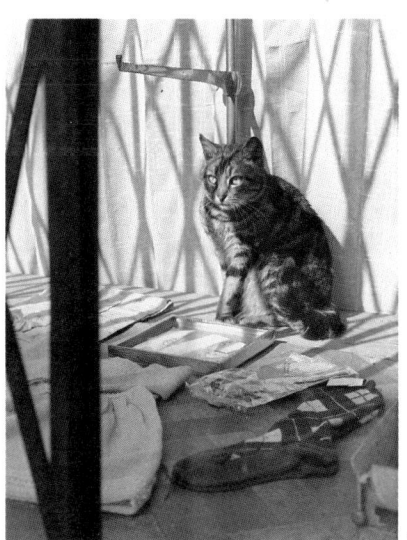

27

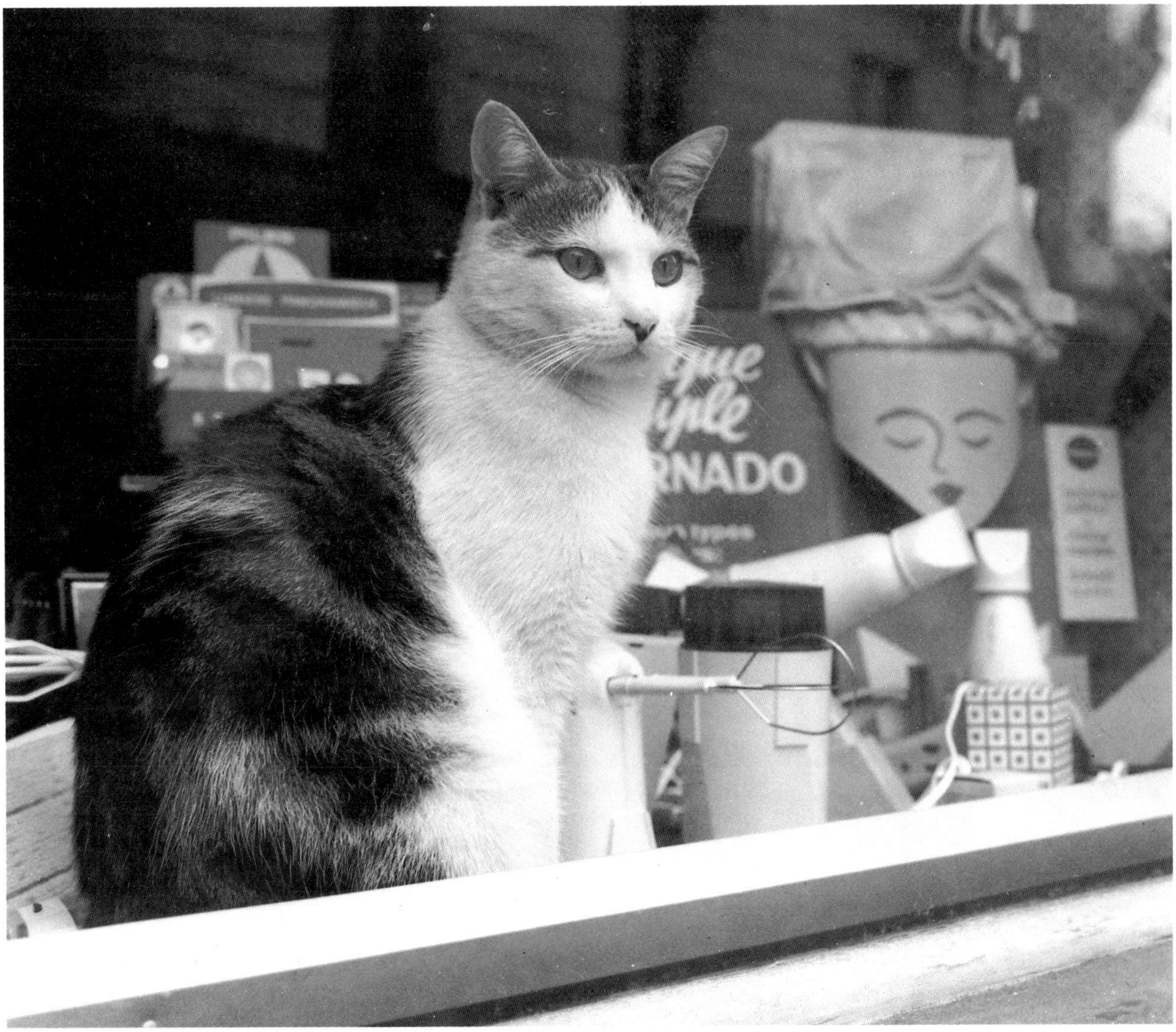

28

Sache. Der erhöhte, eigenständige Ruheplatz mit Nest- oder Höhlencharakter ist mancher Katze lieber. Natürlich empfinden es manche Alleinstehende beruhigend, nachts eine Katze bei ihren Füßen zu wissen. Doch die zu Füßen schlafende Katze ist eine kaum der Praxis entsprechende Idealvorstellung. Die Katze wird sich im Lauf der Nacht auf Bauch oder Brust legen, Alpträume verursachen oder uns das Kopfkissen streitig machen. Deshalb bin ich strikt gegen die Katze im Kinder- oder sogar Säuglingsbett. Von hygienischen Gesichtspunkten einmal abgesehen, kann sich eine Katze auch auf Hals oder Gesicht eines Säuglings legen und einen Unfall verursachen. Doch

Erweichen bringen. Ihre Stimme wird so moduliert, daß wir nicht widerstehen können: bettelnd, fordernd. Geben wir dann nach, so ist der Punkt erreicht, wo sie uns völlig in der Hand haben.«

So weit haben wir es nie kommen lassen. Unsere Katzen haben ihre Nachtkörbchen, doch werden diese nicht immer benutzt. Was ihre Lagerstätten betrifft, sind unsere Katzen eher Nomaden. Sie haben Lieblings-Schlafplätze in unserer Wirtschaftsküche, ihrem »Heim erster Ordnung« (siehe Seite 115). Im Winter in der Nähe des Heizkörpers, im Sommer zwischen den Doppelfenstern und immer auf einem Stück Schaffell. Das war ihr Lager, als sie zu uns

kamen, und die Fellzotteln dienten ihnen als Zitzenersatz. Wohlig schnurrend und saugend lagen sie, mit den Vorderfüßen Milchtritte austeilend, auf dem Fell – und tun es manchmal noch. Als Wissenschaftler würde ich diese »Persistenz kindlichen Saugverhaltens« als harmlose Abnormität einstufen.

Als Tagesplätze lieben sie eine Decke auf dem großen Bauernschrank im Flur, von wo aus sie das Kommen und Gehen beobachten können, und Koko den Schreibtisch meiner Frau. Daneben schätzen sie die Umrandung des Kachelofens und die Oberkanten von Sessellehnen. Sie mögen es hoch, schon wegen der Hunde. Ansonsten legen sie sich aber auch zu

29

30

31

einmal Bett heißt immer Bett. Das beschreibt der Züchter Deutscher Rexkatzen, Willy Kania, in dem Artikel »Sind unsere Katzen intelligent?« in »Die Edelkatze« sehr gut:

»Katzen lernen sehr schnell, wenn etwas Angenehmes für sie damit verbunden ist. Das braucht nicht immer Fressen zu sein. Auch ein schöner, weicher Ruheplatz tut es. Nimmt man sie mit ins Bett und lockt dann mit dem Schlüsselwort ‚Bettchen‘, so haben sie recht schnell begriffen, was damit verbunden ist, vorausgesetzt, es ist ihnen danach zumute. Es kann sogar vorkommen, daß sie uns auffordern, ihnen den Zugang zum Bett zu ermöglichen. Dabei sehen sie uns mit Blicken an, die einen Stein zum

32

ihnen in deren Körbe und lassen sich nur durch 30 Kilo Basset-Körperlichkeit vertreiben, die sich dazu oder darauf legt.

Verborgene Plätze wie spaltoffene Schubladen, zum Wegwerfen an die Tür gestellte Weinkartons oder der Platz zwischen Autoreifen, Kotflügel und warmem Motor, sind wohl katzenüblich.

Unfallgefahren drinnen und draußen

Da unsere Katzen auch um das Haus herum sind, steigen wir nie mehr ins Auto und fahren los, ohne es vorher kurz zu inspizieren. Beinahe hätten wir einmal selbst unsere Kitten überfahren, die auf den Reifen geklettert war und an ihrem Platz unter dem

Schutzblech sitzen blieb, auch als der Motor schon lief. Sie rutschte erst vom anrollenden Rad, und auf einen Warnschrei meiner Frau konnte ich noch anhalten.

Das Überfahrenwerden als häufigste Unfallursache für frei laufende Katzen habe ich auf Seite 116 schon beschrieben; den tödlichen Unfall, als »wildernde Katze« erschossen zu werden, auf Seite 119. Im übrigen kann sie von einem Hund angegriffen und gewürgt werden, vor allem wenn sie den Umgang mit Hunden gewohnt ist. Die »naive« Katze, die noch wenig Erfahrung mit der Außenwelt hat, wird auf jedes andere Lebewesen freundlich zulaufen. Erfahrung, auch mit anderen aggressi-

ven Katzen, läßt sie ungemein feinfühlig werden und auf weite Entfernung zwischen einem gefährlichen und ungefährlichen Hund unterscheiden. Sie bringt sich entweder in Sicherheit oder bleibt gleichgültig.

Daß Katzen eine Maus fressen, die vergiftet war, ist selten und die Folgen nur in wenigen Fällen tödlich. Gefährlicher sind ausgelegte Giftköder, mit denen Katzen- oder Hundehasser morden. Diese tödlichen Fallen werden von Kennern in bevorzugte Leckerbissen praktiziert und sind deshalb nur für sehr verwöhnte Katzen ungefährlich.

»Kater vermißt seit dem 21. Oktober; weißgrau getigert, linkes Ohr tätowiert; hohe Belohnung auch für La-

borangestellte. Garantiert vertraulich.« Solche und ähnliche Anzeigen, die ich gefunden habe, signalisieren, daß Katzenfänger unterwegs sind. Wie groß jedoch die Zahl der wirklich gestohlenen Katzen ist, weiß man nicht. Die Diskussion um Tier-

29/30/31/32 Viele der Pariser Katzen erinnern an Conciergen: Sie haben die Straße vor dem Haus im Auge, sie beobachten die Haustür. Sie sitzen in der Sonne und warten, daß irgend etwas geschieht.

33 Sie tragen brav ihr Halsband: die Hausgenossen und Spielkameraden des kleinen Mädchens. Und sie verstehen sich alle drei sehr gut.

33

versuche steigert die Emotionen und die Gerüchte. Die Polizei in München zum Beispiel konnte nichts Konkretes ermitteln, dem Zoll sind keine Fälle illegaler Katzenexporte und -importe bekannt. Also doch nur verlaufen, von anderen Katzenfreunden als Findelkatze behalten oder überfahren? Die Hamburger Stadtreinigung, für tote Katzen zuständig, hat hochgerechnet, daß 25 Prozent aller Verkehrsopfer überfahrene Katzen sind.

Frei laufende Katzen können sich an Glassplittern die Pfoten zerschneiden. Das passiert keinesfalls selten, da auf Straßen und Wegen oft unachtsam und mutwillig Flaschen weggeworfen und zerschlagen werden.

Doch auch die Wohnung ist nicht gefahrenfrei.

Nichts herumliegen lassen: Gummiringe, Nähnadeln mit Faden, Perlen, Garn: können verschluckt werden. Reißnägel: kann sich die Katze eintreten. Plastiktüten: die Katze kann hineinkriechen und ersticken.

Unfallplatz Küche: Auf der heißen Herdplatte kann sie sich die Pfoten, an heißem Dampf die Nase verbrennen. Wenn gekocht oder gebacken wird, gehört die Katze nicht in die Küche.

Unfallort Maschinen: Heißes Bügeleisen: Verbrennungsgefahr; Elektromesser: Verletzungsgefahr; Waschmaschine und Geschirrspüler: Vorsicht, die Katze kann hineinkriechen; Tiefkühlschrank: Erfrierungsgefahr.

Unfallort Wohnzimmer: Offener Kamin: Verbrennungsgefahr; offene Schubladen: versehentliches Einsperren und Ersticken; Türen: Einquetschen oder Verletzen durch Zuschlagen infolge Zug, Einsperren oder Aussperren; Vergiftung durch Zimmerpflanzen.

Gefährlicher Weihnachtsbaum: Verschlucken von glitzerndem Lametta; Verbrennung oder Zimmerbrand durch umgeworfene Kerzen.

Gefahr durch Vergiftung: Autoöl und Heizöl enthalten für die Katze giftige Stoffe. Vergiftungen oder Verätzungen durch Wasch- und Putzmittel: Nur unschädliche Mittel benutzen, das ist auch für uns Menschen gesün-

der, sonst unter Verschluß halten. Arzneimittel wegschließen wie bei Kleinkindern; daran denken, daß Katzen beweglicher sind als Kinder. Sprays nicht in geschlossenen Räumen verwenden.

Gefahr durch Elektrizität: Katzen können Elektrokabel anknabbern und Schläge, Verbrennungen oder Tod erleiden. Aufpassen und Kabel aus dem Stecker ziehen, wenn die Katze unbeobachtet ist.

Gefahr durch Mausefallen: Verletzungen, Amputationen. Keine Fallen aufstellen.

Gefahr durch Fenster und Balkon: Viele Katzen erhängen sich an Kippfenstern oder brechen sich die Beine. Nie das Kippfenster ankippen, wenn die Katze im Zimmer ist, oder durch einen Einsatz verhindern, daß die Katze immer tiefer in die Schräge rutschen kann. Am besten Kippfenster meiden. Offene Fenster verlocken zum Sprung ins Freie und zum meist tödlichen Sturz in die Tiefe. Daß Katzen nur aus bestimmten Höhen auf ihren vier Füßen landen, habe ich auf Seite 81 beschrieben. Ein unbeschadeter Fenstersturz, der natürlich auch einmal vorkommt, grenzt immer an eine Art Wunder. Auch der Balkon sollte gesichert werden, wie auf Seite 180 beschrieben. Balancegefühl und Schwindelfreiheit nützen der Katze wenig, wenn sie durch einen Vogel, einen Schmetterling oder ein wehendes Blatt zu einem kühnen Sprung verleitet wird, der für sie ins Nichts führt. So schön Kletterpartien auf Dächern sind, so gefahrvoll ist das Drumherum.

Gefahren durch Wasser: Nicht, daß eine Katze freiwillig hineingeht; sie kann in die gefüllte Badewanne, in einen tiefen Wassertrog im Garten, in die Regentonne oder in den Swimmingpool fallen. Das wäre an sich nicht tragisch, wenn das Behältnis Ränder hat, an denen sie sich wieder herausziehen kann. Glatte Ränder sind der Katzen Tod. Das bedeutet, den Swimmingpool zudecken, wenn er nicht benutzt wird – was man sowieso gegen Laub tut – oder am Rand ein hölzernes Schwimmfloß verankern, wie ich es bei Bekannten gesehen habe. Dort hat es der Katze das Leben gerettet.

34

35

36

Hitzschlag im Auto: Katzen sind gegen Hitze noch empfindlicher als Hunde. Auch hier gelten die Regeln: Keine Katze im parkenden Auto lassen, wenn es draußen heiß ist oder der Wagen in der Sonne steht. Bei Urlaubsreisen mit dem Auto im Hochsommer und bei Staugefahr in einer Thermotasche kalte feuchte Tücher mitnehmen. Sobald eine Katze zu hecheln beginnt, wird es gefährlich. Sofort durch Kühlung die Körpertemperatur senken.

Die Katze und das Auto

Seine erste Autofahrt hat das junge Kätzchen gemacht, als Sie es von seiner Mutter holten. Das habe ich zu Beginn dieses Kapitels beschrieben. Von Ihren Lebensgewohnheiten hängt es ab, ob Ihre Katze eine gelernte Beifahrerin wird oder ob sie ein Auto nur zu einigen Fahrten zum Tierarzt besteigen muß; und dann ist sie eigentlich immer im Transportkorb.

Grundsätzlich sollten Katzen nicht frei im Auto herumklettern können, das verstößt gegen die Sicherheit und gegen die Straßenverkehrsordnung. Zwar wird man in den Bestimmungen nichts über Katzen im speziellen finden, doch juristisch sind alle Tiere »Sachen«, und als Sache zählt die Katze zur Ladung und die muß »verkehrssicher verstaut« sein. Das heißt also: in einem Transportkorb oder zumindest auf einem Schoß auf den Hintersitzen, wobei ein Sicherheitsnetz den Fahrer schützt, falls bei einer Notbremsung oder einem Aufprall die Katze wie ein Geschoß nach vorne fliegt.

34/35/36 Bilderfolge aus dem Leben eines kleinen Katers: Abwarten, ob jemand mit ihm spielt. Verlockendes Blechauto, das schnurrt und sich bewegt. Schnürsenkel, an denen man ziehen, in die man beißen und die man fangen kann, wenn der große Schuh sich bewegt.

37 Katzen im Auto: Sie sollen entweder gut gesichert in einem verschlossenen Korb oder richtig festgehalten auf dem Schoß transportiert werden. Möglichst auch Halsband und Leine anlegen. Nie frei herumklettern lassen.

Auch wenn sie ihren Platz in einem Transportkorb hat, muß die Katze an das Auto gewöhnt werden. Die Umgebung muß ihr vertraut sein, damit sie sich nicht erschreckt und bei der nächstmöglichen Gelegenheit fortzulaufen versucht. Zeigen Sie der Katze das Autoinnere, als sei es ein neues Zimmer. Legen Sie ihr die Lieblingsdecke hinein, die vertraute Transporthöhle. Steigen Sie mit ihr ein, lassen Sie sie alles beschnuppern: das Auto muß ihr vertraut werden. Empfehlenswert für den Transport im Auto sind auch Halsband und Leine: sie und das Auto sollten für die Katze ein Begriff werden.

Ist Ihre Mieze mit dem Auto vertraut geworden, legt sie sich hin und schläft auch einmal eine Runde; dann können Sie den Motor anlassen und nach einigen Proben richtig losfahren. Man muß sich und der Katze genügend Zeit lassen. Das gilt vor allem, wenn die Katze eine richtige Beifahrerin werden soll und Sie sie mit auf größere Fahrten oder in den Urlaub nehmen wollen. Das Wichtigste dabei: Entweder ist unsere Sanftpfote in ihrem gewohnten Transportbehälter untergebracht, der weder rutschen noch kippen kann und auch nicht so zwischen den Sitzen steht, daß unser Passagier nichts sieht. Oder die Katze ist angeleint, so daß sie sich vom Rücksitz aus bewegen kann, ohne die Vordersitze zu erreichen. Die Hutablage vor dem

37

Rückfenster ist zwar ein dekorativer aber keinesfalls verkehrssicherer Katzenplatz.

Nur wenige Katzen werden leidenschaftliche Beifahrer, mit ihnen kann man verreisen. Manche benehmen sich manierlich, die kann man schon einmal zu einem Ausflug mitnehmen. Eine große Zahl läßt sich eben noch zum Tierarzt fahren, und den wenigen, die das Autofahren nicht vertragen und sich übergeben, sollte man in Notfällen ein Mittel gegen Reisekrankheiten oder – in Absprache mit dem Tierarzt – ein Psychosedativum geben, sie aber sonst zu Hause lassen.

Mit der Katze verreisen

Ein Grund dafür, die Katze im Auto, in der Eisenbahn oder im Flugzeug mitzunehmen, kann eine Ausstellung sein. Man muß sich das genau über-

39

legen, denn die Katze soll sich ja gesund und in bester Kondition präsentieren. Der wichtigere Grund: man fährt in Urlaub und möchte die Katze mitnehmen.

Notieren wir uns, was alles zu beachten ist:

Katze im Hotel: Vorher klären, ob das Hotel Gäste mit Katzen aufnimmt. Man bringt die Katze im Badezimmer unter, wo man problemlos ein auch improvisiertes Katzenklo aufstellen kann und natürlich den Reiseschlafkorb und die Schüsseln für Fressen und Trinken.

Das Katzengepäck: Der zu verschließende Katzenkorb, der ihr vertraut ist und in dem unter der Decke – für alle Eventualitäten – eine dicke Lage Zeitungspapier liegt. Katzengeschirr und Leine. Futternapf und Wasserschüs-

38

sel. Dosennahrung und Trockenfutter der gewohnten Sorten. Katzenklo und Katzenstreu. Viele Papiertücher für kleinere und größere Unfälle unterwegs oder im Hotel. Medikamente gegen Durchfall und Verstopfung. Ein Spray gegen Flöhe und sonstige Parasiten. Kamm und Bürste. Das Lieblingsspielzeug – und vergessen Sie nicht den Dosenöffner. Für das alles benötigen Sie, wenn Sie nicht im Auto reisen, einen zusätzlichen Koffer.

Vor und während der Reise: Füttern Sie das letzte Mal sechs Stunden vor Reiseantritt, den letzten Wasserschlabber darf sie zwei Stunden vorher tun. Unterwegs wird nicht gefüttert, zu trinken gibt es nur an heißen Tagen während der Rast. Dann müssen Sie allerdings mit Flüssigkeitsproduktion rechnen. Machen Sie während der Autofahrt ausgiebige Pausen und kurze Spaziergänge mit der Katze an der Leine. Das schadet auch Ihnen nicht. Achten Sie nur darauf, daß Ihnen die Katze nicht wegläuft.

Die Fahrt mit der Eisenbahn: In der Bundesrepublik reisen Katzen kostenlos. Sie müssen in einem Behälter untergebracht sein und dürfen während der Fahrt nicht herausgenommen werden. Bitte Rücksicht auf andere Reisende nehmen. Anmerkungen einer vielreisenden Züchterin: Erkundigen Sie sich immer nach einem noch späteren Zug. Mit Katze und Gepäck ist man manchmal nicht so schnell. Und da es viele Katzenbewunderer gibt: man findet fast immer jemanden, der einem hilft, den Katzenkram zu tragen.

Die öffentlichen Verkehrsmittel: In Bussen und Bahnen städtischer Verkehrsbetriebe gelten meist die gleichen Regeln wie bei der Eisenbahn: kostenlose Beförderung, Unterbringung im geschlossenen Behälter. Aus Rücksichtnahme auf das Nervenkostüm der Katze und anderen Mitfahrern gegenüber sollte man nicht zu den Hauptverkehrszeiten fahren.

Die Katze im Flugzeug: Vorher fragen erspart Komplikationen, denn die Bestimmungen der einzelnen Fluggesellschaften sind recht individuell. Melden Sie sich mit Ihrer Katze

40

41

rechtzeitig an; fliegt kein Hund mit, dürfen Sie sie in die Kabine nehmen. Letztlich entscheidend ist das Wort des Kapitäns. Transportbehälter stellen die Fluglinien, verwenden Sie Ihren eigenen, darf er eine Maximalgröße von 46 × 25 × 31 cm haben. Chartergesellschaften nehmen keine Katzen mit, auch Reedereien sind da sehr eigen. So müssen Sie bei Kreuzfahrten auf die Begleitung Ihrer Mieze verzichten.

Mit der Katze ins Ausland: Schmuggeln Sie nie Haustiere. Das kann teuer werden, ärgerlich und Ihre Mieze vielleicht für Monate in Quarantäne bringen.

Am Anfang aller Auslandsreisen steht der *Internationale Impfpaß*, in den der Tierarzt die Impfungen gegen Tollwut und andere Infektionskrankheiten einträgt. Auch das amtliche Gesundheitszeugnis und die amtliche Identitätsbescheinigung werden in dem gelben Paß bestätigt; die Seiten dafür sind vorgesehen. In den verschiedenen Ländern gelten unterschiedliche Vorschriften, die kurzfristig geändert werden können, so daß die folgenden Angaben (Stand Frühjahr 1985) vielleicht nicht mehr aktuell sind. Auskünfte erhalten Sie bei den jeweiligen Länderkonsulaten, dem zuständigen Veterinäramt oder beim Deutschen Grünen Kreuz, D-355 Marburg/Lahn, Telefon 06421/2 40 44.

Eine Impfung gegen Tollwut benötigt man bei der Einreise (oder Wieder-

38/39 Hindernisse sind dazu da, überklettert oder durchkrochen zu werden. Es ist erstaunlich, durch welch schmale Öffnungen eine Katze sich zwängen kann. Deshalb sind Eisengitter kein Schutz vor dem Fortlaufen.

40 Das Öffnen von Türen durch einen Sprung auf die Klinke lernen Katzen, ohne daß man es ihnen eigens beibringt. Wer's verhindern will, bringt Drehknöpfe an.

41/42 Eine Katzenklappe mit magnetischem Verschluß, die sich problemlos in jede Tür einbauen läßt und sowohl als Ein- wie Ausgang zu benutzen ist. Maße

42 *16 × 16 cm. BRS-Katzenklappen.*

einreise) in die Bundesrepublik und in die Schweiz.

Impfung gegen Tollwut plus Impfung gegen Katzenseuche ist Vorschrift bei der Einreise nach Frankreich.

Impfung gegen Tollwut plus amtstierärztliches Gesundheitszeugnis ist erforderlich bei der Einreise nach Belgien, Bulgarien, in die DDR, nach Italien, Jugoslawien, in den Libanon, nach Luxemburg, Marokko, in die Niederlande, nach Griechenland, Berlin West, Österreich, Polen, Rumänien, Tunesien.

Nur ein amtstierärztliches Gesundheitszeugnis braucht man bei der Einreise in die Sowjetunion, Tschechoslowakei und nach Ungarn.

Zusätzliche besondere Bestimmungen sind zu beachten bei Reisen nach Israel, Kanada, Spanien und in die Türkei.

In Quarantäne muß die Katze, wenn man nach Finnland, Großbritannien, Irland, Norwegen oder Schweden reisen will. Man läßt sie also besser zu Hause. Dann braucht man jemanden, der die Katze in Pension nimmt. Am besten eine Person, die die Katze kennt; noch besser, wenn diese in unsere Wohnung zieht.

Müssen wir die Katze in eine völlig fremde Umgebung verpflanzen, sollte sie zumindest ihr vertrautes Lager mitnehmen. Zwei Katzen ertragen die Trennung leichter als eine. Wichtig ist, daß man das Fortgeben plant, besser ist, man erspart es ihr.

43 Diese Katzentür an einem Stalltor wurde in Südtirol fotografiert.

Wenn die Katze fortläuft

Sie springt vom Arm, weil sie irgend etwas erschreckt hat. Sie wischt durch die offene Tür, weil sie draußen eine Bewegung gesehen hat. Und wir rennen schreiend hinter ihr her. Das ist so falsch wie nur möglich. Denn jetzt erschrecken wir die Katze, jagen die Jägerin, und sie flieht weiter, als sie eigentlich vorhatte.

Richtig ist: Gar nichts tun und Haustür oder Fenster offen lassen. In den meisten Fällen kommt sie zurück, denn ihr Heim ist ihr sicherer Ort.

Passiert das gleiche auf einem Ausflug, im Urlaub, in der Fremde, dann konzentriere man sich ganz darauf, die Flucht der Katze mit den Blicken zu verfolgen. Man muß wissen, wohin sie ist. Ihrer Natur gemäß sucht sie bald einen sicheren Platz auf einer Mauer oder unter einem Busch, an eine Wand gedrückt. Hat sie diesen Platz gefunden, langsam bis etwa fünfzig zählen und auf sie zugehen; nicht direkt, sondern auf einen Punkt etwa einen Meter daneben und beruhigend auf sie einreden. Sind Sie ihre vertraute Person, wird sie sich leicht greifen lassen. Das muß jedoch schnell gehen und gezielt. Eine Hand packt die Vorderbeine, die andere die Hinterbeine. Den Hals der Katze klemmen wir unter den Arm, so daß ihr Kopf nach hinten schaut. Das klingt grob, ist es aber nicht. Und wenn uns die Katze bei dieser Gelegenheit noch mal entwischt, bekommen wir sie nicht wieder. Ansonsten hilft nur Abwarten an dem Platz, von wo sie verschwunden ist.

Sagen Sie den dort wohnenden Leuten Bescheid, daß Ihnen eine Katze entlaufen ist und beschreiben Sie sie. Versprechen Sie eine Belohnung. Haben Sie Geduld und Ausdauer, es kann Stunden dauern, bis die Katze zurückkommt.

Wenn Sie auf Reisen sind und das

44 Die heile Welt der Katzen auf den Dächern der kleinen Stadt, als es noch keine Autos gab. Diese Zeichnung von Adolf Oberländer entstand vor der Jahrhundertwende.

Lieblingsfutter der Katze dabeihaben, legen Sie damit Lockstellen aus. Auch das kann helfen.

Von ihrem Zuhause kann eine Katze ganz gezielt und planmäßig verschwinden. Das hat verschiedene Gründe.

1. Der Geschlechtstrieb: Ein verliebter unkastrierter Kater muß streunen und nutzt jede Gelegenheit, zu entwischen. Auch eine rollige Katze zieht es hinaus, nicht nur für Stunden, sogar für Tage oder für immer.

2. Eine Frustration oder Konfliktsituation. Ursache dafür können Ärger und Streit in der Menschenfamilie sein, ein umgeräumtes Zimmer, ein Baby, ein Todesfall, ein Hund, eine zweite Katze.

3. Wenn wir umziehen, kann es sein, daß die Katze zur alten Wohnung zurückkehrt. Nehmen wir eine erwachsene Katze zu uns, hat sie möglicherweise Heimweh nach ihrem Vorbesitzer, sogar wenn der sie schlecht behandelt hat.

4. Die Katze ist krank. Tollwut kann so beginnen, eine Hirnschädigung oder eine nervliche Überreaktion, die sie zum Drangwandern zwingt.

5. Die Katze ist infolge Inzucht so dumm, daß sie nur schwache soziale und Heimbindung hat und nach dem Weglaufen nicht mehr nach Hause findet.

Die Katzentür – Schlupf ins Freie

Können wir es wagen, unsere Katze frei laufen zu lassen? Haben wir sie so erzogen, daß sie den Garten nicht verläßt? Ist eine spezielle Katzentür ideal? Die Katze kann dann auch in der Dunkelheit, ihrer liebsten Draußenzeit, das Haus verlassen, ohne daß man ein Fenster oder eine Tür offen lassen muß. Und eine Katze sollte immer die Möglichkeit haben, das Haus oder die Wohnung zu betreten. Da ist eine Katzentür doch einfacher als ein Mikrophon draußen und ein Lautsprecher drinnen – wie in einer Wohnzeitung berichtet –, damit man das Herein-Miauen nicht überhört. Die auf Abbildung 41 und 42 gezeigte Tür ist von BRS-Katzenklappen, In der Halde, CH-8268 Salenstein zu beziehen. (Im Winter 1984 kostete sie 63.- sFr. plus Versand.)

Der Katzenschlupf kann aber auch von ungebetenen Gästen benutzt werden. So wurde unsere Kastratin Kitten von einem Kater besucht, der in unser Zimmer spritzte. Entdecken wir eine fremde Katze in der Wohnung, müssen wir ihr die Möglichkeit geben, sich ohne Panik zurückziehen zu können. Mit Sicherheit wird sie, wenn sie uns einmal gesehen hat, nicht die Katzentür als Ausgang benutzen. Wir müssen schon ein Fenster oder eine Tür ins Freie öffnen. Wenn wir dann noch alle anderen Türen verschließen, so daß sie auf einen oder zwei Räume beschränkt ist, wird sie sich sicher wieder entfernen. Weitere Möglichkeiten des ungestörten Katzeneingangs, von findigen Katzenfreunden erdacht:

• ein Schalterfenster der Bundesbahn ins Küchenfenster eingebaut,
• ein Katzenloch im Kellerschachtgitter mit Laufsteg und offenes Kellerfenster,
• eine Katzenleiter zum Balkon im ersten Stock,
• ein gitterartig zugemauertes Kellerfenster, dessen Öffnungen eine Katze passieren kann und
• eine Glasscheibe der Verandatür mit Sprossenverglasung wird durch ein Klapptürchen aus Holz ersetzt.
• ein Fenster im Fenster, nur bei Sprossenverglasung möglich, das für die Katze erreichbar ist und das man bei Bedarf zusperren kann.

So läßt sich mit der Katze leben.

44

Katzen auf Briefmarken

In Belgien hat man 1879 eine Katzenpost eingeführt: 37 mit Nachrichtenkapseln beladene Katzen kehrten von verschiedenen Orten über eine Strecke von 30 Kilometern innerhalb von 24 Stunden nach Lüttich zurück. Die Versuche wurden wegen des geringen Nutzens bald wieder eingestellt. Das war die intensivste Verbindung von Katze und Post. Auf Briefmarken taucht sie relativ selten auf, sieht man von den Prachtserien aus Manama,

Fujeira, Sharja, Oman oder Syrien ab, die jedoch vom Internationalen Philatelistenverband als »schädliche Ausgaben« abgetan werden. Diese Katzenmarken sind zwar schön, haben jedoch für einen Sammler nur emotionalen Wert. Katzenserien ausgegeben werden noch von Albanien, Bulgarien, der Mongolei, von Polen, Surinam, Thailand und Ungarn. Den »Gestiefelten Kater« gab es in der Bundesrepublik, der DDR und in Polen. In Frankreich und Monaco wurde die Katzenfreundin Colette mit je einer Marke geehrt, in Monaco auch der Dichter Charles Baudelaire.

Die Wohnungskatze – ein Kapitel für sich

»Am schönsten finden wir beide die Abende vor einem Sturm, wenn die Luft so geladen ist, daß alles zu prikkeln scheint. Da ist Bips Erregung, seine vibrierende Spannung so ansteckend, daß das Begehen eines kleinen Waldstückes, einer unübersichtlichen Wiese mit langem Gras auch mir wie ein Abenteuer erscheint. Es ist aufregend, ein wenig beängstigend, ein Rücksprung in die Kindheit, als man dem Wilden in sich noch näher war. Es ist von ungewöhnlicher Erlebnisintensität. Und mitten im Abenteuer unterbricht Bip sein konzentriertes Horchen und Wittern, sein Einssein mit der Natur. Er wird sich der Gemeinsamkeit unseres Erlebens bewußt, er nimmt seinen Menschen wahr und zeigt ihm, daß er ihn gerne dabeihat. Mit einem Blick bedeutet er mir, daß ich mich bücken soll. Dann springt er auf meine Schulter, was er nie in der Wohnung macht, und schmiegt sich, laut und beglückt in mein Ohr hineinschnurrend, an meinen Hals. Er drückt seinen Kopf zärtlich gegen meine Backe und sagt mit kätzischer Unmißverständlichkeit: ›Ich finde es so schön, daß du diesen langen herrlichen Spaziergang mit mir machst. Ich danke dir!‹ Dann springt er wieder herunter und horcht und wittert, erkundet und späht mit der gleichen Intensität wie vorher. An so einem Abend weiß ich, warum ich die Strapazen auf mich nehme, die ein Katzenspaziergang manchmal mit sich

bringt. So kann ich Bip diesen kleinen Ausschnitt natürlichen Katzenlebens bieten, das ihm ohne die Leine unerreichbar bliebe, solange er in der Großstadt lebt. Daß er gesünder, ausgeglichener und glücklicher ist, wenn er regelmäßig ins Freie kann, daran gibt es überhaupt keinen Zweifel.«
Das hat mir Alice Meyer aufgeschrieben, eine begeisterte Katzenfreundin und -kennerin, die ich auf Seite 106 schon einmal zitiert habe und von deren Erfahrung mit Katzen an der Leine wir noch profitieren werden. Ihre

1 Langhaarige Katze, die ihr Zuhause in einem Pariser Salon hatte. Lithographie, Beginn des 19. Jahrhunderts.

2 Wohnungskatze aus den »Gesammelten Werken« des George Louis Buffon. Kolorierte Radierung der Ausgabe Paris 1835.

1

Schilderung eines innigen Gemeinschaftserlebnisses zum Wohle von Katze und Mensch erschien mir der rechte Auftakt für ein Kapitel, bei dem mir nicht ganz wohl ist.
Die Behauptung, die man immer wieder hören und lesen kann »Katzen nehmen es nicht übel, wenn man sie tagsüber allein läßt, sie sind deshalb das ideale Haustier für den Berufstätigen«, ist sehr menschlich egoistisch begründet und baut die Hemmschwelle ab, die Katze übers Wochenende oder für einen Kurzurlaub alleine zu lassen: mit Trockenfutter- und Wasserautomat, von der Nachbarin kontrolliert, wenn sie herüberkommt und die Palme gießt. Die Schutzbehauptung »Katzen sind stolze Einzelgänger und völlig unabhängig« beschwichtigt nur das Gewissen, falls es sich überhaupt rührt – denn viele Katzenfreunde wissen es nicht besser und wollen es auch nicht wissen. Schließlich gehört schon eine Menge Selbstlosigkeit dazu, mit einer Katze zusammenzuleben. Bedeutet das doch Rücksichtnahme auf ihre ganz spezifische Katzennatur, richtiger, auf ihre Hauskatzennatur. Und die ist nun einmal sehr stark auf den Menschen geprägt; stärker, das kann man nicht häufig genug sagen, als auf eigene Artgenossen. Wer seine Katze viel allein läßt, läßt sie seelisch verkümmern. Hinzu kommt, daß viele Katzen eingesperrt leben, in Wohnungen, die sie ein Leben lang nicht verlassen dürfen.

Was ist nun eine Wohnungskatze?

Kurz gesagt: eine der Katzennatur entgegenstehende Notwendigkeit. Das heißt, wer heute in der Stadt und eigentlich auch auf dem Lande eine Katze zum Haustier genommen hat und mit ihr ein Katzenleben von zehn oder fünfzehn Jahren zusammen sein möchte, kann sie nicht frei laufen lassen. In einer Großstadt wie zum Beispiel München, Vororte mitinbegriffen, wird eine Katze, die frei laufen darf, selten älter als zwei Jahre. Auf Seite 119 habe ich angeführt, daß jährlich 200000 Katzen unter der Vorgabe »wildernde Katzen« erschossen werden. Die doppelte bis dreifache Menge kann man als Verkehrsopfer rechnen. Der gewaltsame Tod von 20 bis 25 Prozent aller Hauskatzen ist ein zu großer Blutzoll, als daß man die Wohnungskatze ohne weiteres ablehnen darf.

»Erfunden« wurde die Nur-Wohnungs-Katze von den Schriftstellern der zweiten Hälfte des 19. Jahrhunderts. Nicht, um sie vor den Gefahren der Freiheit zu schützen – damals war die Katzenwelt der Dächer und Straßen noch heil –, sondern aus dekorativ-weltanschaulichen Gründen. Zitat von Stéphane Mallarmé um 1870: »Die Katze ist notwendig für ein Interieur. Sie vervollständigt es. Sie poliert die Möbel und macht die Ecken rund. Sie ist das I-Tüpfelchen, die höchste Krönung.« Kein besonderes Zeugnis von Katzenverständnis. Da ist Emile Zola realistischer. Um die gleiche Zeit läßt er einen Kater, der aus der Wohnung ausgerissen war und als reuiger Sohn zurückkommt, sagen: »Sehen Sie« – schloß mein Kater und streckte sich vor dem Feuer aus –, »das wahre Glück, das Paradies, mein lieber Herr, ist, wenn man in einem Zimmer eingeschlossen ist, wo es Fleisch gibt.«

Mit dem Aufkommen der Rassekatzen wurde die Wohnungskatze etablierter. Ein Tier, für das man viel Geld investiert hatte, das auf Ausstellungen Preise holen sollte, einen wertvollen Zuchtkater, ließ man nicht frei laufen. Außerdem ist das Fell von Langhaarkatzen völlig ungeeignet für Streifzüge durch Gestrüpp,

2

Baustellen oder Hinterhöfe und läßt sich anschließend nur mit großer Mühe wieder in seine ursprüngliche Schönheit zurückbringen.

Doch das sind alles Beweggründe der Menschen, die aus der Hauskatze mit freiem Auslauf eine Katze unter Hausarrest machen; und auch ehrenwert gemeint, glaubt doch jeder Katzenhalter, seine Katze hätte bei ihm den Himmel auf Erden.

Der einzige wirkliche und schwerwiegende Grund für die ausschließliche Wohnungshaltung ist die bereits erwähnte Lebensgefahr in der Freiheit. Also kann eine richtige oder gar ideale Katzenhaltung immer nur ein Kompromiß sein. Wägen wir deshalb die Ansichten zur Wohnungskatze einmal ab.

Pro und contra Wohnungskatzen

Als Sprecher der Katzen treten dabei die Verhaltensforscher auf. Die der jungen Generation, zu Kompromissen nicht bereit, nennen die Haltung einer einzelnen Katze in der Wohnung, ohne Auslauf, schlicht Tierquälerei.

Der englische Tierarzt und Katzenbuchautor Frank Manolson schreibt in »K wie Katze«: »Eine Katze, die ins Freie kann, ist einfach gesünder und glücklicher ... Wenn irgend möglich, lassen Sie Ihre Katze den naturgegebenen Forschertrieb ausle-

ben. Sie will ja nur ein wenig spazierengehen und sich ein bißchen umsehen und mit den Nachbarn ein Schwätzchen halten. Wenn Sie unbedingt eine Katze haben müssen, auch wenn Sie sie nicht ins Freie lassen können, dann denken Sie bitte daran, daß das Tier allmählich seine Widerstandskraft gegenüber Infektionskrankheiten einbüßt.«

Professor Leyhausen ist inzwischen nachsichtiger geworden (und die Verhaltensforschung hat Fortschritte gemacht). Während er 1959 noch für den freien Auslauf mit allen Risiken plädierte, räumt er nun ein, daß Katzen ohne Auslauf alt werden können. Doch nicht ohne Bedenken: »Katzen ausschließlich in der Wohnung zu halten, finde ich zumindest nicht schön. Immerhin ist die Katze ein Raubtier, das ein größeres Gebiet durchstreifen muß. Das Streifgebiet einer Katze kann mehrere Kilometer im Durchmesser betragen. Und ihr Jagdtrieb ist keineswegs in erster Linie vom Hunger abhängig, wie viele glauben, sondern will sich auch bei bester Heimfütterung bestätigen.«

Aus eigener Beobachtung möchte ich hinzufügen, daß eine Katze, die nicht ins Freie kann – mit Anschleichen, Beobachten, auf Bäume klettern und was sonst noch in einem Streifgebiet dazugehört – etwa einen drei- bis viermal so großen Spielbedarf hat.

Gestaute Energien, die abgebaut werden müssen. Und sie wird bei ihrem Spiel viel häufiger die Krallen einsetzen als eine Freilaufkatze. Dies ist jedoch nicht unbedingt zu verallgemeinern: Auch Freilaufkatzen können krallig sein und Wohnungskatzen absolut spielfaul. Ich kenne eine Perserkatze, die man sogar zu ihrem Freßnapf tragen muß. Diese Anmerkung nur, um die ganze Bandbreite aufzuzeigen.

Die Verhaltensforscherin Rosemarie Wolff ist für die beschränkte Freiheit im Garten und benutzt seit 1968 mit Erfolg einen elektrischen Weidezaun (siehe Seite 180). Unter den Wissenschaftlern teilen Dr. Michael W. Fox und Dr. Ferdinand Brunner die Ansicht, daß man Katzen ausschließlich in der Wohnung halten kann. Dr. Brunner mit gewisser Skepsis und einem Sinn für die Realität, mit der er als praktizierender Tierarzt und Tierpsychiater täglich konfrontiert wird. Dr. Fox argumentiert mit amerikanischem Optimismus und der (wissenschaftlich begründeten) Meinung, daß auch die Katze sich an das Eingesperrtsein gewöhnt hat, daß sie sich den Gegebenheiten anpaßt, die im modernen Leben nicht zu vermeiden sind, wenn auch nicht ganz ohne Zugeständnisse. »Den Preis dafür, daß sie ihrem Besitzer nahe und der Natur desto ferner sind, zahlen auch

3

4

Hund und Katze in Form von bizarren Gewohnheiten und anderen Kompensationen.« Und er gibt Ratschläge, wie man die Anpassung erleichtern kann. Einige davon finden Sie in diesem Kapitel.

Dr. Fox und Dr. Brunner sind sich einig, daß eine normal veranlagte Katze sich anpassen kann, den Belastungen eines solchen Lebens gewachsen ist und sich sogar wohl fühlt. Allerdings braucht sie die Mithilfe und das Verständnis ihres Menschen. Dr. Brunner fordert: »Bloßes Liebhaben und Vermenschlichen genügen bei weitem nicht. Ein gerüttelt Maß an Selbstbeherrschung, der Verzicht auf Voreingenommenheit und schnelles Urteil, die Abkehr von Selbstgefälligkeit, Egoismus und unbewußter Tyrannei sind notwendig, um eine Katze artgerecht und damit richtig zu behandeln.«

Würden alle diese Forderungen von jedem Katzenhalter wirklich erfüllt, könnten auch wir wirklich tierlieben Menschen uns nur wünschen, daß es so viele Katzenbesitzer wie nur möglich gäbe.

Es ist richtig und wichtig zu wissen: Ein Wohnungskatzenhalter muß eine bessere und intensivere Katz-Mensch-Beziehung pflegen als jemand, dessen Katze frei laufen darf.

Ich habe noch zwei weitere, interessante Stellungnahmen zu diesem wichtigen Thema gefunden. Beide stammen von Katzenfrauen, die je ein Katzenbuch geschrieben haben. Ingrid Zwerenz plädiert für die Wohnungskatze, weil das Leben in Freiheit zu gefährlich geworden ist. Und aus eigener Erfahrung berichtet sie: »Selbst Katzen, die ihre ersten Lebensjahre in beliebigem Wechsel zwischen Zimmer und Garten verbracht haben, finden sich mit der geschlossenen Wohnungstür ab. Auch als ›Hochhauskatzen‹ nehmen sie keinen Schaden an ihrer Seele.« Jill Steinberg weiß, »daß Katzen eine Rückzugsmöglichkeit aus jedem Zusammenleben brauchen« und »eine abgeschlossene Wohnung, ohne Dachboden oder Kellerraum, ist ein monotones, langweiliges Terrain, auf dem nichts mehr geschieht.« Sie plädiert für das Schlupfloch, durch das die Katze nach Belieben kommen und gehen kann, und nimmt dafür die Angst um deren Leben in Kauf. Doch Katzen reagieren verschieden: Diejenigen, die draußen bleiben sollen, wollen am liebsten herein, um nie wieder hinauszugehen, und die, die drinnen bleiben sollen, drängen mit Macht nach draußen. Jetzt können Sie sich Ihre Meinung sicher bilden. Wenn Sie in einem Hochhaus wohnen, in einer Satellitenstadt, haben Sie sowieso keine Wahl.

Der wichtige Fensterplatz

Wenn die Großstadtkatze schon kein Revier hat, in dem sie ihre natürliche Neugier befriedigen kann, sollte man ihr einen Ausguck einrichten: einen Platz an einem Fenster, von dem aus sie die Straße beobachten kann. Da ein Tier nicht in der Lage ist, seine Wünsche umzusetzen wie ein Mensch, muß man sie auf Ersatzobjekte lenken. Das Auto auf der Straße, der Vogel in der Dachrinne, die vom Wind in den Rinnstein gewehte Zeitung sind ungemein spannend für sie. Großstadtkatzen genießen den Blick aus dem Fenster so häufig und hingebungsvoll wie alte Frauen. Die Fenster müssen allerdings verschlossen oder so gesichert sein, wie ich es auf Seite 180 beschrieben habe. Denn vor Schreck oder aus Neugier und aufgestauter Jagdlust können die sonst so vorsichtigen Katzen zu regel-

3/4/5/6 Katzen und ihre Menschen: Sie wollen, daß ihr Mensch Zeit für sie hat, um mit ihnen zu spielen.

Sie können sich einem Menschen enger anschließen als ihren Artgenossen. So sind sie gute Gefährten für einsame Leute.

Sie lieben es, ihrem Menschen bei der Arbeit zuzuschauen, ohne ihn zu stören. Junge Leute mögen Katzen, weil sie so unabhängig sind. Alte Leute mögen sie, weil sie gerne schmusen und zuhören können.

5

rechten Kamikaze-Fliegern werden und sich im freien Fall nach unten stürzen. Eine der gefährlichsten Katzenfallen sind die so verbreiteten Kippfenster, denen man das Risiko zu verunfallen nicht ansieht. Katzen schnuppern nach Frischluft, hangeln sich den Spalt hoch und rutschen ab. Entweder in die Tiefe – wenn sie weit genug draußen waren – oder aber sie bleiben im Spalt hängen und geraten bei ihren Befreiungsversuchen immer fester in den Spalt hinein. Die Katze unserer Nachbarin hat sich so erhängt, unser Tierarzt hat Vorderbeinbrüche, Rippenbrüche und Lungenrisse festgestellt. Deshalb nie die Fenster ankippen, wenn die Katze unbeaufsichtigt im Zimmer ist.

Sie dürfen nicht mit falschen Erwartungen und Vorstellungen an dieses Problem herangehen, wenn es klappen und der Katze und Ihnen Vergnügen machen soll.
1. Der Katzenspaziergang ist keine sportliche Betätigung, sondern eine eher beschauliche Beschäftigung.
2. Die Katze ist kein Rudeltier, das ihrem Anführer folgt. Sie mag aber ihren Menschen so gerne, daß sie ihn auf ihren Streifzügen mitnimmt.
3. Der Katzenspaziergang ist ein Kompromiß zwischen Mensch und Katze: sie bestimmt das Tempo, der Mensch kann in etwa die Richtung angeben und korrigieren.
4. Die beste Zeit für den Katzenspaziergang ist die Abenddämmerung

flächen, maximal zwei Kilometer. Eine Katze geht zehn bis zwanzig Schritte und bleibt dann stehen. Sie horcht, wartet, und nur wenn sich nichts ereignet, geht sie wieder ein Stück weiter, um wieder stehenzubleiben und zu warten. Manchmal legt sie sich hin, weil die Luft so angenehm ist oder sie in die Gegend schauen möchte.
7. Anders als beim Spaziergang mit dem Hund, der in einem flotten Tempo unternommen wird, das wir bestimmen – allerdings nur, wenn wir unseren Hund gut erzogen haben –, ist der Gang mit der Katze eine Meditationsstunde. Man kann seinen Gedanken nachhängen oder versuchen, den Weg wie eine Katze zu se-

7   8   9

Der Ausgang an der Leine wird von den meisten Katzenfreunden für unmöglich gehalten. Wir haben die Erfahrung gemacht, daß es doch geht, daß es sogar gut geht. Nun, wir hatten eine gute Lehrerin. Ihre eingehenden und unsere kurzen Erfahrungen habe ich hier aufgeschrieben. So ausführlich, weil ich einen Kontakt mit der Außenwelt als sehr wichtig für das Seelenleben der Katze ansehe.

Die Katze an der Leine
Für eine Wohnungskatze, die nicht frei laufen darf, aber auch nicht in den vier Wänden eines Hochhaus-Appartements verkümmern soll, bleibt als einzige Alternative der Ausgang an der Leine.

oder der frühe Morgen, wenn es noch dunkel ist. Neben der Dunkelheit liebt die Katze die Stille, wenn die groben Tagesgeräusche wie Autolärm, Maschinen und anderer Krach verstummt sind.
5. Man muß beim Spaziergang auf die Katze eingehen: sie will sich uns nicht unterwerfen, sie möchte es uns aber recht machen. Durch die Art, wie eine Katze ihre Streifzüge unternimmt, sind viele Menschen überfordert, sie sind zu ungeduldig und zu bestimmend. Denken Sie daran: Die Katze geht ihre eigenen Wege.
6. Auf einem Katzenspaziergang kommt man nicht weit. In einer Stunde um einen Wohnblock mit drei Appartementhäusern und zwei Rasen-

7 Rassekatzen sind fast immer Wohnungskatzen und seit Generationen das Freilaufen nicht mehr gewöhnt. Sie fühlen sich, wie dieser kleine Perser, zwischen Stuhlbeinen, Papierkorb und auf dem Sofa am wohlsten.

8 An die Leine gewöhnt ist der wunderschöne Halbperser Bip, der gerne in der Stadt mit Frauchen spazierengeht und dadurch genügend Auslauf hat.

9 Porträt eines rotgestromten Persers, der klassischen Wohnungskatze, deren Fell fürs Freilaufen ungeeignet ist.

10 Ein geöffnetes Fenster kann man sich nur im Parterre leisten und wenn der Garten katzenfest gesichert ist.

hen. Denn Katzenmenschen sind, wie die Psychologie weiß, doch duldsam, tolerant und feinfühlig.

8. Schneller als wir merkt die Katze das Herannahen fremder Lebewesen und, ob diese eine bedrohliche Ausstrahlung haben. Das gilt allerdings nur für die im Spazierengehen erfahrene Katze oder für eine Freilaufkatze, die aus Sicherheitsgründen Wohnungskatze wurde. Will sie vor einem Hund weglaufen, sollte man sie lassen: es ist mit Sicherheit ein katzenjagender Hund.

9. Die Leine für den richtigen Katzenspaziergang sollte drei Meter lang und dünn sein. Am besten funktioniert eine sich selbst aufrollende Leine (siehe Seite 177).

Diese *Abroll-Leine* steckt in einem Kunststoffkasten mit Griff und kann nach Belieben gestoppt werden. Sie erlaubt der Katze auch, sich vor einem Hund auf eine Mauer zu retten, ohne daß wir loslassen müssen.

10. Die Leine wird am Katzengeschirr auf dem Rücken befestigt. Ein Halsband ist ungünstiger: entweder kann die Katze zu leicht herausschlüpfen oder es ist ihr unbequem. Man muß daran denken, daß eine Katze zu kurzen, schnellen Spurts neigt und deshalb den Leinengriff immer fest in der Hand halten.

11. Am Anfang ist die unerfahrene Wohnungskatze entweder übertrieben ängstlich oder allzu unerschrocken. Der Lernprozeß dauert, je nach Auffassungsgabe des einzelnen Tieres, verschieden lange. Unerfreuliche Begegnungen mit fremden Katzen oder Hunden machen die Unerschrockene vorsichtiger, viel Geduld, gutes Zureden und ständige Versuche die Ängstliche mutiger. Man darf nur nicht zu früh aufgeben oder gleich behaupten: »Meine Katze mag das nicht.« Jede Katze freut sich über ein Stückchen Freiheit und Abenteuer auf diesen gemeinsamen Spaziergängen.

Anmerkung von Alice Meyer: »Wie oft es im Lernprozeß Pannen gegeben hat und ich selber das Klettern üben oder eine Leiter holen mußte, um Bip und Leine aus dem Geäst zu entwirren, erzähle ich lieber nicht: Bäume sind der Schwachpunkt des Unternehmens Katze an der Leine.«

Die schönen Seiten habe ich schon

11 Katzen sind neugierig, sie beobachten gerne. Wenn jedoch ein Vogel oder Schmetterling vorbeifliegt, springen sie auch aus dem dritten Stockwerk und können sich schwer verletzen.

12 Die Katze ist Wohnungsinventar, mehr Ziergegenstand als Lebewesen. Dieser Ansicht war man Ende des vorigen Jahrhunderts, als diese Wiener Bronze entstand. 3,5 cm hoch.

13 Ein Wurf Perserkätzchen in einem Korb. Erwachsen wären sie für eine normale Wohnung zu viel. Die Faustregel: höchstens eine Katze pro Zimmer.

geschildert. Ich möchte diesen Absatz, den ich für sehr wichtig halte, mit einer Definition beschließen:

Was bedeutet für eine Katze gehen?

Eigentlich ist es nur *ein bißchen Laufen* und *sehr viel Sitzen,* Schauen, Riechen, Horchen und Warten. Der Hintergrund dieser Streifzüge ist die Suche nach Beute und, Zitat Alice Meyer, »... die Katze jagt wie ein Angler. Ihr Instinkt sagt ihr, daß Stillhalten, geduldiges Abwarten und aufmerksame Beobachtung die wichtigsten Voraussetzungen für einen erfolgreichen Fang sind«. Da die Katze aber auch selbst Beutetier ist (siehe Seite 76), ist sie immer auf der Hut vor drohender Gefahr.

So ist das *Gehen* ein kurzes Vorwärts-spurten, ein Halten-Horchen-Schau-en-Wittern, wieder ein Vorwärts-sprint und wieder Anhalten und Ab-warten. Die Wartepausen sind län-ger als die Laufabschnitte und für die Katze sehr wichtig. Auf diesen Rhythmus muß sich der Katzenspa-ziergänger geduldig einstellen. Das ist alles!

Neben der Befriedigung des ange-borenen Triebes *Revierdurchstreifen,* dem Sammeln zahlreicher Sinnesein-drücke, die ihr in der Wohnung nicht geboten werden, ist der Ausgang für jede Katze ein großes Erlebnis. Sie kommt darüber hinaus noch an die frische Luft und kann sich mit Gras versorgen.

Müssen Katzen Gras fressen?

Ab und zu erbrechen Katzen unter ziemlichem Gewürge eine Haarwurst oder einen Haarballen, der sich in ih-rem Magen gebildet hat. Beim Putzen des Fells werden tote Haare ver-schluckt, die der Katzenmagen nicht verdaut. Bekommt die Katze regel-mäßig Fett sowie etwas Öl (beson-ders beliebt ist Öl aus der Sardinen-dose) oder Butter, so werden die Haare mit dem Kot ausgeschieden.

Um leichter zu erbrechen, fressen Katzen möglichst harte und spitze Gräser. Darf unsere Katze in den Garten, müssen wir auf alle Unkraut-vernichtungsmittel und andere Gift-stoffe verzichten: wir legen eine Wie-se an und keinen Rasen.

Im Winter und für Wohnungskatzen sollten wir Ersatz bereitstellen. Am besten in einer flachen Blumenschale eine Sode von einer ungespritzten Waldwiese. Katzen mögen aber auch die jungen Triebe aus Haferkörnern oder die saftigen Stengel vom Schnittlauchtopf. Denn es ist noch immer nicht geklärt, ob das Gras nur als Hilfsmittel fürs Spucken dient oder ob die Katze damit ihren Mine-ralstoffbedarf deckt, den sie sonst mit den Eingeweiden der Mäuse zu sich nahm. Für diesen gesundheitlichen Aspekt spricht, daß Katzen gerne die zarten Spitzen fressen.

Der Handel bietet »Katzengrün« oder »Katzengras« in Schalen an, das innerhalb weniger Tage eine Hö-

he von fünf Zentimetern erreicht. Wenn die Katze es frißt, tut es sicherlich seine Dienste.

Es gibt natürlich auch Katzen, die kein Grün mögen. Das können überzivilisierte Katzen sein, die nicht mehr wissen, was gut und lebensnotwendig für sie ist – und darin sind sie vielen Menschen gleich. Es kann aber genausogut sein, daß Katzen nicht unbedingt Gras brauchen. Gehen sie aber an die Zimmerpflanzen, dann sollte man ihnen auf jeden Fall Gras anbieten. Bei vielen Katzen beliebt ist das harte Cyperusgras, das auch Papyrusstaude heißt. Eine stark feuchtigkeitsliebende, dekorative Zimmerpflanze mit langen, dichten, blattartigen Wedeln. Man sollte sie an nicht erreichbarer Stelle plazieren, da manche Katzen sie radikal abfressen.

Die üblichen Zimmerpflanzen, an denen Katzen ihren Grünhunger stillen oder die sie aus Neugier oder Langeweile beknabbern, können giftig sein und besonders für Wohnungskatzen gefährlich. Denn diese neigen eher zu Langeweile und unter Grünhunger. Die nachfolgend aufgeführten Pflanzen dürfen bei einem Katzenhalter weder im Zimmer noch im Garten stehen.

Liste giftiger Pflanzen

Stroh- oder *Trockenblumen* sind oft mit giftigen Stoffen gefärbt oder haltbar gemacht, und Katzen finden sie unwiderstehlich.

Aaronstab, Dieffenbachia, Kalla und *Philodendron* reizen die Mundschleimhaut und wirken unmittelbar. Die Katze windet sich mit schäumendem Maul. Sofort zum Tierarzt.

Mistel und *Stechpalme:* Ihre Beeren bewirken Erbrechen, Krämpfe und Kollaps.

Efeu ruft eine langanhaltende, schwere Vergiftung hervor. Die Wirkung steigert sich bei häufigerem Blätterfressen.

Alpenveilchen, Goldregen, Stechginster, Thuja, Oleander und *Wacholder* enthalten zwar verschiedene Gifte, die aber alle tödlich sein können.

Christrose, Glyzinie, Maiglöckchen und *Tulpen* können Katzen sehr krank machen.

Die *Zwiebeln* von *Kaiserkrone, Oster-glocke, Narzisse, Märzenbecher* und *Schneeglöckchen* sind tödlich giftig.
Die hier aufgezählten giftigen Pflanzen, deren Liste noch keineswegs vollständig ist, sollten Sie aus Ihren Zimmern verbannen und auch aus den eingezäunten Gartenstücken, die Ihrer Katze zugänglich sind. Bei freilaufenden Katzen ist die Gefahr einer Pflanzenvergiftung nicht so groß, sie leiden selten unter Grünhunger und nie unter Langeweile. Wenn auch das Leben einer Katze sehr beschaulich ist (siehe Seite 103) und sie den größten Teil verschläft, verdöst oder mit Putzen verbringt, so werden die Stunden der Bewegung um so intensiver gelebt. Das bedeutet für die Wohnungskatze, daß sich ihr Mensch viel mit ihr beschäftigt oder sie einen Artgenossen bekommt.

Die Lösung mit der »Zweitkatze«
Zwei Katzen machen kaum mehr Arbeit als eine. Also bietet sich diese Lösung an, wenn man seiner Wohnungskatze die Langeweile nehmen will. Auf Seite 176 habe ich kurz beschrieben, wie sich zwei Wurfgeschwister verhalten und das Platzproblem angeschnitten: Junge Katzen, die nie herauskommen, spielen sehr temperamentvoll miteinander. Es sollte, und damit stimme ich mit den meisten Verhaltensforschern überein, für jede Katze ein Zimmer geben, in das sie sich zurückziehen kann, das sie als ihr Heim erster Ordnung ansieht.
Holen wir eine Zweitkatze zu der schon bei uns lebenden dazu, kann es Schwierigkeiten geben. Ist die Hausherrin wenig gesellig, wird sie ihr Revier verteidigen und der neuen mit Aggression begegnen. Oder aber sie reagiert beleidigt, wird unsauber, scheu oder läuft davon. Bevor es so-

14 Der Katzen-Narr. Kupferstich aus dem 17. oder 18. Jahrhundert, 14 × 13 cm. Auch heute gibt es solche Menschen, und sie gelten oft als tierlieb.

15 »Die Kätzchen«. Kolorierter Stahl-stich nach E. Meyerheim, Leipzig, Mitte des 19. Jahrhunderts, 22 × 17 cm. Damals war die Hauskatzenwelt noch heil.

weit kommt, sollte man den Versuch von zwei Katzen rückgängig machen. Denn unzufriedene oder unglückliche Katzen sind arme Katzen. Arme Wohnungskatzen sind besonders elend dran.
Da Katzen beim Zusammenleben zwangsläufig eine Rangordnung entwickeln, ist es gut, wenn die neue eine Jungkatze ist. Sie erkennt die älteren Rechte der Chefin oder des Chefs an. Trotzdem muß man sie genau beobachten, damit nicht die eine von der anderen tyrannisiert wird. Das muß nicht offensichtlich sein, das kann ganz heimlich und wenig fair vor sich gehen: durch Vertreiben von Lieblingsplätzen, durch Blockieren von Durchgängen, durch Benutzen bei-

der Klos und was es sonst noch an Terror in puncto Kleinigkeiten gibt.
In der Gemeinschaft des Zusammenlebens hat für die Katze alles einen einheitlichen Duft. Kommt nun jemand Neues, so ist sein Geruch fremd und paßt nicht in das Duftbild. Hier rät Dr. Fox, den Neuling mit dem Eau de Cologne der Hausfrau oder dem Rasierwasser des Hausherrn zu parfümieren (aber bitte nur leicht), so daß er in das Geruchsraster paßt. Wenn man häufig sein Parfum wechselt, kann man seine Katze aus diesem Grund verwirren. Und es gibt Parfums, die eine Katze erschrecken. Nach eigenen Versuchen sind es solche mit animalischen Komponenten

15

16

16/17 »Naschkatzen« und »Brüderchen und Schwesterchen«. Das schöne, faule Leben der Wohnungskatzen zeigen diese Lithographien auf weißem Velin, England um 1890. 35 × 25 cm.

wie zum Beispiel Sortilège, Dioressence oder Estee von Estee Lauder. Die meisten Katzen mögen gerne blumige Parfums. Katzenfreundliche Herrendüfte sind Gentleman von Givenchy, Knize Ten oder Russisch Leder von Farina, weil das nach Cyperusgras (Seite 218) riecht.

Wer es übertrieben findet, daß man sich seiner Katze wegen sogar Gedanken über sein Parfum macht, dürfte eigentlich keine Wohnungskatze halten. Denn das Zusammenleben mit ihr ist so eng und die soziale Verpflichtung ihr gegenüber so groß, daß auch diese Frage wichtig ist. Schließlich wollen wir eine zufriedene, glückliche Katze, die uns liebt, damit wir selbst zufriedener und glücklicher sind.

Spielen, immer wieder spielen

Spielfreudig ist eine Katze dann, wenn sie auch mit ihrem eigenen Schwanz spielt, wenn ein Papierbällchen, ein herabhängendes Stück Schnur sie zu wildem Haschmich animieren, ohne daß wir etwas dazutun.

Doch lieber als das *Einzelspiel* ist der Katze das *Spiel mit dem Partner,* das *soziale Spiel.* Durch dieses Spielen werden die Beziehungen gestärkt, die Bindung gefestigt. Je mehr wir mit unserer Katze spielen, um so fröhlicher und zutraulicher wird sie. Ich plädiere für eine Spielstunde am Tag. Es ist wichtig, daß der Betätigungsstau völlig aufgelöst und abgebaut wird, damit die Katze, wenn sie allein ist, sich vollkommen abreagiert hat. Wir müssen von Anfang an darauf achten, daß sie nicht zu wild mit uns spielt. Ausgefahrene Krallen gehören sich nicht beim Menschenspiel. In diesem Fall lenkt man gleich mit einem Seil oder einem anderen Gegenstand ab und streichelt die wilde Kat-

ze zur sanften Schnurrerin. Spielen Sie vor allem, wenn Sie Ihre Katze allein lassen müssen: bevor Sie gehen und wenn Sie wiederkommen. Wenn Sie das regelmäßig machen, ist die Katze zufrieden.

Die beste aller Wohnungswelten

Tatsache ist, daß sich das Leben einer Wohnungskatze stark von den natürlichen Bedingungen unterscheidet, auf die das Verhaltensinventar von Natur aus ausgerichtet ist. Die Anpassungsprobleme sind groß, doch Katzen sind, wie wir schon mehrfach erfahren haben, Meister der Anpassung. Es kann Konflikte geben, es kann zu Streß und Neurosen kommen, doch sind sie nicht zwingend für jede Wohnungskatze. Warum aber überhaupt Wohnungskatzen? Weil wir mit einem Haustier leben wollen – »in den Zwängen der Anpassung verkörpert die Katze ein Stückchen Freiheit« – und oft die Verhältnisse nur die Wohnungskatze erlauben. Wenn wir uns so verhalten,

17

wie ich es in diesem Buch beschreibe, wenn wir die lebenslange Frustration, dem Sexualtrieb nicht folgen zu können, durch eine Kastration aus der Welt schaffen, dann ist das Nur-in-der-Stube-Leben sogar schön.

Denn die meisten Katzenmenschen meinen es gut mit ihren Seidenpfoten und lieben sie.

Eine Untersuchung aus dem Jahr 1982, die auf dem »1. Nordischen Symposion über Kleintiermedizin« in Oslo vorgetragen wurde, zeigt, daß alle Menschen viel mit ihren Katzen sprechen, die meisten Besitzer die Katze in das Familienleben mit seinen Routine-Aktivitäten einbeziehen und daß sie die Katze weniger als ein Tier, sondern als ein Familienmitglied ansehen. Je größer die Familie, um so intensiver der Kontakt mit der Katze. Die Singles auf dem Marsch in die Katzenwelt kamen schlechter weg: sie feierten zum Beispiel seltener den Geburtstag ihrer Katze als ein Mehrpersonenhaushalt.

Ich schließe dieses Kapitel mit einem Zitat des Praktikers Dr. Brunner: »Ob Katzen unter solchen Haltungsbedingungen glücklich sind? Langjährige tierärztliche Erfahrung und Einblick in Tausende Haushalte bestätigen immer wieder denselben Eindruck: die meisten Tiere erfreuen sich ganz offensichtlich großen Wohlbefindens und eines besonders hohen Lebensalters; Neurotiker sind unter ihnen seltener anzutreffen als unter ihren Besitzern.«

Manege frei für die Katz

»Mit den Vorstellungen, welche all-abendlich in dem pariser Cirque d'Hiver stattfinden, hat nach Ansicht aller Thierkenner in der Geschichte der Katze eine neue glorreiche Aera begonnen«, konnte man am 17. Dezember 1887 in der »Illustrirten Zeitung« lesen. Beschrieben wurde die Katzen-Nummer von M. Bonnety, der eine Gruppe Katzen über Flaschen und Gläser laufen und durch brennende Reifen springen ließ, seiltanzend trugen sie weiße Mäuse auf dem Rücken. Der Chronist schloß seinen Bericht mit der Prophezeiung: »Da M. Bonnety den Beweis erbracht hat, daß die vielbesungene ›Katzennatur‹ so verwandlungs- und bildungsfähig ist, wird sich die Thierdressur energisch auf die Hiddigeigeis werfen, und mancher feiste Kater wird seinen nächtlichen Beruf als Abenteuerer und Natursänger aufgeben müssen, um ein geschätzter Circusartist zu werden«.

Zehn Jahre später schrieb Peter Hachet-Souplet in seinem Buch »Die Dressur der Thiere«: »Unerwähnt aber darf es nicht bleiben, daß die Katze ihrem Dresseur oft unangenehme Überraschungen bereitet: mir ist es so mit einer allerliebsten kleinen Katze gegangen, die sich auf einem Panneau, den ich meinem Windhund auf den Rücken geschnallt hatte, im Rennen hielt. Jetzt bekommt sie vor Wuth Krämpfe, so wie sie den gesattelten Hund sieht. Das ist eine ärgerliche Erfahrung.«

1

Im Gegensatz zu ihren großen Verwandten, den Löwen, Panthern und Tigern, sind Katzen nur schwer zu dressieren. Außerdem ist es nicht so spektakulär, wenn eine schwarze Mieze durch einen Reifen springt, als ein Mehrere-Zentner-Tiger. Trotz kätzischer Eigenwilligkeit und Unberechenbarkeit gab es erstaunliche Dressuren, die wir von den bunten Plakaten her kennen, die bei Adolph Friedländer in Hamburg St. Pauli zwischen 1872 und 1935 gedruckt wurden. Wie M. Bonnety war auch Mr. Frederick ein Holländer, und eine der wenigen Katzennummern unserer Tage wird vom holländischen Tierlehrer Jos Uyterlinde und seiner Tochter Marita vorgeführt. Im »Zirkus Maus«, dem kleinsten Zirkus der Welt, tritt die Siamkatze Minni mit dem Rattenpärchen Hermine und Agathe auf.

Die einzelnen Katzennummern dauern nur wenige Minuten, da die Tiere sonst die Lust verlieren. Und wenn es einer Katze langweilig wird, bringt niemand auf der Welt sie dazu, auch nur noch eine Pfote zu rühren.

Die erstaunlichste Zirkus-Katze war der »sprechende« Kater Peter Alupka aus Hamburg, der um 1908 in Europa volle Häuser brachte, weil jedermann ihn »O Tannenbaum« und »Ja, das haben die Mädchen so gern« singen hören wollte.

2 *Legenden folgende Seite*

4

1 »Was Professor Fredericks Katzen alles konnten«. Stich nach Louis Wain.

2 »Katzen mit Tauben«, eine Dompteurnummer aus dem Buch »Artisten«, das Walter Trier zusammen mit Fred A. Colman 1928 veröffentlichte.

3 Zirkusplakat »Wellando's dressierte Hunde und Katzen«. 1913 bei Friedländer gedruckt, 96 × 72,5 cm.

4/5 Beim Gala-Abend »Stars in der Manege« führte Juliette Greco die Katzennummer »Nicolicis Tiere« vor.

6 Bei George Techow hatte es den Anschein, als führten einige Katzen zu ihrem Vergnügen noch besondere Kunststücke aus freien Stücken vor, so leicht sah alles aus. Das Plakat, Friedländer Nr. 2262, stammt aus dem Jahr 1903. 136 × 95,5 cm.

5

Wenn die Katze Mutter wird

Die meisten Katzen sind gute Mütter. Sie sind außerordentlich gesund und robust und überstehen die Trächtigkeit und Geburt ohne Komplikationen. Danach kümmern sie sich liebevoll und fast ausschließlich um ihre Kinder: unermüdlich, pflichtbewußt, voll überströmender Mütterlichkeit; sie erziehend, putzend, bewahrend, bewachend, bis die Kleinen lebenstüchtige Katzen geworden sind.

Manche Katzen sind schlechte Mütter. Sie gebären schwer und nur mit unserer Hilfe. Sie finden die Geburt lästig und die Jungen dazu. Sie eignen sich einfach nicht zur Mutterschaft. Sie laufen vor den Kleinen davon, sie wollen sie nicht säugen: sie begreifen das einfach nicht. Doris Lessing erzählt ausführlich von der schönen grauen Katze, die eine so miserable Mutter war. Und nur die Autorität ihres Menschen zwang sie dazu, die Kleinen nicht verhungern zu lassen.

Alle Katzen werden gerne und, wenn man sie läßt, oft Mütter. Normale Katzen sind zwei- bis dreimal im Jahr jeweils zehn Tage bis drei Wochen lang zur Liebe bereit und aufnahmefähig. Vor allem die im Hochsommer geborenen, im folgenden Frühjahr vorzeitig reif werdenden Katzen-Teenies, können im März schon trächtig werden. Denn noch immer gilt in der Natur der Frühling als die Zeit der Liebe. Besonders »gefährlich« ist das, wenn in einem Haushalt Katzenmama mit halbwüchsigen Katzenkindern zusammenlebt und sich darunter ein halbstarker Kater befindet. Inzest ist für Katzen kein Hinderungsgrund, und die Geschichte vom älteren Fräulein, dessen Katze schwanger wurde, obwohl sie mit keiner anderen Katze als mit ihrem Wurfbruder zusammenkam, wird zwar als Witz erzählt, erweist sich aber häufig als Wahrheit. Zumal die Begattung von vertrauten, verwandten Katzen meist ruhiger und weniger dramatisch vor sich geht, als die in freier Wildbahn.

Im Anfang ist die Rolligkeit

Rollig nennt man eine brünstige Katze, die paarungsbereit und befruchtungsfähig ist. Das heißt: ein Teil der in den Eierstöcken befindlichen Eier wird durch Geschlechtshormone gesteuert reif und steht vor dem Eisprung. Dieser erfolgt aber erst 24 Stunden nach der Begattung, und wieder 24 Stunden später kommt es zur Befruchtung. Soviel zum Innenleben der rolligen Katze. Ihr Verhalten entspricht dem Wort *rollig* präzise. Die Katze wird überaus zärtlichkeitsbedürftig, streicht ständig um unsere Beine, rollt sich auf dem Rücken hin und her und fordert uns lautstark auf, sie doch hinaus zu lassen. – Eine läufige Hündin vor dem Streunen zu bewahren, ist ein Kinderspiel. – Die liebestolle Katze zurückzuhalten, ist sehr schwierig, die kleinste Öffnung nach draußen spürt sie auf und nutzt sie aus: Wenn wir die Tür öffnen – was ja nicht zu vermeiden ist –, quetscht sie sich durch unsere Beine. Kann Ihre Katze Türklinken öffnen, so sind in dieser Zeit auch schwere Haus- oder Etagentüren keine unüberwindlichen Hindernisse für sie. Und gelingt es ihr, zu entkommen, findet sich mit hoher Wahrscheinlichkeit ein Kater, der die Gelegenheit nützt. Es ist hier wie sonst oft im Leben: Wollen wir unsere Katze decken lassen, dann klappt es nicht, die Zufallsliebe funktioniert viel sicherer.

Kater sind das ganze Jahr über zur Liebe bereit und mit einem halben Jahr auch schon dazu fähig. Kätzinnen haben ihre Brunstzyklen, die allerdings individuell verschieden sind. Nach Beobachtungen von in Gruppen gehaltenen Katzen gibt es zwei Perioden mit gehäufter Rolligkeit in der ersten Jahreshälfte: von Anfang Februar bis Mitte April und von Mai bis Ende Juli. Eine ausgesprochene sexuelle Ruhepause herrscht in unseren Breitengraden von November bis Januar. Doch Wetter, Länge des Tageslichtes und *weitere Faktoren* spielen zusätzlich eine so wichtige Rolle,

1 Jedes Kätzchen hat an den Zitzen der Mutter seinen festen Platz. Das kräftigste erobert sich von Anfang an die nahrhafteste Zitze zwischen den Hinterläufen und wird unter seinen Geschwistern das dickste.

daß unsere Katze eigentlich immer rollig sein kann.

Reine Wohnungskatzen, die nicht gedeckt werden, können nicht nur zwei- bis viermal im Jahr, sondern alle acht bis vierzehn Tage rollig sein: eine unerträgliche Situation für den Katzenhalter. Der Tierarzt kann diesen Zustand, der psychisch nicht anormal ist, zwar behandeln, der beste Weg jedoch ist die Kastration, wenn man nicht Junge aufziehen will.

Äußerst prädestiniert für dieses Verhalten und besonders laut und ungebärdig in ihrer Rolligkeit sind die Siamkatzen.

Im übrigen ist die Behauptung, kastrierte Tiere werden dumm und/oder temperamentlos, falsch.

Das Problem Scheinträchtigkeit

Die Scheinmutterschaft, eine Entgleisung hormoneller Vorgänge, ist bei Hündinnen häufig, bei Katzen dagegen selten. Sie kann kaum durch Enthaltsamkeit, fast nur durch eine erfolglose Paarung hervorgerufen werden. Zwei Monate nach der Rolligkeit beginnt die Katze, für vier bis sechs Wochen Mutterverhalten im Leerlauf zu betreiben. Ein Nest wird gebaut, Gegenstände (die sonst Beute sein können) werden umhergetragen und durch Putzen wie ein Junges behandelt. Der Bauch schwillt an, und manchmal produzieren die Zitzen sogar Milch. Verhaltensforscher glauben, daß das Bringen von Mäusen eine abgeschwächte Form dieser

Scheinmutterschaft darstellt. Mir erscheint das weit hergeholt: auch Kater haben mir Mäuse gebracht. Das sollte ein Geschenk an mich sein!

Der Komplex Mutterschaft

Zunächst ahnt man noch nichts. Die gedeckte Katze ist rollig wie zuvor. Und wenn dieses Verhalten nach acht Tagen aufhört, geht das Leben noch drei Wochen wie gewohnt weiter. Doch dann werden die Zitzen fester, runder und rosig. Die Katze selber ruhiger, anschmiegsamer, und ab der fünften Woche rundet sich ihr Bäuchlein. Kontrolliert man ihr Gewicht, klettert die Waage von Woche zu Woche um etwa 300 bis 400 Gramm: innerhalb der 64 bis

1

2

2 Bei der Austreibung der Jungen gilt die Kopfendlage *oder* Vorderendlage *als die normale: 65 Prozent aller Katzen werden so geboren (links). Bei der einfachen* Steißendlage *oder* Hinterendlage *(Mitte) kommen zunächst Schwanz und/oder die Füßchen heraus. Kompliziert wird diese Lage, wenn die Füße am Kätzchenkörper zum Kopf hin liegen (rechts). Das Junge kann bei der Geburt steckenbleiben.*

3 Nach der Austreibung zieht die Mutter mit den Zähnen die Nachgeburt an der Nabelschnur heraus und frißt beides auf, so daß am Bauch des Jungen nur noch ein kurzstummeliger Rest bleibt.

4 Das Junge wird sorgfältig beleckt, wodurch es gesäubert und seine Atmung angeregt wird.

5 Kleine Katzen erkennt man an der länglichen Geschlechtsöffnung, die dicht beim After liegt (links); kleine Kater an dem runden, weiter vom After entfernten Geschlechtslöchlein.

6 Die Aufzucht mutterloser Kätzchen ohne Amme ist eine äußerst schwierige Angelegenheit, da die Kleinen alle drei Stunden mit einer Pipette oder einem Puppenfläschchen gefüttert werden müssen.

7/8 Am besten ist es, wenn eine Katze nur drei oder vier Junge zu versorgen hat. Kätzchen, die von der Mutter ausreichend versorgt werden, fühlen sich warm an und verhalten sich ruhig. Die Mutter leckt sie, um ihre Verdauung anzuregen.

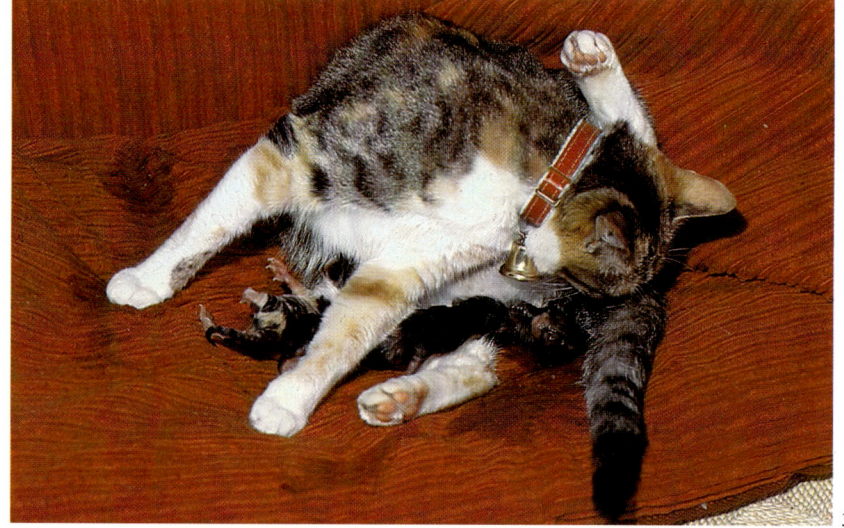

3

4

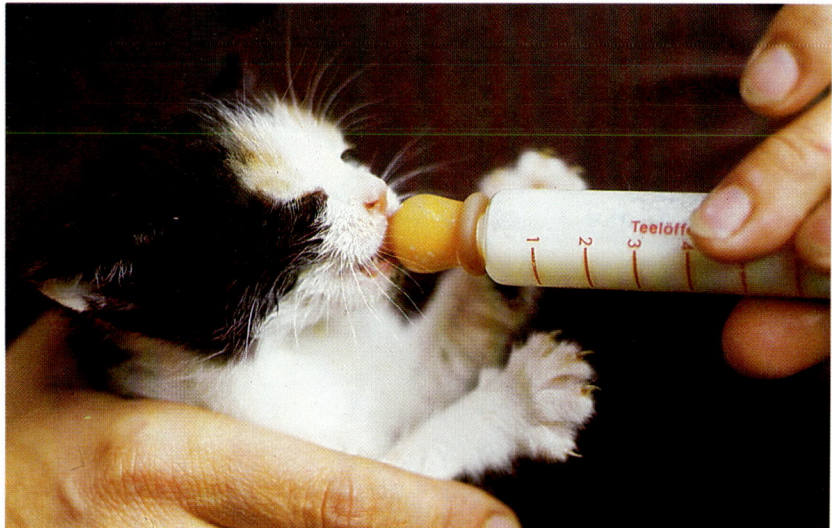

5

6

7

8

67 Tage Tragezeit kann sich das Gewicht um 40 Prozent erhöhen, wenn die Katze zum Beispiel sechs Junge bekommt.

Die Katze ist jetzt häuslich, das genaue Gegenteil der Rolligkeit. Auch wenn man sie in den ungesicherten Garten läßt: sie läuft nicht fort. Junge Katzen – und hier wieder vor allem die Siamesen – sind sich ihres Zustands nicht sehr bewußt: sie klettern und springen, als hätten sie keinen Nachwuchs im Bauch.

Dieser Bauch beginnt in den letzten drei Wochen ein Eigenleben zu führen: Man kann die Bewegungen der Jungen fühlen und sie auch strampeln sehen.

Sobald die Mutterkatze dann damit beginnt, Schränke zu inspizieren, sich in Wäschefächer zu drücken oder in Schubladen zu wühlen, sollte man ihr ein geeignetes Wurflager vorbereiten und die Katze daran gewöhnen. Das ist gut und nützlich, wenn man bei der Geburt dabeisein will oder bei einer sehr anhänglichen, nicht mehr so ganz kreatürlichen Rassekatze dabeisein muß. Es ist aber genauso nützlich, wenn man von einem unerwünschten Wurf nur zwei behalten oder den erwünschten Wurf auf die drei oder vier kräftigsten reduzieren möchte.

Hat sich die unabhängig lebende Katze zur Geburt versteckt – eine natürliche Angewohnheit –, dann kommt sie erst wieder zum Vorschein, wenn die Jungen mit erhobenen Schwänzchen hinter ihr her marschieren. Dann heißt es: »Herzige Kätzchen abzugeben«, denn wer bringt es übers Herz, solche Kätzchen noch einschläfern zu lassen?

Das Aussortieren (ein schrecklich nüchternes Wort für einen schlimmen Vorgang) besorgt man am besten einen Tag nach der Geburt. Nachdem alle ihre Zitzen gefunden haben, kann man die kräftigsten Kätzchen erkennen, die hübschesten oder die Kater, weil diese sich besser unterbringen lassen. Die Aussortierten, Überzähligen packt man warm ein und bringt sie zum Tierarzt, der sie mit einer Spritze schmerzlos einschläfert. Das ist nicht nur human, sondern wird vom Gesetzgeber auch verlangt: »Ein Wirbeltier töten darf nur, wer die notwendigen Kenntnisse und Fähigkeiten hat.«

Wer nicht aussortieren kann, sollte seine Katze rechtzeitig unfruchtbar machen lassen.

Rund um die Wurfkiste

Ein fester Pappkarton, eine Kiste oder ein Korb, etwa 40 × 50 cm groß, mit einem Rand von etwa 20 cm Höhe wird mit einer Matratze oder einem festen Kissen ausgepolstert. Darüber kommt eine dicke Lage Zeitungen, die mit sauberen Tüchern abgedeckt wird. Zeitungen und Tücher kann man nach der Geburt, wenn sie die Feuchtigkeit aufgenommen haben, unter Katze und Jungen wegziehen. Man muß wissen:

• Die Katze soll sich bei der Geburt mit dem Rücken anlehnen und den Pfoten abstützen können.

• Das Wurflager soll an einem nicht zu hellen, zugfreien und etwas erhöhten Platz stehen.

• Zu diesem Platz sollten wir während der Geburt mühelos Zugang haben, falls wir der Katze helfen müssen.

• Wenn wir eine auf uns geprägte Katze haben, müssen wir uns in der unmittelbaren Nähe dieses Lagers bequem aufhalten können, denn die Katze will uns bei sich haben.

Das Wunder der Geburt

Die meisten Katzen machen instinktiv das Richtige und gebären ohne Komplikationen. Erstgebärende sind nervöser als erfahrene. Uns bleibt meist nicht mehr, als dabeizusitzen, der Katzenmutter liebevoll zuzusprechen und vor allem selber nicht die Ruhe zu verlieren: Ängstlichkeit und Aufregung übertragen sich auf die werdende Mutter. Je herzlicher wir sind, je sanfter wir die Katze mit Worten und Händen liebkosen, um so selbstverständlicher wird dieser natürliche Vorgang ablaufen und neue Lebewesen zum ersten Mal atmen. Das meine ich mit Wunder. Und da uns die Kontrolle über den natürlichen Vorgang überlassen ist, dürfen wir dieses Wunder nicht leichtfertig zulassen, nur um das neue Leben wieder zu vernichten. Ich

kann es nun einmal nicht lassen, vor zu vielen Katzen zu warnen.

Die Geburt beginnt mit den Eröffnungswehen, die man beim sanften Streicheln des Bauches kommen spürt. Wir sollten gute Gedanken zur Katze senden, denn der schwerste Teil einer Geburt ist der Wehenbeginn bis zum Ausstoß des ersten Jungen. Die Geburt verläuft nicht leise: Die Katze stöhnt, seufzt, schreit, doch solange ihr Auge klar ist, solange sie in den Pausen schnurrt, besteht kein Anlaß zur Sorge. Bei den Preßwehen nehmen viele Katzen eine hockende Stellung ein und belecken ihre Genitalien, die durch diesen Reiz dehnbarer werden. Unter stetem Lecken erscheint das erste Junge, etwa zwei Stunden nach Beginn der ersten Wehen. Die Austreibung selbst nimmt nur ein bis zwei Minuten in Anspruch. Gleichzeitig platzt die Fruchtblase und die Mutter leckt das Wasser auf. Unmittelbar danach regt die Katze ihr Kind durch sorgfältiges Belecken an, mit dem Atmen, mit dem Leben auf dieser Welt zu beginnen. An der Nabelschnur, der Plazenta, zieht sie den Mutterkuchen aus ihrem Leib, nabelt durch einen Biß das Kätzchen ab und frißt den Mutterkuchen auf. Er enthält wertvolle Nährstoffe. Durch das Fressen der Nabelschnur werden deren Blutgefäße so gereizt, daß sie sich verschließen, und der Nabel des Kätzchens blutet nicht.

9

10

So verläuft eine normale Geburt, die ich nach der Arbeit »Die normale Katzengeburt« des holländischen Zoologen C. Naaktgeboren nacherzählt habe. Er schließt mit dem Satz: »Obwohl der Laie den Eindruck bekommt, daß alles ganz genau bekannt ist, sind wir über viele Einzelheiten noch nicht im klaren.«

So entdeckte Dr. H. Braemer vom Max-Planck-Institut in Seewiesen, daß die nadelspitzen Krallen der Kätzchen bei der Geburt in stumpfen Scheiden aus Horn stecken, damit sie ihre Mutter nicht verletzen.

Wenn wir helfen müssen

Verläuft die Geburt nicht glatt, kommt nach Preßwehen kein Junges, geht Fruchtwasser ab, ohne daß ein Junges erscheint, hechelt die Katze oder bleibt ein Junges zur Hälfte in der Geburtsöffnung stecken, sollte man den Tierarzt holen. Der sollte allerdings vorher informiert worden sein, daß bei uns eine Katzengeburt ins Haus steht.

Ist man völlig unerfahren, ist eine Assistenz schon anzuraten: eine Züchterin oder ein Züchter oder sonst jemand, der sich mit Katzengeburten auskennt. Das ist um so notwendiger, wenn eine Rassekatze wirft. Manchmal muß man selbst die Nabelschnur abtrennen oder die Geburtshülle am Kopf des Jungen aufreißen und den Schleim aus Nase und Schnauze entfernen.

Fassen wir zusammen: Je weniger wir eingreifen, um so besser. Wer noch nie eine Geburt (ob Katze, Hund oder Mensch) miterlebt hat, sollte die Finger davon lassen. Auch ist eine Katzengeburt kein öffentliches Ereignis, bei dem Fremde etwas zu suchen haben.

Normale und künstliche Aufzucht

Wenn die Katze sich wohlig ausstreckt und alle Jungen an ihren Zitzen hängen, wenn sie durch einen Trunk erfrischt worden ist, dann ist die Geburt gut überstanden. Wir entfernen vorsichtig Tücher und Zeitungen, so daß die neue Familie trocken auf ihrer Matratze liegt.

Sofern die Mutter kräftig ist, viel Milch hat und der Wurf relativ klein, brauchen wir uns die ersten drei Wochen keine Sorge zu machen: die Natur arbeitet für uns. Ist die Katze zart und sind die Jungen kräftig, müssen wir mehr tun, als auf den nächsten Seiten beschrieben wird. Wir geben den Kleinen zusätzlich *Ipevit-Milch* in der Verdünnung von einem Teil Milchpulver auf vier Teile fast kochendes Wasser: in kleinsten Mengen und körperwarm mit einer Pipette verabreicht.

Anmerkung: Die Milch der Mutter stellt sich auf die Zahl der besaugten Zitzen ein. So werden zwei Kätzchen nicht dicker als zum Beispiel vier. Komplizierter wird es, wenn die Mutterkatze keine Milch gibt. Das kann

11

12

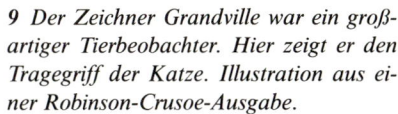

9 Der Zeichner Grandville war ein großartiger Tierbeobachter. Hier zeigt er den Tragegriff der Katze. Illustration aus einer Robinson-Crusoe-Ausgabe.

10 Der Tragegriff im Foto. Die Mutterkatze transportiert ihre Jungen mit einem speziellen Nackengriff, bei dem diese in eine Tragstarre verfallen.

11 Die Mutterkatze demonstriert ihren Jungen an einer toten Ratte den Beutefang. Das Gemälde von Legrand heißt »La Leçon«.

12 Säugende Katze von J.-B. Huet. Zeichnung aus dem Jahr 1788. Deutlich sind die milchspendenden Zitzen zu erkennen.

beispielsweise bei einer Geburt durch Kaiserschnitt vorkommen. Eine Katzenamme ist hier die beste Lösung, sie zu finden nicht leicht, denn sie muß zur gleichen Zeit wie unsere Katze geworfen haben. Der Grund: Bis zu 48 Stunden nach der Geburt produziert die Katze die *Kolostral-* oder *Vormilch,* die wichtige, lebensnotwendige Schutzstoffe für die Jungen enthält. Sie machen die Katzenkinder in den ersten Lebenswochen immun gegen Infektionen. Die Eingliederung in den fremden Wurf klappt meist nach kurzer Zeit, wenn die Waise den fremden Nestgeruch angenommen hat.

Sehr schwierig dagegen ist eine künstliche Aufzucht. Nicht nur, daß

die Vormilch fehlt und die Infektionsgefahr groß ist, in den ersten zehn Tagen müssen die Kleinen rund um die Uhr alle zwei Stunden mit einer Pipette gefüttert werden. Ab der zweiten Woche macht man es alle vier Stunden mit einem speziellen Aufzuchtfläschchen. Außerdem müssen wir für die fehlende Mutterwärme sorgen und nach jeder Mahlzeit sanft den Bauch massieren, damit Kot und Urin abgehen. Dagmar Thies empfiehlt in ihrem Leitfaden »Katzen züchten« als Entlastung eine Mitkätzin oder einen Kastraten zu nehmen, der wenigstens die Körperpflege besorgt.

Wenn Sie nicht sehr viel Zeit, Geduld und eine besondere Motivation haben, verwaiste Kätzchen aufzuziehen, kann ich von einem solchen Vorhaben nur abraten. Der Tierarzt ist die humanste Lösung.

Die Ernährung der trächtigen Katze

Man hat festgestellt, daß trächtige Katzen, die wenig oder keine Kohlenhydrate im Futter bekamen, weniger lebende Kätzchen auf die Welt brachten und daß von diesen Kätzchen wiederum weniger überlebten. Doch wie hoch der Anteil an Kohlenhydraten genau sein muß, den die trächtige Katze braucht, weiß man bisher nicht. Zusätzlich erhöht sich auch der Eiweißbedarf. Das bedeutet, daß man dem üblichen hausgemachten Futter hochwertiges und leicht verdauliches Eiweiß wie Quark, Eier oder Hühnerklein zufügt, aber auch die gekochten Getreideflocken nicht vergißt. Füttert man Fertignahrung, kann man sie durch etwas Quark anreichern.

Insgesamt nimmt der Nahrungsbedarf nur wenig zu, man sollte aber die Zahl der Fütterungen auf drei bis fünf pro Tag erhöhen.

Die Ernährung der säugenden Katze

In dieser Lebensphase stellt der Körper die größten Anforderungen an die Ernährung. Es ist allgemein nicht bekannt, daß eine Katze während dieser Zeit, besonders bei einem großen Wurf, die drei- bis vierfache Nahrungsmenge des Normalen benötigt und dieses Quantum auf mehrere Mahlzeiten verteilt werden muß. Anzunehmen, wenn auch noch nicht nachgewiesen, ist ein erhöhter Vitamin- und Mineralstoffbedarf. Man sollte zusätzlich eine Mineralstoffmi-

13

13 Beatrice Potter schrieb und zeichnete 1903 die Geschichte »The Tailor of Gloucester«, in der die Katze Simpkin dem Schneider den Haushalt versorgte und die Mäuse für ihn nähten. Hier Simpkin am Bett des kranken Schneiders mit einer Tasse Milch. Das Original befindet sich in der Tate Gallery in London.

14/15 Vom Katzen-Raffael Gottfried Mind stammen diese Mutterkatzen mit ihren Jungen. Beide Blätter wurden von F. Hegi nach Mind radiert.

schung wie zum Beispiel Bonefort geben und eine Hefe-Vitamin-Paste für Katzen, auch wenn man Fertignahrung füttert. Als Richtlinie kann gelten: Während der Stillzeit die Nahrungsmenge pro Woche um 25 Prozent steigern, aufgeteilt auf sechs Mahlzeiten am Tag. Höhepunkt: wenn die Kätzchen sechs Wochen alt sind.

Die Ernährung der kleinen Katze

Ein Katzenkind wiegt bei der Geburt 100 Gramm und nimmt in den ersten vier Wochen um das Vierfache zu. In den ersten drei Wochen schafft das die Katzenmutter mit ihrer Milch, doch dann braucht das Kätzchen zusätzliche Nahrung.

Es ist sehr einfach, festzustellen, ob Kätzchen von der Mutter ausreichend ernährt werden: Verhalten sich die Kleinen ruhig und fühlen sich warm an, dann sind sie ausreichend ernährt. Unterernährte sind kalt, jammern und isolieren sich vom Rest des Wurfes. Diesen Kätzchen gibt man ein wenig Zusatznahrung. Man kann die Kätzchen schon früh an die Schüssel gewöhnen: Unterteller mit wenig Pflanzenmargarine bestreichen, daran lecken lassen, lauwarme Milch mit Kondensmilch verstärkt dazugeben. In kleinsten Mengen, damit sie den Kätzchen nicht in die Nase kommen kann. Auch den Haferschleimbrei flüssig halten. Nach dem Fressen sollte man immer für frisches Wasser sorgen.

Wichtig ist auch die regelmäßige Gewichtskontrolle. Die normale Körpergewichtszunahme stellt einen guten Hinweis für richtige Ernährung dar. Die Zusatznahrung in der vierten Woche kann aus Haferschleim mit Kondensmilch oder Kinder-Milchnahrung mit einem Zusatz von Fertignahrung bestehen und pro Woche einem Eigelb oder einem gekochten ganzen Ei.

Sollte sich Durchfall einstellen, keine Eier mehr geben. Ab der siebten Woche werden die Kätzchen von der Mutter abgesetzt und so gefüttert wie eine erwachsene Katze, nur eben wesentlich häufiger am Tag.

Die Entwöhnung der Kätzchen sollte mit der sechsten Woche abgeschlossen sein. Bei mangelnder Milchlei-

stung des Muttertieres kann schon vorher etwas Kuhmilch oder Milchschleim zugefüttert werden.

Die Ernährungsforscher haben festgestellt, daß junge Katzen:
• einen hohen Anteil von hochwertigem Eiweiß (Protein) benötigen, und zwar bis zu 40 Prozent, bezogen auf die Trockensubstanz. Hochwertig bedeutet bei der Katze tierisches Eiweiß.
• reichlich Fett brauchen, damit sie das nur in Fett lösliche Vitamin A verarbeiten können. Darüber hinaus sind essentielle (= lebensnotwendige) Fettsäuren wie die Linolsäure für den Stoffwechsel der Katze so wichtig, daß ein Viertel der Fettmenge aus ihr bestehen sollte.

• einen großen Kalziumbedarf haben.
• zwischen 70 und 100 Gramm pro Woche zunehmen und in der achten Woche etwa 600 Gramm wiegen sollten.
• bis zur achten Woche sechsmal am Tag gefüttert werden sollten, von der neunten bis zwölften fünfmal, dann weniger werdend bis zum neunten Monat. Von da an genügt eine Mahlzeit am Tag. Im Gegensatz zu Hunde-Welpen gibt es für junge Katzen noch keine spezielle Fertignahrung. Man muß das Fressen also selbst zubereiten, wobei der Zusatz von normaler Katzennahrung hilft, so daß auch das Kätzchen artgerecht ernährt wird. Dieser Anteil wird immer größer, ab

14

15

dem fünften Monat kann man Kitekat oder Whiskas allein füttern. Immer darauf achten, daß die kleine Katze nach der Mahlzeit frisches Wasser trinken kann.

Besondere Sorgfalt sollte man bei der Zubereitung darauf verwenden, daß die Vitamine nicht zerstört werden. Andererseits darf man auch nicht wahllos Vitaminpräparate zufüttern. Zum Schutz vor Krankheitserregern muß die Nahrung gekocht werden, doch sind eine Reihe von Vitaminen hitzelabil. Hier den richtigen Mittelweg zu finden, ist die Kunst der Katzenernährung.

In der nachfolgenden Tabelle finden Sie einen Ernährungsplan, anschließend drei Nahrungsvorschläge:

Alle diese Nahrungsvorschläge haben ca. 700 kJoule.

Wenn sich ein Kätzchen einmal erbricht, ist das meist nicht tragisch: entweder hat es zu kaltes Futter bekommen oder will die beim Sichputzen aufgenommenen Haare entfernen. Erst wenn Erbrechen mit Appetitlosigkeit, Durchfall oder anderen Anzeichen verbunden auftritt, sollte man den Tierarzt aufsuchen. Durchfall ohne sonstige Anzeichen ist meist eine ernährungsbedingte Verdauungsstörung nach Nahrungsumstellung, durch zuviel Milch oder zu alt gewordenes Futter. Bei andauerndem Durchfall gehört die Katze auch zum Arzt.

Wenn wir unsere Kätzchen so ernäh-

grundsätzlich behandeln werde: die Klärung der Frage, wann hört einfache Katzenvermehrung auf und beginnt Katzenzucht? Es scheint ganz einfach: Man wird Mitglied in einem Verein, man stellt seine Katze aus, und wenn sie ein »sehr gut« bekommt, kann man sie decken lassen. Das ist aber immer noch nichts anderes als Katzenvermehrung, durch die verschiedenen Gebühreninstanzen bis hin zum Kater nur eine etwas teurere als die mit Nachbars Felix.

Zum Züchten gehört viel mehr. Neben der Liebe zur Katze Engagement für eine Rasse und Ehrgeiz. Und mit wachsendem Erfolg wird der Ehrgeiz größer werden und die Liebe manchmal ein bißchen kleiner. Ein guter

Alter	Fütt. pro Tag	Gewicht der Katze ca. kg	Energiebedarf pro kg Körpergewicht in Kilojoule ca.	Täglicher Energiebedarf in Kilojoule ca.	Nahrungsaufnahme Dosennahrung ca. g	
6. bis 8. Woche	6	0,6	1050	630	150	*Nahrungsvorschläge I, II, III*
3. bis 4. Monat	5– 4	0,9– 1,2	850– 750	760– 900	230	*Nahrungsvorschläge I, II, III, –1,5fache Mengen*
5. bis 6. Monat	3– 2	1,5– 1,9	650– 550	980– 1050	250	*ca. eine halbe 400-g-Dose Whiskas oder Kitekat*

Nahrungsvorschlag I: Ein gekochtes Ei, ein Eßlöffel Whiskas, Kitekat oder Katkins und 15 g gekochter Reis oder gekochte Haferflocken.

Nahrungsvorschlag II: 50 g Kitekat, Whiskas oder Katkins etwas zerkleinern, mit einer halben Scheibe zerbröseltem Knäckebrot oder Zwieback, einem Teelöffel Sonnenblumen- oder Sojaöl und einem Eßlöffel Milch vermischen.

Nahrungsvorschlag III: Zwei Eßlöffel Kitekat, Whiskas oder Katkins, 50 g Milch, eine Handvoll Cornflakes, 50 g Gemüsebrei (in Wasser kurz gedünsteter feingehackter Spinat oder ebenso zubereiteter Kopfsalat oder Möhren) gut vermischen.

ren, wie es hier beschrieben wurde, werden sie zu gesunden Katzen heranwachsen.

Kätzchen sind niedlich, bezaubernd, possierlich anzuschauen, und sie erfreuen des Menschen Herz in des Wortes unmittelbarster Bedeutung. Wer sich dazu entschlossen hat, daß seine Katze einmal Junge bekommt und die Geburt und das Wachsen der Katzen erlebt, ist ein Katzenhalter der gehobenen Stufe; ein Katzenzüchter ist er aber noch lange nicht.

Was ist Katzenzucht?

Ich nehme hier, im Kapitel vom Gebären und Wachsen, etwas vorweg, was ich im Rasseteil dieses Buches

Katzenzüchter muß Mitglied in einem Zuchtverband sein und seine Katze von einem dort eingetragenen Deckkater decken lassen, damit die Nachkommen die richtigen Papiere haben. Ausstellungen müssen besucht werden, um die Bestätigung zu erreichen, daß die Katzen dem Standard entsprechen oder gar dem Idealbild der Rasse nahe sind. Ein Katzenzüchter muß die Theorie und die Praxis der Vererbung beherrschen, damit er nicht willkürlich zum Vermehrer von Rassekatzen wird, wodurch Hauskatzennachwuchs (hier sind die Mischkatzen gemeint) dann noch schwieriger unterzubringen ist. Meine ganz persönliche Meinung: Mit Katzen leben ist lobenswert, Katzen züchten braucht viel Verantwortung.

Gestörtes Mutterverhalten

Es werden immer wieder Fälle bekannt, daß Katzen (und andere Haustiere) ihre Jungen totbeißen und/oder auffressen. Daß dies fremde Katzen, besonders Kater tun, ist natürlich: sie sehen in den Kleinen Beute, auch wenn sie die biologischen Väter sind.

Bei den mordenden Müttern ist die Rangordnung der Triebe gestört.

• So kann die mütterliche Schutzaggression gegen mögliche Feinde umgekehrt werden und sich gegen die Jungen richten. Das kann geschehen, wenn das Wurflager nicht an einer besonders ruhigen Stelle steht und die Katze selbst labil oder aggressiv veranlagt ist.

• Eine Hormonstörung kann die Ursache für diese Verhaltensentgleisung sein, wie Dr. F. Brunner berichtet. Muttertrieb, Milchfluß und Geburtsauslösung sind kompliziert und dadurch störanfällig. Auch hier kommt es auf die Wesensfestigkeit und das Instinktgleichgewicht der einzelnen Katze an.

16 Katzenmutter spielt mit einem Jungen, das schon abgegeben werden könnte. Ein Symbolbild für dieses Kapitel. Lithographie, vermutlich um die Jahrhundertwende, ohne Signatur.

16

Schöne Katzen-Postkarten

Katzen-Postkarten gibt es in allen Techniken: Lithographien mit oder ohne Prägung, farbig gedruckt oder koloriert; Photographien; Kunstdruck; mit Applikationen aus Samt und Plüsch; mit Glasaugen und Quietscheffekt. Die Katzenmaler des ausgehenden 19. Jahrhunderts belieferten die nach Sujets begierigen Postkartenhersteller, denn bis zum ersten Weltkrieg verschickte jedermann Postkarten und fast jeder sammelte sie.

Die Katzenkarten werden zu Neujahr, Ostern, Weihnachten, als Geburtstagsgrüße oder als »Gruß von der Katzenausstellung« versandt. Die Katze vermenschlicht sich, verwendet die neuen Requisiten der Zeit wie Fotoapparat, Auto oder Fahrrad. Es gibt badende, paradierende, flirtende und modische Katzen. Eine putzige Welt entsteht, die die Engländer *Catland* nennen.

Eine der frühesten Kartenillustratorinnen ist Helena Maguire, die in London mit ihrer Schwester Bertha zu den gesuchtesten Malerinnen für Blumen, Obst und Katzen zählte. Ihre Karten (Seite 236 obere Reihe und 237 zweite Reihe links) wurden vor allem in Deutschland gedruckt. Bei

Theo Stroefer erschienen auch die Karten von Arthur Thiele, der eine ganze Katzenwelt schuf (siehe Schulbild). Von Wilhelm Schwar der viele Karten schuf, stammen »Fox und Kätzchen« sowie die »Katzenmutter« rechts außen. Die modische Katzendame ist eine Reliefkarte aus dem Jahr 1902, die Soldaten sind deutscher Herkunft, und die Katze im Handschuh war ein international beliebtes Motiv.

In dem Büchlein über Katzen-Postkarten »The Cat Fancier«, London 1982, werden fast 100 Künstler der Zeit von 1900 bis heute aufgeführt.

Das Stelldichein

Geteiltes Interesse

Heureuse Famille

Die richtige Katzenernährung

Nördlich von Cambridge, noch in der Grafschaft Leicestershire, liegt Waltham. Ein altes Gutshaus, moderne Stallungen, fröhliche Hunde und Katzen, Laboratorien für Tierversuche der positiven Art. Hier im *Animal Studies Center* wird, einmalig in Europa, die Ernährung von Hunden und Katzen erforscht. Von hier gehen die Ergebnisse an die Labors der Fertignahrungshersteller oder werden von Wissenschaftlern wie R.S. Anderson oder J.G. Morris auf den jetzt alle vier Jahre abgehaltenen Symposien über Heimtierernährung vorgetragen.

250 Katzen leben in Waltham, unter ihnen die zwanzigste Generation, die ausschließlich mit Fertigfutter ernährt wurde. Sie werden regelmäßig gewogen, ihr Urin analysiert, Blutbilder gemacht. Es sind gesunde Katzen. Und wenn man sieht, wie sie schnurren, ihren Pflegern um die Beine streichen, sich streicheln lassen, wohl auch glückliche Katzen.

Von Video-Kameras mit Zeitraffer rund um die Uhr beobachtet, hat man festgestellt, daß Katzen innerhalb von 24 Stunden in nahezu gleichen Abständen 36mal zum Fressen an den Napf gehen: Die Katze ist ein Häppchenesser. Als Jägerin fängt sie hier eine Maus, dort einen Käfer. Versuche mit der richtigen Nahrungstemperatur ergaben: Am liebsten fressen Katzen, was um 38–39 Grad warm ist. Das entspricht genau ihrer Körpertemperatur.

In Zusammenarbeit mit veterinärmedizinischen Kliniken hat man herausgefunden, daß Katzen viel weniger zur Fettsucht neigen als Hunde und folgert daraus, daß sie auch in der Ernährung »ihre eigenen Wege geht« und sich der Menschennahrung keineswegs angepaßt hat. Katzen brauchen spezielle Nahrung. Sie sind außerdem heikle Fresser, die Verlokkung Zucker läßt sie gleichgültig, und kaum ein Aroma verführt sie. Sie verlangen erste Wahl, bestehen auf Abwechslung oder kaprizieren sich auf ganz Bestimmtes. Sie fressen bedächtig, aber nicht genüßlich, mit abgewandtem Kopf, so, als sei Nahrungsaufnahme etwas Anstößiges, Nebensächliches. Deshalb stimmt mich

Axel Eggebrechts Vergleich der Katzen- mit der Menschenzunge eher heiter: »Aber während ihnen [gemeint sind die Menschen] eine süßglatte Schokoladenzunge im Gaumen zerfließt, haben sie keinen Begriff von der stacheligen Rauheit der lebendigen Katzenzunge. Und weniger noch wissen sie von den Entzückungen, die sich die Katze mit diesem empfindlichsten aller Feinschmeckerorgane verschafft. Roh zermalmt und zerschneidet der menschliche Zahn die Nahrung. Die Griffzähne der Katze aber reißen ein Stückchen Fleisch los, schieben es auf die Zunge, und dann wird es zerrieben, zerlegt, gelöst, so intensiv genossen, wie wir das mit unseren plumpen Werkzeugen nie vermögen.« Was wissen wir schon von der Köstlichkeit eines Mäusefells, von dem zarten Wohlgeschmack der Kükendärme?

Die Forscher von Waltham tun sich schwer, die richtige Katzennahrung zu ermitteln.

Die Eßgewohnheiten der Katze

Die Basis für die richtige Katzenernährung ist sehr schmal. Die Katze ist ein Fleischfresser, der doppelt soviel Eiweiß pro Kilo Körpergewicht braucht wie zum Beispiel ein Hund. Doch sie frißt nicht nur das Fleisch der Beute allein, sondern den Darm und den Speisebrei und den Knochen dazu. Die Reste läßt sie liegen: Sie will es immer frisch haben.

Aus dieser ihrer Raubtier-Vergangenheit hat die Katze viele Freßgewohnheiten beibehalten. Allerdings braucht sie weniger Energie als ihre wilden Verwandten; eine Folge ihrer Heimtierwerdung, ihrer Domestikation. Dem Futter kann man daher energieärmere voraufgeschlossene Kohlenhydrate zusetzen. So darf eine gesunde Katzennahrung zu zwei Dritteln aus Fleisch oder Fisch und einem Drittel aus Beifutter bestehen, das sich aus Getreideprodukten oder Teigwaren zusammensetzt. Ernährungsmäßig betrachtet heißt das: Die Katze muß eiweißreich ernährt werden; in ihrer Ration sollte aber noch ausreichend Fett und es können Kohlenhydrate enthalten sein.

Wichtig für die Katze als Haustier ist das Ambiente. In der »Zeitschrift für Versuchstierkunde« fand ich in einem Aufsatz die interessante Tatsache, daß eine Katzenkolonie bei einem Pfleger um 30 Prozent mehr fraß als bei anderen. Der Mann sprach mit sich selbst und den Katzen; er erschreckte sie nicht durch sein Kommen und gab ihnen ein gutes Gefühl während der Mahlzeit. Das sollten wir bedenken: ist doch die Fütterung einer der täglichen Höhepunkte im Zusammenleben mit der Katze. Und ich habe die Beobachtung gemacht, daß Katzen beim Fressen Gesellschaft mögen, und nicht »am liebsten unbeobachtet fressen«, wie man oft lesen kann.

Anmerkungen zur Ernährungslehre

Wer lebt, atmet, schleicht, läuft, springt, miaut, schnurrt oder Mäuse fängt, braucht Energie. Diese Energie stammt aus der Nahrung, genauer aus den chemischen Bausteinen der Nahrungsmittel: aus Eiweiß, Fett und Kohlenhydraten. Der Körper wandelt die in den Nahrungsmitteln enthaltene Energie in andere Energieformen um: in Wärme, damit die Körpertemperatur ständig zwischen 38 und 39 Grad liegt; in Energie, damit zum Beispiel das Nervensystem gut und schnell reagiert; in Bewegungsenergie, damit man kratzen, maunzen und springen kann; in Energie, damit der Körper wächst oder neue Zellen bildet.

Diese Energieumwandlung erfolgt durch einen Verbrennungsprozeß. Deshalb werden auch die Nahrungsmittel nach ihrer Fähigkeit zur Energielieferung im Stoffwechsel (= umsetzbare Energie) gemessen. Die Maßeinheit dafür heißt heute Joule (früher war es die Kalorie). Von den Nahrungsstoffen hat Fett den höchsten Brennwert: 39 kJoule pro Gramm; Eiweiß und Kohlenhydrate haben einen niedrigeren Brennwert: je 17 kJoule pro Gramm. Der Körper verfügt über eine Besonderheit: Überschüssige Energie wird nicht in Form von Wärme abgegeben, sondern in Fett verwandelt und gespeichert. Wer zuviel ißt und danach nicht hungert, wird dick, so heißt das einfache Naturgesetz. Das gilt für Katzen genauso wie für uns.

Es gibt aber noch ein Gesetz, das ebenfalls für alle gültig ist: Wer falsch ißt, wird krank. Das bedeutet, daß die Grundnährstoffe in einem richtigen Verhältnis zueinander stehen müssen

2

3

1 Die Serviette um den Hals ist symbolisch: Katzen säubern sich nach jeder Mahlzeit intensiv. Kolorierte Wiener Bronze, unter dem Kopf ein Tintenfaß.

2 Wenn auch der Napf eigentlich für Hunde gedacht ist, in früher Jugend reicht er für eine ganze Katzensippe. Später wird lieber einzeln gegessen.

3 Typisch, die leicht schräge Kopfhaltung beim »Zerschneiden« von Fleischstücken.

und daß wir noch zusätzlich Mineralstoffe und Vitamine brauchen.
Beschäftigen wir uns mit dem, was jede Katze nötig braucht. Zunächst in der Theorie, die wir dann in die Praxis umsetzen.

Wasser ist wichtig

Ohne Wasser gibt es kein Leben, Wasser ist deshalb die Grundlage aller Ernährung. Eine Katze ohne Wasser bleibt nur wenige Tage am Leben, obwohl sie als Wüstentier nur wenig Flüssigkeit braucht. Hingegen kann eine Katze es ohne Nahrung erstaunlich lange aushalten. Es sollte also immer frisches Wasser für sie bereitstehen. Frische Milch ist kein Getränk für eine Katze, sondern Nahrungsmittel, aber auch nur bedingt zu empfehlen.

Eiweiß ist durch nichts zu ersetzen

Ohne Eiweiß ist das Funktionieren aller Vorgänge, die man Leben nennt, nicht möglich. Jede Art von Leben ist an Eiweiß gebunden. Der Grundnährstoff Eiweiß (Protein) ist eine Sammelbezeichnung, denn in der Natur kommt eine Vielzahl von Eiweißen vor, deren ernährungsphysiologisch wichtige Komponenten die Aminosäuren sind. Davon gibt es eine Reihe, die weder Mensch noch Katze in ihrem Körper aufbauen können. Diese sogenannten essentiellen Aminosäuren müssen mit der Nahrung aufgenommen werden.
Katzen sind darauf angewiesen, einen größeren Teil der Energie aus Eiweiß zu decken als zum Beispiel ein Hund. Deshalb muß man schon bei der Ernährung von Hund und Katze, die im gleichen Haushalt leben, einige Unterschiede machen.
Nun kann man von keinem Katzenhalter verlangen, daß er die Zusammensetzung der Nahrung bis zu den

Aminosäuren genau kennt und sie fachmännisch zusammenstellt.
Bisher hat man erst in wenigen wissenschaftlichen Instituten erforscht, was eine Katze zur richtigen Ernährung benötigt. Die Ergebnisse machen deutlich, wie schwierig es ist, eine Katzennahrung richtig zusammenzustellen.
Für die Katzenernährung empfiehlt sich deshalb die Fertignahrung, welche unter anderem hochwertiges Eiweiß, das die Katze braucht, in richtigen Mengen enthält.
Eiweiß ist nämlich nicht gleich Eiweiß. Im Grunde sind nur ganz wenige Eiweiße, wenn man sie aus einer einzigen Quelle nimmt, biologisch vollwertig. Nicht einmal bestes Mus-

kelfleisch. Eine Mischung mehrerer Eiweißarten, die sich gegenseitig ergänzen, ist daher von Vorteil. Eiweiß ist in pflanzlichen und tierischen Nahrungskomponenten enthalten, wobei tierisches Eiweiß für die Katze in der Regel den größeren Nährwert besitzt. Doch hochwertiges pflanzliches Eiweiß in der richtigen Zusammensetzung ist für die Katze ebenso vollwertig und auch bekömmlich.
Die richtige Menge an hochwertigem Eiweiß in der Nahrung macht die Katze aktiv und munter; bei Eiweißmangel wird sie apathisch.

Kohlenhydrate können dick machen

Wichtige Grundnährstoffe sind auch die Kohlenhydrate, die in ihrer Struk-

4 Tischreste sind keine Katzenmahlzeit. Und an Fischgräten kann sich eine Wohnungskatze genauso verschlucken wie wir Menschen.

5 Das natürliche Getränk für eine Katze ist Wasser. In freier Wildbahn wie zu Hause. Wer hat schon eine Katze eine Kuh melken sehen?

4

tur Kohlenstoff und die Bauelemente des Wassers, Wasserstoff und Sauerstoff, enthalten. Leichter verständlich sind die Begriffe Stärke und Traubenzucker (Glucose), den man auch »Brennstoff des Lebens« nennt. Kohlenhydrate kommen in der Natur in größeren Mengen in den Pflanzen und in den Produkten vor, die aus Pflanzen hergestellt werden, wie Brot, Reis oder Teigwaren. Sowohl Zucker als auch vorgekochte Stärke werden von der Katze teilweise direkt in Energie umgesetzt, teilweise in tierische Stärke, das sogenannte Glykogen, umgewandelt, das in der Leber und in der Muskulatur gespeichert wird, um als energiespendender Betriebsstoff verwendet zu werden.

Die Katze kann eine gewisse Menge Kohlenhydrate verarbeiten. Werden diese nicht mit der Nahrung zugeführt, muß die Katze die benötigte Energie aus anderen Nährstoffen gewinnen. Enthält die Nahrung aber zuviel Kohlenhydrate, verwandelt der Körper sie sofort in Speicherfett: Die Katze wird dick.

Nun kann das Verdauungssystem der Katze rohe, nichtvorbehandelte pflanzliche Kohlenhydrate (Stärke) kaum ausnutzen. Deshalb müssen wir ihr voraufgeschlossene Kohlenhydrate mit dem Futter geben, also die pflanzlichen Teile der Kost vor der Verfütterung kochen bzw. backen (Haferflocken, Reis, Gemüse bzw. Brot). Insgesamt sollten aber wegen

der Gefahr des zu starken Fettansatzes nicht zuviel Kohlenhydrate an die Katzen verfüttert werden.

Zu den Kohlenhydraten gehören überwiegend auch die sogenannten Ballaststoffe (Rohfaser), die unverdaulich, deswegen aber nicht etwa wertlos sind: Geringe Mengen im Futter regen die Darmbewegung (Peristaltik) an und fördern damit den Verdauungsvorgang.

Fett für die Katze

Eine Zeitlang glaubte man, Fett in der Katzenernährung sei unnötig, denn man war der Meinung, eine Katze könne kein Fett verdauen. Das Gegenteil ist richtig: Die Katze braucht Fett als Energiequelle und für die Versorgung mit den fettlöslichen Vitaminen A, D, E + K und deren Resorption. Das Fett enthält außerdem die lebensnotwendige, essentielle Fettsäure Linolen. Ausreichende Fett- (und Vitamin-A-) Zufuhr gewährleistet gesunde Haut und Haare. Auf keinen Fall sollte man ranziges Fett an Katzen füttern, da die Vitamine A, D, E + K in ihm zerstört sein können.

Da Fett sehr energiereich ist, muß man jedoch darauf achten, daß nicht zuviel Fett gefüttert wird, sonst werden die Katzen ebenfalls zu dick. In Fertignahrung ist dieses lebensnotwendige Fett in der richtigen Menge enthalten.

Im übrigen sorgen ein Teelöffel Öl oder ein Klümpchen Butter als gelegentlicher Zusatz dafür, daß die Katze ihre Haarballen nicht erbricht, sondern ausscheidet.

Die Katze und die Vitamine

Wir sprechen heute viel von Vitaminen und halten sie für den Schlüssel zur Gesundheit. Auch für Katzen sind sie lebensnotwendig. Doch braucht man sich um die richtige Zusammensetzung der Nahrung keine Sorgen zu machen, wenn man eine Vollnahrung wie Whiskas, Kitekat, Katkins oder Brekkies füttert.

Wir unterscheiden zwischen fettlöslichen und wasserlöslichen Vitaminen. Vitamin A ist fettlöslich. Ein Mangel dieses Vitamins zeigt sich in Wachstumsstörungen, trockener Haut, vermindertem Sehvermögen.

5

Im Gegensatz zum Menschen und auch zum Hund sind Katzen nicht fähig, aus dem in Möhren oder Spinat enthaltenen Karotin, der Vorstufe zu Vitamin A, sich dieses Vitamin herzustellen. Sie sind ganz auf tierische Vitamin-A-Zufuhr angewiesen.

Auch Vitamin D, das Anti-Rachitis-Vitamin, ist fettlöslich. Fehlt es, ist die Kalzifizierung der Knochen gestört. Dieses Vitamin ist am reichlichsten in Fischleber vorhanden. Hier ist vor allem die richtige Menge wichtig: Katzen benötigen dieses Vitamin weniger als Hunde. Ein Vitaminüberschuß kann zu Vergiftungen führen. Deshalb darf man auch Anti-Rachitis-Präparate für Hunde oder Menschen nicht Katzen geben.

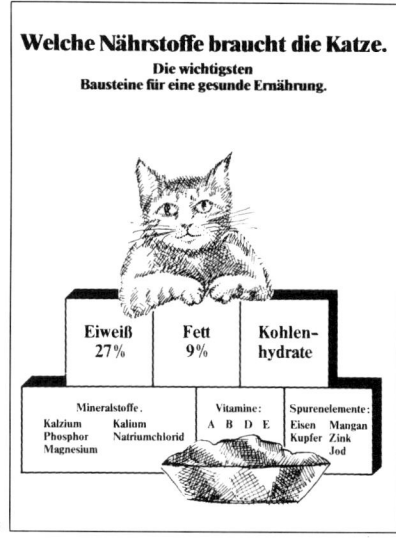

6

6 Der Nährstoffbedarf der Katze auf einen Blick. (Ausführliches im Text.)

7 Im Viktorianischen England kam der »Cat Meat Man« von Haus zu Haus und rief preiswertes Fleisch für Katzen aus. Holzstich von W. J. Webb.

Die Vitamine E und K gehören ebenfalls zu den fettlöslichen Vitaminen. Dem Vitamin E obliegen vielerlei Schutzfunktionen im Körper (Oxydationshemmung, Kapillarschutz), und Vitamin K ist notwendig für eine normale Blutgerinnung bei Verletzungen.

Zur Gruppe der wasserlöslichen Vitamine gehören unter anderem alle Wirkstoffe, die als Bestandteile (Cofermente) von organischen Katalysatoren (Fermente) im gesamten Stoffwechsel unentbehrlich sind. Das betrifft das Nervensystem, die Muskeltätigkeit, die Ausbildung der Haut und des Haarkleides, die Blutbildung und vieles andere mehr. Bei Mangel an Vitaminen des B-Komplexes kann es auch zu Leberfunktionsstörungen und Ekzembildungen kommen.

Interessant ist, daß bei Katzen, die häufig mit rohen Süßwasserfischen ernährt werden, ein Vitamin-B-Komplex-Mangel entsteht. Diese Fische enthalten in rohem Zustand einen Stoff, der Vitamin B_1 zerstört; kocht man ihn, treten diese Mangelerscheinungen nicht auf.

Vitamin B_1-Mangel kann sich auch durch Erbrechen und Krämpfe – ähnlich wie eine Vergiftung – äußern. Ein anderes Vitamin, das Biotin, kann bei Verfütterung von rohem Eiereiweiß unwirksam werden, da in diesem ein Stoff vorhanden ist, der das Biotin unlöslich bindet. In gekochten Eiern ist dieser Stoff nicht mehr wirksam.

Vitamin C ist ebenfalls wasserlöslich und wird von Katzen selbst erzeugt. Eine Zufuhr ist nicht nötig. Wer Fertignahrung füttert, braucht sich um Vitamine und auch um Mineralstoffe keine Sorge zu machen.

Mineralien in Minimengen

Alles Leben stammt aus dem Meer, das mit seinen im Wasser gelösten Salzen die Bedingungen dafür schuf, daß Leben existieren und sich vermehren konnte. Die Zusammensetzung, nicht jedoch die Konzentration der Mineralien von Blut und Körperflüssigkeit bei Mensch und Katze entspricht weitgehend jener der Mineralien im Meerwasser. Die Gesundheit einer Katze steht und fällt mit dem Mineralstoffgehalt ihrer Nahrung. Eine mineralsalzlose Nahrung würde nach einiger Zeit zum Tod führen. Jedoch sind in allen Nahrungsmitteln Mineralsalze enthalten, am häufigsten Natrium, zum Beispiel im Kochsalz, das die Katze mit Fisch und Fleisch so reichlich zu sich nimmt, daß sie kein zusätzliches Salz benötigt. Falls sie einmal etwas Gesalzenes frißt, ist es kein Beinbruch. Gezielt sollte man daher aber kein Salz geben, es sei denn, man will die Katze anregen, mehr Wasser zu trinken. Das kann nach Professor Patricia P. Scott von der Universität London bei Katzen günstig sein, die an Erbrechen oder Durchfall leiden.

Notwendig sind Kalzium und Phosphor in der Nahrung, da beide für die Knochenbildung verantwortlich sind. Es kann aber zu Kalzium-Mangelerscheinungen kommen, wenn bei hausgemachter Nahrung aus Fisch und Fleisch Gräten und Knochen entfernt werden. Deshalb sollte man bei der Ernährung von jungen Katzen unbedingt Fertignahrung bevorzugen, da in ihr diese wichtigen sowie auch alle anderen notwendigen Mineralstoffe und Spurenelemente (= Mineralstoffe, die nur in winzigen Mengen benötigt werden) vorhanden sind wie zum Beispiel Magnesium und Kalzium für eine gesunde Nerven- und Muskelfunktion sowie Eisen für die Blutbildung, außerdem Zink, Kupfer, Mangan, Jod u. a.

Die Katzenleber ist in einigen Fällen nicht in der Lage, den Körper so zu entgiften wie die menschliche Leber. Deshalb können einige Medikamente (z. B. Aspirin oder Phenacetin) für Katzen gesundheitsgefährdend sein. Mit diesem Wissen ausgerüstet, wollen wir nun in die Praxis gehen.

Die Folgen falscher Ernährung

Wer falsch ißt, wird krank. Das trifft auf uns Menschen zu, gilt aber auch besonders für die Katze, da ihr Nahrungsbedarf sehr spezialisiert ist.

»Friß das Richtige«: Das bedeutet, daß die Grundnährstoffe Eiweiß, Fett und Kohlenhydrate in einem richtigen Verhältnis zueinander stehen und sie in ausreichender, nicht zu großer aber auch nicht zu geringer Menge gefüttert werden. Weiterhin sollte die Nahrung so zusammengesetzt sein, daß alle Vitamine und Mineralstoffe enthalten sind. Ist die Nahrung der Katze von schlechter Qualität, ist sie zu einseitig oder nicht artgemäß, spricht man von einer Fehlernährung. Diese falsche Ernährung macht die Katze nicht nur krank, sie quält sie auch, sogar im

Sinne des Tierschutzgesetzes, das »artgemäße Ernährung« ausdrücklich verlangt.

Bei einer falsch ernährten Katze – gerade junge Katzen sind besonders anfällig –

• wird die Widerstandskraft gegen Krankheiten abgeschwächt, werden Infektionen begünstigt, ein Übergang von der Infektion zur Krankheit erleichtert, ein Krankheitsverlauf erschwert.

• bildet der Körper weniger oder keine Antikörper. Es kommt zu Entzündungen, zu Sekretionsbildungen, eventuell zu Ekzemen und Haarausfall.

• kann der Stoff- und Energiehaushalt aus dem Gleichgewicht geraten.

Was ist falsche Ernährung?

• Verfütterung von qualitativ minderwertigem Eiweiß. Katzen brauchen biologisch hochwertiges Eiweiß im Futter (z. B. Fleisch, Fisch). Sind im Futtereiweiß nicht genügend lebensnotwendige Aminosäuren enthalten, so kommt es unter anderem zur Abmagerung, zu struppigem und glanzlosem Fell, zur Appetitlosigkeit, Teilnahmslosigkeit. Junge Katzen reagieren auf die Verfütterung von zu geringwertigem Eiweiß mit Wachstumsverzögerungen.

• Reine Fleischfütterung. Fleisch enthält zuwenig Kalzium, so daß ein Kalziummangel auftreten kann. Folge: Das Skelett der Katzenjungen wird nicht genügend aufgebaut, es

kann leicht zu Knochenbrüchen kommen. Brechen Wirbelknochen, sind Lähmungen die Folge (gefährlichstes Alter vier bis sechs Monate). Erwachsene Katzen, die nicht trächtig sind, überstehen einen Kalziummangel besser, zehren aber von den in ihren Knochen enthaltenen, jedoch knappen Reserven.

• Übermäßiges Füttern von Leber. Sie kann zu einer Vitamin-A-Vergiftung mit Begleiterscheinungen wie Lahmen, Gelenkstarre, Knochenwucherungen und Verkrüppelungen führen.

• Zuviel Milch als Getränk. Kuhmilch enthält viel Milchzucker (Lactose), der von den Verdauungsfermenten der Katze nur unvollständig

gespalten und absorbiert wird. Es kann zu schweren, nicht infektbedingten Durchfällen kommen.
• Ausschließliche Fütterung von selbstbereitetem, gekochtem Futter. Durch langes Kochen werden unter anderem einige Vitamine ganz oder teilweise zerstört (z. B. Vitamin A und Vitamin B$_1$). Es kommt zu Appetitlosigkeit, Infektionsanfälligkeit, zu gestörtem Sehvermögen, Wachstumsstörungen, eventuell zu Erbrechen und Krämpfen, die bis zum Tode führen können.

Das ist richtige Ernährung

Sie kostet Geld, pro Tag etwa eine Mark, und gewisse Mühe. Man kann Fertignahrung verfüttern, das ist einfach und ihr Nährwertgehalt leicht zu berechnen, da die Angaben auf der Packung stehen. Mischt man das Futter selbst, muß man die folgenden Regeln beachten und alles, was ich über die richtige Katzenernährung schon geschrieben habe, beherrschen.

Vorweg klären wir die Frage: Wieviel Nahrung braucht eine Katze?

Eine Katze von 3 Kilo = 1 000 kJoule
Eine Katze von 4 Kilo = 1 350 kJoule
Eine Katze von 5 Kilo = 1 500 kJoule
(Die Menge ist pro Tag gerechnet.)

Oder auf Kilo-Körpergewicht der erwachsenen Katze bezogen:
Pro Kilo Körpergewicht = 350 kJoule.

Das Durchschnittsgewicht einer Katze liegt zwischen 3,5 und 5 Kilo.

Und nun alles über richtige Ernährung:
• Die erwachsene Katze bekommt am besten zwei Fütterungen: eine morgens und eine abends. Erwachsen ist eine Katze, wenn ihr Skelett aufhört zu wachsen. Das ist auch mit einem Rückgang des Appetits verknüpft. Die Katze ist dann etwa neun bis zehn Monate alt. Um diese Zeit wird sie (Ausnahme: die frühreifen Siamesen) auch zum ersten Male rollig.
• Die Fütterungen sollten täglich zur gleichen Zeit erfolgen. Die Katze lernt sehr schnell, sich auf diesen Zeitpunkt einzustellen und ihre Nah-

rung zu verlangen. Wer den ganzen Tag zu Hause ist, kann auch dreimal füttern.

• Die Nahrung sollte lauwarm sein. Direkt aus dem Kühlschrank wird sie auch meist von der Katze abgelehnt, denn die von ihr bevorzugte Nahrungstemperatur liegt etwa bei 38 Grad Celsius. Frißt sie nicht alles auf, kürzt man die nächste Ration um das Übriggelassene. Die Katze meldet sich schon, wenn sie mehr möchte.

• Bei rohem Fleisch und Innereien besteht die Gefahr, daß Parasiten oder bakterielle Krankheitserreger wie Salmonellen aufgenommen werden. Dies trifft nicht nur auf Schweinefleisch, sondern auch auf Rindfleisch zu, in dem immer häufiger ein Virus auftritt, der zu der stets tödlich verlaufenden Aujeszkyschen Krankheit führt. Daher raten Tierärzte dringend, alles Fleisch und die Innereien zu kochen. Fertignahrung ist steril, so daß diese Gefahren entfallen.

• Die Katze kann zeitlebens mit der gleichen Nahrung gefüttert werden, vorausgesetzt, sie entspricht allen ernährungsphysiologischen Anforderungen. Futterumstellungen sollen schrittweise erfolgen, und zwar innerhalb von ein bis zwei Wochen. Dabei wird die neue Nahrung zunächst in kleineren, dann immer größeren Portionen unter die gewohnte Nahrung gemischt.

• Der Futterplatz sollte so gewählt sein, daß die Katze in Ruhe fressen kann und nicht gestört wird. In der Natur sucht sie sich ja auch ein ruhiges Plätzchen aus. Bei Lärm, bei nervösem Hin und Her oder im Beisein Fremder frißt die Katze weniger.

• Nach der Fütterung braucht die Katze Ruhe. Ihre Verwandten in Steppe und Urwald halten dann Siesta. Man sollte also nicht unbedingt nach der Fütterung mit der Katze spielen oder sie knudeln wollen.

• Futterreste lassen wir nicht im Napf, sie können säuern, Fliegen können ihre Eier darauf ablegen oder Bakterien sich ansiedeln. Außerdem ist die Katze sehr auf Sauberkeit bedacht. Deshalb soll auch ihr Napf stets sauber sein. Er muß sich aber auch deutlich von anderem Geschirr im Haushalt unterscheiden. Katzen, die ihre Nahrung von einem normalen Teller bekommen, glauben, aus allen Tellern fressen zu dürfen.

• Als Getränk bekommt die durstige Katze Wasser. Es sollte stets vorhanden sein, da auch Beutetierfresser Wasser benötigen. Ob es immer frisch bereitsteht oder man es nur auf Verlangen gibt, ist Gewohnheitssache. Milch ist kein Getränk, Milch ist Nahrung. Wobei erwachsene Katzen Milch oft nicht mögen oder auch nicht vertragen. Wir haben bei unseren Katzen immer wieder gute Erfahrungen mit verdünnter Kondensmilch gemacht, die gerne zusätzlich geschlabbert wird.

• Wenn Sie Katzennahrung selbst zubereiten, kochen Sie sie kurz und schonend, damit die Nährwerte nicht mit dem Dampf entweichen.

Fleisch von Geflügel, Kaninchen und Wild entspricht in seiner Zusammensetzung mehr den Beutetieren als Rind- und Schweinefleisch. So ist Hasenpfeffer sehr beliebt, muß aber penibel auf Knochensplitter untersucht werden; Geflügelklein wird weich gekocht; Hühnermägen sind besser als Hühnerhälse, da die Kno-

8 *Holzstich einer dicken Katze, die 11,6 Kilo wog. Aus einer englischen Zeitschrift um 1880.*

9 *»Die Schale mit Milch«. Zeichnung von Francis Jourdain aus dem Jahr 1905.*

9

chen zu Verstopfungen führen können. Katzenzüchter verfüttern gerne Eintagsküken, die man in Geflügelfarmen bekommt. Sie entsprechen den natürlichen Beutetieren, werden mit Federflaum und Knöchlein gefressen, doch sie zu verfüttern ist nicht jederfraus Geschmack.

• Wenn Katzen sich mit Mäusen versorgen, braucht man diese auf die Nahrungsmenge nicht anzurechnen. In einem Großstadtrevier fängt eine Katze am Tag bestenfalls eine oder zwei Mäuse; energiemäßig gerechnet sind das pro Maus etwa 120 kJoule. Da in Großstädten Mäuse oft Krankheiten oder Giftstoffe in sich tragen, wird empfohlen, der Katze die Maus, die sie ja meistens bringt, wegzuneh-

men und gegen eine andere »Beute« einzutauschen.

• Bei Knochen ist große Vorsicht geboten. Leicht können kleine Splitter verschluckt werden. Nur die Knochen von gekochten Hühnerhälsen und Hühnerköpfen sind ungefährlich.

Informationen über Fertignahrung
Die wissenschaftlichen Grundlagen der artgerechten Ernährung der Katze wurden von der amerikanischen »National Academy of Sciences« und vom englischen »Animal Studies Centre« erarbeitet. Diese Ergebnisse stellen die Grundlagen für Produkte wie zum Beispiel Whiskas, Kitekat, Katkins und Brekkies. Doch damit

nicht genug. In England ist der deutsche Fertignahrungshersteller »Effem« an einem Forschungszentrum beteiligt, in dem ein Team von Wissenschaftlern, bestehend aus erfahrenen Veterinären, Ernährungswissenschaftlern und Biochemikern, immer wieder die für Katzen am besten geeignete Nahrungszusammensetzung überprüft und neue Produkte entwickelt. So ist es möglich, daß nur qualitativ hochwertige Nahrung in den Handel kommt. Zusätzliche wissenschaftliche Kontrollen stehen bei der Produktion an oberster Stelle. Packungen und Dosen, die das Werk verlassen, haben in Stichproben mindestens zehn Prüfgänge hinter sich. Vor der Produktion wird zunächst das

Rohmaterial kontrolliert und veterinärmedizinisch untersucht. Eine analytische Prüfung stellt Wasser-, Fett- und Eiweißgehalt fest, eine bakteriologische Untersuchung überprüft den Keimgehalt.

Während der Herstellung werden die Produkte ständig auf Einhaltung der Rezepturen überprüft und überwacht. Viele andere, die Qualität beeinflussende Daten werden ebenfalls ständig überprüft. Das deutsche Futtermittelrecht ist eines der schärfsten der Welt. So sind die Hersteller verpflichtet, chemisch-analytische Angaben über den Inhalt auf der Packung anzugeben, was von den Behörden auch immer wieder nachgeprüft wird.

Unter dem Strich ist Fertignahrung billiger als der Kauf von Fleisch oder Fisch. In geschlossenem Zustand kann Dosennahrung nicht verderben; sie ist mit Sicherheit frei von Krankheitskeimen und sie erspart Zeit und Arbeit. Trockennahrung ist lange haltbar, was Erkrankungen durch verdorbene Nahrung verhindert.

Fertignahrung kann man immer auf Vorrat halten. Und was weniger Mühe macht, erledigt man auch konsequenter. Da es einfacher ist, eine Dose oder Packung zu öffnen als Fleisch zu schneiden oder Fisch zu kochen, bekommt die mit Fertignahrung gefütterte Katze jeden Tag ihre richtige, naturgemäße Ernährung. Während eine Selbstversorger-Katze sicherlich

auch einmal Tischreste bekommt. Aber auch der konsequente Selbstversorger sollte auf jeden Fall einen oder zwei Fertignahrungstage in der Woche einlegen. Dann hat er mit Sicherheit die Gewähr, daß seine Katze wenigstens an zwei Tagen alle nötigen Vitamine und Mineralstoffe bekommt.

Gibt man Vollnahrung (zum Beispiel Kitekat, Katkins oder Brekkies), so entfällt jede Zusatzfütterung. Bei Whiskas kann man allerdings bis zu einem Drittel Haferflocken, Reis, Nudeln oder Kartoffeln (immer gekocht) zufüttern. Etwas Gemüse, gedünstet und feingehackt, kann nicht schaden. Rohes Gemüse möglichst wenig füttern; wenn, dann gerieben oder feingehackt.

Für Katzen gibt es zwei Grundtypen der Fertignahrung:

1. **Dosennahrung** mit Fleisch, pflanzlichem Eiweiß, Getreideprodukten, Vitaminen und Mineralstoffen sowie bis 75 Prozent natürliche Feuchtigkeit. Es ist eine Vollnahrung, die den Nährstoffbedarf der Katze deckt; bei Whiskas dürfen Kohlenhydrate zugefüttert werden.

2. **Trockennahrung** ist in der Zusammensetzung der Dosennahrung gleich. Hier ist allerdings das Wasser bis auf einen Rest von 10 Prozent entzogen. Das bedeutet, Trockennahrung ist wesentlich energiehaltiger und die Katze muß mehr Wasser trinken. Beifutter muß nicht gegeben werden.

Die dicke Katze

Im »Guinness Buch der Rekorde« ist Himmy, ein siebenjähriger Kater aus Cairns, Australien als die »fetteste Katze der Welt« verzeichnet. Der arme Kerl wiegt 21 Kilo und hat einen Bauchumfang von 76 cm. Eine solche Fettsucht ist eine enorme Belastung des Organismus, und es ist ein Wunder, daß der Kater nicht schon gestorben ist. Ich möchte keine Ferndiagnose stellen, und doch glaube ich, daß das Übergewicht auf keiner Drüsenstörung beruht, sondern auf falscher und viel zu reichlicher Ernährung. Und einer Freßdisposition des Katers, da Katzen eigentlich nicht zum Fettsein neigen.

Durch reduzierte, vitaminreiche Kost kann man das Übergewicht langsam abbauen.

Wenn die Katze nicht fressen will

Alle Vorschläge zur richtigen Katzenernährung sind nur dann gut, wenn die Katze das Vorgesetzte auch frißt. Es gibt aber eine große Zahl heikler Katzen. Will die Katze nicht fressen, bietet man ihr etwas anderes an. Dabei wird man dann bald feststellen, ob sie nur Abwechslung brauchte oder eine echte Appetitlosigkeit vorlag. Ist die Appetitlosigkeit mit Gewichtsverlust oder gar mit Erbrechen oder Durchfall verbunden, sollte man zum Tierarzt gehen. Auch Verstopfung kann ein Krankheitszeichen sein. Meist sind Durchfall oder Verstopfung eine Folge unsachgemäßer Ernährung. Auch wenn man immer betont, daß Katzen sehr widerstandsfähig sind und »sieben Leben« haben: Der Appetit ist ein guter Gradmesser für den Gesundheitszustand der Katze. Denn auch Katzen können krank werden und brauchen dann ärztliche Versorgung. Darüber mehr im nächsten Kapitel.

10 Satte Katzen ruhen gern. Diese Radierung auf Velin ist unterhalb der Platte »Der Störenfried« betitelt. Signiert Schroeder-Schoenenberg, Deutschland Anfang 20. Jahrhundert. 16 × 19,5 cm.

11 Katze, eine Maus fangend. Wiener Bronze polychrom gefaßt, Ende 19. Jahrhundert. 8 cm lang, 3 cm hoch.

Katz und Maus

Die alte Feindschaft, die Gegenpole Katze und Maus, werden in den sprichwörtlichen Redensarten ausführlich gewürdigt. Wenn man wie *Katz und Maus* zueinander steht, ist das Verhältnis arg gestört, und zwar recht einseitig. Denn *der Katzen Scherz ist der Mäuse Tod:* Der Schwache ist dem Mächtigen ausgeliefert, der *mit ihm Katz und Maus spielt,* wenn er gerade Lust dazu hat. So ist es verständlich, daß die Schwachen aufatmen, wenn sich die Mächtigen nicht um sie kümmern: *Wenn die Katz aus dem Haus, tanzen die Mäuse.* Wobei auch Eltern oder Lehrer die Rolle der Katze übernehmen können: Fehlt die Aufsicht, machen die Kinder Rabatz. Leider haben es Aufsichtspersonen und Katzen an sich, leise und unbemerkt auf der Bildfläche zu erscheinen. Um sie rechtzeitig zu hören, müßte man *der Katze die Schelle umhängen.* Das hat lange Zeit keine Maus gewagt, so daß die Redensart zunächst von *der Katze die Schelle nicht umhängen* sprach: Niemand will die gefährliche Aufgabe übernehmen. Als Bismarck in einer seiner Reden sagte: »Gerade in der Stellung, in der ich bin, halte ich

es für meine Pflicht, der Katze die Schellen anzuhängen«, meinte er damit, daß die Sache offen besprochen werden müsse. Im Lauf der Zeit änderte sich die Redensart ins Ungute: Die Schelle wurde zum Gerücht, zur üblen Nachrede.
Es geht ihm wie der Katze mit der Maus, meint, er will mit langweiligen Menschen nichts zu tun haben. Goethe trieb den Satz auf die Spitze, indem Mephisto erklärt: »Für einen Leichnam bin ich nicht zu Haus; mir geht es wie der Katze mit der Maus.«
Von jemandem, der gerne große Ratschläge erteilt, obwohl er in kleinen Dingen laufend versagt, behauptet man: *Er will anderen Katzen fangen und kann sich selbst keine Maus fangen.* – Eine Redensart, die man in der Politik wieder aktualisieren sollte. Bei einem Kleidungsstück mit vielen Löchern oder einer Angelegenheit mit vielen Ausflüchten meint der Volksmund: *Da greifen zehn Katzen*

nicht eine Maus, weil es zu viele Wege gibt, auf denen man verschwinden kann und zu viele Öffnungen, durch die der Wind weht. Der Spruch: *Die alten Katzen haben auch Mäuse gefangen,* ist die konservative Aufforderung der Älteren an die Jugend, nicht alles über Bord zu werfen. »Wann die Katze aus dem Hause ist, tanzen die Mäuse« lautet der Titel des Münchner Bilderbogens, bestehend aus insgesamt fünf Streifen, von denen wir hier zwei zeigen. Mit viel Liebe zum Detail hat E. Ille sie 1857 in Holz gestochen.

Die Illustration stammt aus einem Kinderbuch, in dem Mutter Katze ihren Kindern die Lektionen des Lebens erteilt. Auf den fünf Fleischscheiben kann man von rechts nach links verfolgen: die Maus frißt den Käse; die Katze fängt die Maus; der Hund jagt die Katze; der Bulle wirft den Hund in die Luft, und der Mensch ißt den Bullen scheibenweise zu Weihnachten. Der Illustrator Charles Henry Bennett (1829–1867) hat seine Initialen in der Maus ganz links unten versteckt.

London um 1865.

- SAID THE CAT -

Nicht immer ist die Katze gesund

»Gesundheit ist der Zustand vollkommenen körperlichen, geistigen und sozialen Wohlbefindens und nicht allein das Nichtvorhandensein von Krankheit und Gebrechen.« Diese Definition der Weltgesundheitsorganisation (WHO) läßt sich auch auf die Katze übertragen, wobei für das geistige und soziale Wohlbefinden allein der Mensch zuständig ist. Wie man beides erwirkt und erhält, ist Hauptthema dieses Buches. Zur Erhaltung der körperlichen Gesundheit brauchen wir die Unterstützung des Tierarztes.

Nun sind die meisten Sanftpfoten katzlob widerstandsfähig, nicht wehleidig und kerngesund. Trotzdem sollten wir nicht bedenkenlos an *die neun Leben einer Katze* glauben und dadurch eventuelle Erkrankungen übersehen, sondern unsere Tiere genau beobachten.

Eine gesunde Katze hat ein glattes, glänzendes Fell, das sie regelmäßig putzt.

● Ihre Augen sind leuchtend, klar und offen.

● Ihr Appetit ist gut, und sie zeigt an, wenn sie Hunger hat.

● Sie nimmt aufmerksam Anteil an ihrer Umwelt, sie läuft fröhlich umher und ist immer zum Spielen aufgelegt.

● Ihre Körpertemperatur beträgt 37,8 °C bis 39,2 °C.

● Sie macht, je nach Alter, 40 bis 20 Atemzüge in der Minute, beziehungsweise hat sie 140 bis 100 Pulsschläge, beides gerechnet von jung bis alt.

● Sie setzt zweimal pro Tag Kot ab, geformt und feuchtweich, von dunkelgrau bis braun – je nach Futter.

● Ihr Urin, den sie mehrmals am Tag absetzt, ist klar und gelb und hat beim geschlechtsreifen Kater einen unangenehmen Geruch.

Eine kranke Katze verhält sich anders als normal, ihr Aussehen und ihre Reaktionen entsprechen nicht denen der gesunden Katze. So ist zum Beispiel:

● ihr Fell stumpf, struppig und glanzlos, und sie putzt es nicht.

● Die Augen sind trübe oder tränen und die Nickhaut ist zu sehen.

● Sie frißt lustlos oder verweigert das gewohnte Futter.

● Sie nimmt wenig Anteil an ihrer Umgebung und liegt apathisch herum.

● Ihre Körpertemperatur liegt unter 37,7 °C oder über 39,2 °C.

● Sie atmet nicht wie gewohnt, sondern hechelt, ihr Puls ist zu schnell oder zu langsam.

● Sie läuft dauernd aufs Katzenklo, ihr Stuhlgang ist breiig oder fast flüssig, oder sie versucht sich zu entleeren und kann es nicht.

● Ihr Kater versucht vergeblich zu urinieren.

Das sind einige Beispiele von Krankheitsanzeichen, die uns möglichst nicht zu Eigendiagnosen veranlassen sollen, zum Herumdoktern an der Katze. Ob mit Medikamenten der Schulmedizin, mit Pülverchen der Homöopathen, mit Mitteln der Naturheilkunde: heilen kann nur ein Fachmann. Deshalb halte ich auch nichts von Büchern, die Anleitungen zum Selberheilen geben, sei es für Menschen oder für Katzen; sie sparen nicht den Tierarzt, sondern oft wird dieser erst zu spät zu Rate gezogen, wenn Tröpfchen, Milchzuckerbereitungen oder Pflanzentees doch nicht zu helfen scheinen. Mögen Naturheilverfahren noch so modern sein, der richtige Umgang mit ihnen erfordert sehr genaue Kenntnis und viel Erfahrung. Unser Partner bei der Behandlung der kranken Katze ist und bleibt der Tierarzt.

Unser Tierarzt und unsere Katze
Zur Gemeinschaft von Katze und Mensch gehört auch der Tierarzt.
Wie unser Hausarzt seine Patienten, so sollte der Tierarzt nach einiger Zeit unsere Katze kennen. Dann fällt es ihm leichter, Krankheiten festzustellen. Das heißt, wir sollten unseren Tierarzt möglichst nicht wechseln. Zu einem Tierarzt kommt man durch Empfehlung von anderen Katzenhaltern oder, wenn man eine Rassekatze besitzt, durch den Züchter oder den Verein. Ein erfahrener Kleintierarzt, der nicht zu weit entfernt wohnt, wäre ideal. Angenehm ist, wenn er auch operiert. In Großstädten ist das selbstverständlich, auf dem Lande nicht immer.
Ich gehe lieber einmal zuviel als zu-

1 Die Katze als Objekt der medizinischen Forschung. Die Atemwege der Katze (und des Hasen), für Ärzte im Detail dargestellt. Aus einer alten Geschichte der Medizin.

wenig zum Tierarzt, bin aber kein Praxisrenner von übertriebener Ängstlichkeit. Ein gewisser Rhythmus ist schon durch die Impfungen gegeben, so daß man auch mit einer kerngesunden Katze den Kontakt zum Arzt nicht ganz verliert. Ich halte es für notwendig, die neue junge Katze gleich dem Tierarzt vorzustellen.

Kalender der Gesundheitsfürsorge

Bekommt unsere Katze Junge, müssen wir mit ihnen den Tierarzt fünfmal bemühen:

1. In der siebten Lebenswoche machen wir nach Absprache mit dem Tierarzt die erste Wurmkur.
2. In der 8.–10. Woche bekommen die Kleinen die erste Impfung gegen Katzenseuche.
3. In der 9. Woche machen wir die zweite Wurmkur.
4. Die zweite Impfung gegen Katzenseuche läßt man 3 bis 4 Wochen später machen. Eine Kombination mit der Tollwutimpfung ist ratsam.

Diese Impfung kann für uns als Jungkatzenbesitzer zum ersten Kontakt mit dem Tierarzt führen, falls der Kätzchenabgeber diese Impfung noch nicht hat machen lassen, was meist der Fall ist, wenn die Kätzchen verschenkt werden.

Die Impfungen müssen regelmäßig wiederholt werden: die Tollwutimpfung jährlich, die gegen Katzenseuche jedes Jahr oder alle zwei Jahre, je nach Impfstoff. Ihr Tierarzt wird Sie an die Impftermine erinnern; wir bekommen für unsere verschiedenen Tiere jeweils eine Postkarte geschickt.

Im Alter von sieben bis neun Monaten läßt man Kätzinnen unfruchtbar machen; Kater, bevor sie das Spritzen und Markieren beginnen, also auch zwischen sieben und neun Monaten.

Warum Impfen so wichtig ist

Es gibt einige ansteckende Krankheiten, die für die Katze tödlich sind

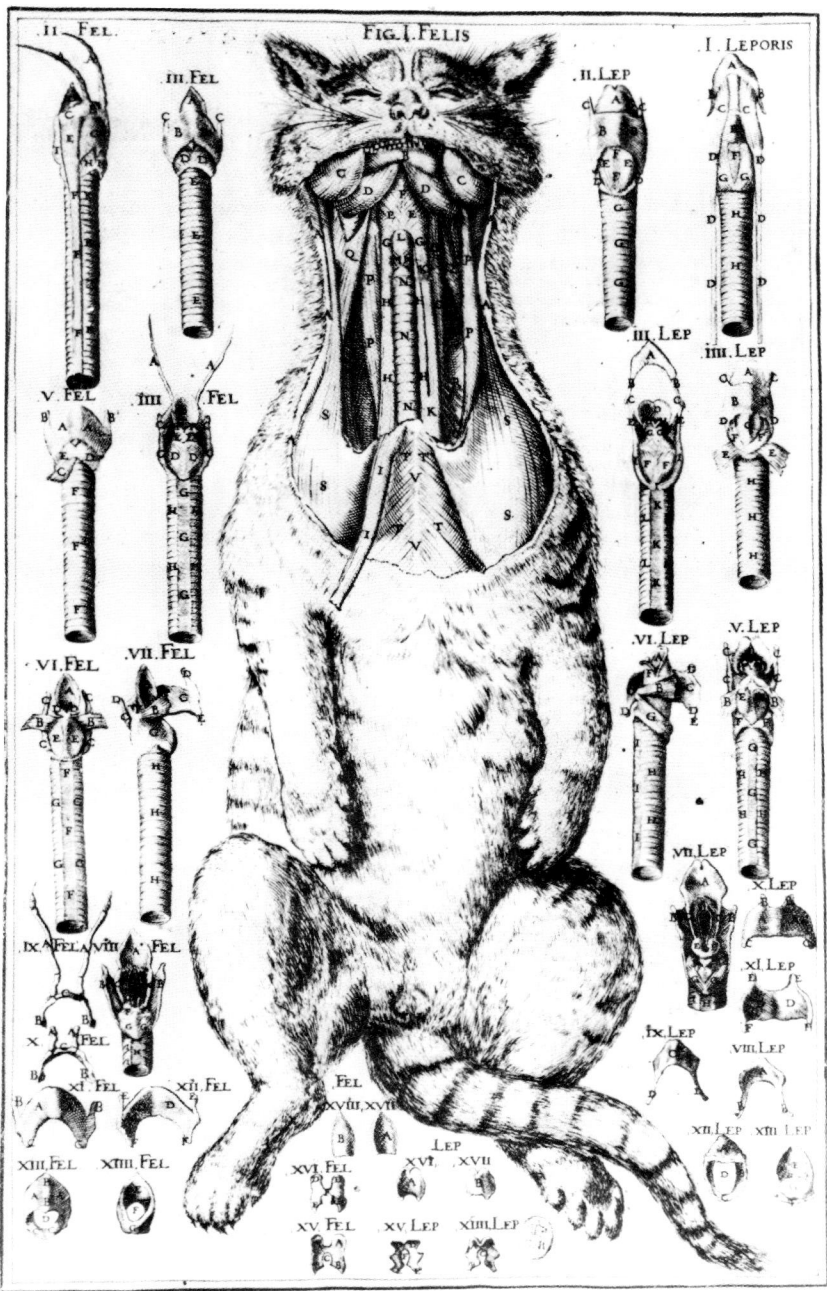

1

und wie die Tollwut auf den Menschen übertragen werden kann. Es sind die *Katzenseuche* (Enteritis infectiosa), gegen die es bewährte Impfstoffe gibt, und der Katzenschnupfen, gegen den man impfen sollte, wenn die Krankheit regional auftritt und unsere Katze Kontakt zu anderen Katzen hat.

Am wichtigsten aber für frei laufende Landkatzen ist die Impfung gegen die Tollwut. Über die Gefährlichkeit

dieser Krankheit sind Katzenbesitzer wesentlich schlechter informiert als zum Beispiel Hundebesitzer. Jährlich erkranken und sterben dreimal soviel Katzen als Hunde an der Tollwut.

Diese Viruskrankheit ließ sich bisher nicht ausrotten, sie ist auf den Menschen übertragbar und verläuft eigentlich immer tödlich. Die frei laufenden Katzen auf dem Lande können sich durch Kontakte mit tollwutkrankem Wild infizieren, aber auch

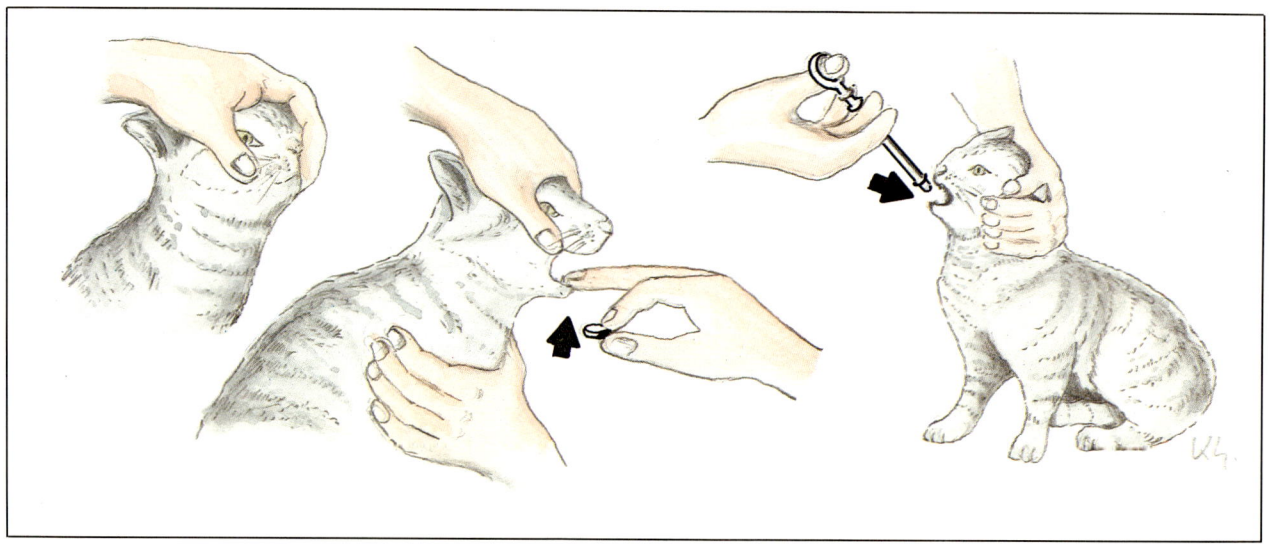

die Stadtkatzen sind nicht sicher, da kranke Füchse bis in die Städte vordringen. Das geimpfte Tier ist gegen die Krankheit geschützt und kann den Erreger nicht übertragen.

Die Tollwutimpfung ist auch für Wohnungskatzen obligatorisch, sofern man mit ihnen ins Ausland verreisen oder eine Ausstellung besuchen will.

Wenn man den Impfschutz erneuern läßt, sollte man gleichzeitig die Katze vom Tierarzt durchchecken lassen: von der Ohrenuntersuchung bis zum Zahnstein, von der Kotprobe auf Würmer (wenn die Katze Mäuse fängt, hat sie sicher welche) bis zum Gewicht.

Die krankmachenden Schmarotzer

Flöhe, über die ich schon auf Seite 195 geschrieben habe, sind nicht nur wegen ihrer Stiche lästig, sie können auch Bandwürmer übertragen und Hautekzeme verursachen. Im übrigen belästigen sie auch uns. Wichtiger noch als die Vernichtung der Flöhe im Fell der Katze ist die Tötung der Larven im Katzenlager und in den Bodenritzen. Wegen eines Sprays, Puders und eventuellem »Vapona-Strip« mit dem Tierarzt sprechen. Die Bekämpfung muß konsequent durchgeführt und nach 14 Tagen wiederholt werden, um die nächste Flohgeneration zu vernichten.

Zecken befallen nur frei laufende Katzen. Wie man sie entfernt, habe ich auf Seite 195 beschrieben.

Haarlinge, lausähnliche Krabbler von etwa 1 mm Größe, verursachen Juckreiz und werden mit Spray gegen Außenparasiten bekämpft. Den Menschen befallen sie nicht.

Milben können Hautkrankheiten (nässende Stellen, Haarausfall) oder Ohrenentzündungen hervorrufen. Bei solchen Anzeichen (auch dauerndem Kopfschütteln) zum Tierarzt gehen.

Pilze (z. B. Mikrosporie) verursachen lästige Hautkrankheiten, die auch auf den Menschen übertragbar sind. Je früher man behandelt (schuppige Flecken bei trockener Haut), um so erfolgversprechender. Diagnose und Behandlung durch den Tierarzt.

Würmer befallen vor allem Jungkatzen, aber auch immer wieder die erwachsenen. So haben im Durchschnitt 65 Prozent aller Katzen *Spulwürmer,* 39 Prozent *Hakenwürmer* und 43 Prozent *Bandwürmer.* Der Katzenbandwurm wird meist durch Mäuse aufgenommen. Der dem Menschen gefährliche Hakenwurm ist bei uns recht selten. Auf jeden Fall sollten wir unserer Katze regelmäßige Wurmkuren »verordnen«, denn diese Schmarotzer schwächen die Katzen sehr.

Toxoplasmose, hervorgerufen durch den Einzeller »Toxoplasma Gondii«, kann man vermeiden, wenn die Katze nie rohes Fleisch bekommt und keinen Kontakt zu den Ausscheidungen anderer Katzen hat. Die Krankheit machte Schlagzeilen in der Pres-

2 Will man der Katze eine Tablette eingeben, umfaßt man mit der linken Hand (wie dargestellt) den Kopf, so daß Daumen und Zeigefinger hinter den Reißzähnen liegen und man den Oberkiefer hochziehen kann. Mit dem Mittelfinger wird der Unterkiefer heruntergedrückt und die Tablette so weit wie möglich nach hinten auf die Zunge gelegt. (Die dritte, oberkieferhaltende Hand auf unserer Abbildung gehört einem Helfer).

Praktisch sind Pillengeber, mit denen man eine Tablette weit ins Maul praktizieren kann. Dabei ist nur wichtig, daß sich die Katze durch eine plötzliche Kopfbewegung nicht verletzt.

se, weil sie zu Entwicklungsstörungen des menschlichen Foetus im Mutterleib führen kann. Bei Schwangerschaft ist es ratsam, Blut und Kot der Katze untersuchen zu lassen, ob sie Toxoplasmose-Ausscheider ist.

Auch die *Aujeskysche Krankheit,* eine Virusseuche der Katzen und Hunde (Menschen werden nicht befallen), kann man vermeiden, wenn man kein rohes Fleisch, vor allem kein rohes Schweinefleisch verfüttert.

Mehr und mehr tritt die Feline Infektiöse Peritonitis (FIP) auf, gegen die es noch keine Impfung gibt, die meist tödlich verläuft und die mit andauerndem Fieber beginnt. Auf jeden Fall gehen wir bei jeder Veränderung der Katze vom Normalen zum Tierarzt, der fast immer helfen kann.

Umgang mit der kranken Katze

Dr. Hans Günter Wolff beschreibt in seinem Buch »Unsere Katze gesund durch Homöopathie« eine Beruhigungsmassage: »... sie mit beiden Händen in rascher Reihenfolge von hinten am Kopf zu streicheln, leicht zu massieren (aber ohne Fingerring), – das beruhigt sie ungemein und nimmt ihr die Angst; auch eine Spritze wird ohne Abwehr ertragen.« Ich benutze die beruhigende Kraft und verbindende Macht der sanft massierenden Hände bei unseren Hunden und Katzen schon lange und habe gute Erfolge damit erzielt. Nicht unbedingt als Heiler, sondern als Brükke für Zuneigung und Harmonie. Bestätigt und untermauert wurden meine Versuche durch das Buch von Dr. Michael W. Fox »Massier dein Tier«. Es ist allerdings wichtig, die Katze von klein auf daran zu gewöhnen, damit sie keine Berührungsängste hat und sich von uns auch anfassen läßt, wenn sie krank ist.

Fieber messen: Läßt sich Ihre Katze bedingungslos von Ihnen anfassen und halten, können Sie ihr alleine Fieber messen, sonst hält eine zweite Person die Katze an Schulter und Vorderpfoten fest: Schwanz heben, kleines, mit Öl eingefettetes Mundthermometer vorsichtig in den After einführen, etwa 1 cm tief, und 2 Minuten lang messen.

Eingeben von Medikamenten: Tabletten in etwas Hackfleisch einbetten

3 Obere Reihe v. r. n. l.: Eine erwachsene Katze darf man nicht am Nackenfell hochheben, so daß ihre Beine in der Luft baumeln. Gibt man ihr allerdings Unterstützung von unten, ist dies ein sicherer Haltegriff. Die Abbildungen daneben zeigen die beiden Möglichkeiten, eine Katze zu tragen. Rechts: So hat man die Katze am besten im Griff. Untere Reihe v. r. n. l.: Der Halskragen hindert die Katze, sich an Wunden zu beißen oder an Ekzemen am Kopf zu kratzen. Er ist aus Plastik und sollte in jedem Katzenhaushalt vorhanden sein. Gibt man Tropfen in die Augen, hält man den Kopf so fest, daß sich die Katze an der Pipette nicht verletzen kann. Man läßt die Tropfen nicht aus großer Höhe ins Auge fallen. Ohrentropfen wärmt man in der Hand an.

3

oder so geben, wie auf Abbildung 2 gezeigt. Anschließend Mund zuhalten und Kehle streichelnd massieren, damit die Katze schluckt. Flüssiges mit der Originalpipette zwischen Wange und hintere Backenzähne tropfen oder mit einer Einwegspritze in den geöffneten Mund spritzen. Die Katze speichelt meist, und es geht einiges verloren, wenn man sich nicht Zeit nimmt. Auch flüssige Nahrung wie Boviserin gibt man auf diese Weise.

Die Pflege der Katze: Katzen sind oft unruhige oder unwillige Patienten, die viel Geduld und noch mehr Liebe brauchen. Denn Katzen geben sich relativ leicht auf, sie erwarten von einem bestimmten Punkt an geduldig den Tod. Doris Lessing hat diese Situation in ihrem »Katzenbuch« sehr eindrucksvoll beschrieben, als sie mit der kleinen schwarzen Katze um deren Leben kämpfte: »Sie verweigerte nicht das Angebotene: sie war einfach darüber hinaus; Nahrung war etwas, das sie hinter sich gelassen hatte. Sie wollte nicht ins Leben zurück; sie wollte nicht.« Zur Liebe gehört bei der Katzenpflege auch der Zwang.

Der Besuch beim Tierarzt: Hierfür gibt es Höflichkeiten und Grundregeln, die man immer beachten sollte.

● Die Katze sitzt in ihrem Transportbehälter, den sie kennt, in dem sie sich sicher fühlt und aus dem sie nicht entweichen kann. Sie läuft nicht im Wartezimmer herum, und wir verhindern den Kontakt zu anderen Patienten.

● Die Katze ist sauber, blutende Wunden sind behelfsmäßig verbunden.

● Diagnosen lieben Tierärzte so wenig wie Menschenärzte. Dafür schätzen sie es, wenn Sie sachlich und präzise die Symptome schildern, die Sie mißtrauisch gemacht haben. Da sich die Katze nicht äußern kann, müssen Sie für sie sprechen.

4 Natürlich ist eine Katze beim Tierarzt verschreckt. Deshalb ist es besonders wichtig, daß der Katzenhalter die Ruhe bewahrt und weder Angst noch Nervosität ausstrahlt. Der Tierarzt weiß, wie er sich richtig verhält.

● Tierärzte kommen nicht gerne ins Haus, weil die Katze sich in der Praxis Untersuchungen und Behandlung eher klaglos und ohne Anstellerei gefallen läßt.

● Je selbstverständlicher sich unsere Katze von uns anfassen, pflegen, putzen und untersuchen läßt, um so leichter haben wir es mit ihr auf dem Tisch des Tierarztes. Da ihr die meisten Untersuchungen, Eingriffe und Spritzen nicht weh tun – alle schmerzhaften Behandlungen werden unter Narkose durchgeführt –, sind eigentlich alle Zwangsmittel ein übertriebener Aufwand. Das Sträuben und Sichwehren entsteht aus der Angst vor der Angst. Und die braucht eine Katze nicht zu haben, und das kann man ihr auch beibringen.

Die Katzen-Hausapotheke

Folgende Grundausstattung sollte man an einer Stelle und nur für die Katze bereit haben:

● Ein möglichst unzerbrechliches Kinderthermometer, ein kurzes, kräftiges Mundthermometer oder ein Normalthermometer.

● Eine Schere mit abgerundeter Spitze.

● Verbandszeug und Hansaplast.

● Einwegspritzen aus Plastik zum Eingeben flüssiger Medikamente.

● Eine Pinzette mit abgerundeten Spitzen.

● Vaseline und Babyöl.

● Ein Mittel gegen Durchfall, das mit dem Tierarzt abgesprochen wurde.

● Brandsalbe, die mit dem Tierarzt abgesprochen wurde.

● Das übliche Wurmmittel.

● Tranquilizer, deren Dosierung mit dem Tierarzt abgesprochen wurde.

● Augentropfen, die uns der Tierarzt empfohlen hat.

● Alle Medikamente, die die Katze bekommt. Sie sollen jedoch nicht überaltert sein, außerdem muß man über ihre Wirkung und die Dosierung genau Bescheid wissen. Im übrigen experimentieren wir nicht mit Medikamenten aus unserer Apotheke an unserer Katze herum. Was für den Menschen harmlos ist, kann für die Katze giftig sein: zum Beispiel Aspirin. Sinn und Zweck der Katzenapotheke: im Notfall, wenn wir selber vielleicht kopflos sind, alles gleich bei der Hand zu haben.

Krankenversicherung für Tiere

Bisher gab es nur Einrichtungen, die Versicherungsgeschäfte zur Erstattung von Tierarztkosten ohne die vom Gesetz vorgeschriebene aufsichtsbehördliche Erlaubnis abschlossen. Die vertraglich versprochenen Leistungen waren keineswegs sichergestellt.

Jetzt hat das Bundesaufsichtsamt für das Versicherungswesen (BAV) der *Uelzener Allgemeinen Versicherung* die Erlaubnis zum Betrieb einer Tierkrankenversicherung erteilt. Das über 100 Jahre in der Tierversicherung tätige Unternehmen bietet nun auch Versicherungsschutz bei Tier-

arztkosten, die für die Behandlung von Katzen (und Hunden) bei Erkrankungen und Unfällen entstehen.

Ersetzt werden im einzelnen die durch eine notwendige tierärztliche ambulante, stationäre oder operative Behandlung entstehenden Kosten. Außerdem trägt die Versicherung die Aufwendungen für Medikamente, Labor- und Röntgendiagnostik und für physikalische Therapie.

Nicht erstattet werden die stationäre Unterbringung in einer Tierklinik, Konsultation des Tierarztes ohne nachfolgende Behandlung, Impfungen, Geburtshilfe bei Geburten ohne Komplikationen, bestimmte Schönheitsoperationen und die Euthanasie des Tieres, es sei denn bei unheilbarer Krankheit oder nach einem Unfall. Der Versicherungsnehmer ist mit 20 Prozent an jeder Rechnung selbstbeteiligt.

Leider sind auch Sterilisation und Kastration von der Erstattung ausgeschlossen. Hier hätte die Versicherung einen lobenswerten Beitrag zur Bekämpfung der Katzenschwemme leisten können.

Alles über den Geburtenstopp

Vor über hundert Jahren schrieb Theodor Storm in seinem Gedicht »Von Katzen«:

»Mir selber! ach, mir läuft der Kopf davon / O Menschlichkeit, wie soll ich dich bewahren! / Was fang' ich an mit sechsundfünfzig Katzen!«

5 Geschlechtsorgane eines Katers (A links): 1 die beiden Hoden; 2 Penis; 3 Mastdarm; 4 Bulbo penis; 5 Samenleiter; 6 Prostata; 7 Blase; 8 rechter und linker Harnleiter.

Bei der Kastration (B) werden die Hoden unter Narkose durch einen kleinen Eingriff operativ entfernt.

Geschlechtsorgane einer Katze (A rechts): 1 Eierstöcke; 2 die Hörner des Uterus (= Gebärmutter); 3 rechter und linker Harnleiter; 4 Blase; 5 Uterus; 6 Gebärmutterhals; 7 Vagina; 8 Mastdarm. Die Kastration einer Katze ist ein größerer Eingriff: Die Eierstöcke werden zusammen mit einem Stück der Uterushörner entfernt (B).

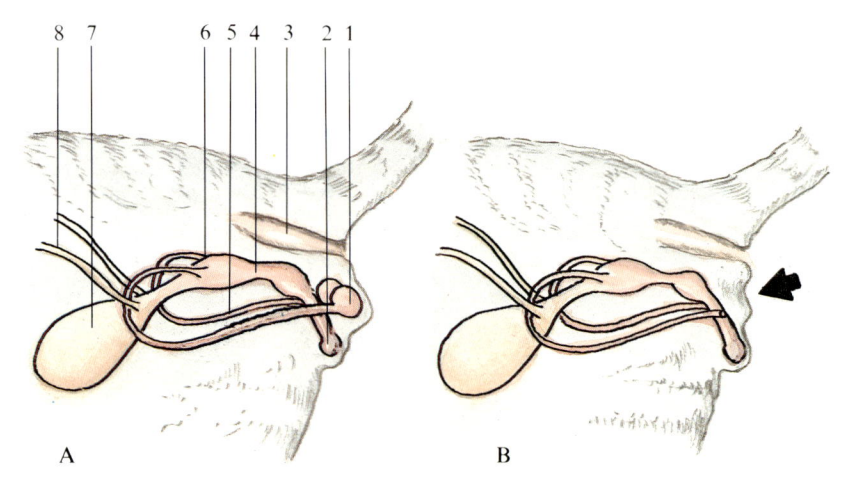

Das Problem ist das gleiche geblieben; durch unkontrollierte Vermehrung gibt es zu viele Katzen. Hinzu kommt, daß mannbare Kater ihr Revier mit Urin markieren, was äußerst übel riecht. Sie werden zu Streunern; sperrt man sie ein, sind sie unsauber.

Die geschlechtsreife Katze wird in regelmäßigen Abständen rollig, wird sie längere Zeit nicht gedeckt, kann es zu Hormonstörungen und einer dadurch hervorgerufenen lästigen Dauerrolligkeit kommen.

Sehen wir einmal von Züchtern ab, die fortpflanzungsfähige Tiere brauchen und die sich zwischendurch mit Antibaby-Pillen für ihre Katze behelfen können (Tierarzt fragen), ist die Kastration das geeignete Mittel der Wahl.

Sterilisation ist die Unterbindung oder Durchtrennung der Eileiter, beziehungsweise Samenleiter. Die hormonproduzierenden Keimdrüsen bleiben im Körper. Das Liebesleben mit den für uns unangenehmen Begleiterscheinungen bleibt, die Tiere können sich nur nicht mehr fortpflanzen. Sterilisieren bringt wenig Nutzen, für die Katze zusätzlich die Gefahr der Gebärmutterentzündung.

Kastration ist die Entfernung der Keimdrüsen, der Geschlechtstrieb mit seinen Begleiterscheinungen erlischt. Die kastrierten Tiere vermissen diesen Trieb nicht, sie werden häuslicher, ausgeglichener und anhänglicher. Daß sie fett und faul werden und keine Mäuse mehr fangen, sind durch nichts belegte Märchen.

Die Kastration wird vom Tierarzt unter Narkose durchgeführt, die Ausheilungszeit dauert einige Tage. Über den Zeitpunkt sollte man sich ebenfalls mit dem Tierarzt besprechen. Die Kätzin kastriert man nach Erreichen der Geschlechtsreife. Daß sie vor der Kastration erst einmal einen Wurf gehabt haben soll, ist ein hartnäckiges Vorurteil. Es kann einem aber passieren, daß sie uns mit Kinderchen zuvorkommt.

Ob man den Kater kurz vor oder nach Erreichen seiner Mannbarkeit kastriert, ist eine Geschmacks- und Meinungsfrage. Früh kastrierte Kater bleiben in ihrem Erscheinungsbild kätzischer, voll entwickelte Kater sehen wie richtige Männer aus.

Die Operation einer Katze ist etwa doppelt so teuer wie die Katerkastration. Tierschutzvereine und private Hilfsaktionen gegen die Katzenschwemme geben bedürftigen Katzenhaltern Gutscheine oder Zuschüsse für Kastrationen.

Anmerkung zur Narkose: Solange eine Katze sich in Narkose befindet, sollte man sie warm halten, außerdem möglichst sicher in einem verschlossenen Korb unterbringen und das Erwachen beobachten. Die aufwachende Katze kann noch taumelnd sehr unruhig sein und durch ungezielte Sprünge die Wunde gefährden.

Anmerkung zu Katern: Zupfen sich übergewichtige Kastraten systematisch das Rückenfell aus, kann eine hormonelle Störung vorliegen. Mit dem Tierarzt besprechen, der die Störung behandeln kann. Für Normalgewicht sorgen.

Die neurotische Katze

Neurosen kommen natürlich bei Katzen vor, häufiger bei reinen Wohnungskatzen als bei Freilaufkatzen. Doch ist immer schwer zu beurteilen, was noch kätzisch-arttypisch ist und was schon abnorm. Wird das »abnorme« Verhalten zur Gewohnheit, kann man von einer Neurose sprechen. Ich verweise auf das Buch von Dr. Ferdinand Brunner »Wie sag ich's meiner Katze«, da der Neurosenkomplex schwierig zu beurteilen ist.

Der Tod unserer Katze

Eine Katze erinnert sich nicht an die Vergangenheit und sie denkt nicht an die Zukunft. Sie fühlt nur die Leiden und Schwächen der Gegenwart. Uns ist es gegeben, sie schmerzlos und frei von Angst einschläfern zu lassen.

Die Katze, die frei laufen kann, wird sich, wenn sie uns nicht sehr verbunden ist, zum Sterben irgendwohin zurückziehen. So kam unsere Kitten noch nach Hause, nachdem sie von einem Auto angefahren worden war. Mit zersplitterten Krallen (das untrüglichste Zeichen für einen Unfall durch ein Auto) und einer Kopfwunde brachten wir sie, die sich überhaupt nicht wehrte, zum Tierarzt, der ihr die erlösende Spritze gab, während sie auf dem Schoß meiner Frau sich in den schlafenden Tod schnurrte.

Die Entscheidung zur Euthanasie ist immer ratsam, wenn der Katze dadurch starke Schmerzen erspart werden. Und da die Arbeit der Tierärzte der Erhaltung und nicht der Zerstörung von Leben dient, werden sie sich die Hilfe nicht leicht machen. Ich bin aber dafür, daß der Mensch bis zum Tode bei seiner Katze bleibt und sich nicht aus deren letzten Minuten schleicht. Es ist für die Katze beruhigend, ihren Menschen bei sich zu wissen. Und in der Erinnerung ist es auch für uns wichtig, nicht feige gewesen zu sein.

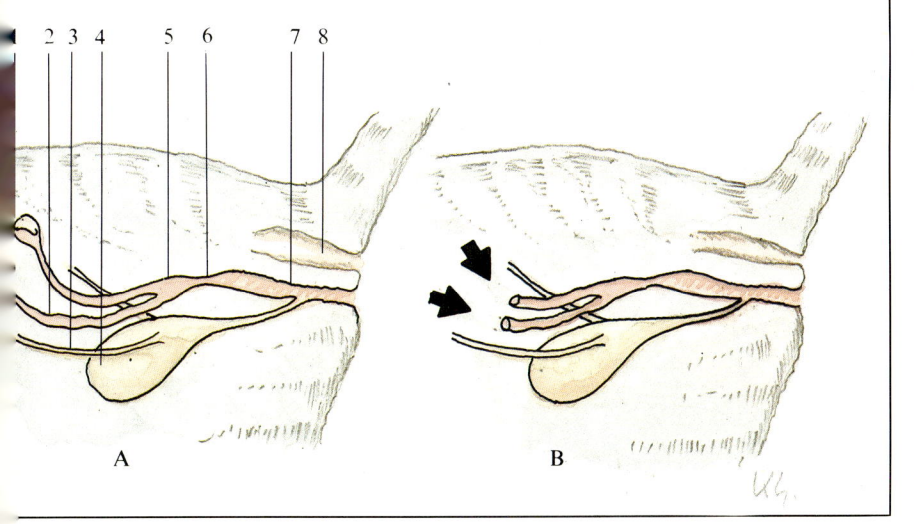

A   B

Von Katzengold bis Muskelkater

Im deutschen Wortschatz und im Wörterbuch von Jacob und Wilhelm Grimm finden wir erstaunlich viele Katzenwörter. Hier eine Auswahl: *Katzbalgerei* oder *katzbalgen* bedeutet seit dem 16. Jahrhundert mit jemandem Streit haben, sich verbal wie brachial streiten.

Er ist *katzendick*, er ist total betrunken: aus Georg Christoph Lichtenbergs Katalog der deutschen Trunkenheitsausdrücke von 1773.

Das ist ein *Katzenei*, sagt der Volksmund zu etwas Undefinierbarem.

Katzengeschrei heißt ein schwäbischer Ausdruck für Restefleisch, gehackt oder gewürfelt, in einer Sauce. Ein Durcheinander wie die *Katzenmusik*.

Katzengold bezeichnet das Falsche und Unechte. »Katzengold, sagte der Knabe lächelnd« bei Goethe, »und warum? Wahrscheinlich weil es falsch ist und man die Katzen auch für falsch hält.« Auch für Pyrit (= Schwefelkies), für Magnesiaglimmer und für das Harz des Kirschbaums benutzt.

Katzenjammer: »Es gibt eine Krankheit des Leibes, die zuweilen unglückliche Menschen mit den Katzen gemein haben und die deswegen der Katzenjammer genannt wird« schrieb 1768 ein gewisser Wichmann, und Goethe, Heine, Brentano und Mörike übernahmen das bildhafte Wort, das sich in der Studentensprache für den üblen Zustand nach einem ausgeschlafenen Rausche eingebürgert hat. Sprachforscher halten es für einen sprachlich verfeinerten »Kotzenjammer«. Ihm verwandt ist der *Kater*, der aus der Leipziger Studentensprache stammen soll. Und zwar als vulgäre Verschiebung von Katarrh; Wer zuviel getrunken hat, fühlt sich unwohl und hat Kopfweh wie bei einem Schnupfen. Doch in anderen Gegenden, vor allem in Heidelberg, war man *besoffen wie ein Kater*, womit durchaus die männliche Katze gemeint war. *Katerbummel*

3

4

nannte man den Spaziergang, um den Kopf zu klären. Das *Katerfrühstück*, meist Rollmops und Salzgurke, sollte den Kater vertreiben. Und im Zustand des Katers hatte man häufig *Katerideen*, Einfälle, die sich später als unsinnig herausstellten. Spätestens seit 1900.

Der *Muskelkater* für Muskelschmerzen nach starker körperlicher Betätigung taucht um 1930 aus der Sportlersprache in der Literatur auf. Gerhart Waeger weist in seinem »Katzenwörterbuch« auf den reizvollen Zusammenhang hin, daß »Muskel« vom lateinischen »musculus« stammt, was wiederum »Mäuschen« heißt. So hat der Kater eine Maus gefangen.

1 Goldene Brosche mit Diamanten. (Ausführliche Beschreibung auf Seite 4.)

2 Plastische Katze aus 18karätigem Gold mit Augen aus Smaragden und einem Halsband aus Rosendiamanten mit angehängter Perle. Brosche, Frankreich/England (?), Beginn 20. Jahrhundert. 2 × 3,7 cm.

3 Liegende Katze aus 18karätigem Gold, die mit einem Ball (= Perle) spielt. Augen und Halsband aus Brillantsplittern. Brosche, Deutschland, Länge 4 cm.

4 Mit Perlenball spielende Katze im Korb aus 15karätigem Gold. Feinste Detailausarbeitung. Brosche, Frankreich, Beginn 20. Jahrhundert. 3 × 3 cm.

5 Damen-Zigarillo-Abschneider, 900er Silber. Katzenkorpus, England, Beginn 20. Jahrhundert. 4,5 × 1 cm.

6 Drei Katzenköpfe, 18karätiges Gold mit Brillantsplittern. Brosche unbekannter Herkunft um 1925. 1 × 3 cm.

7 Im Relief geprägte Katzenköpfe aus 900er Silber mit eingesetzten grünen Glassteinen. Brosche, England (?), Beginn 20. Jahrhundert. 3,5 cm breit.

8 Miniaturmalerei eines Katzenporträts auf Elfenbein. Signiert unten rechts »R. Freccia«. Anhänger aus 900er Silber mit blau emailliertem Rand. Vielleicht Italien, Ende 19. Jahrhundert. 3,5 cm im Durchmesser.

7

8

Unsere Katze und der Gesetzgeber

Die Katzen Musch, Mucki und Bubu haben im Jahr 1984 Schlagzeilen gemacht. Musch, weil die »Neue Heimat« gegen ihre Besitzer einen Prozeß anstrengte (unberechtigte Haltung einer Katze), ihn gewann und ein Ordnungsgeld in Höhe bis zu 500 000 DM beantragte, falls Musch nicht vor die Tür gesetzt würde.

Ordnungsgeld in gleicher Höhe wurde einem Passauer Ehepaar angedroht, falls ihr Bubu nicht »auslaufsicher verwahrt« und nochmals den Nachbar-Garten betreten sollte.

Auch Mucki in Augsburg war vom Amtsgericht zu Hausarrest verurteilt worden. Dieses Urteil wurde von der 4. Zivilkammer des Landgerichts Augsburg aufgehoben. Mucki darf wieder seiner Wege gehen und in Nachbars Garten Vögel stören, denn frei fliegende Vögel sind nicht Bestandteil eines Grundstückes, sondern rechtlich herrenlose Sachen. Diese und andere Fälle zeigen, daß Richter unterschiedlich urteilen und daß in der höheren Instanz meist zugunsten der Katze entschieden wird.

Zwar hat das Bundesverfassungsgericht unter dem Aktenzeichen I BvR 126/80 entschieden, daß ein Grundrecht auf Tierhaltung nicht gegeben ist. Die Rechtsauslegung aber geht dahin, daß ein Vermieter, der Tierhaltung ohne berechtigtes Interesse versagt, gegen das Grundrecht der freien Persönlichkeitsentfaltung verstößt.

Gerichtsentscheidungen hin oder her, Pro-Katzen-Gesinnung eingeschlossen, unterschreiben Sie keinen Mietvertrag, der die Tierhaltung verbietet. Sprechen Sie mit ihrem Vermieter die Haltung einer oder zweier Katzen ab. Das Amtsgericht Hamburg-Harburg wie das Landgericht Ulm haben festgestellt, daß durch eine oder zwei Katzen weder Nachbarn belästigt werden, noch die Wohnung stark abgenutzt wird. (Az. 613 C 452/82 AG Hbg.-Harburg und Az 1 S 200/82–01 vom 16. 2. 83, Ulm.)

Das sind Argumente.

Ein entscheidendes Urteil für die Katze hat das Amtsgericht Mannheim am 15. 3. 84 (Az 9 C/84) gefällt, als es darum ging, daß eine Katze ins Schlafzimmer eines Nachbarn eingedrungen sei und aufs Bett uriniert habe: Der Kläger habe dafür zu sorgen, daß fremde Katzen nicht in seine Wohnung dringen können. Begründung: »Katzen gehören von alters her zur natürlichen Umwelt des Menschen. Ihre Haltung ist auch heute noch ebenso wie die Haltung eines Hundes Bestandteil der allgemeinen Lebensführung und daher grundsätzlich jedermann gestattet. Zu den wesensimmanenten Eigenschaften der Hauskatze gehört u. a., daß sie ungeachtet ihrer Domestikation eigenwilliger und selbständiger als der Hund ist. Als einzeljagende Schleichräuberin bedarf sie artgemäß, insbesondere bei Nacht, des Freilaufs, weswegen dieser Bestandteil ihrer gesetzlich

vorgeschriebenen artgemäßen Haltung ist.«

Dieser Meinung schließen sich mehr und mehr Richter an, auch gilt Katzenkot nicht als Beeinträchtigung eines Grundstückes. Ebenso ist das Freilaufverbot für Katzen (aus der Naturschutzverordnung vom 18. 3. 36) vom 15. März bis 15. August und solange Schnee den Boden bedeckt, in den meisten Ländern (Ausnahme Berlin und Hamburg) in den letzten Jahren aufgehoben worden. Nicht berührt wird davon das den Freilauf einschränkende Jagdrecht.

Die Sache mit der Sache

Die widerspruchsvolle Stellung der Katze im Recht ist eigentlich nur von Juristen zu begreifen. Nach dem Zivilrecht wird sie als *Sache* angesehen, Verletzungen werden als Sachbeschädigung eingestuft, Arztkosten nur nach dem Zeitwert erstattet, wobei das Amtsgericht Regensburg den Wert eines Hauskaters auf 20 Mark schätzte.

Nach dem Tierschutzgesetz und dem Strafrecht wird sie als Lebewesen und Teil der Schöpfung geschützt; wer ihr aus Roheit erhebliche Schmerzen und Leiden zufügt, kann zu einer Freiheitsstrafe bis zu zwei Jahren verurteilt werden.

Die Juristen meinen, daß das Tier als Sache vor Diebstahl und Beschädigung geschützt und für seine Handlungen nicht selbst verantwortlich sei. Und im Tierschutzgesetz, so der Re-

1

Katzhorn
Katzheide

Katzien

Katzhorn

Katzenstein

Katzem
Katzenbach
Katzemich Katzenloch
Katzvey
Katzenthal
Katzenbroich Katzenfurt
Katzwinkel Katzenberg

Katzenelnbogen
Katzenloch
Katzenbach Katzwig
Katzweiler Katzeneichen
Katzenbuckel Katzelsried

Katzwang Katzdorf Katzrohrbach
Katzheim
Katzenstein
Katzenmoos Katzing
Katzensteig Katzenlohe Katzenreuth
Katzhub
Katzenhirn Katzbach
Katzenmühle
Katzwalchen

2

gierungsdirektor im Bundesministerium für Ernährung, Landwirtschaft und Forsten, »ist das Tier schon längst keine Sache mehr: Es ist selbstverständlich Lebewesen und wird um seiner selbst willen geschützt.«

Die Tierschützer fordern eine entsprechende Neuordnung des Zivil- und Verwaltungsrechts, ähnlich wie die Tierärzte. Nur so könnte die Auslegung unbestimmter Begriffe des Tierschutzgesetzes (das keineswegs so gut ist, wie das zuständige Ministerium behauptet), wie etwa der des vernünftigen Grundes, unter dem Tiertötungen und -mißhandlungen gerechtfertigt sein sollen, nicht mehr nach merkantilen und wirtschaftlichen Gesichtspunkten erfolgen.

Eine Tendenz in diese Richtung ist vorhanden, wie dieses Urteil des OLG Frankfurt (Az. 1 Ws B 163/83) zeigt: »Tierschutz geht vor Schutz von Sachen.« Danach dürfen Autofahrer wegen eines Tieres bremsen, »wenn der Grund für das Abbremsen dem drohenden Güter- und Personenschaden mindestens gleichwertig ist.« Das Tier sei zwar juristisch eine Sache, doch habe sich die Grundeinstellung des Menschen zum Tier gewandelt. Heutzutage empfinde der Mensch mehr Mitverantwortung für die Kreatur als in vergangenen Jahren. Bei diesem Rechtsstreit über zwei Instanzen ging es darum, daß ein Autofahrer wegen einer Katze gebremst und einen Unfall verursacht hatte.

1/2 Es gibt zahlreiche Orts- und Flurnamen, die mit dem Wort Katze *verbunden sind. Doch nicht immer sind die Sanftpfotigen damit gemeint.* Katz *kann auch vom germanischen* kat *(= Krümmung) abgeleitet oder eine Verballhornung von* Kauz *sein, wenn die Gegend käuzchenreich war. Schließlich besteht auch die Möglichkeit, daß die Ortsnamen an die Verfolgung von* Ketzern *erinnern. Der Ort Katzenelnbogen erinnert an das gleichnamige Grafengeschlecht, das auf der Burg Katz am Rhein residierte, dessen Nachbarburg übrigens Maus hieß.*

Hier eine Auswahl von katzigen Ortsnamen, die Sie von Norden nach Süden auf unserer Karte eingezeichnet finden.

Noch einmal Nachbars Garten

Eine einzelne Katze, die in Nachbars Garten streift, ist keine unzumutbare Belästigung. Andererseits darf der Nachbar die Katze nachdrücklich und wiederholt verjagen, wobei das Anspritzen mit dem Gartenschlauch erlaubt, das Benutzen einer Waffe oder das Hetzen eines Hundes die Wahl der Mittel überschreitet. In Berlin und Hamburg darf man bei Schnee und in der Zeit vom 15. März bis 15. August frei laufende Katzen in Gärten, Friedhöfen, Parks und ähnlichen Anlagen unversehrt einfangen und pfleglich behandeln. Polizei oder Besitzer müssen innerhalb von 24 Stunden benachrichtigt werden. In Rheinland-Pfalz und Niedersachsen können Katzenhalter mit einer Geldbuße belegt werden, wenn ihre Katzen Vögel verletzen oder töten. Persönliche Anmerkung zum Katzenkot: Auch wenn Richter ihn nicht als Beeinträchtigung eines Grundstückes ansehen, ich finde es keineswegs angenehm, wenn ein Garten – besonders beliebt sind sonnige Rosenbeete entlang einer Hauswand mit trockener, warmer Erde – von den Katzen der Nachbarschaft als Gemeinschaftsklo benutzt wird. Gartenbesitzer, die in ihren gepflegten Beeten kratzen, die Bio-Gemüse anbauen und dabei ständig mit ihren Fingern in Katzendreck fassen müssen, sind noch schlechter dran als Spaziergänger, die in Hundedreck treten. Auch daran sollte man als Halter einer frei laufenden Katze in dichtbesiedelter Gartengegend denken.

Das Jagdrecht

Das Freilaufenlassen einer Katze wird, über die Nachbarschaft hinaus, vom Jagdrecht eingeschränkt. Einerseits sind Katzen Weisungen des Menschen nicht so zugänglich wie ein Hund. Das heißt, eine frei laufende Katze kommt nicht auf Pfiff oder Ruf zu ihrem Besitzer zurück. Andererseits hetzt eine Katze weder Rehe noch Hasen, sie stellt nur sehr bedingt sogenanntem jagdbaren Wild nach (siehe Seite 119). Trotzdem gibt es im Jagdrecht zum Schutz des Wildes auch den Begriff *wildernde Katzen* (§ 23 BJagdG) und diesbezügliche Vorschriften. Das Bundesrecht überläßt alles Nähere den Bestimmungen der Länder, in denen auch von *streunenden Katzen* gesprochen wird. So gibt es eine Schutzzone von 200 bis 300 Metern Entfernung zu einem bewohnten Haus, innerhalb dieser eine Katze nicht ohne weiteres erschossen werden darf. Doch eine »tatsächlich dem Wild nachstellende Katze« darf auch innerhalb dieser Schutzzone vom Jagdschutzberechtigten getötet werden. Einschränkung: Eine Katze wildert aber nicht schon dann, wenn sie eine geduckte und schleichende Haltung einnimmt, da sie in dieser Weise auch dem Jagdrecht nicht unterliegenden Tieren nachstellt, die den weitaus größeren Teil ihrer Beute ausmachen.

Fazit: Der Jäger bestimmt, wann er auf eine Katze schießt. In der Bundesrepublik jährlich zweihunderttausendmal.

Haftpflicht für die Katz?

Grundsätzlich ist ein Tierhalter verpflichtet, den Schaden, den sein Tier verursacht, zu ersetzen, auch wenn ihn keine unmittelbare Schuld trifft. Unsere Katze kann durchaus Schaden verursachen, so daß sich eine Haftpflichtversicherung empfiehlt. Haben Sie eine private Haftpflichtversicherung, erkundigen Sie sich nach dem zusätzlichen Tierhalter-Risiko.

Besitz und Verlust

Eine Katze bekommt man geschenkt. Entweder privat, ohne Absprache, durch eine juristisch *formfreie Handschenkung* oder zum Beispiel von einem Tierheim mit einem *Abgabevertrag,* in dem die Auflagen für die Haltung festgelegt sind.

Kauft man eine Katze, meist Rassekatze, sollte man immer einen Kaufvertrag abschließen, in dem alles Wichtige aufgeführt ist. Mündliche Nebenabsprachen bringen später nur Ärger. Zahlen Sie möglichst bar. Durch Schenkung oder Kauf ist die

3 Das Tätowieren von Katzen ist kein Schutz gegen Diebstahl, die Tätowiernummer kein amtliches Dokument, da nur ein geringfügiger Prozentsatz überhaupt gespeichert ist. Außerdem gibt es bei uns bisher kein einheitliches System wie zum Beispiel in Frankreich.

4 Das Anfahren eines Haustieres kann einen Verkehrsunfall darstellen. In diesem Falle gilt das Sichentfernen vom Unfallort als Unfallflucht. Maßgeblich ist der Sachschaden (= Tiere sind rechtlich eine Sache). So ist das Anfahren oder Überfahren einer Rassekatze ein Unfall, bei einer gewöhnlichen Hauskatze gilt das nicht. Die Wertgrenze liegt bei 40 DM. Das angefahrene Tier verliert übrigens bei Nothilfe seinen Sachcharakter und wird zu »einem in seiner Existenz und seinem Fühlen dem Menschen nicht unähnlichen Lebewesen«, um das man sich kümmern muß. Sonst macht man sich der unterlassenen Hilfeleistung strafbar.

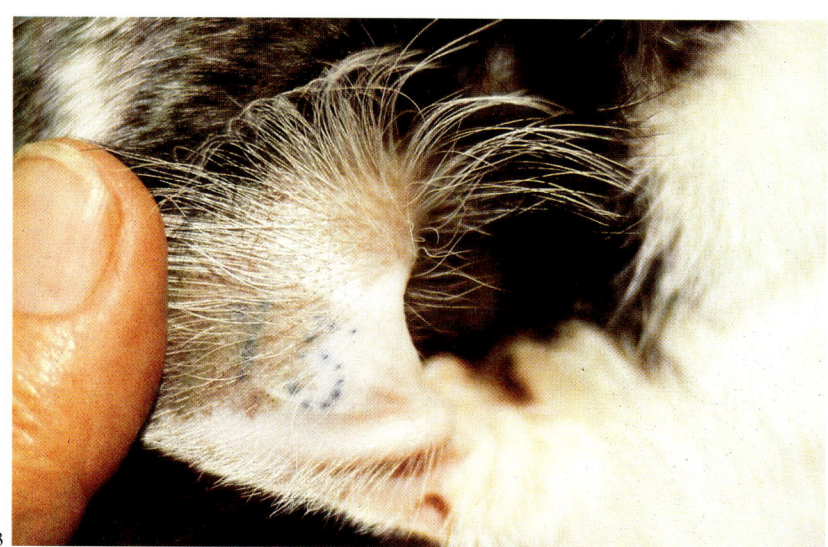

3

Katze in unseren Besitz übergegangen. Der Status des Besitzers ist eine wichtige Rechtsstellung. Dadurch daß das Tier rechtlich als Sache definiert ist, wird man gleichzeitig auch Eigentümer. Das bedeutet die volle Sachherrschaft, die wiederum durch das Tierschutzrecht eingeschränkt ist. Doch damit begeben wir uns auf juristische Nebenstraßen.

Das Eigentum Katze kann man durch *Diebstahl* verlieren, wobei der Dieb der neue Besitzer wird, durch Abhandenkommen oder durch *Aussetzen,* was vom Tierschutzgesetz verboten ist. Eine ausgesetzte Katze ist *herrenlos,* nicht aber ein frei laufendes, aufsichtsloses, entlaufenes oder streunendes Tier. Eine herrenlose

Katze kann man sich aneignen und wird dadurch der Eigentümer. *Findet* man eine Katze, so hat man den Fund anzuzeigen. Falls sich der Besitzer/Eigentümer innerhalb von sechs Monaten nicht meldet, kann die Katze das Eigentum des Finders werden.

Manche Katzenbesitzer versuchen, ihr Eigentum durch *Tätowierung* zu schützen. Die Nummer im Ohr soll gestohlene Katzen vor dem Verkauf an Versuchslabore bewahren. Doch solange es verschiedene Systeme gibt, die nicht in einem Zentralcomputer gespeichert sind, bietet die Tätowierung keinen sicheren Schutz. Denn auch Labortiere tragen meist eine Nummer.

Das Tierkörperbeseitigungsgesetz
Eine fast unübersichtliche Fülle von Bestimmungen befaßt sich mit den toten Körpern von Tieren, in unserem Fall mit dem der Katze. Stirbt unsere Katze, so müssen wir das nicht melden. Finden wir aber auf unserem Grundstück eine fremde tote Katze, ist sie bei der Gemeindeverwaltung u. s. w. meldepflichtig.

Ein totes Tier wird im allgemeinen von der Tierkörperverwertungsanstalt beseitigt, wir können unsere Mieze aber auch im Garten beerdigen, mit 50 cm Erdschicht bedeckt, falls der Garten nicht in einem Wasserschutzgebiet oder die Stelle in der Nähe von öffentlichen Wegen und Plätzen liegt.

4

So fotografiert man seine Katze

Wer eine Katze hat, hat meistens auch einen Fotoapparat. Doch das heißt noch lange nicht, daß sich in seinen Fotoalben und Diakästen gute Bilder von der eigenen Katze finden. Katze und Kamera stehen in einem merkwürdig gespannten Verhältnis zueinander, und es ist sogar schwer, von Profifotografen gute Zimmeraufnahmen oder Studio-Fotos mit Katzen zu finden.

Deshalb zeigt dieses Buch so viele Katzen-in-freier-Natur-Bilder und fast gar keine Amateuraufnahmen, obwohl ich versucht habe, von Züchtern Aufnahmen ihrer Spitzentiere zu bekommen.

Es ist schwer, Katzen zu fotografieren. Deshalb sieht man in Büchern und Zeitschriften immer wieder die gleichen Bilder. Geduld ist die wichtigste Voraussetzung für gute Fotos. Man muß sich Zeit nehmen und Zeit lassen. Katzen posieren nicht auf Kommando, und meist stehen Ausdruck und Hintergrund im Kontrast zueinander: Mieze macht einen Bilderbuchbuckel vor der Blumentapete, und der Fernseher ragt auch noch ins Bild. So meinen Tierfotografen übereinstimmend, daß die Technik zwar wichtig ist, die Taktik aber ausschlaggebend. Und noch ein wichtiger Ratschlag: Wenn Sie Momentaufnahmen machen wollen, sollte die Kamera mit Film und vielleicht mit Blitz immer parat liegen. Denn nichts ist ärgerlicher als eine verpaßte Fotogelegenheit.

Fotos von der eigenen Katze

Obwohl man sie den ganzen Tag um sich hat, ist sie alles andere als leicht zu fotografieren. Es gibt Katzen, die scheuen das starre Auge der Kamera, werden nervös oder verkriechen sich. Oder sie erschrecken beim Klicken des Verschlusses und verändern die Position, die man gerade fotografieren wollte. Wichtig ist, daß die Katze nicht verkrampft ist und das Fotofieren unbemerkt erfolgt. Dabei kann ein kleines Teleobjektiv gute Dienste leisten.

Fast noch schwieriger zu fotografieren sind interessierte, besonders neugierige oder kontaktfreudige Katzen. Für sie ist die auf sie gerichtete Kamera eine Aufforderung zum Spiel, vor allem, wenn man auf den Boden geht, um aus der Katzenperspektive zu fotografieren. Was auch immer sie vorher gemacht haben, sie kommen auf uns zugelaufen und bleiben schmusend, schnurrend, hautnah und hartnäckig bei uns.

Das Dilemma der hauseigenen Fotografie ist, daß nur die Vertrautheit mit der Katze, das Gespür für ihr Verhalten und ihre Stimmung gute Bilder ergeben, die Intimität zwischen Mensch und Katze aber die für das Foto nötige Distanz meistens aufhebt.

Ein weiteres Problem beim Fotofieren ist der Hintergrund, vor allem wenn man die Katze in der Wohnung fotografiert. Streifen auf dem Sesselstoff passen abscheulich zu Streifen auf dem Katzenfell. Teppiche mit persisch-türkischem Muster machen eine Angorakatze nicht schöner, obwohl beide die gleiche Heimat haben, und meist steht auch im Wohnzimmer etwas herum, was vom Objekt, der Katze, ablenkt. Aber auch der Winkel einer Zimmerecke, ein Tisch- oder Stuhlbein können nicht nur schlicht stören, sondern Aufbau und Perspektive zerstören.

Kann man mit der Katze ins Freie, dann zeichnet vielleicht der strahlende Sonnenschein auf einem Schwarzweißfoto harte, schwarze Schatten oder er verändert bei einem Farbfoto die Farben. Zu hohes Gras nimmt der Katze die Figur, es sei denn, wir fotografieren sie als Jägerin. Die Katze in Busch oder Baum ist eigentlich ein ideales Objekt, weil sie sich in Augenhöhe mit uns befindet, doch läßt das Kreuzmuster der Äste die Katze wie in Stücke geteilt erscheinen. Es ist überhaupt erstaunlich, zumindest für einen fotografischen Laien wie mich, was ein Foto alles zeigt, das unser Auge übersehen hat.

Die häufigsten Fehler

Unschärfe: Ein beachtlicher Teil von Amateuraufnahmen ist unscharf. Jede Vergrößerung zeigt dies gnadenlos. Deshalb sind die meisten mit einer Pocketkamera gemachten Aufnahmen für die Reproduktion nicht geeignet, da sie nicht scharf genug durchgezeichnet sind.

Perspektive: Die meisten Katzen wer-

1

2

den aus der Sicht unserer Körpergröße aufgenommen. Diese Aufnahmen von schräg oben sind entweder langweilig oder verzerrt. Der Kopf ist zu groß, der Körper zu kurz, die Beine zu niedrig. Von schräg oben kann man nur aus größerer Entfernung mit einem Teleobjektiv fotografieren, sonst muß man in die Hocke gehen oder sich auf den Bauch legen.

Falscher Hintergrund: Je unruhiger oder grellfarbiger der Hintergrund ist, um so weniger kommt die Katze zur Geltung. Der Hintergrund überspielt das Thema des Bildes. Gerade bei Innenaufnahmen gibt es oft einen Farblinien-Salat aus Brokatmuster, Zierkordelkante, Kissenknick und Tapetendesign, so daß man kaum die Katze finden, geschweige denn ihre Schönheit bewundern kann. Angeschnittene Fernsehapparate, Stehlampen, Sesselfüße und Teppichmuster gehören nicht auf ein Katzenbild. Obwohl ich das weiß, mache ich immer wieder den Fehler, wenn die Katzen typische Verhaltensmuster zeigen, doch zu fotografieren. Und spätestens beim Durchsehen der Abzüge weiß ich, daß ich mir diese Aufnahmen hätte ersparen können.

Wie ein Könner die Requisiten der Wohnlichkeit benutzt, um die Ruhe des Katzenschlafes zu betonen, zeigt das Foto von Stefan Moses auf Seite 163.

Gerades Blitzlicht: Wenn man Katzen anblitzt, reagieren sie meist nervös. Sofern Sie ein am Fotoapparat montiertes oder in den Apparat integriertes Blitzgerät haben, sind Blitz und Aufnahmeachse fast identisch. Das ergibt auf dem Foto rote, leuchtende Augen: die Netzhaut reflektiert das Blitzlicht. Deshalb nur von der Seite blitzen oder den Blitz von der Kame-

1 Übliche Zimmeraufnahme, wie sie kaum anders zu machen ist, es sei denn, man hat einfarbig bezogene Möbel. Die Katzen sind gut und typisch getroffen, doch die Blumen der Polsterung wirken übermächtig.

2 Schöne lebendige Porträtaufnahme. Die Beziehung Katze–Mensch ist eindrucksvoll und ansprechend dargestellt. Der Oh-wie-süß-Effekt vermieden.

ra entfernt halten. Darauf achten, daß die Katze vorher nicht im Dunkeln war, sondern schon ins Helle geschaut hat. Eine Warnung: Die Augen der eben geborenen Kätzchen sind auch geschlossen sehr empfindlich. Deshalb Blitzlicht überhaupt vermeiden. Wenn sich die Augen geöffnet haben, reagieren die Pupillen zunächst noch sehr langsam.

Beachten wir auch, daß Blitzlicht in Innenräumen harte Schatten wirft, der an die Decke gerichtete Blitz ein Bild sehr weich macht. Ideal sind zwei Blitzlampen, doch das ist ja fast schon professionell. Nachdem nun genügend Fehler besprochen wurden, hier einige Tips, wie man richtig fotografiert.

Fotos, die gelingen

Voraussetzung ist die Beherrschung der Kamera, mit der man die Aufnahmen macht. Hier empfehle ich eine handliche, technisch gute, einäugige Spiegelreflexkamera mit einem kleinen Teleobjektiv mit einer Brennweite zwischen 90 und 135 Millimeter oder einem Zoom von 35 bis 70 mm. Damit kann man während der Aufnahme den Ausschnitt wählen. Obwohl in viele Kameras der Blitz bereits integriert ist, ist der separate Blitz besser. Die Gründe dafür habe ich schon bei den Foto-Fehlern erklärt. Im übrigen können Sie auch bei Tageslicht mit dem Blitz Schatten aufhellen, und zwar direkt von vorn, denn jetzt hat die Katze ihre Pupillen zu Strichen geschlossen und die Netzhaut reflektiert nicht mehr. Weitere Tips:

● Möglichst immer Bildfolgen fotografieren, das gelungene Einzelbild bleibt doch mehr oder weniger Zufall.

● Kurze Belichtungszeiten und empfindliche Filme wählen, zum Beispiel 21 DIN bei Farbe und 27 DIN bei Schwarzweiß. Das ermöglicht Handlungsfreiheit.

● Eine mittlere Blende ist nützlich. Bei großer Öffnung reicht die Tiefenschärfe oft nicht aus. Die Schärfenzone sollte so groß sein, daß sich die ganze Katze in ihr befindet. Der Hintergrund darf gewollt unscharf sein.

● Aus der Menschenperspektive kann man nur eine Katze mit ihren Jungen fotografieren. Für Porträts die Katze auf einen erhöhten Platz setzen, der sich vor einem neutralen Hintergrund befindet. Besser noch die Geduld aufbringen und warten, bis die Katze sich von selbst auf diesen Platz setzt. Porträts möglichst mit Stativ machen, oft macht nicht die sich bewegende Katze das Bild unscharf, sondern die verrissene Kamera.

● Der Tierfotograf Hans Reinhard, von dem die meisten Katzenfotos in diesem Buch stammen, rät: »Nette, unverkrampfte Aufnahmen lassen sich am besten im normalen Tagesgeschehen und in gewohnter Umgebung machen. Die Tiere nie gewaltsam festhalten oder in künstlicher Pose oder Umgebung fotografieren.« Das Studio-Porträt ist Sache des Spezialisten und in seiner Künstlichkeit meist nicht mein Fall.

3

4

3 So soll man es nicht machen: Die Gitterschatten eines Stuhles zerteilen das grauweiße Kätzchen in senkrechte, die schwarze Katze in waagerechte Scheiben. Zudem hat die schwarze Katze keine Konturen, die weißen Stuhlbeine stören.

4 Auch dies ist ein mißglücktes Foto. Das Umfeld mit Telefon und Untersetzer wirkt unordentlich. Das angeschnittene Hundeposter stört. Die Grundidee an sich wäre gut: Gähnende Katze und Zunge zeigender Hund hätten eine lustige Bildwirkung erzielen können.

Schöne Katzenfotos

2

1 Schwarzes Kätzchen und weißes Huhn. Aus einer Fotofolge von Stefan Moses (Seite 267).

2 Huhn-Katzen-Passage in einem irischen Dorf. Wolfgang Lauter hielt diesen Augenblick fest.

3 Statuarisch die schwarze Katze vor den weißen Stufen auf Mykonos. Den gelben Strich zog ein unbekannter Künstler. Foto von Wolfgang Lauter.

4 Die Katze und ihre Bäuerin in Gröden, Südtirol. Von Wolfgang Lauter.

5 Manuel mit Katze von Stefan Moses: Zum Immer-wieder-Anschauen auf der nächsten Doppelseite.

3

Katzen, diese grafischen Gestalter ihrer eigenen Anatomie, haben immer wieder Fotografen verlockt, sie darzustellen. Sei es als Arabeske eines Körpers, als Schattenriß von Fellschwärze, als Kontrapunkt starrer Lebendigkeit in einer leeren Straße oder aber als rührend-berührendes Spiegel-Ich eines Menschen. Hier denke ich an das vielleicht berühmteste aller Katzenfotos: »Louie«, eine liegende Schwangere, vor deren Bauchhügel sich ein Kätzchen eingekuschelt hat. Elliot Erwitt hat es 1952 fotografiert, und in Ausstellung und Buch »Family of Man« ging das Foto um die Welt.

Katzen wurden und werden fotografiert in der Illegalität der Großstädte, an Mülleimern, in Kellerlöchern, auf Schuttplätzen und an Futterstellen. Sie sind aber auch in der Legalität kleinbürgerlicher Welten dargestellt: In den Auslagen von Geschäften, hinter den mit Spitzengardinen umrahmten Wohnungsfenstern, auf samtbezogenen Sofas. Als Gegensatz die halbwilden Touristenattraktionen auf dem Friedhof vom Montmartre oder im Kolosseum in Rom. Katzen auf den linearen Mustern von Dachziegeln landschaftlicher Vielfalt, Katzen auf klassischen Steinplatten und romantischen Pflastersteinen, dekorativ in der Sonne liegend, über Mauerkronen und Staketenzäune balancierend oder sich dramatisch mit gespreizten Krallen auf eine Maus

stürzend. Der New Yorker Fotograf Terry Gruber hat ein Buch über seine sanftpfötigen Mitbürger gemacht. »Working Cats« zeigt Katzen in Boutiquen, Restaurants, Metzgereien, Kirchen, Schulen, Tankstellen und in einem buddhistischen Tempel.

Stefan Moses, der große deutsche Menschenfotograf, machte seine ersten Kamera-Erfahrungen an der Hauskatze in Liegnitz (Schlesien). Sein erstes Buch in Photoessays, »Manuel«, das 1967 erschien, zeigt seinen Sohn mit Katze. Katzen schreiten, schlafen und schauen durch sein Werk. Einfache Katzen und hintersinnige. Wie die mit den Masken »im Unerklärlichen endend«.

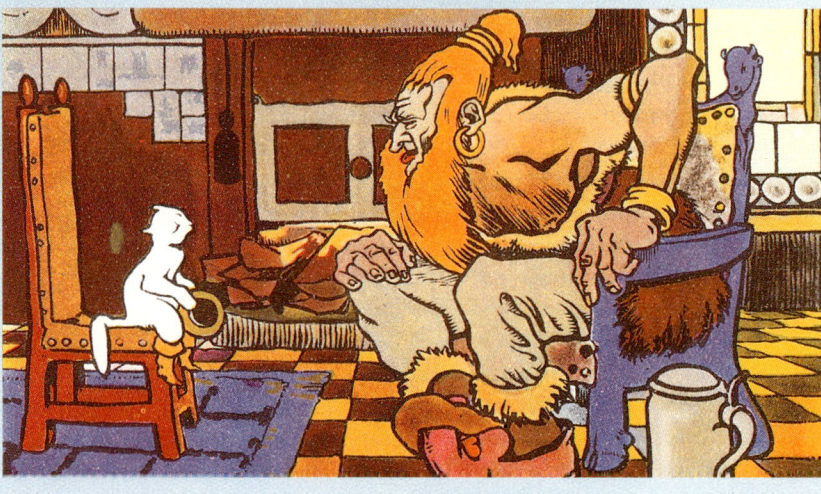

*Buchillustrationen von links nach rechts:
»Der Gestiefelte Kater« von Eugen Oß-
wald bei Jos. Scholz, Mainz, um 1910.
»Und die Katze tanzt allein« aus »Der
Katzentatzentanz« von Helme Heine und
Frederick Vahle bei Gertraud Middelhau-
ve, Köln 1972. Von Gladys Williams ist
»Semolina Seidenpfote« mit ihren vier
Kindern. 1965 im Annette Betz Verlag,
Wien.*

ABC, die Katze lief im Schnee

Blättert man die Katzen-Bilderbü-
cher durch und liest in den Bänden
mit Katzengeschichten, dann lernt
man Semolina Seidenpfote kennen,
die mit ihrer Familie in Katzenham
wohnt. Oder man trifft Mog, den ver-
geßlichen Kater, der aus lauter
Schusseligkeit einen Einbrecher
fängt. Judith Kerr hat ihn erfunden.
Da lebt die Witwe Rosa mit ihrem
Hund Oskar zusammen, und beide
haben sich sehr lieb. Doch dann
taucht die Mitternachtskatze auf und
Oskar wird eifersüchtig. Aber zum
Schluß sitzen sie zu dritt am Kamin-
feuer: »Rosa, Oskar und die Mitternachtskatze ... die zufrieden
schnurrte.« Jenny Wagner hat die
Geschichte erzählt und Ron Brooks
sie gezeichnet. Da träumt die brave
weiße Hauskatze »Wenn ich nun ein
Papagei wäre und keine Katze« und
wird in ihrem Kopf eine kunterbunte,
surreale Papageienkatze, die, als eine
große Schlange kommt, mit einem
Satz aus dem Traum wieder in ihren
Sessel springt. Nicola Bayley hat fünf
solcher Träume in fünf Bilderbü-
chern gezeichnet.

Im Süden trifft die in Ferien verreiste
Katze Pumpi die langweilige Missu
und jagt dann mit einem schwarzen
Fremden einen Hammelbraten.
»Was für ein Tag«, sagte Robert
Gernhardt, und Almut Gernhardt
zeichnete ihn.

Wer kennt nicht den »Gestiefelten
Kater« oder die Kumpanei der »Bre-
mer Stadtmusikanten«? Von vielen
Zeichnern illustriert, kann man sie
sammeln. Besonders schön der Kater
von Herbert Leupin aus dem Jahr
1946. Und von Nicola Bayley gibt es
im Insel Verlag ein Gestiefelter-Ka-
ter-Klappbuch.

Erinnern wir uns an die Kinderlieder:
»ABC, die Katze läuft im Schnee,
und als sie wieder rauskam,
da hatt' sie weiße Stiefel an,
da ging der Schnee hinweg,
da lief die Katze schon im Dreck.«

Oder . . .
»Bim, bam, beier,
die Katz mag keine Eier.
Was mag sie dann?
Speck aus der Pfann'!
Ei, die leckere Madam!«

Sammeln: So kommt man auf die Katz

Das Sammelgebiet zum Thema Katze ist riesengroß. Es reicht von hehrer Kunst bis zum süßlichsten Kitsch, von altägyptischen Bronze- und Steinkatzen bis zu deren neuzeitlichen Replikaten, von Porzellankatzen der chinesischen Ming-Dynastie bis zu Plastikkatzen der McDonald-Epoche. Da gibt es Gemälde von Katzenmüttern und Krabbelkätzchen von Julius II Adam (Seite 2) für Tausende von Mark und das gleiche Motiv als Postkarte oder als Aufdruck einer Blechdose. Wobei es wesentlich einfacher ist, die Katze in ihrer Erscheinungsform Schmusetier zu sammeln, als Abbilder des faszinierenden, eleganten und körperlich so perfekten Lebewesens. Kurz gesagt:

Es gibt viel mehr Kitsch als Kunst. Den Sammler des Motivs »Katze« ficht das kaum an. Bietet sich doch genug, was er sammeln kann. Da gibt es Katzen auf, aus, als – die Liste erhebt keinerlei Anspruch auf Vollständigkeit –: Postkarten, Briefmarken, Exlibris, Oblaten, Zündholzschachteln, Dosen, Notgeldscheinen, Bierdeckeln, Weinetiketten, Zuckerwürfeln, Sammelbildern, Werbemarken, Plakaten und Blechschildern. Holzkatzen, Porzellankatzen, Katzen aus Fayence, Steinzeug, Steingut und Majolika; Glaskatzen, Silberkatzen, Bronzekatzen, Elfenbeinkatzen, Steinkatzen, Stoffkatzen und Katzen aus allen möglichen Materialien, die man sich nur denken kann. Katzen

als Kaffeekannen, Teekannen, Spardosen, Uhren, Aschenbecher, Rauchverzehrer, Wandschoner, Kissen, Teppiche, Blechspielzeug, Quietschtiere, Plüschtiere, Holzmodel, Kachel, Fächer, Brosche, Krawattennadel, Marionette, Babyrassel, Medaille, Brezelhalter, Buchstütze, Spazierstockgriff, Nadelkissen, Brieföffner, Siegelstempel – und die unzähligen Katzen-Nippes.

Es ist ein Sammelgebiet mit unendlich vielen Möglichkeiten, aber ohne Markt. Man muß den speziellen Blick bekommen, der den Sammler leitet. Außerdem hat man die freie Auswahl: Jeder Sammler bestimmt die Art seiner Sammlung, ihre Qualität und ihre Wirkung selbst. Auch

1

2

3

Kitschkatzen kann man ins Herz schließen. Kunstkatzen verlangen Geschmack und größeres finanzielles Engagement – wie jede konsequente Spezialisierung bald an die selbst festgelegten Geldgrenzen stößt. Zum Beispiel die Netsuke-Katzen (siehe Abbildung 2, 5 und 6): Die ersten drei Exemplare konnte man für dreistellige Beträge kaufen, doch jetzt soll der liegende Kater aus Horn 1500,– DM kosten. Inzwischen weiß man, daß Netsuke-Katzen recht selten sind, und man nimmt Neko-Mata, den Katzengeist, mit in die Sammlung auf wie auch Tora, den Tiger aus dem japanischen Tierkreis oder Shishi, den fabulösen Löwen, Wächter der buddhistischen Lehre.

Von Kopfstützen und Nachtlichtern

Bleiben wir noch im fernöstlichen Raum, dem katzenreichen. Da gab es *Kopfkissenkatzen* – aus China und Japan in stilisierter Form, aus Korea naturalistischer –, Nackenstützen, die man mit warmem Wasser füllte (Abbildung 4). Sie stammen vornehmlich aus dem 19. Jahrhundert. Die Porzellankatzen, die man mit einer Kerze im Inneren, deren Schein durch Augen- und Mundöffnung leuchtete, auf den Nachttisch stellte, hat es in China 250 Jahre lang gegeben. Die ersten dieser Nachtlichter wurden in blauweißem Ming-Porzellan hergestellt. Ein Exemplar, das aus dem Hatcher-Schatz stammt (Kapitän Michael Hatcher barg vor einigen Jah-

1 Maneki-Neko, die japanischen Glückskatzen, werden meist mit winkender linker Pfote dargestellt. In Tokio ist der Gotokuji-Tempel voll von solchen Katzen.

2 Netsuke heißen die Knebel, die Gegenstände am Gürtel sicherten und in vielerlei Gestalt und Material geschnitzt wurden. Hier ein Fabel-Katzentier, das ein Kaninchen schlägt. Elfenbein, Japan, Ende des 19. Jahrhunderts, 2,5 cm hoch, 4 cm breit.

3 Aus einem japanischen Katzenbuch stammt diese Zeichnung einer nichtwinkenden Glückskatze.

4 Kopfstütze in Form einer Katze, in die man heißes Wasser einfüllen kann. Japan, 19. Jahrhundert, 14 × 26 cm.

4

5 Schlafende Katze aus Elfenbein. Netsuke, Japan, Anfang 20. Jahrhundert, 2 cm hoch, 5 cm lang.

6 Sich kratzende Katze in Elfenbein. Netsuke, Japan, Anfang 20. Jahrhundert, 5 cm hoch, 6 cm breit.

7 Sitzende Katze aus Obsidian mit Emaille-Augen. Carl Fabergé, Petersburg, Jahrhundertwende, 6,5 cm hoch.

8 Sitzende Katze aus Elfenbein, Augen aus Horn eingelegt. Signiert. China, Ende 19. Jahrhundert, 8 cm hoch.

9 Ein Katzenpaar aus Porzellan, sogenannte »Ringkatzen«. Farbig lasiert, Manufakturzeichen Chelsea, aber wohl Samson, Frankreich, zuzuschreiben, der im 19. Jahrhundert Porzellan bedeutender Manufakturen kopierte. Auf die Zweige der Bäume deponierte man nachts Ringe und Schmuck, 10 × 5 cm.

10 Wärmflasche aus Gummi, Vorder- und Rückseite geprägt. Deutschland 1950, 32 × 17 cm.

11 Katzen-Liebespaar, Biskuitporzellan, polychrom bemalt. Unbekannte Manufaktur mit Schwertermarke. England (?), 19./20. Jahrhundert, 9 × 13 × 10 cm.

12 Sitzende Katze, nachträglich schwarz weiß bemalt und lasiert. Manufakturmarke Potschappel bei Dresden. Deutschland, Ende 19. Jahrhundert, 21 cm.

13 Katzenkopf-Dose aus Porzellan auf Bronzemontierung. Manufakturmarke Samson. Paris, Ende 19. Jahrhundert, 7 × 6 cm.

ren eine um 1645 gesunkene Dschunke mit 23 000 Porzellanobjekten an Bord), erzielte 1985 bei Christie's in Amsterdam über 10 000,– DM. Die Ming-Katzen liegen, die aus späterer Zeit sitzen. Im 18. und 19. Jahrhundert stellten die Chinesen lustige Porzellankatzen ausschließlich für den Export nach Europa her. Jede Menge Katzen kann man heute noch in Japan kaufen; die winkenden Glückskatzen gibt es in vielen Materialien: aus Holz aus dem frühen 19. Jahr-

5

7

6

8

hundert, aus Porzellan, aus Papiermaché oder aus Plastik.

Angeregt durch die fernöstlichen Katzen, begannen auch die europäischen Manufakturen – von Meißen bis Bing & Groendahl, von Sèvres bis Staffordshire – Stubentiger zu produzieren; wobei man auf zehn Staffordshire-Hunde höchstens eine Katze findet. Erst in diesem Jahrhundert wird die Auswahl groß und größer: Der Jugendstil erweist sich in allen seinen Erscheinungsformen als überaus katzenfreundlich, wie sie existiert er nur in geschwungenen Kurven und abgerundeten Wölbungen, wie sie mag der Stil keine Ecken. So könnten die Katzen Kunstfiguren des Jugendstils sein.

Anmerkung für die Praxis: Alles Kätzische, von der Kleingrafik bis zu Plakaten, von Glasfiguren über Bronzen bis zu Porzellan, von Lampen bis zum Schmuck aus dem Bereich Jugendstil sammeln. Beispiele finden Sie in diesem Buch reichlich.

Katzen für kleine und große Kinder

Die Bedeutung der Katze als Spielzeug-Motiv ist relativ gering, alte Objekte selten und nicht gerade preiswert. So gibt es einige wenige Blechspielzeuge:
• Die sich überschlagende Katze mit dem Ball von Köhler aus den 50er Jahren.
• Den gestiefelten Kater von Köhler in vier verschiedenen Modellen.

• Die Katze mit der Maus von Lehmann, 1927–1941.
• Den schwarzen Kater von Schuco als Tanzfigur, 1925–1960.
• Den bebrillten Kater von Gama, Nürnberg, 1930.
• Die Katze, die eine Maus spazierenfährt, von Bing, 1900.
Die Plüschkatzen, vornehmlich von Steiff, haben nie den Charme der Teddybären erreicht, und so sind auch alte Exemplare noch für zweistellige Beträge zu haben. Den gestiefelten Kater gab es immer wieder als Hampelmann, doch findet man ihn, wie alte Hampelmänner überhaupt, recht selten. Häufiger sind Katzen als Handpuppen fürs Kasperltheater oder als Marionetten.

9

12

10

11

13

14

Für große Kinder fertigt der australische Maler Tony Lakides wunderschöne Katzenpuppen (Abbildung 19), die seine Frau Barbara anzieht. Für die Kostüme verwendet sie alte und neue Spitzen, Samt, Seide, Brokat und Baumwollstoffe. Jede Katze ist ein Einzelstück, das, nach einem guten Foto Ihrer eigenen Katze, auch ein Porträt sein kann. Belieb-

Bitte lesen Sie auf Seite 282 weiter

14 Damen-Meerschaumpfeife, England, 19./20. Jahrhundert, 5 × 11 cm

15 Wäschekorb, Nippes aus Porzellan, farbig bemalt. England um 1930.

15

16

17

16 Katzenpaar, Porzellan, polychrom bemalt. England, Staffordshire, Ende 19. Jahrhundert, 10 × 5,5 cm.

17 Vase mit drei handgemalten Katzenköpfen, blau lasiert, signiert B. Austin. England, Anfang 20. Jahrhundert, 21 × 11 cm.

18 Meerschaumpfeife aus England, Ende 19. Jahrhundert, 5,5 × 17 cm.

19 »Sweethearts«, Katzenpuppen von Barbara und Tony Bramböck-Lakides. Köpfe aus Keramikmasse, 40 cm hoch. Die Katze befindet sich in der Puppensammlung von Ursula Brecht, der Kater in der Katzensammlung von Werner Hoffmann.

18

20 *Spazierstockgriff in Form einer buk-kelnden Katze, die auf Hebeldruck die Schnauze öffnet und die Zunge heraus-streckt. Wiener Arbeit, englische Punze 1910 auf Silbermanschette. 10 cm.*

21 *Spazierstockgriff aus Elfenbein. Auf einem Baumstumpf sitzende und Mäuse belauernde Katze. England (?) um 1900, Knaufhöhe 7 cm.*

22 *Spazierstockgriff nach einer Vorlage des Malers Louis Wain. Feingeschnitztes Ebenholz, Glasaugen und Silberkneifer. Manschette mit Glocke und Wappen. England um 1890, 6 × 6 cm.*

23 *Spazierstockgriff mit sehr fein ge-schnitzter Holzkatze, die auf Knopfdruck*

20

den Kopf dreht und den Schwanz hebt. Wiener Arbeit um die Jahrhundertwende, 13,5 cm hoch.

24 *Farbige Radierung, Nachlaß Meyer-Eberhardt. Deutschland, 19. Jahrhundert, 25 × 21 cm*

25/26 *Blechdosen, polychrom mit Katzen-szenen bedruckt.*

27 *Fächer aus Karton, farbiger Präge-druck. Kalender für das Jahr 1904 als Werbegeschenk der Firma Bells & Bows nach einem Entwurf von Louis Wain.*

28 *Aquarellstudie von L. Eugen Lambert (1825–1900), Paris gegen 1870, 30 × 24 cm.*

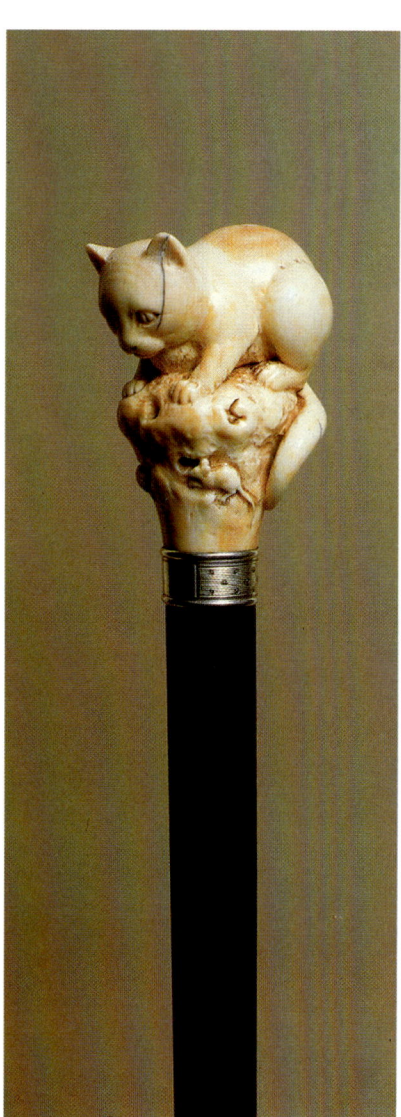

21

22

23

24

27

25

26

28

te Typen sind der Gestiefelte Kater, Holländer, Schotten, Bayern oder Musketiere. Die Lieferzeit beträgt etwa vier Wochen, die kleinen Katzen sind 30 cm, die großen 40 bis 45 cm groß. Die Preise lagen im Frühjahr 1985 zwischen 330,– und 780,– DM. Bestellungen über Barbara und Tony Bramböck-Lakides; Belgradstr. 9, 8000 München 40.

Für das »Katzenmuseum« von Rosemarie Müller in Riehen bei Basel haben die Lakides gerade ein Katzen-Brautpaar angefertigt, eines der über tausend Exponate.

Hilfestellung für Katzensammler

Das Museum bei Basel vermittelt einen globalen Überblick (Telefon Ba-

29

29 Gürtelschnalle, 900er Silber. England, Jahrhundertwende, 9 × 8 cm.

30 Medaille, feuervergoldete Bronze, signiert Gallo. Frankreich, Jahrhundertwende, Durchmesser 5 cm.

31 Frisierset: Spiegel, Bürste, Kamm aus Silber. England, Sheffield 1904.

32 Dose, Kupfer versilbert. Relief einer in Wolle verwickelten Katze. Signiert F. Potier, Frankreich 1906.

33 Siegelstempel (Petschaft) aus Bronze, 2. und 3. von links vergoldet; 1. und 6. Wiener Bronzen; signiert: 2. mit Garnier, 4. mit H. Risch, 5. mit Daniel. Höhe von 5 cm (6.) bis 10 cm (3.).

30

31

32

33

34

34 Tischkartenhalter, Silber vergoldet, mit grünen Glasaugen. London, 1903, 3,5 × 3,7 cm.

35 »Terzett«, Öl auf Holz, Gemälde von Benno Kögl, dem »Katzen-Kögl« (Greding 1892–1973 München). Bild ohne Rahmen 14 × 18 cm.

sel 67 6494). Das Auktionshaus Waltraud Boltz in Bayreuth hat im Frühjahr 1985 seine zweite Spezialauktion für Katzensammler durchgeführt. Marilyn Dipboye, 31311 Blair Drive, Warren, Michigan 48092 hat einen *Cat Collectors Club* gegründet und versendet gegen einen Betrag von $ 15,– im Jahr alle zwei Monate den Rundbrief *Cat Talk* mit Neuigkeiten, Angeboten für Katzensammler und Buchbesprechungen.

Von Katharine Morrison McClinton stammt das Standardwerk »Antique Cats for Collectors«, reich bebildert und in verschiedene Gebiete aufgegliedert: von Gemälden über Grafik, Dreidimensionales, Textilien bis hin zu Katzen für Anfänger. Wenig Nippes, mehr Kunst und Kunstgewerbe. Auf Porzellan, Bronze und Volkskunst beschränkt sich Cecile Singer in dem Kapitel »Cats« in der (bisher nur in Englisch erschienenen) »Encyclopedia of Collectibles« von Time-Life-Books. Vorwiegend preiswerte Sammelobjekte mit knappen, klaren Texten zum Sammelgebiet zeigt Werner P. Hoffmann in »Katzen«, erschienen in der von mir herausgegebenen »Heyne Sammlerbibliothek«. Nur Bilder gibt es im »Katzen-Flohmarkt« von Wolfgang Lauter 1981.

Wer »rund um die Katz« sammeln will, sollte auch reisen. Nach Amsterdam, der Katzenhochburg, und nach London, England, dem Land mit der größten Katzentradition. Und nach Japan, das Katzensammler Nick Barkow für das absolute Katzen-Kunstparadies der Welt hält. Er muß es wissen, hat er doch unter anderem die Blätter der modernen Holzschneider nach Deutschland gebracht, als er im Juni 1980 in Hamburg die Galerie »Cats in Arts« eröffnete und einige Zeit führte.

35

Die Werbung mit der Katze

Es ist kaum möglich, in der Werbung mit der Katze Gesetzmäßigkeiten zu entdecken. Ihre Rolle ist auch hier nicht eindeutig festgelegt, sondern wie immer eher rätselhaft. Was hat die Katze mit Schuhwichse, Hartglanzwachs oder mit Magenbitter zu tun? Was mit Zitronen oder Nähgarn, mit Zigaretten oder mit Kaffee-Ersatz? Logisch ist, daß Katzen für Katzenzungen, für Katzenfutter oder für kuschelig weiche Decken und schmusig warme Heizkissen werben. Wobei die Rolle der Katze in der Werbung so groß nicht ist, wie es zunächst den Anschein hat. Ich habe über 8000 Plakate aus der Zeit von 1890 bis 1914 durchgesehen und

nicht einmal drei Dutzend mit Katzen gefunden; wobei allein sechs Plakate vom Katzomanen Steinlen gezeichnet und gemalt wurden. Ich glaube, daß auch die Katzenvorliebe des Künstlers eine Rolle spielt. So finden wir mehrere Katzenplakate bei Jules Cheret, bei Ludwig Hohlwein oder bei Edward Penfield, von

dem es zwischen 1894 und 1898 allein fünf Plakate mit Katzen gibt, drei für die Zeitschrift »Harper's«. Und der Kalender von 1897 mit seinen Plakaten zeigt ihn zeichnend, mit einer Katze auf dem Tisch.

Katzen begegnen wir als Symbol für Leichtlebigkeit auf Plakaten für Maskenfeste und als Sinnbild fraulicher Eleganz in der Parfüm- und Kosmetikwerbung. Wie überhaupt die edle, rätselhafte Katze eine wichtigere Rolle spielt als das süße, kleine Schmusetier. So wirbt die Zeitlose für edle Uhren, für Schmuck, für Luxus jeder Art. Oder für das Häusliche, das Gemütliche, das Verspielte. Achten Sie von jetzt an auf Katzenwerbung!

5

8

1/2/3/4 *Werbemarken um 1910. Älteste Darstellung die »Hoffmann's Katze«, Firmensignet seit 1876.*

5 *Reklameschild, Emaille auf Blech, England um 1910, 74,5 × 47,5 cm.*

6 *Außenwerbung der Seifenmarke »Le Chat« (Katze), Umgebung von Paris.*

7 *Plakat von Steinlen für sterilisierte Milch, 1894.*

8 *Verpackungen für Katzenzungen: Waldbaur um 1950; Stollwerck um die Jahrhundertwende, 16,5 × 7,5 × 2 cm.*

9 *Plakat von Edward Penfield für »Harper's Magazine«, Mai-Ausgabe 1896.*

6

7

9

10 Werbefigur zur Einführung der Ziga-
rette »Schwarze Katz« um 1970.
25 × 18 cm.

11 Kalender der Firma »Hoffmann's
Stärke«. Deutschland, 50er Jahre,
42 × 29,5 cm.

12 Aufkleber für Zitronenkisten, USA um
1920. 20 × 30 cm, Reprint.

13 Reklame-Blechschild, emailliert. Werbung für Matratzen, Belgien um 1950.
58 × 78 cm.

14 Plakat für den Champagner »Pol
Roger«. Lithographie, im Stein signiert
Heronard. Epinal, Frankreich, Anfang
20. Jahrhundert, 57 × 77 cm.

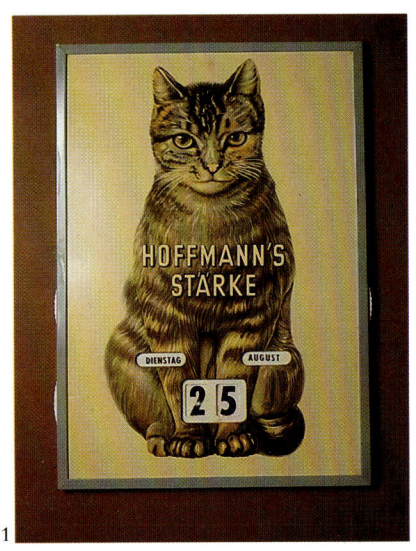

DIE WELT
DER RASSEKATZEN

Die Katzenzucht oder Cat Fancy

Fancy bedeutet Liebhaberei und als solche hatten sie die Erfinder der Katzenzucht und die Gründer dieser Clubs und Vereine auch gedacht. Inzwischen ist die Beschäftigung mit Rassekatzen für einen kleinen, harten Kern zu einer sehr ernsten Sache geworden.

Angefangen haben – wie bei den Hunden, Hühnern, Kaninchen und Stubenvögeln – die Engländer, wobei die Vorstandsliste der ersten Katzenclubs sich liest wie eine Einladungsliste zum Tee bei der Queen: Prinzessin Victoria von Schleswig-Holstein, Herzogin von Bedford, Countess of Warwick, Herzogin von Wellington und so weiter. Die edlen Damen ließen sich dekorativ mit den ebenso edlen Katzen fotografieren; gezüchtet haben die Ladies vom Lande in ihren Catteries.

Die erste Ausstellung organisierte der Journalist und Katzenbuchautor Harrison Weir (siehe Seite 166) 1871 im Crystal Palace, eine Einrichtung, die Jahr für Jahr wiederholt wurde, bis 1936 das Gebäude abbrannte. Mr. Weir regte auch die Gründung des »National Cat Club« an, gewann Prinzessinnen und Herzoginnen für den Vorstand und ließ 1887 festschreiben, worin seitdem die Anliegen von Katzenzuchtvereinen bestehen:

1. Die Ehrlichkeit bei der Zucht von Katzen zu fördern, damit die Reinheit der verschiedenen Rassen und Varietäten sichergestellt wird.

2. Eine Klassifikation der Rassen aufzustellen und dafür zu sorgen, daß diese Ordnung von allen Züchtern, Ausstellungsveranstaltern, Ausstellern und Richtern auch anerkannt wird.

3. Ein nationales Zuchtbuch und Register der Katzen aufzustellen und zu führen.

4. Hilfestellung bei Ausstellungen zu leisten, Preise zu stiften, Siegerklassen einzurichten und dafür zu sorgen, daß die sanitären Verhältnisse bei Ausstellungen in bester Ordnung sind.

5. Der nationale Katzenclub ist die oberste Instanz in allen Rassefragen.

Wie im Vereinswesen so üblich, wurden bis 1901 in England und Schottland weitere dreizehn Katzenclubs gegründet, darunter einer für die Manx-Katzen, einer für die Chinchillas und die »Orange, Cream, Fawn und Tortoise-Shell Society«. Sie alle und zwei weitere schlossen sich 1910 im Dachverband »Governing Council of the Cat Fancy« zusammen. Dieser *GCCF* besteht heute noch und arbeitet eng mit der »Fédération Internationale Féline«, genannt *FIFe,* zusammen. – Doch so weit sind wir noch nicht: Vor dem ersten Weltkrieg gab es in England Spezialclubs für folgende Rassen: Blaue Perser, Kurzhaarkatzen, Siamesen, Bluepoint-Siamesen, Abessinier, die schon genannten Orange, Cream und so weiter, und einen Kastraten-Club. Eine ähn-

liche Entwicklung zeigte sich ab 1899 in Amerika, allerdings nicht getrennt nach Rassen, sondern nach Städten und Ozeanen: der Pazific Cat Club residierte in San Francisco, der Atlantic Club in New York.

Kontinental-Europa brauchte mehr Zeit. Zwar fand im Pariser *Jardin d'Acclimatation* schon 1896 eine Ausstellung statt – für die Roedel ein schönes Plakat schuf –, veranstaltet von der Zeitschrift *Le Journal,* doch der erste *Cat Club de France* wurde erst 1910 von dem Tierarzt Philippe Jumaud gegründet. Dr. Jumaud und der Belgier Dr. Hasse waren die ersten europäischen Katzenrichter, die von einer Gruppe Engländer und Amerikaner unterstützt wurden. Der harmonische Anfang mit einem Zuchtbuch des *Cat Club de France* wurde bald getrübt: ein Club aus Paris und einer aus der Champagne legten eigene Stammbücher an, und 1939 gab es in Frankreich vier verschiedene Zuchtbücher. Meinungsverschiedenheiten und Kräche scheinen vereinstypisch zu sein und nichts mit dem nationalen Charakter zu tun zu haben.

In Deutschland gab es 1897 die erste Katzenausstellung in München, 1903 wurde sie, mit einem schönen Plakat von Ernst Neumann, das eine Angorakatze zeigt, wiederholt. 1905 folgte Hamburg mit einer Ausstellung, die eine ganze Woche dauerte.

Über die Zahl der vorgestellten Katzen konnte ich nichts erfahren, es werden sicherlich nicht so viele wie im Crystal Palace gewesen sein. Dort wurden 1901 in 106 verschiedenen Klassen 601 Katzen gezeigt. Große deutsche Ausstellungen in den zwanziger Jahren brachten es auf 120 Katzen. Heute, wo die Unkosten durch die Zahl der Besucher gedeckt werden müssen, sollten es schon einige hundert Katzen sein, die rund zehntausend Schaulustige anlocken.

Erstaunlich waren die Verkaufspreise, die siegreiche Rassekatzen erzielten. So wurden 1894 für den Champion Lord Southampton, einen weißen Chinchilla-Perser, 60.– Pfund Sterling bezahlt: damals das Jahresgehalt eines Angestellten. In Deutschland zahlte man 1898 auf der Mannheimer Ausstellung für eine zweieinhalb Monate alte Siamkatze 700.– Goldmark, ein kleines Vermögen.

Katzenzucht in Deutschland

Die organisierte Zucht begann nach dem ersten Weltkrieg. Der Zoologe Professor Friedrich Schwangart (siehe Seite 96) stellte für den seit der Jahrhundertwende existierenden »Bund für Katzenzucht und Katzenschutz« eigene Standards auf. Der Verein verschwand in der NS-Zeit, übrig blieben Schwangarts Arbeiten zu Katzenzuchtproblemen.

Der eigentliche Promotor der deutschen Katzenzucht war Konrad Hirschmann (1887–1964), ursprünglich ein passionierter Geflügelzüchter, der seine rasseschöpferischen Ambitionen ab 1922 auf Katzen übertrug. Er gründete den »1. Deutschen Angorakatzen-Schutz- und -Zuchtverein«, der 1930 in »1. Deutscher Edelkatzenzüchter-Verband e.V.« umbenannt wurde. 42 Jahre lang stand ihm Herr Hirschmann vor. Heute ist der 1. DEKZV mit seinen 7200 Mitgliedern der größte Katzenzuchtverband des Kontinents, und das verdankt er einem, sagen wir,

1/2/3 Alle Katzenrassen haben ihren Ursprung in Mutationen. Eine der jüngsten sind die Rexkatzen, wobei Rex der Name für eine plüschartige Fellart ist. Die hier gezeigten Tiere sind teilweise auf dem Weg zur Nacktkatze (3).

Top-Katzen-Manager, seinem Präsidenten Barrie C. Jimmieson, der gleichzeitig auch Präsident der *FIFe* ist.

Die erste Ausstellung von Hirschmanns Angoraverein fand 1924 in Nürnberg statt: Am ersten Tag wurden die Katzen nach selbstaufgestellten Richtlinien, die sich eng an die in England üblichen hielten, klassifiziert und bewertet, der zweite und dritte Tag stand Besuchern offen. Doch die Katzenzucht konnte sich bis heute nicht so durchsetzen wie die Hundezucht, und geradezu grotesk waren die Bemühungen im Dritten Reich, aus Rassekatzen Nutztiere zu machen. In einer Zeit, als der Rassenwahn sich überschlug, degradierte man Angorakatzen zu Wollieferanten, benannte Siamesen als *Rattierkatzen* (= Rattenfänger), statt sie zu *ostgotischen Pelztigern* oder *arischen Tempelkatzen* hochzustilisieren. Das muß an einer allgemeinen Funktionärsabneigung Katzen gegenüber gescheitert sein, vielleicht auf altgermanischem Katzenhaß beruhend. Möglich ist auch, daß die Vereinsfunktionäre zu phantasielos oder zu ängstlich waren. Normalerweise hat es Katzenzüchtern nie an Phantasie gefehlt, wenn es darum ging, Farbschläge oder Fellmutationen mit klingenden Rassenamen zu belegen.

Kritische Einblendung

Wer – auch als absoluter Laie – einen Pudel, einen Dackel, einen Deutschen Schäferhund und eine Dogge sieht, weiß, daß er vier verschiedene Hunderassen vor sich hat. Wer eine Korat, eine Russisch Blau und eine Kartäuser nebeneinander sieht, sieht drei blaufellige Katzen. Der Aha-Effekt bezieht sich auf das Tier an sich, nicht aber auf den feinen Unterschied. Auch das dürfte mit ein Grund sein, warum sich Rassekatzen so wenig durchsetzen, warum sie von Katzenfreunden nur in geringer Minderheit gehalten werden. Fünf Prozent sollen es einer Schätzung zufolge sein; von drei Millionen sind das eben nur 150000 Katzen.

Bei Katzen ist die Rasse nur eine Variation in Kleinigkeiten; eine neue Farbkombination, ein Strecken des Schädels, ein Profil mit Stop, ein

4 Ein Katzenhaus, wie es Frances Simpson in ihrem 1903 erschienenen Katzenbuch vorstellt. In der kalten Jahreszeit wird es mit einem Ölofen konstant beheizt, absolute Sauberkeit als unerläßlich bezeichnet.

5 Mexikanische haarlose Katzen aus Albuquerque, New Mexico. Ihr Besitzer, Mister F. J. Shinick, machte das Foto im Februar 1902 und erzählte, daß er sie von Indianern bekommen habe und sie nach Aussage eines Jesuitenpaters bei den Azteken üblich waren.

6 Ende des vorigen Jahrhunderts war Woodhey's Cattery für die Zucht von Silber-Persern berühmt. Mrs. Walker hatte 63 Katzen in ihren Katzenhäusern.

7 Stammbaum des Internationalen Champion Marc-Antony, einem silver-shaded Perser. Ausgestellt ist der Stammbaum, der genaugenommen eine Ahnentafel ist (s. Seite 295), vom 1. Deutschen-Edelkatzenzüchter-Verband (1. DEKZV e. V.) und verzeichnet von Eltern bis Ururgroßeltern vier Generationen Vorfahren.

5

4

6

Spiel mit der Schlankheit. Katzenzüchter haben es schwer: Ist es befriedigend, wenn man der Rexkatze die Schnurrhaare kräuselt oder ist dieser Zuchterfolg eher frustrierend?

Ich möchte an dieser Stelle einen profunden Katzenkenner zitieren. Der Franzose Jean-Louis Hue sieht das so: »Man gesteht gerne jeder neuen Rasse ein Ursprungsland zu und geizt dabei nicht mit Exotik. Die ersten Ausstellungen priesen zypriotische Katzen, iberische Katzen, Kapkatzen und sogar eine Negerrasse (aus Gambia). Wenn heute eine Siamkatze durch Mutation lange Haare bekommt, behauptet man, sie stamme aus Bali. Und wenn sie mit einer Perserkatze gekreuzt wird, bietet man ihr den ganzen Himalaja als Wiege. Die Perserkatze wurde nicht bei den Ayatollas geboren, sondern in England, wo sie von einem phlegmatischen Naturell und milchigem Nebel geformt wurde. Die ägyptische Maukatze wurde von den Amerikanern aufgemöbelt und mit ihrer pharaonischen Vergangenheit aufgefrischt. Die braune Havanakatze ist kein kubanisches Produkt . . .«. Und so weiter. Zu streng, zu böse, schlechtweg falsch? Schauen Sie sich unsere Rassebilder an, lesen Sie die Rassentexte und besuchen einmal eine Katzenausstellung. Es gibt natürlich Rassen, die sich unterscheiden und die für ihren Besitzer das Elegan-teste, das Geheimnisvollste, Liebwerteste und Schönste auf der Welt sind. Und ein bißchen Story gehört dazu: ein Tempel in Birma, ein englischer Colonel, ein großer See in Anatolien. Doch ist die Schattierung von blaucreme-smoke wirklich ein Rassenunterschied, um den es sich zu streiten lohnt? Die Lektüre der Katzenzeitschriften ist hier sehr aufschlußreich.

Organisation muß sein
Der 1. DEKZV wurde 1953 in die europäische Dachorganisation aufgenommen: die *FIFE* (Fédération Internationale Féline d'Europe) bekam hinten ein kleines *e* (= FIFe), als sie sich auch auf außereuropäische Länder ausdehnte. Inzwischen sind es

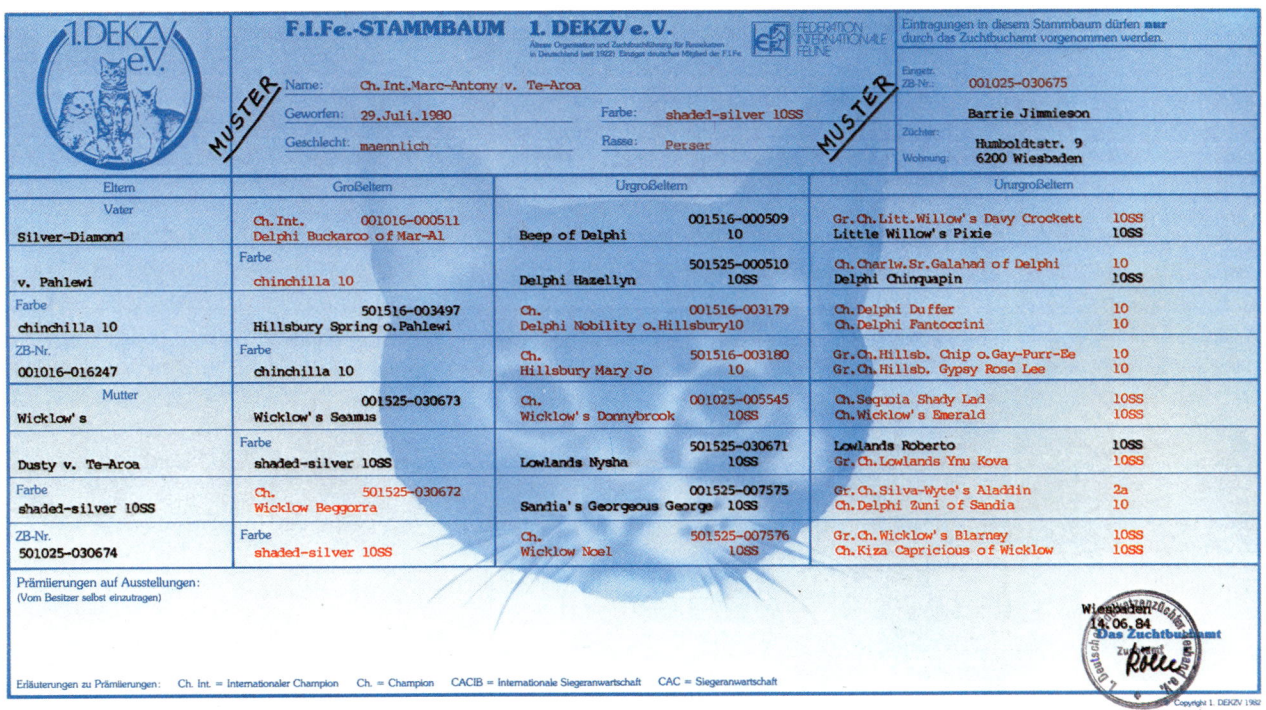

zwanzig nationale Verbände, die die Zwingernamen schützen, Standards ausarbeiten, überarbeiten, neue Rassen und Varietäten anerkennen, Zuchtbücher führen und Ausstellungen veranstalten. Wie alle großen Organisationen ist die FIFe kompromißlos, sie untersagt ihren Angehörigen die gleichzeitige Mitgliedschaft in einem unabhängigen Verein und die Teilnahme an »nicht rechtgläubigen« Ausstellungen.

In Amerika, inzwischen Katzenzuchtland Nummer eins, ist man da wesentlich lockerer: Jeder Züchter kann mehreren Vereinen angehören und seine Tiere auf allen Ausstellungen zeigen. Die größte Organisation, die *Cat Fanciers Association Inc.* (CFA), hat heute etwa 650 ihr angeschlossene Clubs.

Um das Vereinswesen unübersichtlicher zu gestalten, gibt es natürlich eine ganze Reihe unabhängiger oder autonomer Vereine (Adressen finden Sie auf Seite 344). Sie arbeiten mit dem englischen *Governing Council of the Cat Fancy* zusammen, dem schon erwähnten GCCF, der wiederum in enger Verbindung zu FIFe steht. Die Unabhängigen richten sich nach dem GCCF-Standard, erkennen die von ihm sanktionierten Rassen an und –

mit der den Kleinen eigenen Toleranz – alle in der übrigen Welt planmäßig nach Standards durchgezüchteten Varietäten. Um Kontakt miteinander zu halten, haben sich die etwa zwanzig deutschen Vereine, die meist nur wenige hundert Mitglieder zählen, in einem Dachverband zusammengeschlossen, dem *Verband deutscher autonomer Katzenverbände*, VEDAK genannt. Da jeder Verein oder Club im Jahr ein bis zwei Ausstellungen veranstaltet und natürlich auch die in der Schweiz, in den Niederlanden und in Österreich besucht werden, kann man leicht auf fünfzig Ausstellungen kommen. Das macht die Rassekatzen-Landschaft abwechslungsreich.

Die autonomen Vereine haben den Vorteil, daß durch die persönlichen Kontakte (man kennt sich gegenseitig) der Charakter der Cat Fancy, der eigentlichen Liebhaberei, gewahrt bleibt. Wobei Querelen nie ausgeschlossen sind, doch davor ist auch der Großverband nicht gefeit.

1983 hat die FIFe im Eigenverlag des 1. DEKZV einen Weltstandard herausgebracht, der sich vom GCCF-Standard gelöst, sich dem CFA der Amerikaner angepaßt und die ganze Durchnumerierung vereinfacht hat.

Anmerkende Erklärung: die Rassestandards hatten in England Nummern bekommen, die in Verbindung mit Buchstaben sowohl Rasse wie Farbe spezifizierten. Siehe Abbildung 7 für chinchilla 10, für silver-shaded 10SS. Diese Numerierung wurde bei immer neuen Farbschlägen unzureichend und verwirrend. Sie mußte einfacher werden.

Vereinfachung ist wichtig, da es auch bei der Katzenzucht nicht mehr ohne Computer geht: Stammbäume werden von Datenverarbeitungsanlagen ausgestellt. Die Frage »Was ist eine Rassekatze?« hat René Demarmels vom *Verein der Katzenfreunde* Zürich knapp und klar beantwortet.

1. Tiere, die sich in allen wesentlichen Merkmalen, ihrer Körpergestalt, der Haarlänge und Haarstruktur entsprechen und diese an die Jungtiere weitervererben.

2. Innerhalb dieser Rassen gibt es als Untergruppierung zusätzliche gemeinsame Merkmale.

3. Die feinste Gemeinsamkeit ist der Farbschlag.

4. Eine Varietät einer anerkannten Rasse kann keine neue Rasse sein.

Wie wichtig Farben in der Katzenzucht sind, lesen Sie im nächsten Kapitel.

Rasse – was heißt das?

Vor einigen Wochen habe ich bei einem Spaziergang ein Musterexemplar einer rotgestromten Katze getroffen: Streifen in M-Form auf der Stirn, horizontale, exakt gezirkelte Backenmarkierung und fünf Ringe um den Schwanz. Es war eine Bauernkatze, doch auf jeder Ausstellung hätte sie unter der Farbnummer 19 Ebtch als »Europäisch Kurzhaar rotgestromt« ein »Vorzüglich« bekommen.

Bei der freien Fortpflanzung von Katzen sind solche optischen Musterexemplare selten, meist geraten die Streifen schief, sitzt im Augenwinkel ein Fleck, den man immer wieder wegputzen möchte, oder das Schwarz hat eine schimmelige Farbnuance. Katzen paaren sich gerne, aber sie achten nicht auf die Gen-Kombinationen.

Mit meiner roten Stromerin hätte ich, Papierkrieg und Verbandszugehörigkeit vorausgesetzt, über die sogenannte Experimentalklasse auf dem langen Weg in das *Registre Initial et Experimental,* (RIEX) in eine Art vorläufiges Zuchtbuch eingetragen werden können. Die Ururenkelchen könnten später ins normale Zuchtbuch kommen. Denn Europäisch Kurzhaar sind mit züchterischer Sorgfalt aus »durchschnittlichen Hauskatzen« entwickelt worden. Ein eigentlich undankbares Geschäft, sind doch die Ergebnisse schön, aber nicht sensationell, widerstandsfähig, aber nicht sofort als Rassekatzen er-

kennbar. So beschäftigen sich nur wenige Züchter mit diesen Rasse-Varietäten, die ich allen Persern, Birmas oder Siamesen vorziehe: Für mich sind es die Katzen an sich.

Dem züchterischen Ehrgeiz – er ist in der von Frauen dominierten Katzenzucht besonders ausgeprägt – entsprechen eher Perser, Birmas, Burmas oder Siamesen. Und da sich die Spezies Katze gegenüber genetischen Manipulationen als durchaus sperrig und widerspenstig erweist, weicht man auf Fellfarben aus. Die feinen Unterschiede von *blue shaded silver lilac shaded silver* oder schlichtem *shaded silver* fordern geradezu den Ehrgeiz heraus und jene Penibilität, die zur Mißgunst werden kann, wenn es um die Konkurrenz geht.

Daneben gibt es die kleine Züchtergruppe, in deren Erbanlagen eine Art Schöpfersyndrom vorhanden ist, jener göttergleiche Ehrgeiz, neue Lebewesen in die Welt zu setzen oder am Aussehen vorhandener zu manipulieren. Das erweist sich nur in sehr seltenen Fällen als eine positive Eigenschaft, meist entstehen Abnormitäten: bei den Katzen spindeldürre Siamesen, Perser mit fast weggezüchteter Nase, nackte Katzen ohne Fell, taube Katzen, schwanzlose Katzen. Und fast immer werden zugunsten der Optik Wesen und Intelligenz sträflich vernachlässigt.

Ist diese Züchterschelte berechtigt? Darf ich die Gen-Bastler so verurteilen? Leider passiert in der Katzen-

zucht genau das, was zum Teil die Hundezucht schon länger in schlechtes Licht gebracht hat: Vermehrungszucht unter Umgehung der so strengen, idealistischen Verbandsregeln; vertuschte Verstöße gegen die Zuchtregeln; Tiere mit Defekten an Körper und Seele. Nur – bei den Katzen ist es nicht so auffällig wie bei den Hunden, die Nacktkatzen einmal ausgenommen. Wie schnell sich eine Rasse in ihrer Substanz verschlechtern kann, ist kaum vorstellbar. Ich denke hier an die nervösen, dumm gewordenen Stromlinien-Siamesen der letzten fünfzehn Jahre.

Von Trugschlüssen in der Zucht

Vererbung, das ist mehr als das Addieren der elterlichen Eigenschaften nach der Überlegung: Wenn man zwei gute Tiere miteinander paart, muß ihr Nachwuchs gut + gut = sehr gut sein. So einfach geht das in der Natur nicht. Das Unfeine am Siegerblut ist, daß es in der Zucht nicht so wirksam wird, wie wir es gerne hätten. Da denkt man schlicht, das Blut, ein besonderer Saft, sei der Träger von Erbanlagen (= Blutlinien) und mischt und addiert (ein Achtelchen Blut von da, ein Viertele aus den USA) auf dem Papier Blut- und Zuchtlinien, die in der Praxis überhaupt nicht stimmen. Denn Erbanlagen mischen sich nicht wie Flüssigkeiten, sondern in etwa wie verschiedenfarbige Kugeln, die selber immer sie selbst bleiben, wie man sie auch mischen mag. Nur ab und zu gibt es neue Kombinationen und Verknüpfungen.

Genetik auf dem Vormarsch

Wie die Vererbung funktioniert, hat der Augustinermönch Gregor Mendel (1822–1884) vor über hundert Jahren in drei Gesetze gefaßt und damit den theoretischen Unterbau geschaffen (Mendel-Regeln). Sein entscheidender Gedanke: Die Erbanlagen sind in reiner Form in den Keimzellen vorhanden und kombinieren sich nach den Gesetzen des Zufalls in den Nachkommen. Um die Jahrhundertwende wurden diese Vererbungsgesetze wiederentdeckt und durch die Chromosomentheorie des deutschen Zoologen Theodor Boveri (1866–1915) untermauert. 1909 führte der dänische Botaniker Wilhelm Johannsen (1857 1927) den Begriff *Gen*

ein. Die neu entstandene Wissenschaft der *Genetik* erforschte zwei Problemkreise:
1. Wo sind die Erbanlagen lokalisiert?
2. Wie sind die Erbanlagen chemisch aufgebaut, und wie wirken sie?

Die Chromosomen (die Katze hat zum Beispiel 38 Chromosomen in 19 Paaren, der Mensch 46 in 23 Paaren) sind die Träger der Erbanlagen. Genauer: die auf den Chromosomen sitzenden Gene (=zusammengeknäulte Moleküle von DNA= Desoxyribonukleinsäure) tragen die Vererbungsinformationen. Wissenschaftler haben inzwischen Gen-Karten aufgestellt, an denen man die Lokalisierung Hunderter von Erbanla-

gen ablesen kann. Wichtige Erkenntnis: Die Erbanlagen sind auf den Chromosomen linear angeordnet, und jedes Lebewesen hat so viele Kopplungsgruppen, wie es Chromosomenpaare besitzt. *Mutationen*, bei denen die Vererbungsregeln durchbrochen werden und zum Beispiel neue Gestaltmerkmale auftreten, sind, grob ausgedrückt, abweichende biochemische Reaktionen der DNA-Moleküle bei ihrer Spaltung.

Die genauesten Gen-Karten gibt es von Mäusen, und zwar im Jackson Laboratory, Bar Harbor, Maine. Aber auch von Katzen wurden Gen-Karten erarbeitet: durch die Forscher Stephen O'Brien und William Nash am Nationalen Krebsinstitut der Ver-

1 Schematische Darstellung einer geschlechtsgebundenen Farbvererbung am Beispiel der dreifarbigen Schildpatt-Katze: Da die Chromosomen paarweise auftreten, besteht das 19. Paar beim Weibchen aus zwei xx-Chromosomen im Unterschied zum Männchen, das ein ungleiches Chromosomenpaar, eben das xy-Chromosom hat, wobei y das männliche Element ist.

Die Farbe Rot hat die Eigenschaft, mit einem x-Chromosom gekoppelt zu sein, so daß ein Kater immer nur ein Rot-Chromosom vergeben kann. Kreuzt man einen schwarzen Kater (xy) mit einer roten Katze (XX), so gibt es als Junge Schildpatt-Katzen (xX) und rote Kater (Xy)=obere Reihe.

Kreuzt man dann die roten Kater (Xy) mit den Schildpatt-Katzen (Xx), gibt es als Junge eine rote Katze (XX), eine Schildpatt-Katze (xX), einen roten Kater (Xy) und wieder einen schwarzen Kater (xy)=Reihe Mitte.

Kreuzt man den schwarzen Kater (xy) mit einer Schildpatt-Katze (Xx), gibt es als Junge eine Schildpatt-Katze (xX), eine schwarze Katze (xx), einen roten Kater (Xy) und einen schwarzen Kater (xy)=untere Reihe.

Durch gezielte Kreuzung kann man rote und schwarze Katzen, rote und schwarze Kater bekommen; Schildpatt dagegen ist immer weiblich.

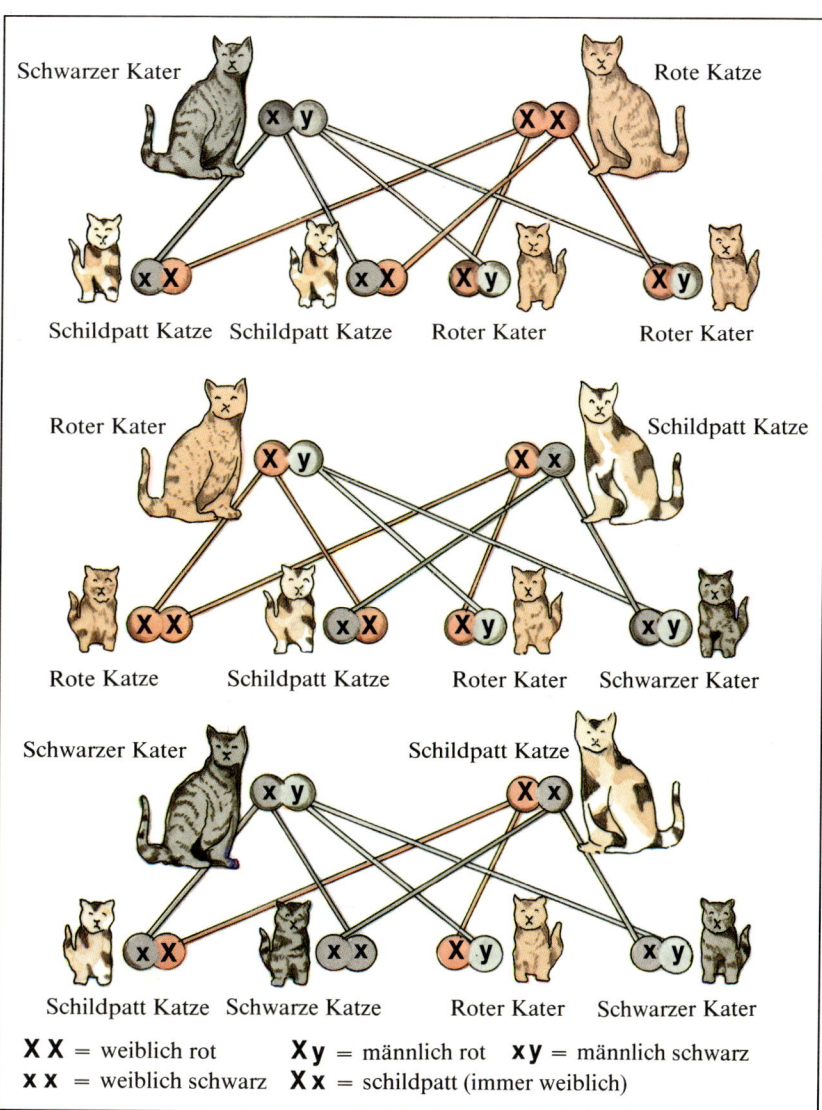

X X = weiblich rot   **X y** = männlich rot   **x y** = männlich schwarz
x x = weiblich schwarz   **X x** = schildpatt (immer weiblich)

1

einigten Staaten in Frederick, Maryland. Sowohl die Mäuse- wie die Katzen-Genetiker benutzen ihr Wissen, um sich maßgerechte Versuchstiere als Modelle zum Studium der verschiedensten Krankheiten zu züchten. Die Katzen-Gen-Karten stehen aber auch den Schönheitszüchtern zur Verfügung, so daß man Katzenzucht nach streng wissenschaftlichen Methoden betreiben kann. Dagegen muten Farbvererbungsexempel wie

2 Von den Fellmustern ist die Zeichnung mit Streifen, die Tigerung, bei Hauskatzen wohl die häufigste. Als Unterscheidung gibt es noch den Begriff mackerel *für engstehende und nur quer laufende Streifen.*

3 Werden die Streifen breiter, nennt man das Fell gestromt. *Auf unserem Bild ist es das* Tabby-Muster *einer* Räderkatze. *Die schönste Zeichnung, die jede Bauernkatze zur Beauty macht. Bei der Perserkatze die einzig erwünschte und, da rezessiv, auch die einzig mögliche Zeichnung.*

4 Das unterscheidet die Rassekatze (auf unserem Bild eine Europäisch Kurzhaar silbergestromt) von der Hauskatze: daß das Fellmuster deutlich umgrenzt und kontrastreich ist. Es gibt keine störenden Ausrutscher.

5 Bluepoint *nennt man eine typische Siamfarbe, bei der eine kühle bläuliche Schattierung am Rücken in das eisfarbene Körperfell übergeht. Der rötliche Fleck ist im übrigen kein Fehler im Fell, sondern ein Foto-Reflex.*

6 Die gewöhnliche Weiß-Scheckung, *die bei Hauskatzen häufig vorkommt, wird bei Rassekatzen* Bi-Colour *genannt und ist in diesen besseren Kreisen selten. In ihrem Erbgang gibt sie auch den Gen-Forschern noch immer Rätsel auf.*

7 Lösen sich die Streifen in Flecken oder Punkte auf, spricht man von Tupfenzeichnung. *Echte Tupfen, die nicht den Eindruck von unterbrochenen Streifen machen, gibt es recht selten.* Wildfarben *oder* Agouti *nennt man Haare, die geringelt oder gebändert sind, in Brauntönen, mit heller Wurzel und dunkler Spitze. Der Fachausdruck in der Katzenzucht dafür heißt* Ticking.

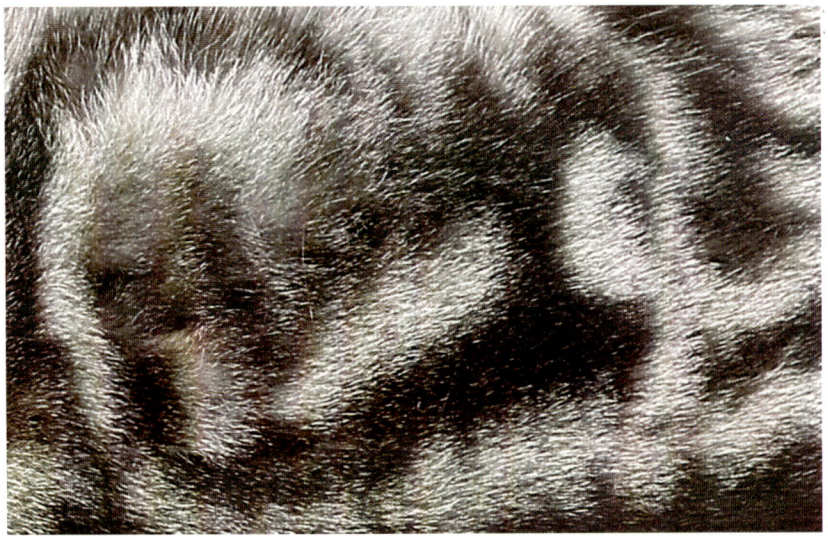

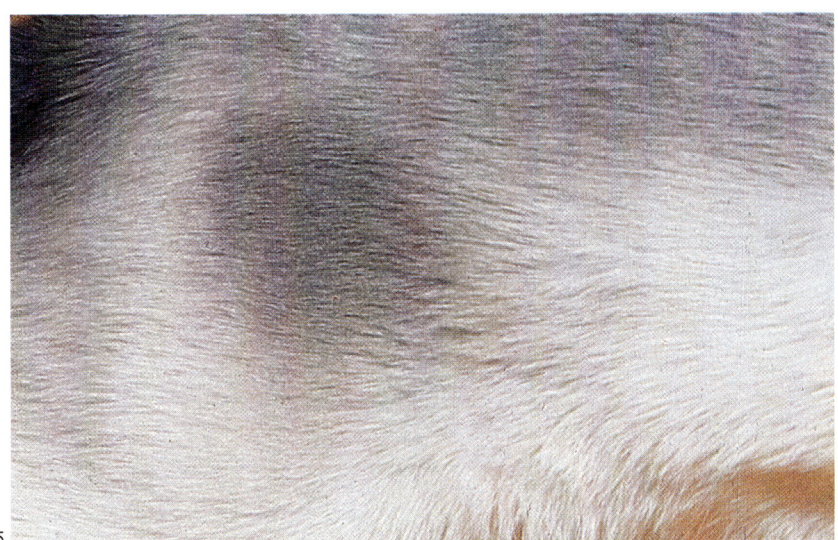

5

6

7

auf Abbildung 1 dargestellt oder das Wissen von den *dominanten* (=überdeckenden) und *rezessiven* (=überdeckten) Eigenschaften fast schon altmodisch an. Doch mit diesem Wissen, das Dagmar Thies in ihrem Leitfaden »Katzen züchten« in kompakter Form zugänglich macht, werden nach wie vor die meisten Rassesieger erkreuzt.

Ahnentafel und Rassestandard

Was eine Rassekatze ausmacht, ist in Ahnentafel und Rassestandard festgeschrieben. Die Ahnentafel, eine Art Geburtsurkunde mit Rassezugehörigkeitsbescheinigung, nennt das Katzenindividuum bei seinem und der Zuchtstätte Namen wie den shaded silver Perser »Marc-Antony von Te-Aroa« (Seite 291) und dessen Vorfahren einschließlich der vierten Generation. Daß der 1. Deutsche Edelkatzenzüchter-Verband dieses Papier »Stammbaum« nennt, ist nicht richtig: Ein Stammbaum zeigt die Verwandschaftsverhältnisse aller Mitglieder einer Familie. »Der Große Brockhaus« zitiert ihn als »der genealogische Aufriß in Form eines gezeichneten Baumes, so daß der Ahnherr als Wurzel des Stammes und die Nachfahren als vielverzweigte Äste erscheinen«. Mit einem Stammbaum beweist man zum Beispiel, welch hervorragender Vererber »Du Ru Al's Sorrel Sultan« für die Zucht der roten Abessinier war.

Steht in einer Ahnentafel beim Namen einer Katze die Bezeichnung Ch. Int. (=Internationaler Champion), weiß man, daß dieses Tier dem Standard seiner Rasse besonders entspricht. Dieser *Standard* ist die eher pingelige als poetische Beschreibung der typischen Rassemerkmale einer Idealkatze. »Die Nasenspitze darf nicht höher sein als das Unterlid des Auges« heißt es bei den Persern, und wenn es um die Farben der Augen oder des Nasenspiegels geht, ist ein »Lavenderrosa« eine andere Rasse als ein schlichtes »Rosa«, während kupferfarbene Augen sich quer durch die ganze Perserfamilie ziehen. So wiegt ein einfaches Adjektiv schwer in diesen Texten, und runde, statt mandelförmige Augen können eine Russisch-Blau-Katze in der Bewertung 10 Punkte (von möglichen idealen 100) kosten.

Neue Rassen

Sie entstehen durch Mutationen und vergehen durch die Launen der Mode. Um in der Welt der Ausstellungen der großen Zuchtverbände existieren zu können, müssen sie anerkannt werden. So soll die Reinheit und Beständigkeit einer Rasse oder – häufiger – die Farbvarietät einer Rasse garantiert werden. Bei der FIFe müssen heute 50 Katzen der gleichen Rasse (Farbe) einem Richterkollegium vorgestellt werden, beim englischen GCCF sind es 30. Außerdem werden vier Reinzuchtgenerationen verlangt. Die unabhängigen Vereine erkennen alle neuen Rassen an, wenn sie in einem Land zugelassen wurden und einen Standard haben. Zu diesen neuen Rassen gehört die »alte Angorakatze«, die fast ausgestorben war und in den USA ein Comeback in Weiß feiert. Die *Ragdoll* gehört hierher, die der Birmakatze ähnelt, nur erheblich größer ist. *Tiffany* nennen amerikanische Züchter die halblanghaarige Burma, und die erste *Amerikanische Drahthaarkatze* (= American Wirehair) wurde erst 1966 geboren. Nicht ganz offiziell sind auch die *Bombay,* die kleine *Singapura* und die *Egyptian Mau.* Eine echte Neuheit, gegen die sich die Konservativen sträuben, ist die *Hängeohrkatze.*
Schauen Sie sie sich doch auf Seite 336 einmal an.

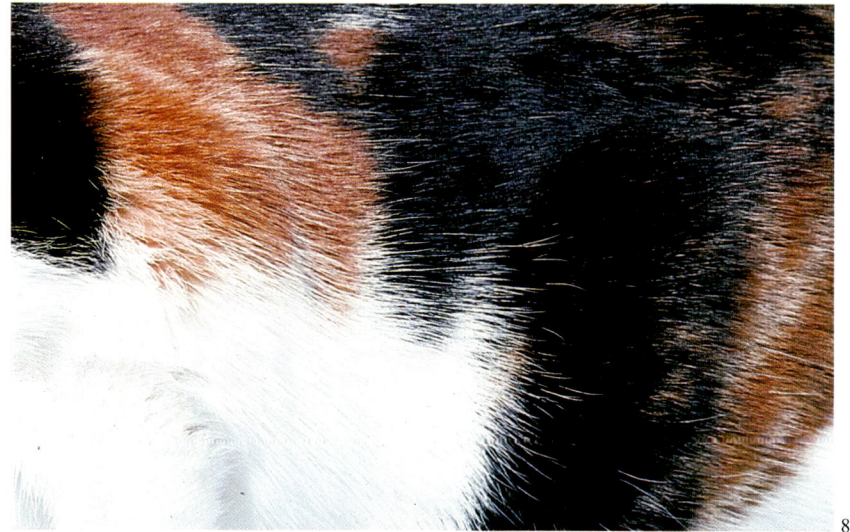

8 Schildpatt *oder* Tortie, *eine Färbung, die nur bei weiblichen Katzen vorkommt (siehe Abbildung 1). Sie hat voneinander abgesetzte Rot-Schwarz-Flecken und kann durch zusätzliches Hellrot eine Drei-farbenkatze sein; es gibt auch Schildpatt mit Weiß, wobei Weiß nicht vorherrschen darf. Früher nannte man so gefärbte Tiere* spanische Katzen.

9 *Die umstrittenste Züchtung ist die* Sphinx *oder* Nacktkatze, *deren Gesicht mit einem Haarflor überzogen ist, der »wie Samt aussieht und sich wie Moos anfühlt«. Im Gegensatz zu Bild 3 auf Seite 289 hat dieses Exemplar wenigstens keine Kahlstellen. Der Kopf erinnert mich an die* Devon Rex.

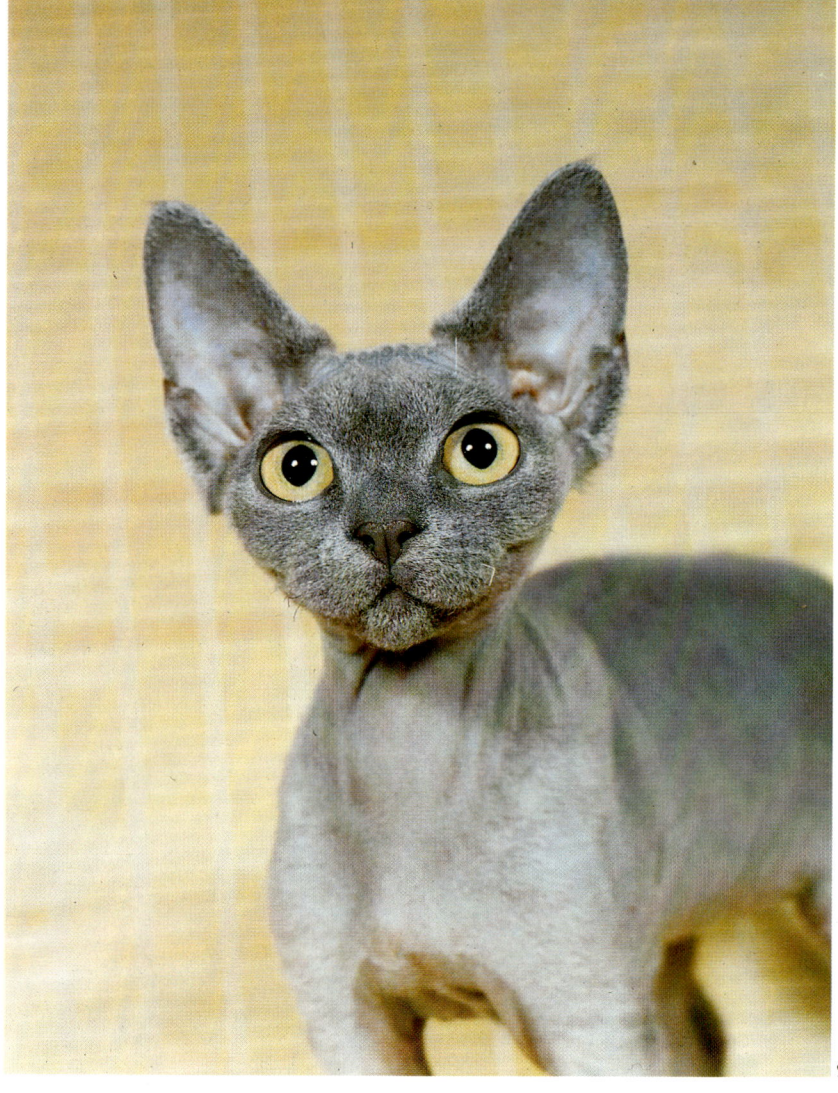

Die Katzenausstellungen

Ohne Katzenausstellungen gäbe es keine erfolgreiche Katzenzucht, für die Schönheitsvergleiche und Herausstellen des idealen Rassetyps unerläßlich sind. Ein sehr ernsthaftes Argument.

Katzenausstellungen sind Jahrmärkte menschlicher Eitelkeiten, für Katz und Mensch zwar gleichermaßen strapaziös, doch zur Hebung des Ego als organisierter Katzenfreund wichtig. Keine abwegige Betrachtung.

Katzenausstellungen informieren die Öffentlichkeit über das Thema Katze und tragen so zum Katzenschutz bei. Das will ich gelten lassen.

Warum auch immer Katzenfreunde weite Reisen unternehmen, um ihren Liebling in einen Käfig zu sperren und ihn von Fremden anstarren zu lassen und sich selbst dem Risiko aussetzen, durch Richterspruch in der Rassewelt himmelhoch aufzusteigen oder klaftertief zu fallen: die Sache an sich gibt es seit 1871 und sie erfreut sich bei vielen Menschen großer Beliebtheit. Den Katzen ist das meist recht unangenehm, auf jeden Fall aber gleichgültig, von einigen wenigen extrovertierten Individuen abgesehen, die es lieben, in den Blicken der Menge zu baden.

Aussteller denken meist heute noch so naiv-begeistert wie Harrison Weir, der die erste Ausstellung organisierte, den Richter machte und später darüber schrieb: ».. . da lagen die Katzen, auf rosa Kissen ruhend, in ihren Käfigen, lautlos, nur hin und wieder gemütlich schnurrend, wenn ihnen köstlich frische Milch gereicht wurde. Ja, da waren sie, große Katzen, sehr große Katzen, mittelgroße Katzen und kleine Katzen, in allen Farben und Mustern, und wunderschöne weiße Perserkatzen.«

Eine recht unpräzise Beschreibung, wenn man bedenkt, daß Mister Weir die Standards konzipiert und die Katzen nach Rassen eingeteilt hatte. Der National Cat Club kannte Ende des vorigen Jahrhunderts folgende:

• *Kurzhaarige Katzen:* 1. Siamesen, 2. Blaue, 3. Manx, 4. Fremde, 5. Tabby, 6. Spotted, 7. Zweifarbige, 8. Dreifarbige, 9. Schildpatt, 10. Schwarze, 11. Weiße, 12. Sable (= dunkel verlaufend), 13. Ticks (= jedes Haar gebändert), 14. Abessinier.

• *Langhaarige Katzen:* 15. Schwarze, 16. Weiße, 17. Blaue, 18. Orange, 19. Cream, 20. Sable, 21. Smoke, 22. Tabby, 23. Spotted, 24. Chinchilla, 25. Schildpatt, 26. Zweifarbige, 27. Dreifarbige.

Für die Augen gab es genaue Angaben. Sie mußten groß, rund oder mandelförmig sein und ihre Farben zum Fell passen: bei Schwarzen und Blauen orange, bei Sable dunkelgelb und bei Orange wie Schildpatt gold mit grünem Schimmer.

Einer der ersten Fachausdrücke war *faking,* das zum Ausschluß der Katze von der Ausstellung führte. Faking bedeutet Verschönern mit unlauteren Mitteln, meist Verfärben des Fells zum Schönheitsideal hin.

Disqualifiziert wurden auch Katzen mit falschen Papieren oder gar keinen Papieren oder solche, die sich nicht bereits 14 Tage vor Ausstellungsbeginn im Besitz des Ausstellers befanden. Man sieht, es wurde schon damals mit harten Bandagen um den Sieg gekämpft und Kommerz und Katze waren bald miteinander vertraut.

Die erste Massenzüchterin kam aus höheren gesellschaftlichen Kreisen: Lady Marcus Beresford, deren Porträt von Edward Hughes mich an eine Siamkatze erinnert, gründete 1898 den Cat Club als Konkurrenz zum National Cat Club und verband Ausstellungen mit wohltätigem Hintergrund: schöne Katzen als Hilfe für kranke Kinder. Die Lady brachte bis zu 30 Katzen auf ihre Ausstellung mit, inklusive Diener, Mädchen und Katzenbutler. In ihrer Cattery in Bishopsgate lebten an die 150 Katzen aller Rassen, die es zur damaligen Zeit gab. Dazu festangestelltes Pflegepersonal, weitläufige Gebäude und Zwinger, eine spezielle Katzenküche, eine Apotheke und eine Ziege, die Milch für die Jungkatzen gab. Das übliche Futter bestand aus Reis mit Fisch oder Hackfleisch, eine hochwertige Nahrung, die sicherlich auch dem Personal besser schmeckte als das Gesinde-Essen. Weitere Luxus-Catteries besaßen Lady Decies in Birchington-on-Sea oder Mrs. Mackenzie Stewart im schottischen Seagate House. Ihre Perser hatten durch das Hochlandklima ein besonders dichtes Fell.

Es war schon etwas Besonderes, eine viktorianische Rassekatze zu sein. Heute lebt mancher Champion wesentlich beengter in einer Zwei-Zimmer-Wohnungs-Katzenzuchtstätte. Bleiben wir in der Gegenwart.

Wer darf wo welche Katze ausstellen?

Die *offenen Ausstellungen* mancher unabhängiger Vereine sind der einfachste Weg, es mit der eigenen Katze einmal zu versuchen. Man muß nicht Mitglied sein und kann ohne Vereinsbindung Ausstellungsatmosphäre schnuppern und (gegen Standgeldgebühr) feststellen, ob einem selber der Rummel liegt und die Katze überhaupt eine Chance hat.

Man kann das allerdings nicht unbegrenzt. Wer regelmäßig ausstellen will und sich in den Kreis der Züchter begibt, muß sich binden: Ohne Verein und ohne Engagement für die Rasse läuft nichts. Da eine Reihe Vereine miteinander arbeiten, andere wiederum bisher anderswo erlangte Titel nicht anerkennen, muß man sich erkundigen, bevor man sich endgültig entscheidet. Fest steht, der 1. DEKZV erkennt nur Titel an, die auf FIFe-Ausstellungen verliehen wurden. Manche unabhängige Vereine lassen dagegen alle FIFe-Anwartschaften und -Titel gelten.

Wann muß man seine Katze ausstellen?

Alle Zuchtverbände und -vereine führen *Zuchtbücher* oder *Stammbücher,* in der die Rassekatzen und ihre Nachkommen registriert sind. Wie ich schon auf Seite 292 erwähnte, gibt es ein *Experimental-Zuchtbuch* für schöne, papierlose Katzen und das *Ordentliche Zuchtbuch* für die »richtigen« Rassekatzen. Wer seiner Katze Papiere verschaffen will, muß sie auf einer Ausstellung von zwei internationalen Richtern begutachten lassen (im Mindestalter von sechs Monaten). Bekommt sie ein *Vorzüglich,* kann sie ins Experimental-Zuchtbuch eingetragen werden: Ihre Urenkelchen können dann anerkannte Rassekatzen sein.

Auch eine Katze mit Papieren, die für Ihren Verein nicht die echten sind,

1 Richten im Ring, Crystal Palace, London 1901. Im Oktober, wenn die Perserkatzen ihr dekoratives Winterfell trugen, fanden hier die großen Ausstellungen des National Cat Club statt.

2 Die Richmond Cat Show war ein Sommerereignis. Die große Hundeschau wurde zum ersten Mal im Juli 1902 um 300 Katzen erweitert, die in Zelten im Old Dear Park an der Themse ausgestellt wurden. Richterin für Spezialpreise war die Katzenbuchautorin Frances Simpson (siehe S. 166), hier im Bild.

3 Moderne Katzenausstellung in Karlsruhe: Vor den Käfigen drängen sich die Schaulustigen, hinter den Käfigen rechts stehen die Aussteller.

muß diesen Weg gehen – und wäre sie die schönste Perserin der Welt. Ausgestellt werden müssen auch Katzenkinder aus einer farblich nicht anerkannten Verbindung von Partnern der gleichen Rasse – wie Weiß mit Silber –, auf daß sie ins Ordentliche Zuchtbuch kommen und gültige Ahnentafeln erhalten.

Auch Kater, die in den vereinsoffiziellen *Deckkaterverzeichnissen* geführt werden, müssen sich einmal im Jahr auf einer Ausstellung ein *Vorzüglich* holen. Es sei denn, sie tragen einen Siegertitel.

Was man als Aussteller wissen muß

Ausstellungen finden an Wochenenden statt und dauern meist zwei Tage.

In diesen ist man voll beschäftigt, besonders am ersten Tag, wenn die Katzen gerichtet werden. Wie zügig und fair das verläuft, hängt von der Größe der Ausstellung (bis zu 1000 Katzen), dem Veranstalter und der Organisation ab. Man kann als Aussteller erstaunlich Negatives wie auch perfekt Positives erleben, womit ich nicht nur Genugtuung oder Enttäuschung über die Bewertung der eigenen Katze meine. Im folgenden zehn beherzigenswerte Ratschläge und Gebote für jede Ausstellung:

1. Jede Katze sollte schon Wochen vor der Ausstellung in Kondition gebracht werden. Dazu gehört nicht nur konsequente Pflege, sondern auch das Durchchecken beim Tierarzt.

2. Frühzeitiges Anmelden erspart die Enttäuschung, daß die Ausstellung ausgebucht ist. Richtiges und korrektes Anmelden erspart dem Organisator Arbeit und uns am Einlaß der Ausstellung Ärger.

3. Die Größe der Käfige beträgt 70 × 70 cm. Die Käfigdekoration sollte darauf abgestimmt sein, ebenso Katzenklo und Wassernapf.

4. Sorgen Sie dafür, daß Sie auch in einer fremden Stadt oder bei schlechtem Wetter am ersten Tag um 7 Uhr früh bei der Tierarztkontrolle am richtigen Eingang sind.

5. Halten Sie alle nötigen Papiere bereit, zeitraubendes Suchen macht die Beteiligten nervös. Denken Sie daran; Der Tierarzt hat immer das letzte Wort!

6. Bleiben Sie beim eingerichteten Käfig, bis der Steward Ihre Katze zum Richten geholt hat. Zum Herumlaufen haben Sie später Zeit genug.

7. Machen Sie Ihre Katze schön, aber nicht schöner, als sie von Natur aus ist. Manipulation führt zur Disqualifikation.

8. Auch am zweiten Tag müssen die Katzen und Sie präsent sein. Besucher zahlen Eintritt und finanzieren die Ausstellung, um Katzen zu sehen und um etwas über Katzen zu erfahren. Wer vor 18 Uhr ohne Genehmigung verschwindet, kann ein halbes Jahr gesperrt werden.

9. Katzenschutz ist genauso wichtig wie Katzenzucht. Demonstrieren Sie das, indem Sie keine Katzen im Auto lassen oder gar aus dem Kofferraum heraus verkaufen.

10. Nehmen Sie sich zusammen, wenn Ihre Katze nicht gesiegt hat. Lautstarke Kritik am Richter oder Hader mit der Katzenwelt macht keinen guten Eindruck. Bleiben Sie immer fair, und man wird auch Ihnen gegenüber anständig sein.

Der Richter und seine Stewards

In der Welt der Katzenausstellungen haben die Richter eine ganz besondere Stellung. Ein Kontakt zwischen Aussteller und Richter findet nicht statt. Nicht der Aussteller präsentiert dem Richter seine Katze, sondern eine neutrale Hilfsperson, der *Steward,* der ebenfalls von den Richtern gerichtet wird. Da jeder *Richterschüler*

zehnmal auf internationalen Ausstellungen als Steward gearbeitet haben muß, sind die Bewertungen für ihn so wichtig wie die für die Katzen. Denn nur ein guter Steward wird die Wahl zum Richterschüler schaffen (er muß gleichzeitig anerkannter Züchter und sprachkundig sein), um nach längerer Lehrzeit zum Richterexamen zugelassen zu werden. Nach seiner Ernennung zum Richter gehört er zum inneren Kreis der offiziellen Rassekatzenwelt oder wie Dagmar Thies in ihrem Buch »Katzen ausstellen« schreibt: »Nicht ohne Grund genießt daher ein Richter, als ›verborgene Macht im Hintergrund‹, innerhalb der Cat Fancy höchsten Respekt.«

Doch längst nicht jeder Steward wird

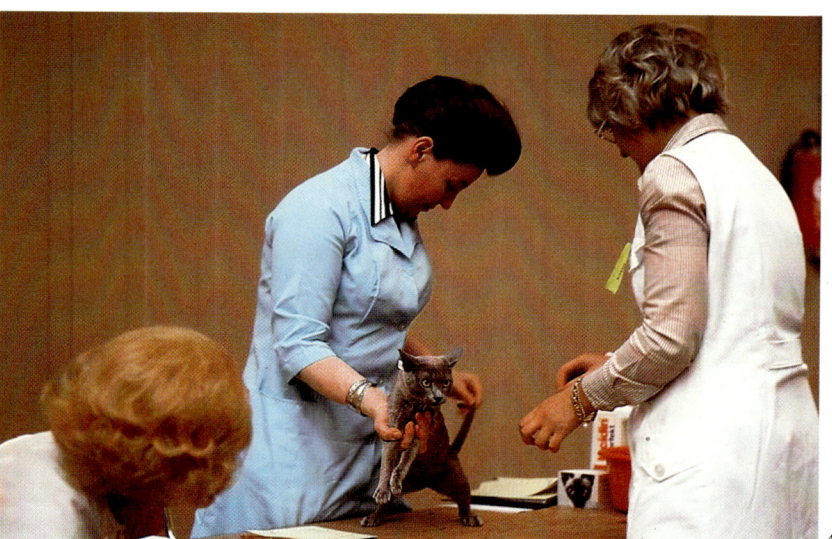

4

Richter. Wenn man in Katzenzeitschriften Berichte über Ausstellungen liest, scheint es sogar eine Menge schlechter Stewards zu geben: sie machen die Katzen nervös oder lassen sie unterwegs aus Schlampigkeit auskommen. Oder sind das nur Berichte enttäuschter Verlierer?

Ein Steward holt die Katze in ihrem Käfig ab und bringt sie zum Richtertisch, der sich oft in einem Nebenraum befindet. Die Katze selbst ist dem Richter nicht bekannt. Das Richten soll so unbeeinflußt wie nur möglich bleiben. Nach den Richtlinien der VEDAK ist es Stewards untersagt,

• dem Richter ihre eigene Katze zu präsentieren;

• Bewertungen, von denen sie Kenntnis erhalten, weiterzugeben;

• unaufgefordert mit den Richtern zu reden oder sie zu beeinflussen;

• dem Richter gegenüber die Identität der Katze preiszugeben.

Gerechter geht es wohl nicht mehr? Es steht ja auch viel auf dem Spiel für die Menschen und ihre Katzen, die in dieser und für diese Welt leben. Es wird entschieden, ob die kleine Kätzin eine Zuchtkatze werden darf, die die Engländer *dame* oder *queen* nennen. Ob aus dem Katerchen ein Deckkater, ein *sire* wird, ob der Katze eine Karriere von Ausstellung zu Ausstellung bevorsteht oder ob man sie zur Schmusekatze, zur *pet cat* degradiert und kastriert – dies mit den

Augen eines hoffnungsvollen Züchters gesehen.

Von Klassen und Titeln

Die ausgestellten Tiere sind in Klassen eingeteilt und werden nach diesen Klassen bewertet. Dafür gibt es feste Regeln:

• *Jugendklasse:* unterteilt in die Altersgruppen 3–6 und 6–10 Monate sowie nach Rasse, Farbe und Geschlecht. Eine Katze kann *Rassesieger Jugendklasse* und *Best in Show Jugendklasse* werden.

• *Offene Klasse:* älter als 10 Monate, unterteilt nach Rasse, Farbe und Geschlecht. *Eine Katze kann das CAC* (Certificat d'Aptitude au Championat) erhalten, die erste Anwartschaft auf den Championtitel. CAC auf drei Ausstellungen bedeutet: *Champion.*

• *Championklasse:* Hier konkurrieren, unterteilt nach Rasse, Farbe und Geschlecht, Champions um das *CACIB* (Certificat d'Aptitude au Cham-

4 Richterin bei ihrer Arbeit. Rechts im weißen Kittel ein Steward, der dem Richter die Katzen bringt und ihm helfend zur Hand geht.

5 Eine mit vielen CACIB- und Best in Show-Rosetten dekorierte Colourpoint blue-point.

6 Richter beim Beurteilen einer Siamkatze.

das *CAPIB* (Certificat d'Aptitude au Premior International de Beauté).

• *Internationale Premiorenklasse:* Hier geht es um die Titel *Bester Kastrat der Farbe, Bester Kastrat der Ausstellung.* Auch kann ein Internationaler Premior noch *Grand Premior International* werden, wenn er dreimal in der Internationalen Premiorenklasse siegt. Man sieht, in der Katzenwelt sind die Kastraten durchaus gleichberechtigt und können Karriere machen.

• *Novizenklasse:* noch nicht in einem anerkannten Zuchtbuch eingetragene Tiere, Mindestalter 6 Monate. Ein von einem zweiten Richter bestätigtes *Vorzüglich* ermöglicht die Eintragung ins Zuchtbuch. Aus allen Klassen

für ein *CACIB* oder *CAPIB* sein. Internationale Champions oder Premioren erhalten keine Punkte mehr, sondern das Wort *Ehrenpreis.* Ehrenpreise gibt es auch in der möglichen *Hauskatzenklasse,* die keinem Standard unterliegt.

Alle Richter zusammen wählen am frühen Sonntagnachmittag den, die oder das *Best in Show.* Zuerst wird in geheimer Wahl der beste Kater, dann die beste Kätzin bestimmt. Die beiden werden miteinander verglichen, und der Gewinner ist *Best in Show,* der Verlierer *Best in Show Opposite Sex.* Und damit nicht nur zwei geehrt werden, gibt es noch einen *Bester Kastrat* und *Bester Kastrat Opposite Sex, Best in Show 6–10 Monate* und das-

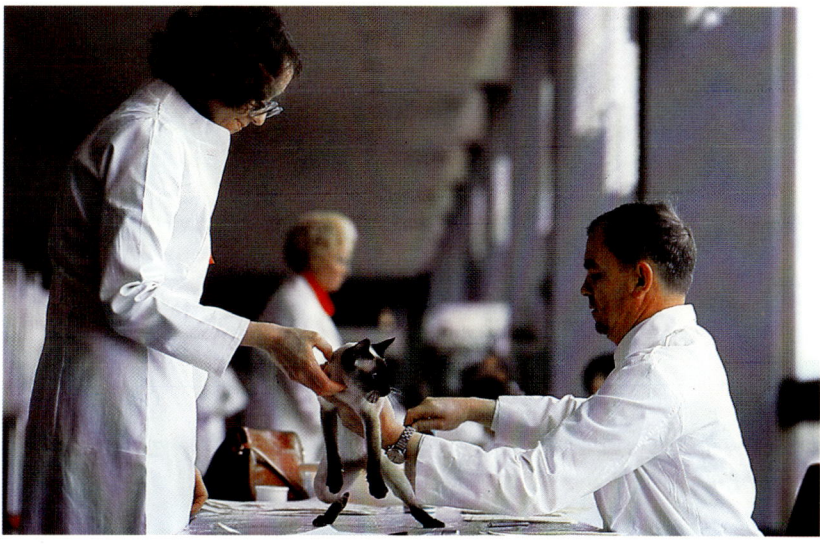

pionat International de Beauté), der Anwartschaft auf den internationalen Championtitel. Drei CACIB, eines im Ausland, ergeben: *Internationaler Champion.*

• *Internationale Championklasse:* Hier kämpfen die Besten um die Titel *Rassesieger, Best in Show* oder *Best Opposite Sex.* Wer dreimal in dieser Klasse einen dieser Titel erhält, wird *Grand Champion International.*

• *Kastratenklasse:* nach Rasse, Farbe und Geschlecht unterteilt, Alter mindestens 10 Monate. Der Sieger erhält das *CAP* (Certificat d'Aptitude au Premior). CAP auf drei Ausstellungen heißt: *Premior.*

• *Premiorenklasse:* Hier konkurrieren die preisgekrönten Kastraten um

wird das schönste Tier einer Rasse zum *Rassesieger* ernannt, vorausgesetzt, es sind mindestens drei Katzen dieser Rasse vorhanden. Ebenso verfährt man bei den Kastraten. In der Cat-Fancy gibt es viele Sieger mit farbigen Rosetten, prächtigen Schleifen und silbernen und goldenen Pokalen.

Bewertet wird nach einem Punktsystem, das im Standard der Rassen festgelegt ist, zum Beispiel: Norwegische Waldkatze: Augen = 5 Punkte: Burma: Augen = 20 Punkte. Die ideale Katze kann 100 Punkte erreichen, ein theoretischer Wert. Für ein *Vorzüglich* braucht man 88 Punkte, soll es ein *CAC* oder *CAP* geben, sind 93 Punkte nötig, 95 Punkte müssen es

selbe für *3–6 Monate,* aufgeteilt in Langhaar, Halb-Langhaar, Kurzhaar und Siamesen. Hier heißt es: Nicht nur einer wird gewinnen.

Und was haben die Teilnehmer von einem solchen Sieg?

Die Katze gar nichts oder nur Negatives, denn sie wird von nun an sicher von Ausstellung zu Ausstellung reisen müssen.

Der Züchter zunächst einmal das Hochgefühl, über die Konkurrenten gesiegt zu haben. Dann die Freude, daß sein Liebling preisgekrönt wurde. Eine bunte Schleife oder eine glänzende Trophäe als Erinnerung. Schließlich die Aussicht, den Nachwuchs zu höheren Preisen ganz sicher verkaufen zu können.

Lexikon der Züchtersprache

Für Fellfarben, Muster und Merkmale gibt es bestimmte Fachausdrücke, die (meist) unmißverständlich aussagen, was gemeint ist. Die wichtigsten habe ich hier notiert und erklärt. Sie haben von den Genetikern Buchstabenkürzel erhalten, die ich ebenfalls angebe. Großbuchstaben bezeichnen ein dominantes, Kleinbuchstaben ein rezessives Gen.

Agouti = A: Wildfärbung, jedes Haar trägt ein Ringelmuster (→ *Ticking*). Das Wort ist vom südamerikanischen Goldhasen Aguti abgeleitet. Agouti haben Norwegische Waldkatzen; Abessinier und Somali können wildfarben sein. Verstärkt die Ausbildung →*Tabbyzeichnung*.

Albino = c: Infolge vollkommenen Farbstoffmangels hat das Tier weiße Haare, rote Pupillen, blaßblaue Iris. Teilweiser Albinismus führt zur → *Weißscheckung*.

Bi-Colour: Scheckung weiß mit einer soliden Farbe. Seit 1968 in der Katzenzucht anerkannt.

Blesse: weißer Längsstreifen von der Stirn zur Nase.

Cameo: rote Variante von → *Silber*, Haarspitzen rötlich über weißem Fell, sozusagen eine rosa Katze. Nur bei Persern.

Chinchilla = I/I oder i/i: weiß mit dunklem Schleier, da Haarspitzen schwarz.

Creme = ddO: verdünntes Rot, ein zarter warmer Pastellton.

Dilute = d: eine Pigmentverdünnung, wenn Schwarz sich durch Verminderung des Melanins im Haarschaft zu Blau oder Caramel verdünnt.

Drahthaar = Wʰ: als *wire-hair* in den USA in allen Farben gezüchtet, auf einer Mutation beruhend.

Einfarbig (schwarz, weiß, blau, rot, creme, braun, lila): Die Farbe soll möglichst rein sein.

Ergänzende Rassen: Aus Zuchtgründen können gepaart werden: Abessinier × Somali; Burma × Siam; Tonkanese × Burma; Burma × Tiffany; Siam × Balinese; Manx × Cymric.

Fawn = d/d, Mᵈ: bei Abessinier früher creme. Bei Orientalisch Kurzhaar selbständig gegenüber Schwarz und Braun.

Gestromt = tᵇ: auch *Tabby* genannte Fellzeichnung. Unterbrochene oder durchlaufende Musterung, die sich in scharfem Kontrast von der blasseren Grundfarbe abhebt. Möglichkeiten: *silbergestromt, rotgestromt, blaugestromt* und *braungestromt.* Die Zeichnung für alle Farben besteht aus 2 bis 3 geschwungenen Streifen auf den Wangen, 2 halsbandartigen Streifen auf der Brust, Schmetterlingszeichnung auf den Schultern. Getigerte Pfoten, Schwanz beringt.

Golden = i/i: auch *Golden Chinchilla*, Farbvariante silberner Eltern in leuchtendem Kupferbraun, hellem Apricot oder rötlichem Honig.

Halblanghaar = l/l: ihre Beliebtheit wächst, oft Mischlinge aus Lang- und Kurzhaar.

Hängeohrkatze = Fd/fd: auch *Scottish Fold.* »Folded Ear«-Reinerbigkeit (= Kippohr) unerwünscht, da durch Inzucht Anomalien auftauchen, die bei mischerbigen Tieren ganz gering sind.

Harlekin = S/S: mit überwiegender Weißscheckung. Wenige rote und/oder schwarze Flecke sind über Kopf, Rücken und Schwanz verteilt. American Shorthair = *Chinese Harlequin* auch bei Persern.

Havana = b/b: Kastanienbraun, auch Oriental chestnut. Als *Havana brown* eigene Rasse in den USA, schwerer als die Orientalisch Kurzhaar dieses Farbschlags.

Hybride: Nachkommen aus der Kreuzung erbverschiedener Eltern. Werden auch *Mischlinge* oder *Blendlinge* genannt. Sie sind immer *mischerbig* = heterozygot (im Gegensatz zu *reinerbig* = homozygot). Die Neuzüchtung von Rassen basiert weitgehend auf Hybridenzucht.

Kashmir: nennt man in den USA lila (= taubengraue) und braune Perser.

Kurzhaar = L/L, L/l: Die drei Haarformen (Deckhaare = Leithaare und Grannenhaare, Wollhaare) bilden einen kurzen, meist dichten Pelz. Die Unterwolle ist reich, das Fell von Mischlingen offen.

Langhaar = l/l: Die drei Haarformen (Deckhaare = Leithaare und Grannenhaare, Wollhaare) bilden durch überlange Unterwolle ein langwallendes Fell, das leicht und duftig einen kräftigen Körper umhüllt.

Lavender, deutsch *Lavendel = b/b d/d,* auch *lila:* bei Orientalisch Kurzhaar *foreign lilac,* ein Blau mit deutlichem Silberschimmer.

Lila = b/b d/d: Lila hat zu Schokoladebraun die gleiche Beziehung wie Blau zu Schwarz: es ist ein Braun, das eine doppelte Dosis des blauen Verdünnungsfaktors *(= Dilute)* trägt. Lila ist eine blaßbläulich-bräunliche Pastellfarbe.

Lockenhaar = r/r (Cornish Rex), *re/re* (Devon Rex), *r/r* (German Rex): Mutation, bei der die Deckhaare fehlen, die Wollhaare gewellt oder gekräuselt und sehr kurz sind: halb so lang und halb so dicht wie bei Kurzhaar. Lockenhaarige Katzen nennt man *Rex* nach einem plüschartigen Fell aus der Kaninchenzucht. *r* steht für Gen 1, *re* für Gen 2.

Mackerel = t/t: eng stehendes, quer verlaufendes Streifenmuster wie bei einem Tiger.

Marmor = t/^{b}: auch *gestromt* oder *Räderkatze* oder *Tabby.* Auf jeden Fall das M über Stirn und Nase (siehe Seite 28), erwünscht: Längsstreifen vom Hals zur Schwanzwurzel, sogenannte *Aalstriche.*

Maske: gut begrenztes, dunkles Farbfeld am Kopf, zum Beispiel bei Birma oder Siam seal-point.

Nasenspiegel: die Haut auf der Nase; neben den Sohlenballen einzige Stelle des Katzenkörpers, die nicht mit Fell bedeckt ist. Färbung spielt im Rassestandard eine Rolle.

Nicht-Agouti/Non-Agouti = a/a: einfarbig gefärbtes Fell. Manchmal ist *Tabby* als »Geisterzeichnung« sichtbar.

Pavane = b^l/b^l: englisch für Hellbraun ohne Agouti. Heißt neuerdings in der Abessinierzucht *Cinnamon* oder *zimtfarben.*

Peke Face: Das Pekinesen-Gesicht verkörpert den extremsten Perserkopftyp. Kurze, zusammengedrückte Nase, dadurch leicht Probleme mit tränenden Augen und Gebißdeformationen. Nur von wenigen Vereinen anerkannt.

Pewter, zinnfarben = I/I, I/i: ein Elternteil Silber, der andere Nicht-Silber. Bei Persern der GCCF-Rassenummer 53 heißt es: »Weiß gleichmäßig mit Schwarz schattiert, wie mit einem Mantel Zinn.«

Points = c^b oder *c^s:* typische Rasseabzeichen, durch Teil-Albinismus hervorgerufen. Zum Beispiel die stark pigmentierten *seal points* der Siam-Katzen.

Rot = XO^R/XO^R, Kater = *XO^r/Y:* geschlechtsgebundene Farbe. Idealvorstellung ganz frei von Streifen oder Abzeichen. Bei Türkischer Van wird Rot *Auburn* genannt. Rote Kater sind oft besonders kräftige Tiere.

Sable, auch *Schwarz, Ebony* oder *Seal,* je nach Rasse: stets *Non-Agouti,* viele rezessive Farbgene. Bei Persern ist jeder Braunschimmer unerwünscht, bei Siam *seal* (= schwarzbraun), bei Tiffany *Sable* (= zobelfarben).

Schwanzlos = M/m (L/L): nie reinerbig, da *M* ein Letal-Gen (mit Totgeburten verbunden) ist. Manxkatzen und die halblanghaarige *Cymric* sollen schwanzlos sein.

Seidenhaar = L/L: Genetik noch nicht erforscht. Kurzes, feines und seidiges Haar mit wenig Unterwolle, wie bei Siamesen und Orientalisch Kurzhaar.

Shaded: eine Dunkelfärbung der Haarspitzen (⅓ der Haarlänge), nur bei silberner Unterwolle und nur bei Persern. Unterschied zu → *Smoke* aus Standards ersichtlich.

Silber = I/−: Kombination von schwarzem Pigment *(= Eumelanin)* mit silbrigem Weiß, in jedem Haar von oben nach unten verlaufend. Rotes Pigment *(= Phaeomelanin)* unerwünscht.

Smoke, rauchfarben = I/I, I/i: früher *Silbermoor* genannt. Genetisch *Non-Agouti.* Schwarz mit heller Unterwolle, hervorgerufen durch den *Melanin-Inhibitor = I/,* der im Haar die Bänderung einschränkt, bei pigmentierten Spitzen.

Sorrel = b^l/b^l: rötlich brauner Farbton (fuchsfarben). Genetisch identisch mit *Cinnamon,* seit 1980 für »rote« Abessinier verwendet.

Spitzenfärbung oder *Spitzenmelanismus:* Langhaarkatzen mit Färbung der Haarspitzen sind *Colourpoint* und *Birma.* Am typischsten ist diese Dunkelfärbung der Haarspitzen bei den *Siamkatzen.* Sie werden schneeweiß geboren, die Haarspitzenfärbung *(= Akromelanismus)* bildet sich erst allmählich aus; zuerst an den kältesten Körperstellen, den Ohrsäumen und um die Nase.

Snowshoe: Züchtung in USA. *American Shorthair* mit weißen Pfoten wie Birma.

Spotted = A$^+$/aT^a/t$^+$: Die Fleckung oder das getupfte Fell wird wahrscheinlich durch mischerbige Erbfaktoren verursacht. Die Flecken sollen zahlreich und scharf abgesetzt sein; viele kleine = *Forellentüpfelung.*

Stummelschwanz = m$^+$/m$^+$: Die *Stumpies* sind durch Mutation entstanden und kommen bei *Manx* und *Japanese Bobtail* vor. Reinerbig rezessiv.

Tabby = T^a oder *t$^+$* oder *t^b:* allgemeiner Ausdruck für die übliche Fellzeichnung, die *mackerel, gestromt* oder *spotted* sein kann. Nur mit *Agouti* ausgeprägt sichtbar, sonst als »Geisterzeichnung«.

Ticking = A oder *A/a:* jedes einzelne Haar ist gebändert oder geringelt. (→ *Agouti.*)

Tiffany: in den USA gezüchtete halblanghaarige Burma in *sable* (= zobelbraun). Entspricht genetisch dem *seal* (= Schwarz) der anderen Rassen.

Tigermuster: → *Mackerel.*

Tonkanese: Burma-Siam-Mischling. Beliebtes Beispiel für die Mendelsche Spaltungsregel: Kreuzt man zwei Tonkanesen (kurzhaarige Hybriden), erhält man in der F$_2$-Generation wieder kurzhaarige Siam, langhaarige Burma und kurzhaarige Tonkanesen im Verhältnis 1:1:2.

Torbie: die mit *Tabby*-Zeichnung gemusterten Schildpattkatzen.

Tortie oder *Schildpatt = XO/^{B}/XO^R:* erscheint äußerlich dreifarbig: Schwarz, Rot und Hellrot, ist aber genetisch zweifarbig. Die Farben sollen, gut abgesetzt, über den ganzen Körper verteilt sein. Variante: Schildpatt mit Weiß. Schildpattkatzen sind immer weiblich (siehe Abbildung 1, Seite 293).

Weiß = W/W, W: unterbindet die Wirkung aller Farbgene. Weiß ist keine Farbe, sondern die Abwesenheit von Farbstoff.

Weißscheckung = S/S oder *S/s:* englische Scheckung = Weiß überwiegt wie bei Türkischer Van; Holländer Scheckung mit Weißanteil nach jeweiliger Rassebeschreibung, auch *Bi-Colour* genannt. Der Begriff »Holländer« ist wie »Rex« der Kaninchenzucht entlehnt.

Übersicht der Rassen

Perser: Langhaarkatze mit rundem Kopf und großen Augen. Kräftiger Körper auf niedrigen Beinen. Buschiger Schwanz, langes seidiges Fell in fast 70 Farbvarianten.

Colourpoint: Aus der Kreuzung Siam mit Perser entstanden, Perserfigur, aber Siam-Augen und Siam-Farben. In 14 verschiedenen Tönungen. Hießen früher Khmer, in den USA Himalayan.

Birma: Halblanghaarkatze mit weißen »Handschuhen« an allen Füßen. Pflegeleichtes Fell in 4 Farbschlägen. Tiefblaue Augen. Ähnlichkeit mit Perser oder Siam unerwünscht.

Somali: Halblanges, außerordentlich dichtes Fell, dessen Haare Ticking zeigen. Große bernsteinfarbene oder grüne Augen. Eine Abessinierkatze im Langpelz mit Halskrause.

Europäisch Kurzhaar: Züchterisch durchgestylte Hauskatzen, frei von anderen Rassen, mit robustem und geschmeidigem Körper. Wichtig sind klare Fellfarben und Fellmuster.

Russisch Blau: Kurzhaarkatze mit dichtem, sehr feinem, plüschartigem Fell in Blau mit Silberschimmer. Grüne Augen, eleganter Körper. Sehr sanft und dem Menschen anhänglich.

Burma: Kurzes, feines, dichtes Fell von Satintextur, immer einfarbig. In Wirklichkeit kräftiger, als sie aussieht. Goldgelbe, strahlende Augen. Freundliche, ruhige Katze.

Korat: Eine weitere blaugraue Kurzhaarkatze mit grüner Augenfarbe. Ein echter Exote, kam 1959 zum ersten Mal aus Thailand nach Europa. Noch selten. Ruhig, anhänglich, intelligent.

Rex: Katzen (Cornish, Devon und German Rex) mit auffallendem, sehr kurzem Kräuselfell. Schlanke, hochbeinige Tiere mit sehr großen Ohren. Ungewöhnlich wirkende Katzenrasse.

Übersicht der Rassen

Türkische Van: Zweifarbige Halblanghaar in Weiß mit Kastanienrot. Keine Varianten. Mittelschwerer Typ mit mittleren Beinen. Gut im Freien zu halten, geht gerne ins Wasser.

Norwegische Waldkatze: Wolliges Unterfell wird überdeckt von glänzenden, wasserabstoßenden Haaren. Halskrause und Hemdbrust typisch. Alle Farben. Sieht »wildkatzig« aus.

Maine Coon: Der Norwegischen Waldkatze ähnlich, älteste Katzenrasse der USA. Kann recht groß und kräftig werden. Hochbeinig und großfüßig sehen sie »urig« aus.

Kartäuser: Blaues Fell, jedoch nicht plüschig, sondern wollig. Große, dunkelorange Augen. Massiver muskulöser Körper mit breiter Brust. Die Kater sind richtige leichtfüßige Kraftpakete.

Abessinier: Geschmeidige Katze mit verhältnismäßig großen Ohren. Meist wildfarbenes Fell (Ticking), auch sorrel (= rot). Unkompliziert und anschmiegsam, brauchen aber Freiraum.

Manx: Katze mit dominant vererbter Schwanzlosigkeit, betont durch hohe Hinterhand und kurzen Rücken. Hoppelnder Gang. Kurzes, dichtes Fell in allen bekannten Farben und Mustern.

Scottish Fold: auch Faltohr oder Hängeohrkatze. Dadurch besonders runder Kopf mit lustigem Gesichtsausdruck. Kräftige, mittelgroße Katze in allen Farben. Noch selten.

Siamkatzen: Schlanke, elegante Tiere mit schmalem, keilförmigem Kopf und großen Ohren. Blauäugig. Glänzendes Fell mit typischen Abzeichen. Sehr anhänglich, zärtlich, auch laut.

Orientalisch Kurzhaar: Schlank und elegant wie die Siamesen, zunächst als »Siam in einfarbigem Kleid« gezüchtet. Heute in über 40 Farben und Mustern. Smaragdgrüne Augen.

Perser – Langhaarkatze Nummer eins

Die Geschichte dieser bekanntesten und auffälligsten Rasse, wobei *Perser* als Synonym für *langhaarig* steht, begann Ende des vorigen Jahrhunderts in England. Es ging damals nicht um persische Katzen schlechthin, sondern um blaue, schwarzgestromte und weiße Perser sowie um Chinchilla. Der Erfolg der jeweiligen Farbe hatte gesellschaftliche Gründe: Queen Victoria kaufte 1889 einen Blauperser und setzte der Cat Fancy ein Zeichen. Außerdem waren die Rassekatzen stark der Mode unterworfen. Während im 19. Jahrhundert die Langhaarigen alle *Angora* hießen,

1 Ein roter Perser, Farbnummer 4 der FIFe und der GCCF. Das Rot ist in Wirklichkeit ein warm-dunkles Orange, bis zur Haarwurzel durchgefärbt. Die Augen sollen kupferfarben oder von dunklem Orange sein, Nasenspiegel und Fußballen ziegelrot. Schwarze Schnurrhaare gelten als Fehler.

2 Zwei Redpoint Perser, die unter der Farbnummer 13b RP der FIFe: 13b5 des GCCF geführt werden und damit zu den Colourpoints gehören. So verwischen sich hier die Rassegrenzen. Eindeutig ist dagegen der weiße Perser mit orangen Augen auf Seite 287. Er hat die Farbnummer 2a.

weil sie nach Ansicht der Katzengenealogen aus Angora (= Ankara) stammten, wollten die Engländer um die Jahrhundertwende nichts mehr von ihnen wissen. So entschuldigt sich Frances Simpson in ihrem »The Book of the Cat« (1903): »... so ignoriere ich die Rasse der Katzen, die im allgemeinen Angora genannt wird, da sie anscheinend allmählich aus unserer Mitte verschwunden sind.« Die gedrungenere Version war gefragt, man gab ihr alle möglichen Farben und »ihre Schnauze und ihr Temperament wurden gleichermaßen flach«, schreibt heute rückblickend

Jean-Louis Hue, der wenig für Rassekatzen übrig hat.

Damals kamen auch die weißen Perser auf, jene seltsamen Geschöpfe, die nach ihrer Augenfarbe in verschiedene Klassen eingeteilt werden: Farbnummern 2, 2a und 2b. Das bedeutet *weiß mit blauen Augen, weiß mit orangen Augen* und *weiß mit ungleicher Augenfarbe.* Es sind bemerkenswerte Tiere, von den Engländern *odd-eyed* genannt, die ein blaues und ein orangefarbenes Auge haben. Die Annahme, daß sie auf dem »blauäugigen« Ohr taub sind, ist Aberglauben, doch blauäugige Weiße können stocktaub sein.

Fast weiß, mit schwarzen Haarspitzen, ist die *Chinchilla,* vielleicht die attraktivste Perser mit der Farbnummer 10. Die erste Chinchilla, ein Kater namens »Silver Lambkin«, hatte eine smokefarbene Katze und einen silbertabby Kater als Großeltern. Der gebürtige Londoner siegte 1888 im Crystal Palace, wurde »die Säule des Chinchilla-Zuchtbuches« genannt, besaß die ideale Größe, die ideale Fell-Länge und einen gewaltigen Halskragen. Er starb 17jährig und kann ausgestopft im Natural History Museum, London South Kensington besichtigt werden. Heute gibt es noch die Farbvarianten blau-chinchilla (10a), chocolate-chinchilla (10b) und lilac-chinchilla (10c).

Für Perser-Laien ist die Nummer 10 SS, der *Silver-shaded Perser,* von einem Chinchilla nicht zu unterscheiden; sie wirkt etwas dunkler, denn nicht die Haarspitzen sind gefärbt, sondern etwa ein Drittel der Haarlänge. Aber bei 63 Farbvarietäten und ein paar Experimentierstadien dazu, kann man nicht nur offensichtliche oder gar sensationelle Unterschiede erwarten. Katzenrassen leben vom kleinen Unterschied – und das macht Katzenausstellungen manchmal langweilig, wenn auch nicht eintönig. Für den Grundtyp Perser gilt folgende Rassebeschreibung (Standard der FIFe).

Kopf: Rund und massiv, gut proportioniert, breiter Schädel, volle Wangen, gewölbte Stirn, kleine, kurze und breite Nase mit einem sauberen »Stop«, aber keine Stupsnase. Die Nasenspitze darf nicht höher sein als das Unterlid des Auges. Starkes Kinn, breiter, kräftiger Kiefer, Hals kurz und kräftig. Kleine, leicht gerundete Ohren, die sehr weit auseinander und ziemlich niedrig auf dem Schädel plaziert sind, mit guten Haarbüscheln. Augen groß, rund und offen, leuchtend und ausdrucksvoll, weit auseinanderstehend. Augenfarbe wie jeweils angegeben, aber klar im Ton.

Körperbau: Groß bis mittelgroß, gedrungen (cobby), auf niedrigen Pfoten, breite Brust, Schulter und Rücken massiv und muskulös. Die Beine sind kräftig, die Pfoten groß und rund, Haarbüschel zwischen den Zehen sind erwünscht.

Der Schwanz muß kurz und buschig sein, in guter Proportion mit dem Körper, das Ende leicht abgerundet.

Fell: Lang und dicht, feine und seidige Textur (nicht wollig); lange Halskrause um Schulter und Brust.

Kondition: Vorzüglich gepflegt und sauber vorgestellt.

Auch das steht im offiziellen Standard, obwohl man doch annehmen muß, daß die Pflege eines Tieres selbstverständlich ist.

Man kann sich aus dieser Beschreibung ein Bild machen, und wen die mathematische Positionsangabe der Nasenspitze beim ersten Lesen eher komisch anmutet, der versteht beim Betrachten von Bild 1 oder 3, was gemeint ist.

Wie wird ein Perser beurteilt? Für al-

le Rassekatzen gibt es eine Punkte-skala. 100 Punkte ist der (theoretische) Höchstwert für den Idealtyp einer Rasse (siehe Seite 301). Bei den Persern gibt es: *20 Punkte für den Typ:* umfaßt den Körperbau, die Größe, das Knochengerüst, Höhe der Beine und Dicke der Pfoten, Schwanz und Länge.

30 Punkte für den Kopf: allgemeine Kopfform, Breite und Länge, Stop der Nase, Kieferform, das Gebiß, die Stirn, Plazierung und Größe der Ohren, Form und Größe der Augen,

15 Punkte für die Farbe der Augen.
30 Punkte für das Fell: Textur, Markierung – Abzeichen, Zeichnung, Plazierung der Flecken, Qualität und Farbe.

5 Punkte für die Kondition.
Bei anderen Rassen wie z. B. der German Rex gibt es 50 Punkte für das Fell, bei der Manx 60 für den Typ.

Mit großer Liebe zum Detail werden die Farben beschrieben. Da heißt es zum Beispiel bei Farbnummer 6 *Perser black-smoke:* »Die Rauchperser ist eine Katze der Kontraste. Fellfarbe: Silberweiße Unterwolle, getippt mit Schwarz. In Ruhestellung wirkt die Katze schwarz, in Bewegung ist die silberweiße Unterwolle sichtbar. Die Haare sind schwarz mit schmalem, silberweißem Band am Haaransatz, das nur sichtbar wird beim Auseinandernehmen der Haare. Krause und Ohrbüschel sind silberweiß.« Eine wunderschöne Katze

fürwahr, die in diesem Jahr ihren 125. Rassegeburtstag feiert. Übrigens sind die Jungtiere meist keine Schönheiten, ihr Fell entwickelt sich erst allmählich. Es gibt 10 Smoke-Farben. Neben dem beschriebenen black-smoke noch blue-smoke, chocolate-smoke, lilac-smoke, red-smoke, creme-smoke, schildpatt-smoke, blaucreme-smoke, chocolate-schildpatt-smoke und lilac-schildpatt-smoke. Hier wird es diffizil: in der Ruhe wirkt die Katze wie ein Schildpatt-Perser, allerdings mit Flecken in Lilac und Hellcreme, in der Bewegung wird die silberweiße Unterwolle sichtbar. Außerdem sind Nasenspiegel und Fußsohlen lavenderrosa.

Charakter- und Wesensbeschreibungen von Rassen sind immer Verallgemeinerungen. Das gilt ganz besonders für diese große Katzengruppe. Trotzdem kann man sagen:

• Perser sind ruhige Katzen, was nicht mit phlegmatisch gleichgesetzt werden darf.

• Die Ruhigsten sind die Einfarbigen. Gestromte, gescheckte oder getickte (gebänderte Einzelhaare) sind temperamentvoller, wobei Farbwerte und Gefühlswallungen nicht identisch sein müssen: ein grimmig blickender brown tabby Kater kann ein Seelchen sein.

• Perser sind intelligente Katzen, die ihre Menschen richtig einschätzen können. Die Menschenprägung liegt in ihrem Erbgedächtnis, da sie nie Wildtier, sondern immer Schmusekatze waren.

• Trotzdem und auf jeden Fall sind Perser richtige Katzen und keine lebendigen Dekorationsstücke.

3 Die rotgestromten Kätzchen, Farbnummer 9 beider Verbände, galten früher, zusammen mit den roten, als eigene Rasse. Die Zucht dieser Tabbys ist Glücksache: Nicht immer haben rotgestromte Eltern auch gestromte Kinder, und oft ist die Stromung nicht klar und kräftig genug.

4 Die Kreuzung von rot und schwarz ergibt Schildpatt, wobei die Farben klar abgesetzt sein sollen: Farbnummer 11 beider Verbände. Zu der hier abgebildeten Katze bekam ich die Angabe »schildpatt-smoke«, mit Farbnummer FIFe 6 e.

4

Die langhaarige Colourpoint, ehemalige Khmer

Colourpoint, das heißt Färbung der Haarspitzen und diese, jetzt fünfzig Jahre alte Rasse, ist eine Perserkatze mit der typischen Fellfärbung der Siam und deren blauen Augen. Ein Wunschkind der Züchter, entstanden aus der Neugier eines Genetikers. Anfang der dreißiger Jahre führte der Amerikaner Dr. Clyde Keeler die Untersuchungen des Schweden Dr. K. Tjebbes (1922) fort: Sind Siamzeichnung und Langhaarigkeit rezessiv oder nicht? Die wissenschaftliche Neugier wurde befriedigt: sie sind es. Und als der Forscher unter Mithilfe der Siamzüchterin Miss Virginia Cobb ein Siamkätzchen mit langen Haaren gezüchtet hatte, beendeten sie das Experiment.

Die neue Rasse, Langhaar mit Siamfarben und der Stämmigkeit des Perserkörpers, wurde Ende der vierziger Jahre auch in England und fast gleichzeitig in den USA »kreiert«.

Zwei exotische Namen gab es für die neue Rasse, die 1955 vom GCCF in England und 1957 in den USA anerkannt wurde: *Khmer,* der Name eines alten Volkes mit hoher Kultur an den Grenzen Siams, sollte an die Herkunft der Katzen erinnern; er wurde durch die das Aussehen beschreiben-

de Bezeichnung *Colourpoint* ersetzt. *Himalayan,* wie die Amerikaner die Rasse heute noch nennen, hat nichts mit dem gewaltigen Schneegebirge zu tun, es ist eine Farbbezeichnung aus der Kaninchenzucht.

Da die Colourpoint zu den Persern gehört, muß ihr Erscheinungsbild »persisch« sein: auf kräftigen, kurzen und geraden Beinen ein mittelgroßer bis großer Körper mit breiter Brust und kurzem, stämmigem Rücken. Der Kopf rund und massiv, mit vollen Wangen und einer gewölbten Stirn. Die Nase kurz, klein und breit, mit sauberem Stop; das heißt: die

1

Einbuchtung zwischen Stirn und Nase zeigt im Profil ein Babyface, aber keine Stupsnase.

Die Farbe des Nasenspiegels entspricht jeweils dem Fell.

Die Ohren sind klein und stehen weit auseinander, wie die großen, runden und tiefblauen Augen. Der Schwanz, in der Länge zum Körper gut proportioniert, ist buschig.

Das lange, dichte und feine Fell hat eine seidige Textur. Um Schultern und Brust ist eine lange Haarkrause erwünscht.

Fehler sind schmaler Siamkopf, Bauch- und Flankenflecken und eine gerade Nase. Disqualifiziert werden Tiere mit anderer Augenfarbe als blau oder solche, die schielen.

Das Fell soll möglichst hell und ohne Schattierungen sein, die Abzeichen sich kontrastiert absetzen und einander gleichen. Bisher gibt es 20 Farbvarietäten vom siamklassischen *sealpoint* bis zu den *lilacself* Katzen, die auch *Kashmir* genannt werden und gar keine Points mehr haben: zart malvenblaue Perser aus reinen Colourpointentwürfen.

Das PRO für die Colourpoint: langhaarig und schön und trotzdem pflegeleicht. Ruhig, aber nicht faul und langweilig. Freundlich und zutraulich und das auch zu Fremden, Kindern, anderen Katzen und Hunden. Es sind Katzen ohne jedwede Kontaktschwierigkeiten. Da sie eher menschenbezogen sind, auch im Zusammenleben mit anderen Haustieren, brauchen sie ihr tägliches, gestreicheltes Maß an Zuwendung. Dann hat man, Zitat Carola Ruff in ihrem Buch über diese Rasse, »liebstes Katz' von Welt« im Haus.

1 Die Zeichnung zeigt eine fast ideale Colourpoint sealpoint, Farbnummer 13b SP der FIFe: 13b1 des GCCF. Körperfarbe creme, die Abzeichen (= Points) als Maske, Beine und Schwanz schwarzbraun kontrastierend.

2 Vier erstaunte Colourpoints bluepoint, Farbnummer 13b BP der FIFe: 13b2 des GCCF. Körperfarbe gletscherfarben, Abzeichen (= Points) blaugrau.

2

Die Halblanghaarigen: »Heilige Birma«

Birma, eine sozialistische Republik auf der südostasiatischen Halbinsel, wurde früher Burma genannt, grenzt an Thailand (= Siam) und wird unter anderem von den Mon-Khmer bewohnt. Eine trächtige Gegend für Katzennamen (siehe auch Burma Seite 332).

Den Beinamen »heilig« verdankt die Birmakatze der Legende, früher einmal eine Tempelkatze gewesen zu sein, in die die Seele eines ermordeten Priesters wanderte. Die Tempelherkunft taucht nochmals in den zwanziger Jahren auf, als Multimillionär Vanderbilt ein Paar Birmakatzen aus dem Khmer-Tempel Lao-Tsun mitgebracht haben soll. Aufgrund der Nachforschungen von Katzenbuch-Autor Marcel Reney in den dreißiger Jahren steht fest, daß ihre Herkunft ungewiß ist und es sich mit ziemlicher Sicherheit um Kreuzungen zwischen Siam und Perser handelte, also zunächst um Khmer beziehungsweise Colourpoints.

Als Züchterland der Birma gilt Frankreich. Die heute typischen weißen Pfoten waren, wie man auf alten Fotos sehen kann, manchmal nur weiße Fußspitzen, gefärbt vom Sprung der Heiligen Urkatze mit der Priesterseele auf den Altar der Göttin, die damals die Seelenwanderung kontrollierte. Die erste deutsche Birma, Stammmutter vieler, vieler Birmakatzen, kam 1964 aus Paris nach Essen. Int. Ch. Nadine de Khlaromour feierte 1984 im Hause der Familie Hackmann den zwanzigsten Geburtstag: und mit ihr 68 ihrer Nachkommen, darunter eine Tochter und ein Ur-ur-ur-ur-ur-Enkel. Mit Nadine hat Frau Hackmann die Birmazucht entscheidend beeinflußt und auch ein Buch über diese Rasse geschrieben.

Heilige Birmas sind gut proportio-

nierte Katzen mit kräftigem Schädel, der jedoch nicht »persisch«, aber auch nicht »siamesisch« ist. Die Nase hat keinen Stop, sondern ist eher etwas römisch. Das Fell lang bis halblang, mit charakteristischen Abzeichen an Gesicht, Ohren, Schwanz und Pfoten, die Augen blau. Fellfarbe: eierschale mit goldenem Rükken und weißem Bauch. Die Pfoten tragen absolut reinweiße *Handschuhe,* die an den Zehenwurzeln oder am Gelenk enden; an den Hinterpfoten laufen sie an der Fußsohle zu einer Spitze aus. Wichtig ist die Gleichmäßigkeit und Symmetrie der Handschuhe – die den Wert des einzelnen Tieres bestimmen –, »sei es zwischen den Vorderpfoten einerseits und den beiden Hinterpfoten andererseits; oder – was noch besser ist – daß das Weiß völlig gleichmäßig auf alle vier Pfoten verteilt ist.«

Erstaunlich ist übrigens, daß sich das Aussehen der Birmas über die Jahre wenig verändert hat, der Standard von 1930 entspricht in etwa dem heutigen. Nur drei Farbschläge sind hinzugekommen: zum *sealpoint* der *bluepoint* und seit 1982 auch noch *chocolatepoint* und *lilacpoint,* wobei die Fellgrundfarbe immer den gleichen goldenen Schimmer hat.

Goldig müssen die Katzen auch in ihrem Wesen sein. Ich habe nirgendwo ein abfälliges Wort gelesen. Fassen wir zusammen:

• Die Birma braucht starken menschlichen Kontakt. Sie ist keine Katze für Berufstätige, die acht Stunden am Tag allein bleiben kann.

• Die Birma liebt jedes andere Haustier. Sie ist der ideale Partner für Hund, Meerschwein, Esel oder Pferd.

• Die Birma spielt gerne und liebt Kinder. Sie ist immer liebenswürdig.

1 Die Abzeichen einer Colourpoint, aber keineswegs ihren Körperbau hat die Birmakatze. Auch der Laie erkennt sie an ihren vier weißen Pfoten.

2 Zwei Sealpoint Birma. Typisch: die blauen Augen und das halblange Fell, das nicht gekämmt werden muß.

2

Die Türkische Van – Hauskatze in Anatolien

Die Türkische Van ist eine natürlich entstandene Schönheit in Weiß mit Rot. Züchter haben an dem Aussehen dieser Katze aus der Gegend des Berges Ararat nichts verändert. Auch die Katzen dort, die sich im salzreichen Van-See ihre Zusatzration Fische holen, sind zweifarbig und haben die schönen großen, ein wenig schräg stehenden Bernsteinaugen. Das kalkweiße Fell ist weich und seidig.

Das muskulöse Tier mit seinem gedrungenen Körper schwimmt gern; selbst noch die verwöhnte Rassekatze, die im Aufwärtstrend der Beliebtheit steht. Man muß sie allerdings abtrocknen, was die halbwilden Verwandten in der Türkei selbst besorgen.

Als Rasse wurde sie 1969 in England und 1971 von der FIFe unter der Nummer 13 d anerkannt. Noch sind Van-Katzen selten und deshalb teuer. Übersehen wird bisher in Europa die *Türkische Angora,* früher sehr häufig, heute in ihrer Heimat fast ausgestorben. Erst Ende der sechziger Jahre kamen die ersten Katzen dieser Rasse in die USA, wo sie wegen ihres glänzenden Fells beliebt sind und quer durch die ganze Perser-Farbskala gezüchtet werden.

Die Türkischen Vans sind ursprüngliche Katzen:
- Sie sind wild in ihren Spielen.
- Sie setzen ihren Kopf durch und werden leicht »der Chef vons Ganze«, vor allem, wenn andere Tiere im Haushalt sind.
- Sie sind anhänglich, lieb und wollen nicht allein sein.
- Das Beste: zwei bis vier Van-Katzen mit Auslauf.

Die Hauskatze aus der Türkei avancierte zur Rassekatze. Sie ist zweifarbig, ihr roter Schwanz das typischste Kennzeichen.

Die Norwegische Waldkatze – noch ein bißchen wild

An den Fjorden und in den dunklen Wäldern ihrer Heimat war die *Skaukatt* (= Waldkatze) Bauernkatze und Halbwild-Katze zugleich. Für die Rassezucht wurde das kräftige, urtümlich aussehende Tier mit dem imponierenden Winterfell erst spät entdeckt: 1969 zum ersten Mal ausgestellt, 1972 von den norwegischen Vereinen als Nationalkatze anerkannt. 1977 gab die FIFe ihr mit der Rassenummer 13 NF als *Norwegische Waldkatze* den offiziellen Segen.

Die Katzenhistoriker begleiten sie durch eine lange, wechselvolle Geschichte. Von den Wikingern wurde sie auf ihren Raubzügen die Flüsse entlang aus Anatolien mitgebracht und bei ihren Expeditionen nach Amerika exportiert: Hier reichen sich Waldkatze und Maine-Coon die kräftigen Pfoten und grüßen sich mit den luchsbüscheligen Ohren.

Beeindruckend an ihr sind die Halskrause, der Backenbart, die Hemdbrust und die wehenden »Knickerbocker-Hosen«, die die Hinterbeine umhüllen. Alle Farben sind erlaubt, aber ich finde die gestromten am schönsten. Ihr Fell ist ein wasserabstoßender Mantel, für das Leben im Freien geschaffen. Bei den feinen Stubenluchsen muß es gekämmt und gebürstet werden.

Man sollte sie auf dem Lande halten und den Jägern diese »Wildkatze« erklären. Dann kann sie zeigen, wie wachsam, mutig, aktiv und robust sie ist. Durch ihre Natürlichkeit wird sie uns das einfache, rauhe Leben schmackhaft machen.

Die Norwegische Waldkatze, Norsk Skaukatt, *lebt in ihrer Heimat auf Bauernhöfen und, Menschennähe suchend, in den Wäldern. Sie wird auch planmäßig als Rassekatze gezüchtet.*

Die Maine-Coon – die Rasse Amerikas

Maine-Coon-Katzen sind erstaunliche Tiere von imponierender Größe und wilder Schönheit.

Ihre Geschichte ist, obgleich auf ein kleines geographisches Gebiet beschränkt, unerforscht. Es gibt mehrere Theorien.

Da der Kontinent Amerika wildkatzen- und hauskatzenlos war, müssen ihre Vorfahren aus Europa gekommen sein. Als Norwegischer-Waldkatzen-Import durch die Wikinger; zusammen mit den Pilgervätern; an Bord der vielen Schiffe, die als Walfänger oder Handelsfahrer in den Häfen von Maine ankerten. Es waren sicher auch langhaarige Katzen dabei, die ihren Pelz weitergaben – und das rauhe Klima tat das Seine dazu. Wann das *Coon* zum Namen gekommen ist, konnte ich nicht feststellen. Natürlich findet sich in den Geschichten über ihre Herkunft auch ein Kapitän Coon. Biologisch unmöglich ist die Erklärung von der Kreuzung zwischen Katze und Waschbär (= ra-coon). Lange Zeit hieß diese Rasse nur *Maine-Cats*. Das kann man bei Frances Simpson (1903) nachlesen, die eine Mrs. Pierce zu Wort kommen läßt. Diese Dame aus Neuengland erzählt von einem Maine-Kater namens »Captain Jenks of the Horse Marines«, der ab 1861 in ihrem Haushalt lebte. Im übrigen wurden damals an der Ostküste in kleinen Katzen-Shows vornehmlich Maine-Katzen gezeigt. 1895 gewann eine Angehörige dieser Rasse als »Best in Show« die große Ausstellung im Madison Square Garden in New York. Maine-Coons sind also die älteste und einzig eigenständige Rasse Amerikas. Ihre Besonderheit, die sie mit der Norwegischen Waldkatze teilt: Sie ist ohne große Züchtereien von der ratten- und mäusevertilgenden Bauern-, Haus- und

1

Schiffskatze zum Show-Star aufgestiegen. So beschreibt denn auch ihr Standard nicht ein erträumtes Idealbild, sondern den Typ Katze, der bereits existiert und seit über hundert Jahren existiert hat.

Anmerkendes Zitat aus »Ein Herz für Tiere« (3/85) zum Wesensbild dieser Katzen, die so gar nichts mit dem Hätschel-Image von Rassekatzen zu tun haben: »Sie sind – wenn man sie zwingt – nette Haustiere; wenn man sie läßt, sind sie Stromer mit Familiensinn – jederzeit bereit, artig aus dem Napf zu fressen oder sich selbst aus der Natur zu versorgen.«

Zum ersten Mal wurden die Maine-Coons 1976 auf einer Ausstellung in München gezeigt, Ende 1982 von der FIFe anerkannt und erhielten die Nummer 13 a MC.

In Europa sind sie nach wie vor selten, am häufigsten (wenn man dieses Wort benutzen darf) werden sie in der Bundesrepublik gezüchtet.

Für einen Laien ist die Unterscheidung zwischen Maine-Coon und Norwegischer Waldkatze selbst dann kaum ersichtlich, wenn er die Standards liest. Der feine Unterschied: Die Norweger haben ein etwas höheres Heck, die Maines sind rechteckig. Der ganze Körper soll muskulös sein, wobei man bedenken muß, daß eine Maine vier Jahre braucht, um sich voll zu entwickeln.

Etwas phantastische Vorstellungen existieren über ihr Gewicht: Eine Maine ist groß und kräftig, aber nicht dick. Und Kater mit über 20 Pfund sind Erfindungen, die zum Teil auf Umrechnungsfehler zurückzuführen sind. Das amerikanische Pfund = lbs wiegt 450 Gramm und 20 US-Pfund sind nur 9 Kilo. Ein guter Maine-

Kater darf 7 bis 9 Kilo wiegen. Ihr Aussehen hat große Ähnlichkeit mit der Norwegischen Waldkatze. Der Schwanz der Maine hat wehendes Haar, sozusagen eine Standarte, und er ist so lang, daß sich das liegende Tier darin »einwickeln« kann. Die Pfoten sind groß und haben Haarbüschel, in den USA spricht man von Schneeschuhen. Das Fell ist an Kopf und Schultern kurz und dicht und wird zum Bauch hin länger. Es gibt Maine-Coon in allen Farben wie die Perser.

Wenn Sie eine Maine-Coon kaufen, achten Sie auf die amerikanischen Vorfahren im Stammbaum. Nur so geben Sie Ihr Geld nicht für einen unechten Langhaarmischling aus.

Anmerkungen zum Rassencharakter:
• Allgemein gültig ist der Spruch vom weichen Kern in rauher Schale.
• Die Maine-Coon ist ein angenehmer Hausgenosse, gesellig und verträglich, auch mit anderen Katzen.
• Als Revierkatze ist sie eine große Kämpferin, ein Kater wird in weitem Umkreis Kinder haben. Sie hält Haus und Ställe von Mäusen und Ratten frei.
• Als Wohnungskatze braucht sie Zuwendungszeit. Sie spielt gerne und hat eine Menge Tricks parat, um sich und uns zu beschäftigen.
• Trotz ihrer äußeren Würde neigt sie zu Clownerien und bestreitet dann das Familienprogramm, besonders die Kater machen gern Unsinn.

1 Eine rotgestromte Maine-Coon mit dem typisch kantigen Körper. Der Schwanz erscheint nur deshalb buschig, weil er hier aus Formatgründen aufgerichtet gezeichnet wurde.

2 Zu den zahlreichen Farbschlägen gehört auch Bicolour wie Schwarz mit Weiß. Die Farbe der »Eulenaugen« ist nicht von der Fellfarbe abhängig. Hier sind sie goldfarben.

2

Somali sind halblanghaarige Abessinier

Viele Jahre hindurch konnte man immer wieder diesen Katzen begegnen, doch von den Züchtern wurden sie totgeschwiegen, von einer neuen Rasse wurde schon gar nicht geredet. Für die Jungen mit langem Haar in den kurzhaarigen Abessinierwürfen wurden Perserkater verantwortlich gemacht. Das zeigt, was Züchter voneinander halten: sind doch Abessinierdamen nicht ohne weiteres Perserkatern zugänglich. Eine amerikanische Züchterin, für die »kurzhaarig« nicht »kurzsichtig« bedeutete, fand die Lösung und bekannte sich zu den Langhaarigen. Sie alle hatten gleiche Vorfahren in den Ahnentafeln und die müssen ein Langhaar-Gen besessen haben.

1972 gab es in den USA den ersten *Somali*-Club – so hatte man die Neuen aus naheliegenden geographischen Gründen getauft –, der in echter Vereinstradition von den Abessinier-Clubs kräftig befeindet wurde.

1975 kam die offizielle Anerkennung mit einem vorläufigen Standard. Doch die Rasse ist bisher wenig durchgezüchtet (sind die Somalis deshalb so anziehend?); es gibt große kräftige Kater, die wie Luchse wirken, und kleine grazile nebeneinander.

Es ist aber nicht nur das längere Fell, das den Rassenunterschied ausmacht: Somalis sind insgesamt größer als die Abessinier, auf jeden Fall widerstandsfähiger und haben auch ein anderes, unbekümmerteres Wesen. Wer zum ersten Mal eine Somali sieht, ist von diesem kraftvollen fuchsfarbenen Wesen mit der großen Lunte (Jägerausdruck für Fuchsschwanz) und den riesigen grüngoldenen Augen überwältigt. Deshalb sind auch die wenigen Somalis auf Ausstellungen die Anziehungspunkte. Eine Somali hat große, breite und kelchförmige Ohren, die innen be-

1

haart sind. Die dunklen Augenlider lassen die Augen noch ausdrucksvoller erscheinen. Ihr Fell ist weich im Griff, außerordentlich fein und sehr dicht. Je dichter, um so besser. Das mittellange Haarkleid soll eine gut entwickelte Halskrause und Höschen zeigen. Die Einzelhaare müssen gleichmäßig gebändert (=ticking) sein, an der Haarwurzel mit Aprikosenfarbe beginnend, beziehungsweise schwarz bei *Wildfarbe,* schokoladebraun bei *sorrel* (=rot), stahlblau bei *blue* und mit dunklem Creme bei *beige-fawn.* Persönlich finde ich es schade, daß Blau und Beige die Somali-Farbskala erweitert haben. Warum muß es irgendwann alle Rassen in allen Farben geben?

Für mich sind die Wildfarbe und das leuchtende Kupferrot unübertrefflich für diese schönen Katzen.

Somalis bekommen nur kleine Würfe, meist drei oder vier Kätzchen, dabei ist das Verhältnis von Katern zu Kätzinnen hoch. Das bedeutet, daß diese Rasse selten bleiben wird. Zur Zeit gibt es im Zuchtkaterverzeichnis des 1. DEKZV e. V. zwei eingetragene Somalis, beide wildfarben. Mit 500, beziehungsweise 600 DM Deckgebühr gehören sie zu den teuersten aller Kater. Die Somali ist:
- eine Spielerin voller Ausdauer,
- ein Artist zwischen Gläsern und Vasen (ohne Bruch-Effekt),
- ein komödiantischer Alleinunterhalter mit wechselndem Programm,

- anschmiegsam und verträglich,
- immer wieder ein beglückend schöner Anblick,
- die Somali hat eine besonders melodische Altstimme.

1 Bei der wildfarbenen Somali, Farbnummer 13 SO der FIFe, 63 bei GCCF, ist der Allgemeineindruck ein warmes Braunorange mit schwarzen Spitzen. Der erlaubte Aalstrich auf dem Rücken endet in einer schwarzen Schwanzspitze.

2 Auf dem Foto sieht man deutlich, daß eine junge Somali noch keine Wildfarben-Haarbänderung hat. Dieses Ticking *ist erst im Alter von zwei Jahren endgültig fixiert.*

2

Europäisch Kurzhaar (British/American Shorthair)

Als die Engländer die Cat Fancy entdeckten, nahmen sie sich neben den neuen Exoten natürlich auch der alten Hauskatzen an. Auf Seite 297 habe ich die Klasse der kurzhaarigen Katzen aufgeführt, für die der National Cat Club Ende des vorigen Jahrhunderts Standards aufgestellt hatte. Diese Normalkatzen wurden auf den Ausstellungen zwar nicht so bestaunt wie die langhaarigen Perser oder die filigranen Siamesen, doch es gab berühmte Katzen unter ihnen wie den Brauntabby »Champion Ballochmyle Brown Bump«, dessen pompöser Name zeigt, daß er in einer Cattery gezüchtet worden war. Neben den Tabbys, die es als »Katzen um die Ecke« schon gab, wurde die *British Blue* die begehrteste der neuen alten Rasse, weil ihre reine Farbe neu und ungewöhnlich war (über weitere blaue Katzen berichte ich auf den Seiten 324 bis 327). Züchter verbesserten ihr Fell durch Einkreuzen von Perserkatzen, achteten auf orangefarbene Augen, machten den Typ insgesamt kräftiger und gleichzeitig über die Jahre farbiger, bis es Kurzhaarige in allen Perserfarben gab: Die Rasse hieß *British Shorthair*, bekam 1976 ihren Standard mit 57 Farbschlägen, unter denen *Britisch Kurzhaar blau* die Nummer 16 hat und keine eigenständige Rasse mehr ist.

In den USA, die kurz nach England katzenverrückt wurden, machte man aus Hauskatzen die *American Shorthair*, die größer und athletischer als ihre englischen Vettern sind. Diese wiederum sind kräftiger und rundköpfiger als die *Europäisch Kurzhaar*, in den Farben dagegen gleich.

Um die feinen Unterschiede im Aussehen dieser beiden Rassen aufzuzeigen, hier die Gegenüberstellung der Standardbeschreibung für Körperbau und Kopf:

Körperbau British Shorthair: Mittelgroß bis groß, muskulös, breite Brust, Schulter und Rücken massiv und gedrungen. Beine und Füße kurz und stämmig, Pfoten rund und kräftig. Schwanz kurz und dick mit rundem Schwanzende. In der Bewertungsskala gibt es für den Typ 20 Punkte.

Körperbau Europäisch Kurzhaar: Mittelgroß bis groß, nicht cobby (= kompakte, niedere Stämmigkeit), robust, stark und muskulös. Der Brustkorb ist rund und gut entwickelt. Starke, kräftige, mittellange Beine, die gleichmäßig schmaler werden und in festen, runden Pfoten enden. Mittellanger Schwanz – wünschenswert wäre breiter Ansatz, der etwas dünner werdend, in ein gerundetes

Schwanzende ausläuft. In der Bewertungsskala gibt es für den Typ 25 Punkte.

Kopf British Shorthair: Rund und massiv, breiter Schädel, sehr stark entwickelter, kurzer und kräftiger Hals, kräftiges Kinn. Nase kurz, breit und gerade, leichte Einbuchtung, kein Stop. Ohren kurz und breit, Augen groß, rund, mit breitem Abstand, weit geöffnet. In der Bewertungsskala gibt es für den Kopf 30 Punkte.

Kopf Europäisch Kurzhaar: Ziemlich großer Kopf. Das Gesicht gibt einen gerundeten Eindruck, ist jedoch etwas länger als breit. Gut entwickelte Wangen. Kräftiges Kinn, Stirn und Schädel leicht gerundet. Die Nase ist gerade, mittellang und gleich breit in

1 Europäisch Kurzhaarkatzen sind durchgezüchtete Hauskatzen mit vielen, doch genau festgelegten Farben und Fellmustern. Deshalb hätte die schöne Schwarze mit der weißen Hemdbrust auf Ausstellungen keine Chancen, da der Standard bei zweifarbigen (bicolour) insgesamt mehr Weiß und ein geflecktes Gesicht verlangt. Links: silbergestromt (silver tabby) FIFe 18 Ebtch, GCCF 18; Mitte rechts: schwarz-silber getupft (spotted) FIFe 30 ESSv, GCCF 30 g; ganz rechts: rotgestromt (red tabby) FIFe 19 Ebtch, GCCF 19. Das System der Farbnummern hat zwar seine Gesetzmäßigkeiten, die man aber so leicht nicht durchschaut und am besten lernen muß. Ich füge sie nur der Genauigkeit halber zu. Der Laie mag sie überlesen.

1

der ganzen Länge; der Ansatz an der Stirn muß deutlich erkennbar sein. Der Hals ist mittellang und muskulös. Die Ohren mittelgroß mit leicht gerundeten Spitzen, die Haarpinsel haben können. Breiter Abstand zwischen den ziemlich aufrecht stehenden Ohren. Die Höhe der Ohren entspricht ungefähr ihrer Breite im Ansatz. Augen rund und offen, weit auseinander und leicht schräg gestellt, leuchtend. In der Bewertungsskala gibt es für den Kopf 25 Punkte. (Zitiert aus dem »Weltstandard der Rassen« des 1. DEKZV.)

In die Zucht der Europäisch Kurzhaar in der Bundesrepublik kam erst im letzten Jahrzehnt Bewegung. Den eigentlichen Auftrieb gaben die *Kar-* *täuser,* die ich auf Seite 326 gesondert vorstelle. Importe aus England, Frankreich und Dänemark, Ländern, die lange vor uns an der Kurzhaarzucht Freude hatten, brachten das richtige Blut.

Heute stehen die Europäisch Kurzhaar nach Persern und Siamesen – vor Abessiniern und anderen Exoten – auf dem dritten Platz der Hitparade bundesrepublikanischer Rassekatzen.

Schauen wir uns einen besonders schönen Farbschlag genau an. Aufsehenerregend auf Ausstellungen sind die silbernen Katzen, die getupften und vor allem die gestromten, die bei uns und in Holland zu Trendsettern wurden. Wie attraktiv dieser Farbschlag ist, läßt sich sogar aus dem Standard-Deutsch herauslesen: »Grundfarbe reines getipptes Silber mit kontrastreicher, schwarzer Zeichnung. Die Zeichnung muß klar, rein und deutlich sein. Ein ›M‹ auf der Stirn, sowie 2 bis 3 Spiralen auf den Wangen; die Brust soll mit 2 halsbandartigen Streifen, die nicht durchbrochen sein dürfen, durchzogen sein. Schmetterlingsabzeichen auf den Schultern. Die Zeichnung auf dem Rücken besteht aus einer vertikalen schwarzen Linie, die sich von der Schulter bis zur Schwanzspitze erstreckt. Parallel zu dieser Linie befindet sich auf jeder Seite noch eine schwarze Linie. Diese 3 Streifen sind deutlich voneinander abgegrenzt

2

3

durch die Grundfarbe Silber. Auf beiden Seitenflanken befinden sich Flecken in der Grundfarbe Silber, die deutlich von einer oder mehreren schwarzen Linien abgegrenzt sind. Die Beine sind regelmäßig gestreift, und der Schwanz ist gleichmäßig beringt. Von der Brust abwärts über den Bauch hin eine Doppelreihe von schwarzen Punkten.« Und dazu ein ziegelrotes Näschen mit schwarzer Umrandung. Diese durch Züchtung vollendete Schönheit ist doch begehrenswerter als das Zufallsfell mit kleinen oder großen Fehlern. Wer sich für Exoten nicht erwärmen mag: hier ist die Katze, die Rasse und Ursprünglichkeit vereint. Die ästhetisch perfekte Hauskatze.

Es ist schwierig, noch Genaueres über das Wesen dieser alten, neuen Rasse zu sagen, als ich schon bei der Hauskatze gesagt habe. Neben dem persönlichen Charakter, der bei jeder Katze verschieden ist, hat die Europäische Kurzhaar wie ihre britische Verwandte etwas mehr Sinn für Häuslichkeit. Andererseits ist sie noch immer eine »richtige« Katze. Der freie Auslauf wäre für sie wichtiger als zum Beispiel für einen Perser. Doch wo kann man das noch wagen? Schaffen Sie Ausgleich durch Spaziergänge an der Leine (siehe Seite 214). Eines kann auch der strengste Verhaltensforscher dieser Rassengruppe nicht nachsagen: daß sie verzüchtet und spleenig sei.

2 Weiße Katze mit orangefarbenen Augen FIFe 14 Ea, GCCF 14a. Alle Reinweißen gehen auf »Mieze von Rehlingsbach« zurück, die in den 50er Jahren im Experimentalzuchtbuch des 1. EDKZV die Nummer KH 128 hatte.

3 Einfarbig schwarze Kurzhaar müssen bis zur Haarwurzel »rabenschwarz« sein, so verlangt es der Standard.

4 Rotgestromt FIFe 19 Ebtch, GCCF 19, red tabby oder cremegestromt FIFe 19 Efbtch, GCCF 19a creme tabby? Das ist hier die Frage der Fotobelichtung. Der Schwanz deutet auf Nr. 19.
Das klingt mehr nach Mathematik als nach Katzenfarben. E immer = Europäisch Kurzhaar, btch immer = gestromt.

4

Russisch Blau – Plüsch mit Silberschimmer

Obwohl sie in ihrer Vergangenheit mehrere Namen hatte, wie »Spanische Blaue«, »Malteser« und »Archangelsk«, ist ihre russische Herkunft unbestritten. Die von mir häufig zitierte Frances Simpson zitiert wiederum in ihrem 1903 erschienenen Buch eine Mrs. Carew Cox, die um die Jahrhundertwende blaue Katzen züchtete. Nachschub erhielt sie aus dem Norden Rußlands, präzise aus dem Eismeerhafen Archangelsk. »Katzen, die aus Archangelsk importiert wurden, sind von einem tiefen, starken und gleichmäßigen Blau. Ihre Augen und Ohren sind größer als

die der englischen Katzen, der Kopf und die Beine länger.« Mrs. Cox erzählt, daß bei russischen Bauern häufig ein Bild von einer Katzenbeerdigung (siehe Seite 29) in der Stube hängt und die Katze meist blau koloriert ist. Die *Russisch Blau* soll erstmals während des Krimkrieges (1854/55) nach England gekommen sein und hat dann bei der Cat-Fancy-Vorliebe für blaue Katzen kräftig mitgemischt.

1912 gab es zwei Ausstellungsklassen: eine für die stämmigen, rundköpfigen Britisch Blauen, die andere für die zartknochige Russin mit dem

schmaleren Schädel, die damals noch *Foreign blue* hieß. Das ging so bis zum Zweiten Weltkrieg, in dem die Rasse fast ausstarb. Nach dem Krieg kreuzten skandinavische Züchter Finnische Blaue mit Siamkatzen, um das Dilutions-Gen (siehe Seite 302) zur Farbverdünnung einzubringen. Den Engländern gefielen die Siamexperimente, und sie züchteten eine fahlblaugraue Katze von sehr exotischem Aussehen. Der Standard wurde geändert und 1966 wieder zurückgeschrieben: Der Siamtyp war nicht mehr erwünscht.

Heute ist die Russisch Blau eine gra-

1

ziöse Katze auf hohen und feinen Beinen. Ihr Kopf mit den großen Ohren ist kurz und keilförmig, der Schädel lang und flach. Die ebenfalls großen Augen sind mandelförmig und grün.

Das Fell ist einzigartig unter allen Katzen: ein kurzes Doppelfell, das wie geschoren aussieht: dicker, seidiger Plüsch: ein Unterfell von gleicher Länge wie die Deckhaare mit den Silberspitzen. Diese Textur ist das wahre Erkennungszeichen einer Russisch-Blau-Katze.

Als weiteres untrügliches Kennzeichen gelten die stark ausgeprägten Schnurrhaarkissen, die besonders im US-CFA-Standard betont werden.

Das Blau, das in Wirklichkeit mehr einem Grau entspricht – auch in der Hundezucht nennt man graue Hunde blaue Hunde –, ist rein und gleichmäßig. Ein mittlerer Farbton wird bevorzugt, die Silberspitzen der stehenden Deckhaare müssen wie ein sanfter Schimmer sein. Fell und Fellfarbe werden bei Ausstellungen mit 30 Punkten bewertet.

Eine elegante Katze, auf die einer der alten Namen präzise zutrifft: Blauschlank.

Die Russisch Blau wird als »Aristokratin unter den Kurzhaar« apostrophiert, und so benimmt sie sich auch:
• Sie ist zurückhaltend, vor Fremden oft scheu.
• Sie ist sanftmütig und freundlich.
• Sie hat eine leise Stimme und ist insgesamt ruhig. So ruhig, daß man die Rolligkeit durchaus übersehen kann.
• Sie ist anhänglich und eine gute Wohnungskatze geworden,
• außerdem ist sie immer eine gute Mutter.

1 Die Russisch Blau, Farbnummer 16a bei der FIFe und dem GCCF, hat ein reines, gleichmäßig blaues Fell mit einem Silberschimmer. Die Augenfarbe ist grün.

2 Das Foto zeigt deutlich das kurze, dichte, plüschig hochstehende Fell, das sich wie der Pelz der Bärenrobbe (Sealskin) anfühlt. Die Ohren sind dünn und innen kaum behaart.

2

Kartäuserkatze – die aus dem Kloster kam

In örtlich begrenzten Populationen lebten in Frankreich blaue Katzen mit einem Gen-Paket, das sie ohne menschliches Zutun über die Jahrhunderte weitergaben. Das Erstaunliche dabei ist, daß sie nicht in der Masse der Hauskatzen untergingen, sondern stark genug waren, sich durchzusetzen. Der Name »Chat des Chartreux« = *Kartäuserkatze* taucht zum ersten Mal in dem holländischen Lexikon »Universales Wörterbuch des Handels, der Naturgeschichte und der Künste« von 1723 auf. Der Autor Savary des Bruslon schreibt, daß diese Katzen in den Klöstern der

Kartäusermönche lebten und vielleicht planmäßig gezüchtet wurden. Weitere Dokumentation dieser alten Rasse: In Carl von Linnés »Systema naturae« (1766–1768) wird die Kartäuser von der Hauskatze unterschieden.

Von den Geschichten, die um sie erzählt wurden, sind zwei bemerkenswert, weil sie dem nur praktischen »Denken im Tier« des damaligen Menschen entsprechen. Die Katzen hielten die Klöster und umliegende Bauernhöfe frei von Ratten, und ihr dichter wolliger Pelz galt als Otterfell für die Nicht-Reichen.

Die englische Cat-Fancy beachtete die Kartäuser nur als Gen-Lieferant für die *British Blue*.

Die erste reguläre Kartäuserzucht begann in den späten zwanziger Jahren, als die Schwestern Leger auf der bretonischen Insel Belle-Ile-sur-mer eine Gruppe echter Kartäuserkatzen entdeckten. Unter dem Zwingernamen »de Guerveur« begannen sie systematisch die einzige französische Katzenrasse zu züchten. 1936 gab es den ersten Standard für die *Chartreux*, eine besonders witterungs-widerstandsfähige Katze. Das liegt nicht allein an ihrer robusten Konstitution,

1

sondern auch am Fell, das im Standard als »wollig wie beim Fischotter« bezeichnet wird. Das heißt, die Unterwolle ist so dicht, daß das Deckhaar aufrecht steht. Natürlich ist diese Fellform bei Freilauf-Kartäusern besser ausgeprägt als bei Wohnungskatzen. – Unterfell und Deckhaare haben die gleiche Farbe. Alle Blautöne sind erlaubt, helles Graublau wird bevorzugt. Wichtig ist die reine Farbe: kein brauner oder roter Schatten, keine Streifen, kein Ticking. Diese Vorschriften wurden 1977 von der FIFe festgelegt, als die Rasse der Kartäuser auch international von British Shorthair und Europäisch Kurzhaar getrennt wurde. Einige Züchter bedauern diese Trennung und weisen darauf hin, »daß die in Deutschland gezüchtete Kartäuserkatze in Wirklichkeit eine Kreuzung aus British Blue und Chartreux ist« (Zitat Züchterin Christa Matenaar). Andere, wie die Amerikanerin Hawkins, finden, daß die Briten und Franzosen so unterschiedlich sind, daß man sie nicht kreuzen darf. Weitere Anmerkungen zum Unterschied: Bei keiner anderen Rasse sind Kater und Kätzin so verschieden wie bei den Kartäusern. Hier ist der Kater ein wahrer Kraftprotz, aber elegant – wie man es bei Muskelmännern eigentlich nicht gewohnt ist. Die Damen sind kleiner, jedoch auch robust und gerundet, zwar mit feineren Knochen als die Briten, aber nicht so feinen wie die Russischen. Die Kartäuserin ist nicht britisch kompakt, nicht *cobby.* Und ihr Gesicht ist lustiger. Das kommt von den hoch am Kopf angesetzten Ohren,

1 Auch bei der Kartäuserkatze, Farbnummer 16 F bei der FIFe und 16 beim GCCF (zur Verwirrung, wenn auch genetisch nicht falsch: die gleiche Nummer wie die British Blue), ist die Fellfarbe blau mit Silberschimmer. Doch die Fellqualität ist anders als bei der Russisch Blauen.

2 Wenn die Russisch Blaue ein plüschiges Robbenfell hat, so ist das der Kartäuser wollig wie beim Fischotter. Augenfälliger Unterschied: die kupferfarbenen oder dunkelorangen Augen. Die sind allerdings wieder mit der British Blue gleich.

die senkrecht auf dem Schädel stehen und irgendwie hasenhaft wirken. Es fehlen die dicken Schnurrhaarkissen der Russisch Blauen, dafür sind die Backen kräftig und dick. Viele Unterschiede, oder sehen das nur die Augen der Liebe? Bleiben wir dabei, die Kartäuser ist eine eigenständige, natürliche Rasse. Es ist also nicht so schwierig wie bei den Europäisch Kurzhaar, ihren Charakter und ihr Wesen zu beschreiben.

• Die Kartäuser ist eine äußerst ruhige Katze von sehr gutem Benehmen. Sie genügt sich selbst.

• Es steht dazu in keinem Widerspruch, daß sie ihren Menschen liebt, ihn beschützen will und sehr anhänglich ist.

• Dieser Wesenszug hat ihr in Frankreich – Katzomanen mögen mir verzeihen, ich war's nicht – den Spitznamen »Hunds-Katze« eingebracht.

• Kartäuser sind nicht übertrieben neugierig, sie sind seßhaft mit wenig Wandertrieb und auch verträglich zu anderen Tieren.

• Intensives Spiel kann Kartäusern fehlende Jagdmöglichkeiten ersetzen. Sie spielen bis ins hohe Alter.

• Kartäuser-Kennerin Andrea Hawkins sagt: »Sie vermittelt den Eindruck von Würde, Geduld und Stetigkeit. Nur im Spiel erscheint sie als Clown, wobei sie einen entzückenden Humor entfaltet.« Eine begehrenswerte Katze? Eine erstrebenswerte Katze!

Abessinierkatze – das ägyptische Erbe

Für jeden Katzenfreund ist es erhebend, in der eigenen Katze das Ebenbild der Bastetkatzen (Seite 23) Altägyptens um sich zu haben: lebendig gewordene tausendjährige Bronzen. Bei einer schlichten Hauskatze gehört schon Phantasie zu dieser Vorstellung, bei der *Abessinier* drängt sich der Vergleich geradezu auf. Geht ihre Abstammung zurück bis auf die Falbkatzen, die in den Palästen des Pharao für das Zusammenleben mit den Menschen gezüchtet wurden?

Die Wirklichkeit ist nicht ganz so geheimnisvoll: In den sechziger Jahren des vorigen Jahrhunderts wurden Falbkatzen aus Äthiopien mit nach England gebracht. Ob mit ihnen gezüchtet wurde oder ob sie nur den Wunsch nach einer wildfarbenen Katzenrasse erweckten, wissen wir nicht. Mit Sicherheit jedoch wurden auf den frühen Ausstellungen Katzen gezeigt, die den Namen *Abessinier* und deren Haare die Zwei- bis Dreifach-Bänderung (Ticking) trugen. Ihr Typ ging in Cat-Fancy-Streit und britischen Tabbykatzen unter, die Wildfärbung blieb erhalten, und die Tiere wurden wegen ihres Fells *Bunny-Cats* (Hasenkatzen) genannt.

Irgendwie haben es die Abessinier doch geschafft: 1929 wurde in England ein Club gegründet, der den heute noch gültigen Standard erstellte und 1963 die roten Abessinier in Großbritannien anerkannte. Rote sind übrigens leichter zu züchten als wildfarbene, da weniger Streifenzeichnung auftritt, die ebenso als Fehler gilt wie graue Unterwolle. Die Rotskala reicht von der Farbe der Savanne bis zum kräftigen, dunklen Kupfer. Genauso variabel muß man den Typ sehen. Der Standard beschreibt ihn so: »Von mittlerer Gestalt, fest, geschmeidig, griffig und muskulös. Körper von mittlerer Län-

ge mit einem ziemlich langen, spitz zulaufenden Schwanz, der stark ist am Ansatz. Die Beine sehnig, lang und schlank, jeweils zum Körperbau passend. Füße schmal und oval.« In dieser Beschreibung liegt viel Toleranz. Das Grundlegendste über Abessinier hat Evelyn Liebhardt in der »Abessinier-Katzen-Geschichte« geschrieben, die in der »Edelkatze« in Fortsetzungen erschien. Sie unterscheidet drei Typen:

1. den mittelkräftigen, am meisten verbreiteten, oft etwas hauskatzenähnlichen Typ, robust und doch elegant.
2. Die figürlich grazile, sehr kleine, zierliche, aparte, aber ansonsten gut proportionierte Katze.
3. Die hochbeinige, elegante, schlanke, den Maßen der Falbkatze am nächsten kommende.

Anmerkung zu den Maßen der Falbkatze: Schulterhöhe 35 cm; Kopf-Rumpf-Länge 54 cm; Schwanzlänge 31 cm. Alles Zirka-Maße.

Für die Bewertung auf Ausstellungen gilt auch hier die Züchterregel: Der Richter hat seinen Katzentyp im Kopf. Den, nur den findet er vorzüglich.

Großohrig, großäugig, mit sanft konturiertem Wildkatzengesicht schaut uns die Abessinierin an. Eine objektiv schöne Katze: Verkörperung des Geheimnisses, das Katzen für viele Menschen so anziehend macht.

Anmerkungen zum Wesen und Verhalten:

1 Bei der Abessinier gibt es die normale wildfarbene (= Agouti), Farbnummer 23 bei FIFe und GCCF und die rote (= sorrel), Farbnummer 23a bei FIFe und GCCF. Letzterer anerkennt noch ein geschlechtsgebundenes Rot (Nummer 23f) ebenso wie ein verdünntes Sorrel, das Fawn heißt (23e). Sorrel ist ein glänzendes Kupferrot, die Wildfarbe ein warmes Braun mit Ticking und dunkeloranger Haarbasis.

2 Die Augen sind groß und leuchtend, von reinem, klarem und intensivem Bernsteingelb. Die Abessinier sollte nicht schielen. So ein Silberblick kann zwar herzig aussehen, ist aber ein angeborener Defekt, der vor allem bei Siamkatzen verbreitet ist.

- Abessinier sind Individualisten. Jede ist »anders«. Trotzdem gibt es Verhaltensmuster, die für alle zutreffen.
- Die wildfarbene zeigt zurückhaltende Vornehmheit. Die rote ist stürmischer und geselliger.
- Abessinier sind hochintelligent und wollen vom Menschen respektiert werden.
- Ihr Zuhause soll ruhig und sehr geräumig sein. Amerikanische Züchter halten einen eingezäunten Garten für notwendig. Denn …
- Abessinier sind gute und leidenschaftliche Jäger, die diese Fähigkeit durch die Rassezucht nicht verloren haben. Von sich aus entfernen sie sich nicht weit vom Haus.

- Abessinier sind gelehrig. Man kann ihnen – vorausgesetzt man mag so etwas – Apportieren oder Kunststückchen mit den Pfoten beibringen.
- Abessinier sind Männerkatzen. Sie faszinieren den Katzenfreund und schließen sich Männern mehr an. Warum, das weiß ich nicht.
- Abessinier sind sehr anhänglich, der Kontakt zu ihrem Menschen muß harmonisch sein. Dazu Frau Liebhardt: »Wird eine Katze jedoch von ihrem Menschen enttäuscht, verkümmert die kleine Seele, und die Katze stirbt einen langsamen Tod, was von manchen Besitzern mißverstanden und leider oft negativ für die ganze Rasse ausgelegt wird.«

2

Manxkatze – die Schwanzlose von der Insel Man

Die schönste der vielen Geschichten, die über die Katze ohne Schwanz erzählt werden: Die *Manxkatze* war das letzte Tier, das die Arche nach der Sintflut verließ. Noah schlug die Tür hinter sich zu und der Manx den Schwanz ab. Weitere Erklärungen für ihre Schwanzlosigkeit:

• Irische Invasoren schnitten den Inselkatzen die Schwänze ab, um ihre Helme damit zu schmücken.

• Die Katzenmütter bissen den Kätzchen die Schwänze ab, um sie vor diesem Schicksal zu bewahren.

• Phönizische Seefahrer brachten schwanzlose Katzen aus Japan mit.

• Von einem Schiff der geschlagenen spanischen Armada schwamm im September 1588 eine Katze an Land. Ihr wurde von einem Man-Hund der Schwanz abgebissen. Auf der Insel erzählt man es in einer Ballade.

Die Manxkatze hat wohl die beste PR (Public Relations) aller Katzen, sie gehört zu den touristischen Attraktionen der in der Irischen See zwischen Cumberland und Nordirland gelegenen Isle of Man, die direkt der englischen Krone untersteht. Diese billigte der Schwanzlosen 1973 eine Zehn-Pence-Briefmarke zu, nachdem sie 1970 schon die One-Crown-Münze der Königin Elizabeth II. und 1975 die Rückseite des 25-Pence-Stücks schmückte.

Manxkatzen (Manx ist die Bezeichnung für die keltische Ursprache der Bewohner der Insel Man) gehören zur Insel, zumindest als Souvenirs. Sie zieren Aschenbecher und Fahrradwimpel und was man sonst mit dem Bild einer Katze bedrucken kann.

Die Cat Fancy bemächtigte sich der von Natur Mißgebildeten um die Jahrhundertwende: 1901 formierte sich in England der erste Club. Schon vorher hatte um 1895 ein Mister

Brook die Manx als ideale Hauskatze vorgestellt: Er zeigte sie – zusammen mit einer Bulldogge im Käfig – auch auf Hundeausstellungen.

Die Schwanzlosigkeit dieser Katze wurde erst später erforscht, am gründlichsten von Professor Friedrich Schwangart und dem Anatomen H. Grau, die ihre 1931 erschienene Arbeit »Über Entformungen, besonders der vererbbaren Schwanzmißbildungen, bei der Hauskatze« betitelten. »Entformt« ist das Ende der Wirbelsäule; bei den charakteristischen Manx fehlen neben dem Schwanz auch noch Wirbel im Rückgrat. Im Standard heißt es: »Bei einem Ausstellungstier muß die Schwanzlosigkeit vollkommen sein;

scheint: Die Paarung von reinerbigen Manx ergibt totgeborene Junge oder winzige Würfe. Gezüchtet wird mit mischerbigen Tieren, mit *Rumpies* (schwanzlosen) und *Stumpies* (stummelschwänzigen). In solchen Würfen gibt es Kätzchen mit richtigem Schwanz, mit Stummelschwanz und ohne Schwanz. Nur diese haben den *Manx hop,* den hoppelnden Gang, der im übrigen nicht allen Züchtern gefällt. Neben der Schwanzlosigkeit unterscheidet das Fell sie von den britischen und europäischen Kurzhaarkatzen. Es hat eine kurze, dichte Unterwolle und ist weich und offen wie bei einem Kaninchen. So ein *doppeltes Fell* haben wir schon bei der Kartäuser kennengelernt.

noch nicht anerkannten Rasse leugnen wie auch die Manxzüchter, daß ihre Tiere Defektzuchten sind. Ihr Argument: Wären Manx und Cymric nicht von Natur aus kerngesund, sie wären schon lange ausgestorben. Das Wesen der Cymric gleicht im übrigen dem der Manx. Abschließend einige Bemerkungen zu Wesen und Charakter der Manx; über das Kuriositäts-Image hinaus schätzen die Manx-Freunde:
• die Intelligenz und Gelehrigkeit dieser Rasse,
• ihre Verträglichkeit mit Kindern und Hunden,
• ihre Zutraulichkeit und ihren Mut. Trotz ihres Handicaps sind die Manx gute Mausfänger und Kletterer.

2

am Ende des Rückgrates, dort, wo bei einer anderen Katze der Schwanz beginnt, muß ein ausgeprägtes Loch sein.« Die fehlenden Wirbel, die hohe Hinterhand und der kurze Rücken bedingen den kaninchenähnlichen, hoppelnden Gang der Manxkatze. Autor Jean-Louis Hue sieht das mit den Augen des ästhetischen Katzenfreundes: »Massive Schenkel, zerknitterter Schließmuskel, träger Arsch: Die Katze von Man tut einem leid . . . Überall sonst wäre dieser Tölpel umgebracht worden. Aber die Bewohner von Man haben sie zur lokalen Sehenswürdigkeit erhoben.« Die Schwanzlosigkeit ist eine Mutation durch ein dominantes Gen, bei dem ein Letalfaktor im Spiel zu sein

Fell- und Augenfarbe, Zeichnungen und Muster sind vielfältig, da alle Varietäten zugelassen sind und die Manx in fast allen Farben gezüchtet werden.
Der Spaß an der Züchtung der Manx ist in England, den skandinavischen Ländern und in den USA zu Hause, wir haben uns mit diesem Katz-Karnickel nicht anfreunden können. So blieb denn auch nicht aus, daß durch eine zweite Mutation Halblanghaarigkeit entstand und diese ebenfalls weitergezüchtet wurde. Die neue Rasse, etwa 15 Jahre alt, nannte man nach den Ureinwohnern von Wales *Cymric.*
Entstanden ist sie in kanadischen Würfen. Die Verfechter dieser neuen,

• Schließlich ist sie die ideale Bürokatze bei Firmen mit hektischem Betrieb, denn sie kann sich nie den Schwanz in eine zugeworfene Tür einklemmen.

1 »Rund wie eine Orange« soll die Kruppe der Manx sein. Schwanzlos hoppelt sie mit erhöhter Hinterhand dahin. Ihre Farb- und Rassennummer bei der FIFe ist 25, alle Farben sind erlaubt. Hier ein rotgetigertes Exemplar der Rumpy, *wie die schwanzlosen genannt werden.*

2 Eine Manx-schildpatt-weiß des Typs Stumpy, *Farbnummer 25 a des GCCF, bei der ein kurzer Stummelschwanz und ebenfalls alle Farben erlaubt sind.*

Die Burma mit den goldgelben Augen

Zu Beginn der Cat Fancy hat es braune Katzen mit goldenen Augen gegeben, die aus Thailand importiert worden waren. Doch hat man diese »dunklen Siamkatzen« nicht weiter gezüchtet.

In den dreißiger Jahren brachte der amerikanische Marine-Psychiater Dr. Joseph Thompson eine braune Katze aus Rangun mit nach Hause. Wong Mau wurde, durch Verheiratung mit Siamkatern, die Stammutter einer neuen Rasse, die man *Burma* nannte, und die in den USA nach der Siam die beliebteste Kurzhaar-Rasse ist. Um Verwechslungen zu vermeiden,

16 Jahre später von der englischen GCCF. Inzwischen hat sich auch ihr Typ so gefestigt, daß man sie gut von der ebenfalls einfarbig braunen *Havana* unterscheiden kann. Diese gehört zur Schlankform der Orientalisch Kurzhaar, während die Burma elegant und muskulös zugleich ist. Wie der Standard vorschreibt, »soll der Körper kompakter sein, als das Ansehen vorgibt.« Die idealen Burma-Augen sind goldgelb (die der Havana leuchtend grün), im glänzenden Braun des kurzen, feinen Fells, das kaum Unterwolle hat, strahlen sie wie Juwelen. Neben dem Braun, das

ist schade, denn eine so angenehme und liebenswerte Rasse sollte auch körperlich typisch sein: mit mittellangem Körper auf zwar feinen, aber zum Körper harmonierenden langen Beinen. Die Augen müssen von gelb zu gold rangieren, je farbintensiver und leuchtender, um so besser. Die obere Augenlinie soll orientalisch schräg verlaufen.

Anmerkungen zu ihrem Wesen oder wie man ein Burmesen-Fan wird:

• Die Burma ist von allen Exoten am meisten auf den Menschen bezogen. Sie möchte viel gestreichelt werden und sagt das auch.

heißt die Halblanghaarige mit den weißen Pfoten (Seite 312) in den englischsprachigen Ländern »Sacred Cat of Burma«, bei uns »Heilige Birma«.

Drei Typen von Kätzchen bekam Wong Mau: solche mit typischen Siam-Abzeichen, braune mit dunkleren Abzeichen wie Wong Mau selbst und gleichmäßig dunkelbraune: die ersten echten Burmesen mit einem Gen, das diese Burmafärbung reinerbig weitergab. Bei diesen Zuchtversuchen entstanden auch die *Tonkanesen* (Seite 303) und langhaarige Tiere, die heute unter dem Namen *Tiffany* als Rasse gezüchtet werden.

Die Rasse *Burma* wurde schon 1936 von der CAF in Amerika anerkannt,

ihr am besten steht, gibt es 9 weitere Farbschläge: blau, hellbraun (in USA champagner), lila (in USA platin), rot (richtiger mandarin-orange), braunschildpatt (seal-tortie), creme, blaucreme, milchschokoladen-schildpatt und lila-schildpatt. Obwohl (oder weil) die Rasse bei uns relativ unbekannt ist, hat sich ihr Typ zurückentwickelt. Karin Bernardi beklagt in der »Edelkatze«, daß die Burmesen lange Körper bekommen haben, die auf staksigen Beinen stehen. »Die Augen, wichtigstes Merkmal der Burmakatze, sind blaß und verwaschen, manchmal sogar grasgrün.« Die Züchterin gibt die Schuld den Kurzhaar-Richtern, die untypische Katzen zu Champions gemacht haben. Das

• Die Burma ist ideal für die Großfamilie mit anderen Haustieren.
• Eine Burma bleibt ungern allein; muß sie es, sollten es zwei sein.
• Die Burma ist lebhaft und verspielt, aber nie wild, sondern sanft, aber bestimmt.
• Die Burma hat eine starke Persönlichkeit und setzt sie auch durch. Sie ist der geborene Boß.

Die braune Burma, Farbnummer 27, hat in den USA den wohlklingenden Namen Zobel. Dort findet man auch die meisten Anhänger dieser Rasse. Fast identische Katzen gibt es in Thailand mit dem Namen Kupferkatzen: sie sollen alles Böse in Gutes verwandeln können.

Die Korat kommt aus Thailand

Die Überschrift sagt es, wie es ist: 1959 kam das erste Pärchen der *Korat* zu Zuchtzwecken in die USA. Schon in der Frühzeit der Cat-Fancy hat es blaue Siamkatzen gegeben, doch Katzenmaler Louis Wain (Seite 151) disqualifizierte 1896 als Richter in einer Ausstellung so eine »Siam« wegen ihrer Farbe, obwohl der Besitzer sie gerade aus Siam mitgebracht hatte.

In Siam/Thailand hießen die Blauen Si-Sawat, sind in der Provinz Korat beheimatet und seit Jahrhunderten nachgewiesen. Die »Glückskatze« (Sawat = Glück) ist seit 1980 auch

enknochen den Oberrand des Gesichtsherzens bilden und die Seiten sich sanft zu einem kraftvollen Kinn und gut entwickelten Backenknochen runden, dadurch das Profil ausgleichen und so das Doppelherz vervollständigen.« Das schreibt Korat-Kennerin Daphne Negus, und ich hoffe, Sie werden von nun an eine Korat erkennen. Dazu trägt sicher auch die Körperbeschreibung im Standard bei: »Mittlere Größe, weder so kurz wie eine Manx, noch so lang wie eine Siam.«

Typisch für diese Rasse ist die langsame Entwicklung: die richtige Augen-

Oder sind diese Katzen wirklich so klug?

Folgende Anmerkungen zum Charakter sind jedoch gesichert:

• Die Korat ist eine liebenswürdige Hausgenossin, mit inniger Zuneigung zum Menschen.

• Die Korat verabscheut Lärm; ein ruhiger, wohlgeordneter Haushalt ist ihr am liebsten.

• Die Korat ist eher eine Einzelkatze, die nicht die Gesellschaft anderer braucht, dafür aber um so mehr die ihres Menschen.

• Die Korat ist eine Katze für Singles, die ihren Beruf zu Hause aus-

von der FIFe anerkannt und gehört zu den Kurzhaarkatzen mit silberblauem Fell. »… je mehr Silber, um so besser. Ohne Schattierungen und ohne Streifen«. Die Kater sind größer und kräftiger, die Kätzinnen grazil, bei einem für die Rasse typischen muskulösen Körper. Und so stellt sich der interessierte Laie die Frage: Wie unterscheidet sich die Korat von den anderen Blauen? Antwort: Ihr Fell ist weder plüschig wie das der Russisch Blau, noch wollig wie bei der Kartäuser. Ihr Kopf ist nicht rund wie der British Blue, sondern herzförmig. In der Sprache der Liebe liest sich das so: »Es ist tatsächlich ein herzförmiges Gesicht auf einem herzförmigen Kopf, wobei die Brau-

farbe (leuchtend grün ist bevorzugt) steht erst mit zwei Jahren fest, auch das Doppelherz des Kopfes bildet sich erst bei der Erwachsenen.

Die amerikanischen Züchter, in der *Korat Cat Fanciers Association* zusammengeschlossen, achten streng darauf, daß kein fremdes Blut in ihre Katzenlinien kommt. Deshalb muß sich jeder Käufer verpflichten, die Korat nie frei laufen zu lassen. Alle echten Korats müssen von Thai-Katzen abstammen. Nicht zur Zucht verwendete Katzen müssen im entsprechenden Alter kastriert werden.

Liest man Berichte über das Verhalten und die Intelligenz der Koratkatzen, so scheint es, daß ihre Besitzer zur Überschwenglichkeit neigen.

üben. Sie gibt das Gefühl, nicht einsam zu sein.

• Die Korat kann zwar wild und ausgelassen spielen, ist aber eine sanfte Katze, die sich vorsichtig bewegt.

• Die Korat ist eine stille Katze, nicht gesprächig, und gibt nur Laut, wenn sie etwas will.

Da sie sehr selten ist, werden nur wenige dieses besondere Wesen kennenlernen.

Die Korat, FIFe-Farbnummer 34, ist die silberblaue Katze aus Thailand. Bei den übergroßen Augen wird ein leuchtendes Grün bevorzugt. Die abgebildete Katze gehört der Familie Scherler in der Schweiz.

Rexkatzen haben Kräuselfell

Eine durch Haarmutationen entstandene Rassengruppe, die nicht unbedingt dem Katzenbild von Familie Jedermann entspricht. Ich glaube sogar, daß die meisten Menschen eine *Rex* häßlich finden, vor allem wenn sie zu Kahlstellen neigt wie die *Rex Devon* (Seite 289, Bild 3). Doch über Geschmack läßt sich streiten, über Tatsachen nicht.

Als im Sommer 1950 auf einem Bauernhof in Cornwall eine Katze Junge bekam, war ein gelocktes Katerchen darunter. Da die Besitzerin schon Rexkaninchen gezüchtet hatte, nahm sie an, daß eine Mutation Ursache des ungewöhnlichen Fells war. Über ihren Tierarzt lernte sie einen Genetiker kennen, der vorschlug

1. den Kater mit seiner Mutter rückzukreuzen und
2. die gelockten Katzen wie die gelockten Kaninchen Rex zu nennen.

Während der erste *Rex Cornish* »Kallibunker« hieß und sofort auf seine Zuchttauglichkeit geprüft wurde, brauchte die erste *Rex German* zehn Jahre dafür. Die schwarzgelockte Katze »Lämmchen« wurde 1947 vom Pflegepersonal des Berliner Hufeland-Krankenhauses entdeckt und gefüttert, 1951 von einer Katzenzüchterin in Obhut genommen, 1957 mit einem ihrer normalhaarigen Söhne rückgekreuzt: gelockte Kinder nach USA verkauft. Erstes Auftreten von *Deutschen Rexkatzen* 1964 auf einer Ausstellung in Dresden.

Vier Jahre vorher war in einem kleinen Ort in Devonshire ein lockenhaariges Katerchen geboren worden, Sohn einer streunenden Schildpatt und eines verwilderten Katers. Es wurde von einer Miss Cox aufgezogen und bekam den Namen »Kirlee«. Durch einen Zeitungsbericht über eine Katzenausstellung, in dem als Sensation eine Rex Cornish abge-

bildet war, erfuhr sie, daß ihre Katze nicht die einzige gelockte war. Doch Hochzeiten zwischen der Cornish und »Kirlee« ergaben keine gelockten Kinder: die Gene für die Haarkräuselung mußten verschieden sein. Mit eigenen Katzen-Töchtern gab es dann den kräuselfelligen Nachwuchs.

1967 wurden Rex Cornish und Rex Devon als verschiedene Rassen anerkannt, die Rex German erhielt ihre FIFe-Anerkennung erst 1982. Cornish und German haben das gleiche Lockenhaar-Gen r/r (Seite 303), das Devon-Gen heißt re/re. Man findet auf der Welt nicht zwei Rexkatzen, die das gleiche Fell haben. Zwar ist die Fellstruktur der jeweiligen Rasse gleich, doch Erscheinungsbild, Griffigkeit und Haarverteilung sind verschieden. Grundsätzliche Gemeinsamkeit bei den drei Rassen: alles ist gekräuselt, auch die Augenbrauen und die Schnurrhaare. Außerdem sind die Ohren groß (Cornish und German) bis sehr groß (Devon); übergroß auch ihre Augen. Wenn ich in ein Devon-Gesichtchen schaue, muß ich immer an Yoda (Rückkehr der Jedi-Ritter) und E.T. denken.

Die Deutsche Rex hat das dichteste Fell und nie Kahlstellen. Es ist kurz und plüschartig und trotzdem gelockt. Es fühlt sich wie ein Maulwurfspelzchen an und kann gleichmäßig dünn, aber auch ebenso dick sein.

Die Rex Cornish zeigt sich in ondulierten Wellen, ebenfalls kurz und dicht. Eine Art gelockter Plüsch wie bei einer bestimmten Sorte von Teppichen.

1 Die Rex Cornish, Farbnummer 33 bei der FIFe, beim GCCF mit zusätzlichen Variantenzahlen (33.18 für Silbertabby), hat ein dichtes, fast plüschartiges Fell. Ihr Schädel ist flach, das Profil soll eine gerade Linie von Stirnmitte bis Nasenspitze bilden.

2 Die Rex Devon, Farbnummer 33a bei der FIFe, 42a beim GCCF plus Farbunterteilungszahlen, hat ein sehr kurzes, feines und welliges Fell. Die Nase hat einen ausgeprägten Stop. Bei Rexkatzen sind alle Fellfarben erlaubt.

Die Rex Devon erinnert an Persianer und hat als einzige Grannenhaare. Die Locken liegen in ordentlichen Linien (Bild 2) und sind sehr kurz, fein und weich.

Rexkatzen haaren kaum: Sie sind für Allergiker geeignet.

In dem Buch von Siegfried und Inge Wöllner steht sehr viel über Rexkatzenzucht und -geschichte, aber nichts über das Wesen dieser Katzen, die nur als »herrliche Kurzgelockte« charakterisiert werden. In der englischsprachigen Literatur wurde ich fündiger, da ich hier nicht aus eigener Erfahrung berichten kann.

• Rexkatzen sind sanft zu ihren Menschen, sie zeigen selten die Krallen.

• Rexkatzen sind im Spiel verwegen und temperamentvoll.

• Rexkatzen haben Sinn für Spaß, man könnte ihnen Humor nachsagen.

• Rexkatzen lassen sich leicht an eine Leine gewöhnen und gehen gut im Geschirr.

• Rexkatzen sind ungewöhnliche Katzen. Manche »wedeln« mit dem Schwanz, wenn sie sich freuen, und haben deshalb wegen ihres Fells in England den Spitznamen »Pudelkatzen«.

• Rexkatzen sind verfressen. Wenn man nicht aufpaßt, ruinieren sie sich ihre stromlinienförmige Figur, und eine dicke Rex ist eine unattraktive Rex.

2

Scottish Fold – die mit dem Hängeohr

Wenn die Amerikaner nicht gewesen wären ... Ein völlig neuer, durch Mutation entstandener Katzentyp wäre wieder verschwunden – verkannt, verbannt und verboten von konservativen Katzenfunktionären. Was als »Kippohr« in der Hundezucht gang und gäbe ist, sollte in der Katzenzucht ein auszumerzender Defekt sein.

1961 lebte auf einem Bauernhof in Clackmanshire, Schottland, eine weiße Katze, die Hängeohren hatte. »Susie« bekam zwei ebenfalls hängeohrige Kinder, und der dortige Schäfer William Ross begann mit der Zucht der Katzen, die *Scottish Fold* genannt wurden, weil die Spitzen der Ohren nach vorn gefaltet sind. Das verleiht der Katze eine runde, für sie ungewöhnliche Kopfform, die das von Konrad Lorenz entdeckte »Kindchenschema« verkörpert, das im Menschen das Gefühl »herzig« hervorruft und den Hätscheltrieb auslöst.

Die englischen Cat-Fancy-Leute waren gegen diesen Trieb immun. Er schlug sogar in krasse Abneigung bis zur Ausrottung um: Die gleichen, die die Manxkatze mit dem Letalfaktor beim Schwanzlos-Gen anerkannt hatten, verboten 1973 die Scottish Folds, die vorhandenen Zuchttiere mußten eingeschläfert oder kastriert werden. Nun waren bei der Zucht Defekte vorgekommen: Taubheit, Fehler an der Wirbelsäule, geknickte Schwänze. Doch in welcher etablierten Rasse gab es so etwas nicht? Außerdem hatte man dabei weiße, zum Teil blauäugige Katzen verwendet, die auch bei den Persern meist taub sind, und zudem war stark mit Inzucht gearbeitet worden. Fehler, die man leicht hätte verhindern können und die die Amerikaner dann ja auch vermieden haben. Heute sind die

Scottish Folds robuster und gesünder als manche berühmte Rasse.

Die Vorwürfe der Vorstandsetage des englischen Katzenverbandes GCCF waren fragwürdig bis kindisch. Nicht dem Hängeohr-Gen waren die Mißbildungen und Taubheit anzulasten, sondern einer wissenschaftlich undurchdachten Zuchtmethode. Und der Einwand, Kippohren führen zu Ohrentzündungen und Milbenbefall, erinnert mich an die Argumente, mit der Hunderassen-Funktionäre das Kupieren verteidigen.

In den USA, wohin einige Scottish Folds gerettet worden waren, machte man es richtig. Man stellte fest, daß Faltohrigkeit durch ein unvollständig dominantes Gen verursacht wird. Kreuzt man Fold mit Fold, so sind die Würfe nicht rein faltohrig, es gibt auch stehohrige Kätzchen. Diese eignen sich zur Weiterzucht mit Faltohrigen, genauso wie eine Kartäuser oder Britisch Kurzhaar durchaus den Gen-Pool der Rasse vergrößern kann. Die Freunde dieser liebenswerten Katzen gründeten die *International Scottish Fold Association* (ISFA), und als die Überprüfung von 21 Würfen mit 88 Jungen weniger Mißbildungen ergab als bei der gleichen Zahl von Burmesen-, Perser- oder Siamesenwürfen, erkannte die amerikanische Zuchtorganisation CFA die Rasse 1974 an.

Bei uns kann man sie auf FIFe-Ausstellungen zwar zeigen, aber sie bekommen keine Titel. Andere Vereine

sind da toleranter, wobei sich merkwürdigerweise bei dieser – mich zum Beispiel faszinierenden Rasse – die Katzenästhetik scheidet. Von Zuneigung auf den ersten Blick bis zu heftigster Ablehnung reichen die Reaktionen: Gleichgültigkeit gibt es nicht – und das ist immer ein gutes Zeichen. Scottish Folds werden übrigens auch in der Bundesrepublik gezüchtet.

Der Standard beschreibt sie als mittelgroße Katze von runden Formen, mit dichtem, griffigem Fell und »runden, weit geöffneten Augen von lieblichem Ausdruck«. Und dazu, wie eine Züchterin schreibt, »der Charme der süßen Faltöhrchen«. Trotz ausführlicher Artikel in Zeitschriften

und einem fünfseitigen Kapitel in Dr. Rosemarie Wolffs Buch »Katzen« wird über Wesen und Charakter nichts gesagt. Stimmt also das, was für die Hauskatzen gilt? Ganz individuell? In amerikanischer Literatur fand ich etwas mehr. Danach ist eine Scottish Fold:

- eine Persönlichkeit von einnehmendem Charme
- eine freundliche Katze, die alle Menschen, auch fremde liebt
- verträglich mit anderen Haustieren und verliebt in junge Lebewesen aller Art
- ein richtiges Familienmitglied, das jeden Trubel gelassen erträgt
- ein guter und ausdauernder Spielgefährte für Kinder.

1 Die Scottish Fold oder Faltohrkatze wird bisher nur in den USA von der Cat Fanciers Association *(CFA) anerkannt. Ihr Kennzeichen sind die Ohren, die möglichst klein und möglichst stark nach vorne gefaltet sein sollen.*

2 Laut Standard sind 25 Farben und Fellmuster erlaubt. Einfarbige wie schwarze, weiße, blaue und rote; shaded und smoke dieser Farben sowie die verschiedenen Tabbys, Schildpatt und Bi-Colour. Besonders bei den einfarbig-dunklen kommt die runde Kopfsilhouette sehr deutlich zum Ausdruck. Cremefarbene sehen wie Teddybären aus, und gestromte (= tabby) Faltohrkatzen (auch Hängeohr genannt) finde ich besonders faszinierend.

2

Siamkatze – Rassenkurzhaar Nummer eins

Diese exotische Schönheit kam in den 80er Jahren des vorigen Jahrhunderts aus Siam nach England und war hochgestellten Persönlichkeiten vom König von Siam geschenkt worden. Je nach den Literaturquellen waren Sir Robert Herbert, Lady Dorothy Nevill, S. Baring-Gould oder Miss Forestier Walker die Initiatoren der Zucht – oder es waren alle zusammen. Die Katzen, die ab 1885 regelmäßig auf Katzenausstellungen gezeigt wurden, trugen zunächst den Namen *Royal Siam Cat*, und ihre direkte Herkunft aus dem Königspalast in Bangkok dokumentierte ein geknickter Schwanz. Ein Defekt wie das Schielen, der erst später aus den Zuchten entfernt wurde. Daß sich in der Cat Fancy der Geschmack schnell wandeln kann, beweist die Beschreibung der allerersten Katze aus Siam, die auf der ersten Katzenausstellung im Crystal Palace, London 1871 gezeigt wurde – ein Vorläufer sozusagen –: »Ein unnatürliches Schreckgespenst von einer Katze.«

Wie die Korat (Seite 333) wird die *Siamkatze* in einem siamesischen Manuskript »Katzenbuch Gedichte« dargestellt und beschrieben, das aus der Zeit zwischen 1350 und 1767 stammt und in der Thai National Bibliothek aufbewahrt wird. Eine Katze mit sehr blassem Fell und dunklen Abzeichen an den Pfoten, Ohren, am Schwanz und im Gesicht.

Diese Spitzenfärbung beruht auf einem Teil-Albinismus (Siamkätzchen werden weiß geboren und dunkeln erst allmählich nach), so daß die Geschichte, Siamesen seien Tempelkatzen gewesen, nicht stimmen kann. Sie können nur von anderen Katzen isoliert sich fortgepflanzt haben. Wenn nicht unbedingt nur Königskatze, auf jeden Fall eine Katze besserer Leute mit abgeschlossenen Gärten.

1902 wurde der *Siam Cat Club* gegründet, der bis 1930 nur *Sealpoint* gelten ließ (Abbildung 1). Erst dann wurde *Bluepoint* anerkannt, inzwischen gibt es 16 weitere Farbvarianten, wenn man die *Tabbypoints* (Abbildung 4) nach ihren Farbvarianten aufschlüsselt genauso wie die *Tortietabby-points*, Siamesen mit roten/creme Flecken über der Tabbyzeichnung. Für mich eher Erbsenzählerei als Rassenkunde.

Die Cat-Club-Leute von der Jahrhundertwende haben in ihrem Standard Weichen zu einer Entwicklung gestellt, die eine Reihe von Siamfreunden bedauern, andere als »Zielprojektion« begrüßen. Die Siamkatzen sind stromlinienförmiger geworden, die Köpfe immer flacher, keilförmiger und länger, als gelte es wie beim Automobilbau den cw-Wert (= Luftwiderstand) der Tiere zu senken. Die Siegerkatzen von heute sind überschlank. Züchter, die siegen wollen, nehmen den Standard zu wörtlich, wenn er sagt: »Körper mittelgroß, lang und schlank und zierlich, den Eindruck einer wohlausgewogenen Verbindung feiner Knochen und fester Muskeln gebend. Lange dünne Beine.« Und die Richter unterstützen diesen Trend von der großohrig wirkenden »Twiggykatze«. Ich finde das sehr schade. Nicht nur ästhetisch, sondern auch wegen der Vernachlässigung des Wesens zugunsten eines Typs.

Sicherlich werden sich die etwas rundköpfigeren Siamesen halten, deren Schädel von Schnäuzchen bis Ohr nicht unbedingt zwischen ge-

1 Bei den Siamesen ist Sealpoint, Farbnummer 24 bei FIFe und GCCF, die klassische Farbe. Der Körper ist Beige (= cream), das sich auf dem Rücken in ein warmes, helles Rehbraun verdunkeln darf. Die Abzeichen an Beinen, Ohren und Schwanz sind dunkel-schwarz-braun (= seal), ebenso die Gesichtsmaske.

2 Das Gesicht der Siam bluepoint, Farbnummer 24a bei FIFe und GCCF, trägt eine kaltblaue Maske, aus der die tiefblauen Augen leuchten.

2

spreizten Mittel- und Zeigefinger paßt. Übrigens ist Abbildung 2 ein Typ, der mir, Siamlaie, gefällt. Geblieben sind die blauen strahlenden Augen, die dieses Katzengesicht bestimmen und jedem unvergeßlich sind, der einmal bewußt hineingeschaut hat.

Bei der Beurteilung von Rassen auf Ausstellungen und im Standard wird ihr Wesen nicht berücksichtigt. Bei der Siamkatze kann man jedoch für die Charakterschilderung aus dem vollen schöpfen. Es gibt genügend Beschreibungen und noch mehr mündliche Berichte.

Ein Siam-Fan erklärte mir, daß es spezielle Siammenschen gibt und das seien fan-atische Katzenliebhaber,

vernarrt in diese Rasse. Zählen wir die Gründe zusammen. Siamkatzen haben:

• soviel Charme und Grazie, daß man ihnen schon verfallen kann.

• eine modulationsreiche Stimme, mit der sie plappern, gurren, singen, rufen, maulen, weinen, quäken und kreischen können und dies auch fortwährend tun.

Siamkatzen sind:

• kommunikationsfreudig und erwarten, daß man ihnen antwortet.

• wild-anschmiegsam, verrückt-verspielt und sehr auf den Menschen fixiert.

• wohl die leinenführigsten aller Katzen und auch sonst gelehrig.

• keine Katzen für Anfänger, die we-

nig Zeit zum Katzen-Kennenlernen haben.

Siamkatzen brauchen:

• sehr viel Zuwendung und Zuneigung ganz für sich allein.

Die dunklere Seite:

• Siamkatzen des neuen Typs, perfekt auf Stromlinie gezüchtet, können unfreundlich, kratzig, nervös und übersensibel sein. Die ganz feinen Unterschiede las ich in Milan Greer's »The Fabulous Feline«, New York 1961: »Die Sealpoint springt auf deinen Schoß, ohne zu zögern. Die Bluepoint drängt und schmeichelt sich hinein. Chocalatepoint wartet, bis man sie einlädt, und Lilacpoint traut sich manchmal trotz Einladung nicht.«

3

4

3 Eine Bluepoint, bei der man den feinen perlmutterfarbenen Schimmer erkennen kann, der über dem gesamten Haarkleid liegt.

4 Eine Siam tabbypoint, Farbnummer 32 bei FIFe und GCCF, trägt gestreifte Abzeichen, wobei alle Farben gestattet sind. Der Schwanz trägt klar abgegrenzte Ringe, die Maske deutliche Streifen. In Deutschland seit 1966 anerkannt.

Orientalisch Kurzhaar in 42 Farben

Der einzige Unterschied dieser Rasse zu den Siamesen: einige wenige Farbgene. Nur die Spitzenfärbung, die Points, sind den Siamesen vorbehalten. Der Standard ist Wort für Wort der gleiche. Eine junge, von Züchtern gezielt erarbeitete Rasse, die, bis auf die kastanienbraune (= chestnut) *Havana*, keine Fantasie-

Drei kleine Orientalisch Kurzhaar der Farbvariante Chocolate Spotted Tabby, GCCF Farbnummer 38b; auf warmem Fawn-Grund (Seite 302) getupft, an Kopf und Hals gestromt.

namen trägt. *Orientalisch Kurzhaar* ist eine eher nüchterne Bezeichnung.

Wenn auch ihre Farben sehr vielfältig sind, die grünen Augen verbinden sie. Auch hier wieder eine Ausnahme, die *Foreign White* darf blaue Siamaugen haben.

Die Engländer haben sich nur zögernd an den Beinamen *Oriental* gewöhnt, sie nannten alle Kurzhaar – mit Ausnahme der britischen – *Foreign* (Fremde). Als die FIFe 1972 die *Orientalisch Kurzhaar*, den *Type Oriental* aus Frankreich und den holländischen *Oosters Type* anerkannte,

wurde der Name allgemein gebraucht.

Die erste Reinzucht der OK in Deutschland (1968) war der Typ der rabenschwarzen *Ebony*. Eine einfarbige Katze, wie vorher in England schon die *Havana*. Schlankheit und Eleganz der Rasse werden durch die Einfarbigkeit betont.

Anmerkungen zum Wesen:
• Generallinie siehe Siam.
• Wildfang der Katzenwelt, ein Bündel von Energie.
• Immer auf Achse, am liebsten mit einem ebenso lebendigen Hund.
• Teilnahme an Familienaktivitäten.

Die Bibliothek des Katzenfreundes

Eine Bibliographie mit Kurzkommentaren von Büchern, die den Kauf lohnen. Ein Teil ist nur noch antiquarisch erhältlich, manche selten, einige sehr selten.

Aberconway, Christabel
A DICTIONARY
OF CAT LOVERS
Michael Joseph Ltd., London 1949, Abb.
Katzenfreunde vom 15. Jahrhundert vor bis zum 20. Jahrhundert nach Christus. Biographische Angaben, hauptsächlich Zitate und Gedichte.

Artley, Alexandra
THE GREAT ALL-PICTURE CAT SHOW
Astragal Books Ltd., London 1977, Abb.
Sammlung von Katzenbildern von Kunst bis Kitsch (keine Fotos). Wenig Text, Fundgrube fürs Herz.

Balet, Jan
KATZENSKIZZEN
Windecker Winkelpresse – Günther Weiss-Margis, Köln 1980.
36 kleinformatige Aquarelle des Malers.

THE BOOK OF THE CAT
Ed. by Michael Wright and Sally Walters.
Pan Books Ltd., London 1980, Abb.
Hervorragend gestaltetes Katzenfachbuch mit großem, gründlichem Vererbungsteil.

Brunner, Ferdinand/Hlawacek, Kurt
WIE SAG ICH'S
MEINER KATZE
Fischer Taschenbuch-Verlag, Frankfurt 1978, Nr. 3009.
Wichtiges Buch über Katzenpsyche, Neurosen und normales Verhalten.

Champfleury, Jules
LES CHATS
Rothschild, Paris 1870, XIV, Abb.
Wichtiges frühes Katzenbuch, auch über Katzenhaltung und Verhalten.

Curtis, Patricia
DIE WOHNUNGSKATZE
A. Müller Verlag, Rüschlikon 1981.
Ein hundertprozentiges Pro für die Wohnungskatze: viele Tips, persönliche Erlebnisse.

Damjan, Mischa/Schilling, Rudolf
MAU MAO MIAU
Nord-Süd Verlag, Mönchaltorf/Zürich 1969, Abb.
Ausführliche Kulturgeschichte der Katze; sehr informationsdicht.

1. DEKZV e. V. (Hrsg.)
KATZEN - RASSEN
mit 304 Rassestandards incl. allen offiziellen FIFe-Standards, Abb. o. O., o. J.
Trotz allgemeiner Einführung ein Buch nur für Züchter und Aussteller.

Donay-Weber, Anneliese
SIAMKATZEN
R. Müller Verlag, Altrich 1981, Abb.
Instruktive Rassenmonographie der bekannten Züchterin.

Eggebrecht, Axel
KATZEN
Verlags AG. »Die Arche«, Zürich 1967.
Kultbüchlein für Katzomanen.

Fireman, Judy
CAT CATALOG
The Ultimate Cat Book
Workman Publishing Comp., New York 1976, Abb.
Wirklich alles zum Thema Katze. Fundiert und mit Humor; von rund 100 Fachautoren.

Fox, Dr. Michael W.
VERSTEH DEINE KATZE
A. Müller Verlag, Rüschlikon 1976, Abb.
Populär geschriebene Verhaltenskunde mit viel Nutzen für die Praxis.

Gernhardt, Robert
WAS FÜR EIN TAG
Mit Bildern von Almut Gernhardt. Insel Verlag, Frankfurt/M. 1978.
Ein Kultbuch für Katzomanen, ein schönes Bilderbuch für Kinder und Erwachsene.

Hackmann, Anneliese
BIRMAKATZEN
R. Müller Verlag, Altrich 1982.
Instruktive Monographie der bekannten Züchterin, Obmann der FIFe-Richterkommission.

Hoffmann, Werner P.
KATZEN
Heyne Verlag, München 1980. Heyne Sammlerbibliothek Ed. 12. Abb.
Orientierungshilfe für Katzensammler, leider schon vergriffen.

Hue, Jean-Louis
KATZEN
Marion v. Schröder Verlag, Düsseldorf 1984.
Außergewöhnliches Lese- und Lernbuch, geistreich formuliert, nicht immer bequem, trotzdem eine einzige Liebeserklärung.

Leppmann, Franz
KATER MURR UND
SEINE SIPPE
Beck'sche Verlagsbuchhandlung, München 1908.
Amüsante Arbeit über die literarischen Katzen der Romantik. Selten.

Lessing, Doris
KATZENBUCH (PARTICULARLY CATS)
Klett-Cotta Verlag, Stuttgart 1981, Abb.
Wer Katzen und Sprache liebt, wer hinter das Verhältnis Mensch–Katze schauen möchte, muß dieses Buch lesen.

Leyhausen, Paul
KATZEN – EINE VERHALTENSKUNDE
Parey Verlag, Hamburg 1979, Abb.
Das Standardwerk über kätzisches Verhalten. Streng wissenschaftlich und doch auch für Laien gut zu lesen.

Lockridge, Frances u. Richard
KATZEN UND MENSCHEN
A. Müller Verlag, Rüschlikon um 1960.
Die US-Krimiautoren plaudern mit viel Wissen und so persönlich, als wäre man bei ihnen zum Tee eingeladen.

Loxton, Howard
KATZENRASSEN DER WELT
BLV-Verlagsgesellschaft, München 1976.
Über 100 Katzenrassen, in farbigen Zeichnungen abgebildet und ausführlich beschrieben.

Manolson, Frank
KATZEN
R. Piper Verlag, München-Zürich 1979.
Kurze Texte, einprägsame und didaktische Bebilderung.

Müller, Ulrike
DAS NEUE KATZENBUCH
Gräfe und Unzer Verlag, München 1984, Abb.
Ein praktisches Katzenbuch: modern, umfassend, sehr zu empfehlen.

Necker, Claire
FOUR CENTURIES OF CAT BOOK
Scarecrow Press, Metuchen, N. J. 1972.
Bibliographie, beschränkt auf fast ausschließlich englischsprachige Literatur.

O'Neill, John P.
METROPOLITAN CATS
Harry N. Abrams, Inc. Publishers, New York 1981.

Alles, was das »Metropolitan Museum of Art« an Katzen besitzt, kein Text, nur präzise Bildunterschriften. Ein schönes Buch.

Pond, Grace & Raleigh, Dr. Ivor
A STANDARD GUIDE TO CAT BREEDS
Macmillan London Ltd., London 1979.
Umfassende, reich bebilderte Rassenkunde und Vererbungslehre. Wichtiges Buch.

Raabe, Juliette
BIBLIOTHÈQUE ILLUSTRÉE DU CHAT
Ed. de La Courtille, (o.O.), 1977.
Zweibändige Enzyklopädie mit literarischen und wissenschaftlichen Texten, sehr reich illustriert. Ein Prachtwerk. Vergriffen.

Raffler, Max
MAX RAFFLERS KATZENBUCH
Hanser Verlag, München 1982.
41 farbige Katzenbilder des naiven Malers.

Repplier, Agnes
THE FIRESIDE SPHINX
with illustr. by E. Bonsall.
Gay and Bird, London 1901.
Eine bezaubernd illustrierte Kultur- und Naturgeschichte.

Ruff, Carola
PERSERKATZEN
EUROPÄISCHE   KURZHAAR-KATZEN
COLOURPOINTKATZEN
R. Müller Verlag, Altrich 1981 u. 1982, Abb.
Drei Monographien der Journalistin und Züchterin: informierend und mit Herz.

Annemarie Schimmel (Hrsg.)
DIE ORIENTALISCHE KATZE
Eugen Diederichs Verlag, Köln 1983, Abb.
Aus Literatur und Folklore des islamischen Orients. Für Katzenfreunde, die mehr wissen wollen.

Schneider, Walter
KNAURS KATZENBUCH
Droemer-Knaur Verlag, München 1977, Abb.
Ein Kompendium, das mit Recht bisher über 400 000 mal verkauft wurde.

Schönfeldt, Sybil Gräfin
SAMT UND KRALLEN
Arena Verlag Georg Popp, Würzburg 1982, Abb.
Eine Anthologie schnurriger Geschichten, die sich nicht in ausgetretenen Pfaden bewegt.

Schumacher, Rösli und Edgar
DAS KATZENBUCH
Fretz & Wasmuth Verlag, Zürich 1939, Abb.
Mit Einfühlungsvermögen geschriebene Literatur- und Kulturgeschichte.

Silkstone Richards, Dorothy
AN ILLUSTRATED GUIDE TO CATS
Salamander Books Ltd., London 1982.
Über 100 Rassen in Farbe hervorragend gezeichnet, ausführliche Beschreibungen.

Simon, Barbara
MAINE-COON-KATZEN
R. Müller Verlag, Altrich 1983, Abb.
Die Autorin hat die Zucht dieser Rasse in Deutschland aufgebaut. Sehr informativ.

Simpson, Frances
THE BOOK OF THE CAT
with 12 col. plates and nearly 350 illustr. in the text from photographs and drawings.
Cassell Ltd., London 1903, vIII.
Das erste große »moderne« Katzenbuch. Die Quelle zur Geschichte der Rassezucht.

Suarès, Jean Claude
THE INDISPENSABLE CAT
Stewart, Tabori & Chang, New York 1983.
Fotos, Gemälde, Katzenfiguren, Zitate und prägnante Texte. Eines der schönsten Katzenbücher.

Teichmann, Peter und Erika
WIR UND DIE KATZEN
Neumann-Neudamm-Verlag, Melsungen 1977.
Ein sehr gründliches, reich bebildertes, allgemeines Katzenbuch.

Thies, Dagmar
KATZEN ZÜCHTEN
SIAM- UND ORIENTALISCH KURZHAARKATZEN
EUROPÄISCH KURZHAARKATZEN UND VERWANDTE RASSEN
KATZEN AUSSTELLEN
Kosmos-Katzenbibliothek, Stuttgart 1978–1981, Abb.
*Präzise Fachbücher der bekannten Züchterin. Ihr »Katzen züchten« ist **das** Vererbungsbuch in deutscher Sprache.*

Vechten, Carl van
THE TIGER IN THE HOUSE
Alfred A. Knopf Edition, New York 1920, Abb.
Der Klassiker über die Katze in der Menschenwelt.

Waeger, Gerhart
DIE KATZE HAT NEUN LEBEN
Benteli Verlag, Bern 1976, Abb.
Redewendungen und Sprichwörter, kommentiert und erklärt.

LOUIS WAIN'S CATS
Compiled and introduced by Michael Parkin.
With 62 illustr., 32 in colour.
Thames and Hudson Ltd., London 1983.
Ein optischer Ausflug ins »Catland«.

Wöllner, Siegfried und Inge
REXKATZEN
R. Müller Verlag, Altrich 1983, Abb.
Monographie über die junge Rasse.

Wolff, Rosemarie
KATZEN
Ulmer Verlag, Stuttgart 1984, Abb.
Ein wichtiges Buch der Verhaltensforscherin. Praktisch, unerläßlich für Züchter durch ausführlichen Vererbungsteil.

Zwerenz, Ingrid
VON KATZEN UND MENSCHEN
S. Fischer Verlag, Frankfurt 1974.
Ein sehr persönliches Buch, aus dem man viel praktischen Nutzen ziehen kann.

Das Grab der Katze Menine der Madame de Lesdiguieres. Illustration von Charles Coypel aus P. de Moncrif »Les Chats«, Paris 1727.

Anschriften von Verbänden, Klubs und Zeitschriften

Die folgenden Adressen sind vom Stand Frühjahr 1985:

Fédération Internationale Feline (FIFe) Secrétariat:
Madame Claudine Rossi-Dasset 33, rue Duquesnoy, B-1000 Bruxelles.

Bundesrepublik
1. DEKZV e.V., Geschäftsstelle: Humboldtstraße 9, 6200 Wiesbaden.

Berliner Edelkatzen Club, Frau Ingrid Filgraebe, Kaiserin-Augusta-Str. 48, 1000 Berlin.

Österreich
OEVEK, Oesterreichischer Verband für die Zucht und Haltung von Edelkatzen, Sekr. Frau Netrwal, Liechtensteinstr. 126, A-1090 Wien.

KKÖ, Klub der Katzenfreunde Österreichs, Sekr. Polletstr. 104, A-1222 Wien.

Schweiz
Fédération Feline Helvetique, Herr Jean Bakker, Route de Monblesson, CH-1066 Epalinges.

Belgien
Cat Club de Belgique, Frau C. Rossi, 33, rue Duquesnoy, B-1000 Brüssel.

ČSSR
Secr. VI Smaus Präs. Dr. C. David, Hermanova 6, 17 000 Praha.

Dänemark
Felis Danica, Frau Aase Nissen, Tryggevaeldevej 145, DK-2700 Bronshoj (Kopenhagen).

Frankreich
Fédération Feline Française, 247, rue de Vaugirard, F-75015 Paris.

Holland
Felicat, Hof van Putten 41, NL 6721 TK Bennekom, Frau van Leeuwen-Coenradi.

Mundicat, Frau van Haeringen, Boerhavelaan 23, NL-5644 Eindhoven.

Italien
Fédération Feline Italienne (FFI) Frau M. Bruno, Via principi d'Acaja 20, I-10138 Torino.

Luxemburg
Lux Cat Club, Herr Marc Pohl, P. B. 526 Luxemburg.

Spanien
ASFE Herr Luis Soler Farriols, Appartado de Correos, 132, E-Lloret de Mar (Ce).

San Marino
Fe. Sa. Fe. Frau Yvonne Valli, Via L. Cibrario, 17, Cailoungo- 47031 Rep. di San Marino.

Ungarn
Frau Vali Szentmiklosi, Csetneki u. 13, 1113 Budapest.

Dachverband Großbritannien
Governing Council of the Cat Fancy (GCCF), W. Davis, Doverfield, Petworth Road, Wittley Surrey, GU 85 QW, England.

Dachverband USA
Cat Fanciers' Association (CFA), P.O. Box 430, Red Bank NJ 07701, USA

Dachverband Australien
The Australian Cat Federation (ACF), Overseas Manager: Mrs. M. Oliver, 25, Mills Royer St. South Yarra, Melbourne VIC 3141, Australien.

Unabhängige Katzenvereine im Verband deutscher autonomer Katzenverbände (VEDAK) zusammengeschlossen:
BPK – Verein f. Katzenfreunde e. V. (früher Berliner Pro-Kat), Herr Nagel, Am Juliusturm 8, 1000 Berlin 20.
BKK – Bund f. Katzenzucht u. -schutz e. V. Herr Misterek, Eichenweg 4, 3057 Neustadt 1.
DKC – Deutscher Katzen Club e. V., Herr Vocke, Stubenrauchstr. 15, 1000 Berlin 37.
DRKV – Deutscher Rex-Katzen-Verein e. V., Herr Graeve, Geschäftsstelle: Herr Grobe, Saarstr. 5, 5000 Köln 1.
DPK – Deutsche Pro-Kat, Herr Kirchesch, Düsseldorfer Str. 518, 4100 Duisburg.
GdK – Gemeinschaft der Katzenfreunde e. V., Herr Modersitzki, Geschäftsstelle: Herr Schippers, Venloer Str. 156a, 5000 Köln 30.
KCC – Katzen Club Colonia e. V., Herr Kühnert, Wilhelm-Warsch-Str. 2, 5000 Köln 90.
KFG – Katzenfreunde Germania e. V., Herr Appold, Geschäftsstelle: Frau Herrmann, Fasanenstr. 2, 6294 Weinbach 5.
KVB – Katzenverein Berolina e. V., Frau Schirmer, Begastr. 1, 1000 Berlin 41.
RKC – Rheinischer Katzen Club e. V., Geschäftsstelle: Frau Schulz, Jakobstr. 18, 5305 Bornheim-Sechtem.
SRV – Siegerländer Rassekatzen-Verband

e. V., Herr Bieber, Postfach 1130, 5912 Hilchenbach.
VSKF – Verband süddeutscher Katzenfreunde e. V., Herr Rathnow, Postfach 730061, 8500 Nürnberg.

Unabhängige Vereine übriges Europa: Österreich
Interessenverband Vorarlberger Katzenfreunde, Holzstr. 27, A-6890 Lustenau.

Schweiz
Ass. Feline Suisse, c/o M. Drompt, 6, Place bel Air, CH-1260 Nyon. Secr. Deutsch: Mme Wiser, Fabrikstr. 2, CH-8152 Glattbrugg.
Cat Club Ticino, Mme Witschi, Casella Postale 7, CH-6863 Besazio.

1

Cat Club de Genève, c/o M. Jaccoud, 5, Chemin Joli Bois, CH-1292 Chambesy
Cercle Feline Suisse, c/o Mme Vionnet, 6, rue de Hesse, CH-1204 Genève.
Felin's Club Helvetique, c/o Mme Perret, B. P. 106, CH-1212 Grand Lancy 1.
Verein d. Katzenfreunde »Zuerich«, c/o M. Demarmels, Wallisellenstr. 355, CH-8050 Zürich.

Belgien
Amicale Belge du Chat, Mme Gaspard, 40, rue J. Joirkin, B-4354 Donceel.
Ass. Feline Belge, c/o Mme M. Favereau, 23, rue Duvivier, B-4000 Liège.
Belgicat, c/o Mme van Trimpont, Groteweg 286, B-9500 Geraardsbergen.
Club Feline Belgique, Mme Baudoux, JL. Vrankenstraat, 37, B-3890 Jeuk.
Hainaut Poussy Club, c/o Mme Mazet, 19, rue de St-Amand, B-7603 Bon Secours.

Les Amis des Chat, c/o Mevr. Phalempin, 7/12 Den Eeckhofstraat, B-2520 Edegem.
Union Feline Belge, c/o Mme Hequet, 190, rue du Plat Rie, B-7300 Quaregnon.

Frankreich
Ass. Feline Centre, c/o Mme Bernard, 5, rue Matisse la Breche A.L., F-77330 Ozoir la Ferrière.
Ass. Nationale Feline, c/o Mme Choisnard, 5, square de Mondovi, F-78150 Le Chesnay.
Ass. Feline Normandie, c/o M. Marchant, 20, rue Martin, F-76320 Caudebec les Elbeuf.
Ass. Feline Poils Longs, de France-AFPLF, 40, avenue du Grand Veneur, F-78110 Le Vesinet.
Ass. Feline Provençale, – AFP –, Le Clos des Pins, F-06140 Vence.
Ass. Feline D. Pays Loir, c/o B. Salenave-

Cercle Felin de l'Île, Mme Trayer de Dhuizy, 7, rue Chaptal, F-75009 Paris.
Cercle Felin Languedoc, Mme Ctsse. de Montini, Château de la Place Labege, F-31320 Castanet-Tolosan.
Cercle Felin de Paris, Mme François, 10, rue Laure Fiot, F-92600 Asnières.
Cercle Felin Borges, c/o Mme Caillard, 11, rue Villebois Mareuil, F-18000 Bourges.
Union National P. L'Amelio – Ration des Siam et Or., 15, rue Ginoux, F-75015 Paris.

Italien
Ass. Felina Italiana, c/o M. Caviglia, Piazza S. Bartolomeo 1, I-17020 Gorra, Savona.

Niederlande
Hobby-Kat, c/o DHr. Suppers, Sportstraat 4, NL-6361 XC Nuth.

Verein zur Förderung der Katze in Deutschland:
D.R.U., Deutsche Rassekatzen-Union e.V., Sitz Köln. Geschäftsstelle: Hauptstr. 21, 5591 Landkern, Hanns Ulrich.

Fragen zur Katzenhaltung beantwortet:
Verein Deutscher Katzenfreunde e.V., Silberberg 11, 2000 Hamburg 74.

Zeitschriften:
»die edelkatze«, Zeitschrift des 1. DEKZV, Humboldtstr. 9, 6200 Wiesbaden.
»katzen«, Herausgeber: Deutsche Rassekatzen-Union e.V.; verantwortlich: Hanns Ulrich, Hauptstr. 21, 5591 Landkern.
»Katzen magazin«, Roro-Press Verlag AG, Schwamendingenstr. 80, CH-8050 Zürich.
»Ein Herz für Tiere«, Nordendstr. 64,

2   3   4

Mazou, 60, rue Basse, F-45240 La Ferte St-Aubin.
Ass. Feline Rhodanienne, c/o M. Colinet, 28, av. des Frères Lumière, F-69008 Lyon.
Ass. Feline Est-France, Comte – AFEFC, 1, rue Denfert Rochereau, F-25000 Besancon.
Ass. Feline Poils Court, De France-M. Doctor, 33, rue de Seine, F-75006 Paris.
Ass. Rhone-Alpes Feline, M.J.F. Dannenmuller, 8, rue du Cordier, F-01000 Bourg-en-Bresse.
Secr.: Mme Collomb Clerc, »Sur les Molasses«-Groissy, F-74570 Thorens Glières.
Cercle Felin D'Est, c/o M. Pelletier, 177, Froideval, F-90400 Danjoutin; Siège Social: Basse Pernot, F-88100 St-Die.
Cercle Felin Provence, Côte d'Azur, 12, boulevard Clemenceau, F-83300 Draguignan.

Ned. Perzen Vereniging, Colijnweg 5, NL-3332 CH Zwijndrecht.
Ned. Kattenfokkers Verl, DHR Doppegieter, De Praam 126, NL-4002 GH Tiel.
Ned. Kattenfokkers Ver. R. Geschiere, Citerstraat 356, NL-1443 XP Purmerend.
Ned. Langhaarkatten Ver., Dhr. Vink, Lorentzkade 18, NL-2313 GB Leiden.
Ned. Ver. v. Kattenfriend, Postbus 1651, NL-3000 BR Rotterdam.
Neocat, c/o Van Loon, Reeverweg 23, NL 7217 TA Harfsen.
Pro-Kat, Strausslaan 215, NL-2526 NC Den Haag.
Venoli-Kat, Koldakker 1, NL 9407 BR Assen.

Ungarn
Famkat, Frau Erika La'Szlo, Leiningen utca 43, HU-Budapest 1046.

1 Visitenkartenschale, farbige Keramik, signiert Ch. Virion, 19. Jahrh.

2 Sitzende Katze aus Keramik, 18 cm.

3 Bronzekatze, Kopie nach Gaul, 6 cm.

4 Bronzekatzen auf Alabasterkissen, England, spätviktorianisch, 13 cm

8000 München 40. Mit regelmäßigen Beiträgen über Katzen.
»cat world«, Cat World Ltd. Scan House, Southwick Street Southwick, Brighton BN4 4TE, Großbritannien.
»Fur and Feather«, Idle, Bradford, Yorkshire, BD 108 NL, Großbritannien.
»Cats magazine«, P.O. Box 557, Washington PA. 15301, USA.

Register

78 halbfette Ziffern verweisen auf wichtige Stellen im Text

78 normale Ziffern verweisen auf die übrigen Stellen im Text

78 kursive Ziffern verweisen auf die Bildlegenden

A

Aalstriche 303, *319*
Aberconway, Christabel 342
Aberglauben **40 f.**
Abessinier **328**; 178, *288*, 297, 302 f., *305*, 318, 322, 329, *329*
Abessinische Buschfalbkatze 15
Abroll-Leine 216
Abwehrbereitschaft *106*
Abwehrstellung *111*
Adam, Julius *4, 137,* 144 f., 150 f., *154,* 274
Ägypten **23**; 16, 24
Ägypter 23
Aesop 26
Aggressionen 113
Agouti **302**; *294, 329*
Ahnentafel **295**; *290*
Akkommodation 78
Alanus ab Insulis 38
Albino **302**
Albus, Anita 159
Aliçar 16
Alice im Wunderland 167
Allaby, Michael 103
Allison, Truett 120
Alpenveilchen 218
Alterserscheinungen 139
American Shorthair **320**; 302
Amerikanische Drahthaarkatze 296
Aminosäuren 240, 243
Analdrüsen 84
Analkontrolle 82, 119
Anderson, R. S. 238
Angora(katzen) *162,* 163, 166, 289, 296, 307
Angriffsdrohung *106*
Animal Studies Center **238**; 246
Antibabypille 257
Antonello da Messina 155
Appetitlosigkeit 247
Archangelsk 324
Asakura, Fumio *111*
Aspirin 242
Athen 26
Aufzucht, künstliche 232
Augen 73, 75, *75, 79*
Augenhintergrund 76
Augenpflege *194*
Augentropfen 196, *253,* 256
Aujeskysche Krankheit **252**; 245
Ausland **205**
Aussortieren **229**
Ausstellungen **297**; 176, 198, 288, 298 f.
Aussuchen eines Kätzchens **178**
Auto **203**; *203*
Autofahren 184
Autofahrer 261
Azteken *290*

B

Bach, Johann Sebastian 141
Backenzähne **68**; *68*
Bad Homburg 127
Baden **198**
Balancieren 81
Baldrian **85**
Balet, Jan 159, 166, 342
Balinese 302
Balkon 180, 202
Ballaststoffe 241
Balthus **155**
Balzac, Honoré de 44, *47,* 141, *164*
Bamber, Betsy 144
Bandwürmer 195, 252
Barkow, Nick 9, 283
Barnett, Will 143
Barocci, Federico 156
Bartoll, William T. *184*
Bastet(katzen) 23, *23,* 24, 328
Bateman, James 144
Battiferi, Laura 142
Bauchatmung 64
Baudelaire, Charles **160**; 49, 54, 100, 168, 208
Bauernkatzen *18,* 103, 115
Bayley, Nicola 159, 272
Becker, Günther 95
Beckmann, Max 158
Bender, Hans 99
Bengalkatzen 11, 90
Bennett, Charles Henry *248*
Beresford, Lady Marcus 297
Bergkatze 11
Berkenhoff, Dirc 144, 352
Berlin 127
Bernardi, Karin 332
Bernhardt, Sarah 54
Best in Show (Prädikat) 301
Bett **200**
Beugemuskeln *67*
Beutefang **105**; *231*
Bewick, Thomas *31*
Bi-Colour **302**; *294,* 303
Bibel 26
Bibliographie **164, 342**; 166
Bibliothek **342**
Bilderbücher **272**
Biotin 242
Birma(katzen) **312**; 178, 182, 292, 303, *304, 313,* 342
Bismarck, Otto Fürst von 248
Black-smoke **309**
Blaue Perser 288
Blechdosen 274
Blechspielzeug 274, 277
Blendlinge **302**
Blesse **302**
Blickfeld *75*
Blickwinkel 76
Blitzlicht **264**; 266
Blue-point *294,* 339, *340*
blue shaded silver 292
Bluepoint-Siamesen 288
Boltz, Waltraud 283
Bombay 296
Bond, Edward 141
Bonnard, Pierre 158
Boveri, Theodor 293
Braemer, H. 231
Bramböck-Lakides, Barbara und Tony 278, 282
Braunschweig 127
Brehm, Alfred E. **59, 164**; 104
Briefmarken **208**; 274, 330
British Blue 320, 324, 326 f., *327,* 333
British Shorthair **320**; 321, 337
Brodtmann, Joseph 144
Bronzekatze *24*
Brooks, Ron 272
Brown, Agnes 144
Bruderschaft d. Katzen 104
Brueghel, Jan, d. Ä. *140*
Brunel de Neuville, Alfred 144
Brunner, Ferdinand **167**; 95, 113, 188, 212, 221, 235, 257, 342
Brunstzyklen 226
Bruslon, Savary des 326
Bubastis 23 f.
Buchholtz, Christiane 76
Buckel 109, *119,* 137
Bülow, Hans von 140
Bürsten **194**; *176*
Buffon, Georges Louis **163**; *210*
Bulemanns Haus 46
Bunbury, H. W. *49*
Bund d. Katzenfreunde 178
Bund f. Katzenzucht u. Katzenschutz 289
Bungartz, Jean 164
Burma **332**; 178, 296, 302 f., *304,* 312, *332*
Burmeister, Paul 144
Burri, François 144
Buschfalbkatze, abessinische 15

C

CAC **300**
CACIB **301**
Cambazard, Michel 127
Cameo **302**
CAP **301**
CAPIB **301**
Caracal 11
Carroll, Lewis *164*
Cartier, Thomas *106*
Cat Club 297
Cat Club de France 288
Cat Collectors Club 283
Cat Fanciers Association 291
Cat Fancy **288**; 291, 300, 324, 326, 330, 332, 338
Catland 236
Cats 20, *20*
Cattery 297, 320
catus 26
Cefischer 92, 352
Cellini, Benvenuto 155
CFA 291
Champfleury, Jules 164, 342
Championklasse 301
Chance-Strachey, Julia 144
Chandler, Raymond 50, 54, 139
Chartreux 326
Chateaubriand, François René 163
Chelsea *276*
Cheret, Jules 284
China 30
Chinchilla **302, 308**; 288, 297
Chinchilla-Perser 289
Chinese Harlequin 302
Chromosomen **293**
Chromosomentheorie 293
Chromosomenzahl 11
Churchill, Winston 54
Cicchetti, Domenic V. 120
Cinnamon 303
Clark, Marvin 166
cobby 308
Cocteau, Jean 50, 54
Colette 54, *168,* 169, 182, 208
Colourpoint **310**; 303, *304, 311,* 312, 343
Colsule, Gustave 144
Cornish 303, *304*
Couldery, Horatio H. 144
Crawford, Peter 103
Creme **302**
Crumb, Robert 92

Register 347

Crystal Palace 288f., *299,*
308, 338
Cymric **331;** 302f.
Cynofelidae 11
Cyperusgras **218**

D

Dachkatze *56*
Dämmerungsräuber 120
Darriet, Leontine 144
Dauerrolligkeit 138, 257
Davis, Jim 92
Deckhaare 64
Deckkater 192, 235
Deckkaterverzeichnis 299
Demarmels, René 291
Deutsche Rex(katzen) **334;**
53, 200
Deutsches Grünes Kreuz
205
Devon 303, *304*
Devon Rex *296*
Diebstahl 263
Dilute **302;** 303
Dilutions-Gen 324
Dinictis 13, *13*
Dipboye, Marilyn 283
Disney, Walt 92
DNA 293
Dolph, John Henry 144
dominant 295
Donay-Weber, A. 111
Doppelfell 325, 331
Doré, Gustave *161*
Dosennahrung 247
Drahthaar **302**
Drohgebärden 107, *132*
Dürer, Albrecht 16, 155
Dufour-Neuhauser 144
Duftdrüsen 82
Duftmarken 84, 118
Duisburg 127
Durchfall 234
Durchschnittsgewicht 244
Duval-Lecamus, Pierre 144

E

Ebony **303;** 341
Eckstein, Gustav 95
Eckzähne *68*
École du Chat 127
Edda 28
Efeu 218
Eggebrecht, Axel 16, 50, 59,
168, 188, 238, 342
Egyptian Mau 296
Ehrenpreis 301
einfarbig **302**
Einschläfern **257**
Einstein, Albert 54
Eintagsküken 246
Einwegspritze 254
Einzelkatze 103, 186
Eisenbahnreisen **205**

Eisprung 226
Eiweiß 239
Ekzeme 243
Elektrozaun 175, 212
Eliot, T. S. 20, 72, 182
Encyclopedia of Collec-
tibles 283
Erbanlagen 292
Erbfeindschaft 125
Erbrechen 234
Ernährung **232–234,**
242–244
Ernährungslehre **239**
Erregungslaute 110
1. DEKZV **289;** 290, *290,*
298, 322, 342
1. Deutscher Angorakatzen-
Schutz- u. -Zuchtverein
289
1. Deutscher Edelkatzen-
züchter-Verband **289**
Erwitt, Elliot 269
Erziehung **189;** 75
Essen 103
Eßgewohnheiten **238**
Eumelanin 303
Europäisch Kurzhaar **320;**
176, *294, 304,* 321, *321,*
331, 343
Euthanasie **257**
Experimental-Zuchtbuch
298
Experimentalklasse **292**
Eycken, Charles van den
144

F

Fabel 167
Fabergé, Carl *276*
Faking **297**
Falbkatzen **14;** 15f., *15,* 90,
328f.
Fall, freier *79*
Faltohrkatze *337*
Fangzähne **68**
Farbe 64
Farbenblindheit 76
Farbvererbung *293*
Fauchen 110, 124
Fawn **302**
Fédération Internationale
Féline **288**
Felinae 11
Feline infektiöse Peritonitis
252
Felis lunensis 13
Felix the Cat 92
Fell **64;** 89, *294*
Fellmuster *294*
Fellpflege **196;** *194*
Fellwechsel 194
Felsbilder 23
Fensterplatz **213**
Fenstersturz 202
Fertignahrung **246;** 240,
245, 247

Fett **241;** 239
Fettsucht 238, 247
Feuerkatzen 36
Fieber messen **253**
FIFe **288;** 290, 296, 308, 317
FIFE 290
FiP 252
Fischer-Fabian, S. 75
Fischer, O. W. 54
Flachkopfkatze 11
Flankenreiben *86*
Flehmen **86;** *85,* 119
Flöhe **195;** 252
Flugreisen **205**
Flurnamen *261*
Flury, Burkhart 144
Foreign blue 324
Foreign white 341
Fortlaufen **206**
Fortpflanzung 11, 17
Fotografen 269
Fotografieren **264**
Foujita, Tsugouharu 158
Fox, Michael **166;** 9, 76, 90,
94, 99, 110, 126, 212, 219,
253, 342
France, Anatole 54
Franks, Emily *156*
Frans, Paul 52
Freilaufverbot **260**
Freßgewohnheiten 68
Frettchen 17
Freyja 28
Friedhof *127*
Friedländer, Adolph 222
Fritz the Cat 92
Fütterung **244**
Futtermittelrecht 247
Futterplatz 190, 245
Futterreste 245
Futterzeit 190

G

Gähnen *121*
Gallico, Paul 54, 169
Galopp *61*
Galsworthy, John 152
Gardner, E. 144
Garfield 92
Garten 179
Gauguin, Paul 142
Gautier, Théophile 142
GCCF **288;** 291, 296
Gebiß *63, 68,* 68
Geburt **230;** 226, *228*
Geburtenstopp **256**
Geburtsgewicht 233
Geflügelklein 245
Gehen **61**
Gehirn 74, *80*
Gehirnvolumen 16
Gehör **74;** 73
Geisterzeichnung 303
Gempt, Bernard de 144
Gen-Karten 293
Genetik **293**

Gepard 11, 13, *13*
Géricault, Théodore 158
Gerichtsentscheidungen **260**
Gerisch, Wolfgang 95
Germanen 28
Gernhardt, Almut 159, *169,*
342, 352
Gernhardt, Robert *169,* 272
Gerstenmaier, Eugen 54
Geruch *80*
Geruchsrezeptoren 81
Geruchssignale *80*
Geruchssinn **81;** *73,* 82, 85,
132
Geschirr 192
Geschlechtsorgane *256*
Geschlechtstrieb 207
Geschmack *80*
Geschmackspapillen 81, *84*
Geschmackssinn 73
Gesicht 73
Gesichtsausdruck **109**
Gesichtssinn **75**
Gesner, Konrad **160;** 85,
161, 162
Gestiefelter Kater **42;** *42,*
44, 47, 140f., *161f.,* 166,
208, 272, *272,* 277, 282
gestromt 302
Gesundheit **250**
Gesundheitszeugnis 206
Gewichtskontrolle 233
Gewissenserforschung **172**
Ghirlandaio, Domenico 155
Giftköder 201
Giordano, Luca 156
Glasauer, Willi *148,* 158, 352
Gleichgewichtssinn **78;** 66
Glucose 241
Glückskatzen, japanische
31, *33, 275, 276*
Glykogen 241
Goethe, Johann Wolfgang
140, 248
Golden **302**
Goldkatze 11
Governing Council of the
Cat Fancy **288**
Goya, Francisco de *34,* 158
Gram, Johanna 144
Grandville 44, *47,* 159, *164,*
231
Grannen 64
Gras **217**
Grau, H. 331
Greco, Juliette *224*
Grimm, Jacob 167, 258
Grimm, Wilhelm 258
Großhirn 78, *80*
Großkatzen 11
Gruber, Terry 269
Grundnährstoffe 239

H

Haarausfall 243
Haarballen **217;** 241

Haarlinge 252
Haarwechsel 64
Hackmann, Anneliese 312, 342
Hängeohr(katzen) **302, 336**; 53, *305, 334*
Haegeli, Patrick 66
Haftpflicht **262**
Hagelstange, Rudolf 169, 182
Hakenwürmer 252
Halblanghaarigkeit 331
Halblanghaar(katzen) **302**; 314, 332
Halsband *176*, 192, *201*, 203
Halskragen *253*
Hamburger, Julius 144
Hamilton, Philip Gilbert 142
Handke, Peter 10
Handschuhe 313
Harlekin **302**
Harmoniebedürfnis 186
Harper's 284
Hasenkatzen 328
Hasenpfeffer 245
Hausapotheke **256**
Hauskatzen 15, 115
Hausklo *175*
Haustiere **23**; 90
Haustierwerdung **16**
Hauszeichen *56*
Havana brown 302
Havana(katzen) **302**; 290, 332, 341
Hazon, Jane de 144, *156*
Heidemann, Günther 119
Heilige Birma **312**; 332
Heim 1. Ordnung 115, *116*, 200
Heim 2. Ordnung 116
Heimerl, Josef 144
Heimfindevermögen **95**; 94, *96*, 99
Heimgebiet 115, *116*
Heine, Heinrich 54, 127
Heinlein, Robert A. 169
Hemingway, Ernest 54
Hené *154*
Henze, Hans Werner 143
Hermann, Joseph 144
Herodot **160**; 24
Herre, Wolf 17
Herriman, George 92
Hesse, Hermann 54
Hexen 38, 49
Hexentier 38
Hexenverbrennung 36
Heyer, Arthur 144
Heymann, Moritz 144
Hidigeigei 44, 46
Highsmith, Patricia 54
Himalayan *304, 310*
Hiroshige, Ando 33, 50
Hirschmann, Konrad 289
Hirschmann, Sophie 144
Hirshfield, Morris 159

Hitzschlag 203
Hochsitz **181**
Hörbereich 74
Hören *80*
Hörvermögen **75**
Hoffmann, E. T. A. 44
Hoffmann, Werner P. 283, 342
Hohlwein, Ludwig 284
Hokusai *115*
Holtei, Karl von 44
Homöopathie 250, 253
Hormonstörungen 257
Hormonsystem *80*
Hosemann, Theodor 46, *47*
Hotelaufenthalt **204**
Huber, Léon Charles 144, *146*
Huch, Ricarda 168
Hue, Jean-Louis 16, 31, 36, 76, 90, 120, 290, 308, 331, 342
Huet, J.-B. *231*
Hugo, Victor 164
Huza-Maréchal, Claudine *196*
Hybride **302**
Hypophyse *80*

I
Ichujusai Yoshikazu *33*
Ille, E. 248
Impfpaß, internationaler **205**
Impfung **251**; 206
Imponiergehaben 107, 115
Internationale Champion-klasse 295, 301
Internationale Premioren-klasse 301
Internationaler Impfpaß **205**
Inzucht 207
Ipevit-Milch 231
Irimotokatze 11
Isle of Man 330
Istfanny-Rainer, Gabriele *10*, 144

J
Jacobsonsches Organ 81, 87
Jäger 119
Jagdrecht **262**
Jaguar 11, 23
Janssen, Bernardus 144
Japan 31, 330
Japanese Bobtails 31, 56, 303
Jellicle Cats *20*
Jericho 16
Jimmieson, Barrie C. 289
Johannsen, Wilhelm 293
Jourdain, Francis *245*
Jünger, Ernst 52, 167f.

Jugendklasse 300
Jugendstil 277

K
Kästner, Erich 54
Kätzchen, mutterlose *228*
Kaiserschnitt 232
Kalender *286*
Kalzium 242
Kane, Thomas R. 79
Kania, Willy 200
Kaninchenzucht 310
Kapkatzen 290
Kartäuser(katzen) **326**; 72, 178, 289, *305*, 322, *327*, 331, 333, 337
Kasan *27*
Kashmir 302, 311
Kastratenklasse 301
Kastration **257**; 53, 84, 138, 174, 178, 187, 227
Kater **258**; 104, 174, 234
Kater Carlo 92
Kater Murr 44, 342
Kater von Kasan *27*
Katerbummel 258
Katerfrühstück 259
Katerkampf 138
Katharer 38
Kattologia 163
Katzen-Bibliographie **164**, **342**; 166
Katzen, haarlose 64
Katzen, herrenlose **263**
Katzen, literarische 342
Katzen-Narr *219*
Katzen-Nippes 274
Katzen-Raffael *73*, 145
Katzen, säugende **232**
Katzen, schwanzlose 31
Katzen, schwarze *39*
Katzen, streunende **262**
Katzen, trächtige **232**
Katzen u. Hunde 125
Katzen, verwilderte 58
Katzen-Voliere 179
Katzen, wildernde **262**; *201*, 211
Katzenamme 232
Katzenauge *79*
Katzenbaum *175*
Katzenbilderbücher **272**
Katzenclubs **288**
Katzendämon 31
Katzendosen *183*
Katzenfänger 201
Katzenfotografen 269
Katzenfreunde 52, 342
Katzenfutter *31*
Katzengepäck **204**
Katzengeschirr 216
Katzengold **258**
Katzengrün 217
Katzenhaus 175, *178, 179, 290*
Katzenhochzeit *139*

Katzenjammer **258**; 44
Katzenklappe *205*
Katzenklo **180, 187**; 132, *176*, 184, 250
Katzenkonzert 140, *140*
Katzenkopfpflaster 34
Katzenkot **250**; 262
Katzenmaler **144**; *143*
Katzenmenschen **172**; *88*, 89, 216
Katzenminze **85**; 87, 190
Katzenmütter 88, *130*
Katzenmumien 24
Katzenmuseum 282
Katzenmusik 140, 258
Katzenopfer 36
Katzenorchester *141*
Katzenpost 208
Katzenpuppen 278, *278*
Katzenrassen 342
Katzenschlupf *191*
Katzenschnupfen **251**
Katzenschutz 300
Katzenseuche **251**; 206
Katzenspaziergang **214**; 210
Katzenspielzeug 74
Katzensprung *60*
Katzenstreu **187**; 176
Katzenstreulöffel 187
Katzentür **207**; *191, 206*
Katzenverfolgung 30f.
Katzenverhalten 166
Katzenwäsche **113**; 103
Katzenwerfen 34
Katzenwörter **258**
Katzenzucht **288f.**
Katzenzunge 56, 194, 238
Katzenzwinger *178*
Kaufvertrag **262**
Keats, John 168
Keeler, Clyde 310
Kellen, Tony 164
Keller, Gottfried 46
Kennwort 190
Kerr, Judith 272
Ketzer 38
Khmer **310**; *304*, 312
Kindchenschema 159, 336
Kinderbuch 248
Kindertransport **132**
Kipling, Rudyard *164*, 168, 184
Kippfenster **202**; 214
Kippohren 337
Kirchner, Ludwig 158
Kitt, Eartha 141
Klein, Johann Adam *106*
Kleinhirn *80*
Kleinkatzen 11
Kletterbaum **181**; *175, 178, 179*, 190
Klettern **66**; 190
Klirrkette 190
Klöster 326
Kloss, Maria 159
Kluijver, Nicolaas 145
Knochen **246**

Kochsalz 242
Kögl, Benno 150
Kögl, Paul Benedikt 145
Königstiger 11, *13*
Köpfchengeben 50, 82, 85, *86*, 89
Körperbau **59**
Körperbeseitigungsgesetz **263**
Körperhaltung *106*
Körpersprache 125, *192*
Körpertemperatur **250**; 64, 238
Kohlenhydrate **240**; 239, 241
Kolosseum 58
Komm-Ruf **190**
Konrad von Megenberg **161**
Kopfendlage *228*
Kopfkissenkatzen 275
Kopfneigung 68
Korat **333**; 289, *304, 333*, 338
Kostenrechnung **176**
Kot **250**; 262
Kräuselfell 334
Kraftfelder 94
Krallen **196**; 60, 65 f., *65*, 68, 231
Krallenschärfen 66
Krallenwetzen **115, 190**
Krallenzange *176*
Krankenversicherung **256**
Krankheit **250**
Krankheit, Aujeskysche **252**; 245
Krantz, Marie A. 145
Kratzbaum 66, 85, *181*
Kratzbrett **181**; 66, *181*, 184, 190
Kratzen 189
Krazy Kat 92
Krematorium 127
Kreuzgang 61
Krüger, Imke 352
Kuder 14
Kulturen, präkolumbianische 23
Kulturgeschichte 342
Kuniyoshi, Utagawa *31, 32, 33*
Kupferkatzen *332*
Kurzhaar(katzen) **302**; 288
Kuschelhöhle *178*, 180

L

Lahann, Birgit 50
Lambert, Louis E. 145, *154, 280*
Lancashire-Hexen *34*
Langhaarhalter 181
Langhaar(katzen) **302**; 30, *31*, 114, 211, 307
Langschwanzkatze 11
Lauer, Josef *10,* 145
Laur, Yvonne 145

Lautäußerungen 110
Lauter, Wolfgang *36, 82, 99, 268, 283,* 352
Lavender **302**
Le Brun, Charles *88, 89*
Lear, Edward 72
Lebensalter 130, 173
Lebouteux, Pierre *125*
Legrand, Louis *231*
Leine **191, 214**; *176,* 192, 203, *214*
Leithaare 64
Leonardo da Vinci 89, 155
Leopard 11, 23
Leopold, Svend 46
Leppmann, Franz 44
Leroy, Louis *39*
Leslie, George 145
Lessing, Doris 50, 138, 169, 226, 254, 342
Lester, Adrienne *156*
Letalfaktor 331, 336
Leupin, Herbert 272
Leyhausen, Paul **166**; 68, 78, 82, 88, 99, 103 f., *106,* 109 f., 116, 118, 175, 212, 342
Lichtzellen 76
Liebesbiß 124
Liebhardt, Evelyn 329
Lieblingsplätze 186
Lila **302 f.**
liliac shaded silver 292
Lincoln, Abraham 54
Lindenlaub, E. 96
Linné, Carl von 326
Linolen 241
Liszt, Franz 140
Lockenhaar **303**
Lockenhaar-Gen 335
Lockridge, Frances und Richard 124, 342
Löwe 11, 23
Löwenmännchen *13*
Loren, Sophia 54
Lorenz, Konrad 159, 336
Loti, Pierre 169
Luchs 11, *13*
Luini, Bernardino 155
Luther, Martin 38
Luxemburg, Rosa 54
Lynne, Gillian 20

M

Mackerel **303**
Madison Square Garden 316
Madonna 28
Märchen 167
Mäuse 68, *132,* 246
Mäuseruf 110
Mäusetanz 106, 112
Magensäure 68
Magensteine 114
Maguire, Helena 145, 236
Maiglöckchen 218

Maikätzchen 138
Maillol, Aristide 54
Maine-Cats 316
Maine-Coon **316**; *305,* 315, *317,* 343
Mainz 127
Mallarmé, Stéphane 211
Maneki-Neko 31, *275*
Manet, Edouard 158, 164
Manolson, Frank 138, 212, 342
Manual 11
Manx hop 331
Manx(katzen) **330**; 63, 81, 288, 297, 302 f., *305,* 309, *331,* 333, 336
Mao 24, 30
Markieren *80*
Marmor(katzen) **303**; 11, *18*
Martin, Philipp Leopold 164
Maske **303**
Massage 253
Mau(katzen) 24, 290
Mausruf 134
McClinton, Katharine M. 283
Medikamente, Verabreichung von **253**; *252 f.*
Megede, Johannes Richard zur 46
Meißen 277
Melanin 64
Melanin-Inhibitor 303
Mendel, Gregor 293
Mendel-Regeln 293
Merlin, Daniel 145
Merssemann, Auguste de 145
Metropolitan Cats 142, 343
Meyer, Alice 118, 210, 216, 352
Meyer-Eberhardt *137*
Meyer, Nicolaus 145
Meyerheim, E. *219*
Michel, Gustav 145, 164
Michelet 49
Michelet, Jules 111
Mietvertrag 172, 174
Mikrosporie **252**
Milben 252
Milch 240, 243, 245
Milchtritt 132, 200
Milchzähne **132**
Mind, Gottfried **146**; 73, *103,* 104, *139,* 145, *150, 232*
Mineralstoffe **242**; 240
Ming-Katzen 276
Mischlinge **302**
Mivart, George 59
Mohammed 27, 54
Mondsignale 95
Montmartre 58, 127, *127*
Montparnasse 127
Morell, Frank 78
Morris, J.G. 238

Mortensen, Carl *106*
Mosaik, pompejanisches 27
Moses, Stefan *123, 268,* 269, *271,* 352
Müller, Moritz 145
Müller, Rosemarie 282
Müller, Ulrike 196, 342
München-Riem 127
Münchner Bilderbogen *103, 168,* 248
Muecke, Carl Emil 145
Mumie *24*
Murner, Thomas 140
Murray, Andrew *150*
Musical 20
Muskelkater 259
Muskulatur *63*
Mutationen **293**; 296, 331, 334, 336
Mutterkatze 60, *116*
Mutterkuchen 230
Muttermilch 231
Mutterschaft **227**
Mutterverhalten, gestörtes **235**
Muybridge, Edward *60*

N

Naaktgeboren, C. 231
Nabelschnur *228, 230*
Nachgeburt *228*
Nackengriff *231*
Nackentragegriff 132
Nacktkatzen *289 f.,* 292, *296*
Nadar 142
Nährstoffbedarf *242*
Nahrungstemperatur 238, 245
Nam, Jacques 52, *113,* 145
Namen **182, 190**; 186
Narkose **257**; 255
Nase **82**; 64, *80*
Nasenkontakt 82
Nasenspiegel **303**
Nash, William 293
National Academy of Sciences 246
National Cat Club 288, 297, 320
Nebelparder 11
Necker, Claire 164, 342
Negus, Daphne 333
Neko-Mata 275
Nepeta-Öl 85
Neruda, Pablo 120, 352
Netsuke-Katzen **275**; *276*
Netzhaut 76
Neugeborene 130
Neumann, Ernst 288
Neurose **257**
New London Theatre 20
Nickhaut 78
Nielsen, Erik *121*
Nielssen, Clemence 145, *152*
Nippes 274, *278*
Non-Agouti **303**

NonREM-Schlaf 122, 158
Norwegische Waldkatzen
315; 302, *305, 315,* 316
Novizenklasse 301
NS-Zeit 289
Numerierung 291
Nunn, Trevor 20

O

Oberhaare 64
Oberländer, Adolf *206*
O'Brien, Stephen 293
Oehring, Hedwig 145
Offenbach, Jacques 127
Offene Klasse 300
Ohren **74**; *72*
Ohrenkontrolle *194*
Ohrentropfen *253*
Ohrmilben 195
Ohrpflege **195**
O'Neill, John P. 343
Ordentliches Zuchtbuch 298
Organ, Jacobsonsches 81, 87
Orientalisch Kurzhaar **341**;
302 f., *305, 341,* 343
Ortsnamen *261*
Oscar, der Familienvater 92
Ozelot 11, 90

P

Palladius, Rutilius 26
Pampaskatze 11
Panaman, Roger 103, 118
Panthera 11
Papillen 86
Papyrusstaude **218**
Parfüm **219**; 220
Paris **127**; 56
Partnerschaft Katze/
Mensch **186**
Paßgang 61
Pavane 303
Peke Face **303**
Penfield Edward 284, *285*
Penis 138
Perrault, Charles 42
Perserkätzchen *216*
Perser(katzen) **307**; 16, 72,
130, 178, 182, 196, 212,
214, 290, 292, *294,* 295,
297, 302 f., *304,* 308, 320,
322, 336, 343
Pest 39
pet cat 300
Peter der Große *27*
Petrarca, Francesco 168
Petschaft *282*
Pewter 303
Pflanzen, giftige **218**
Pflegegeräte 181
Pfoten **65, 88**; 60
Phaeomelanin 65, 303
Phase, vegetative **130**
Phenacetin 242

Phosphor 242
Photographen 269
Photographieren **264**
Phrenologie 89
Picart, B. *31*
Picasso, Pablo 54
Pillendose *183*
Pillengeber *252*
Pilze 252
Pitt, Frances 166
Plakate **284**; *286,* 288
Plauderlaute 110
Pleistozän 13
Plinius d. Ä. **160**
Pliozän 13
Plückebaum, Carl 145
Plückebaum, Meta *137,* 145
Points **303**
Pompeji *27*
Porzellankatzen *56,* 274
Postkarten **236**; 274
Potter, Beatrice 151, *232*
Precht, G. 96
Premiorenklasse 301
Preßwehen **230**
Psi-Experimente 99
Psi-trailing 94
Pudelkatzen 335
Pünktlichkeit 190
Puls **250**
Puma 11, 13, 23
Punkteskala **308 f.**
Punktsystem **301**
Pupille *76, 78*
Putzen 64, 90, *111*

Q

Quarantäne **206**
queen 300
Queen Victoria 307

R

Raabe, Juliette 169, 343
Raaphorst, Cornelis 145
Räderkatze *18*
Raffael 89 f.
Raffler, Max **155**; *144,* 159,
343
Ragdoll 296
Ramberg, H. *168*
Rangordnung, relative 119
Rangordnungsritual 119
Rassekatzen **291**; 178, 289
Rassen **296, 304**; 342
Rassesieger 301
Rassestandards 291, 342
Rattenruf 110, 134
Rauchperser **309**
Raven, Samuel *183*
Rechtschaffen, Allan 120
Rechtsprechung **260**
Redensarten **70 f.**
Redpoint Perser *307*
Reichert, Carl 145

Reinhard, Hans *34*
Reise **205**
Reisekrankheiten 204
Reißzähne 68
Reizzonen 94
Reklameschild *285 f.*
REM-Schlaf 122
Reney, Marcel 312
Renoir, Pierre Auguste 158
Revier 115, *116,* 217
Revierkatze 174
Revierverhalten **116**
Rex Cornish **334**; 335, *335*
Rex Devon **334**; 335, *335*
Rex German **334**; 303, *304,*
309, 335
Rex(katzen) **334**; *289,* 290,
303, *304,* 343
rezessiv 295
Rhine, J. B. 94, 99
Riche, Louis *106*
Richter **300**; *301*
Richterschüler 300
Riechfeld 82
RIEX 292
Rilke, Rainer Maria 10, 155,
169
Ringkatzen *276*
Rolligkeit **138, 226**; 110,
120, 188, 257, 325
Rom 26, 30
Romano, Giulio 142
Ronner, Alfred 145
Ronner, Alice 145
Ronner, Henriette 145 f.
Rosenblatt, Jay 82
Rot **303**; *329*
Rouse, Daniel 145
Royal Siam Cat 338
Ruff, Carola 343
Rufnamen **182**
Ruftöne 110
Rumpies 331; *331*
Russisch Blau **324**; 289, *304,*
325, 327, 333
Ryckebusch *108*

S

Sable **303**; *297,* 303
Sachmet 24
Säbelzahnkatze 11
Säbelzahntiger 13
Sahara 23
Saki 182
Salmonellen 245
Saltini, Pietro 145
Sartre, Jean-Paul 182
Saugen **132**
Scarlatti, Domenico 140
Schädel *63*
Schauenberg, Paul 16
Scheffel, Victor von 44
Scheinträchtigkeit **227**
Scheitlin, Johann Peter 104,
164
Scheuerer, Otto 145

Schielen 311, *329,* 338
Schiff, Hermann 44
Schildpatt(katzen) **303**; *18,*
293, 296, 297, *309*
Schimmel, Annemarie 161,
343
Schippers, Joseph 145
Schlaf **120**; 103
Schlafdauer 120
Schlafphase *80*
Schlafplatz **198**; 180
Schleichen **61**
Schlüsselreiz 105
Schlupfloch 213
Schminktäschchen *183*
Schmitzberger, Josef 145
Schmuck *259*
Schneeleopard 11
Schneider, Paul 88
Schneider, Walter 343
Schneidezähne **68**
Schnittlauchtopf 217
Schnupftabakdose *183*
Schnurren **111**; 11, 91, 110
Schnurrhaare **87**; *64,* 73, *82,*
84
Schönfeldt, Sybil Gräfin 53,
169, 343
Schrittlänge 61
Schroeder-Schoenenberg
247
Schumacher, Jacques 352
Schumacher, Rösli und Ed-
gar 26, 343
Schwangart, Friedrich 81,
96, 289, 331
Schwanz **63, 81**
Schwanzlos **303**
Schwanzlosigkeit **331**; *305*
Schwar, Wilhelm **150**; *143,*
145, 151, *156, 183,* 236
Schwarzer Peter *47*
Schwarzfußkatze 11
Schwarzfußkatze 11
Schweißdrüsen 64
Schweitzer, Albert 54
Schwind, Moritz von *44*
Science Fiction 169
Scott, Patricia P. 242
Scottish Fold **336**; 302, *305,*
337
Seal **303**
Seal-point *339, 339*
Searle, Ronald **155**; *143,* 352
Sehen *80*
Seidenhaar **303**
Seiferle, Eugen 87
Serval 11
shaded **303**
shaded silver 292
Shinick, F. J. *290*
Siam seal-point *303*
Siam(katzen) **338**; 16, 56,
111, 178, 182, 192, 227,
229, 288–290, 292, *294,*
297, 302 f., *305,* 320, 322,
324, 333, *339,* 341–343
Sichputzen *111*

Siegelstempel *282*
Sierke, Hansi *42*
Silber **303**
Silber-Perser *290*
Simpson, Frances 164, *290,
299*, 307, 316, 324, 343
Siné *148*
Sinet, Maurice *148*
Singapura 296
Singer, Cecile 283
sire 300
Skelett **59**; 60, *63*
Smilodon 13
Smoke **303**
Sohlenballen **88**; 64–66, *65*
Somali **318**; 302, *304, 319*
Sonnenflecken 95
Sonnini, Charles 163
Sorrel **303**; 319, *329*
Spaltenappetenz 112
Spazierstockgriff *280*
Specht, Friedrich 145
Speckter, Otto *162*
Sperlich, Sofie 145
Sphinx *296*
Spiegel das Kätzchen 46
Spielbedarf 212
Spielen **112, 137, 220**; 123,
132, *132*, 138, 189
Spielzeug *176*, 181, 184
Spitz, René 90
Spitzenfärbung **303**; 338,
341
Spitzenmelanismus **303**
spotted **303**
Sprache **258**
Sprattskämme *176*
Sprichwörter **248**
Sprungvermögen 63
Spulwürmer 252
Stäbchen 76
Staffordshire 277, *278*
Stammbaum **295**; *290*
Stammbücher 298
Stammesgeschichte *13*
Stammutter 15
Standards 295, 301, 308, 320,
342
Steen, Germaine van der
152; *159*
Steen, Jan 158
Stefula, Gyorgy 100, 352
Stehlen 85
Steinberg, Jill 213
Steinlen, Théophile Alexan-
dre **146**; *10*, 38, *108, 113,
115, 123*, 145, *150, 152,
155, 161, 181, 192*, 284,
285
Steißendlage *228*
Steppenkatze **14**; *15*, 16
Sterilisation **257**
Steward **300**; *301*
Stimmführungslaute 74
Stocks, Minna 145, 151, *152*
Störtenbecker, Nikolaus *121*
Stoffwechsel 239, 242

Stoltz, H. *156*
Storm, Theodor 46
Stravinskij, Igor 143
Strecken *119*
Streckmuskeln *67*
Streicheln **90**; 91, 124
Streifgebiet 115, 212
Streifzüge 214
Streß 220
Streuner 58
Stubenreinheit **187**; 188
Stürze 180
Stummelschwanz **303**
Stumpies 303, 331, *331*
Stuttgart 127
Suarès, Jean Claude 169,
343
Suchautomatismus 130, 132
Sullivan, Pat 92
Swimmingpool 202

T

Tabakdose *183*
tabby **302 f.**; *297*, 303, *309*
Tabby-Muster *294*
Tabby-points 339, *340*
Tabletten 252
Tätowierung **263**; *262*
Tageslauf **103**
Tallboys, Agnes Augustus
145
Tastreize 90
Tastsinn 73, *80*
Taubheit 75
Tauglichkeitstest **172**
Teil-Albinismus 338
Telepathie 94
Temperatursinn 73
Teniers, D. *141*
Tests **172**; *179*
Teufel *39*
Teufelstier 38
Thailand 332 f., *333*
Theater an der Wien 20
Theben 17
Thermometer 256
Thiele, Arthur 236
Thies, Dagmar 232, 295,
300, 343
Thoma, Hans *143*
Thompson, Joseph 332
Ticking **303**; *294*, 302, 319,
319, 328, *329*
Tieck, Ludwig 42
Tierarzt **250**; *254*
Tierasyl 127
Tierfriedhof **127**; *31*, 129
Tierhaltung **260**
Tierhandlung 172, 178
Tierheim **178**; 172, *176*, 262
Tierphysiognomik 89
Tierschutzgesetz **261**; 260
Tierversuche 201, 202
Tierversuchslabor 178
Tiffany 296, 302 f., 332
Tiger 90

Tiger, sibirischer 11
Tigerung *294*
Tizian 89
Tjebbes, K. 310
Tod **257**; 263
Todd, Neil B. 17, 87
Tötungsbiß **106**; 64, 68, *111,
132*
Toko *108*
Tollwut **251**; 120, 207
Tom und Jerry 92
Tonkanese **303**; 302, 332
Topsell, Edward *28, 161,
162*
Torbie **303**
Tortie **303**; *296*
Tortie-tabby-points 339
Toxoplasmose **252**
Trab **61**
Trächtigkeit **232**; 226
Träume 123, 132
Tragegriff *111*, 198,
231
Tragen der Katze **198**
Tragestarre 198, *231*
Tragezeit 139, 229
Tranquilizer 256
Transportbehälter *176*, 184,
203, 254
Traumschlaf *121*
Trier, Walter *224*
Trinken 103
Trockenblumen 218
Trockennahrung 247
Trood, William 145
Tschaikowskij, Peter 140
Tschudi, Fridolin 90
Tucholsky, Kurt 169, 182
Türkische Angora **314**
Türkische Van **314**; 303, *305*
Tupfen *294*
Twain, Mark 54, 169, 182,
352

U

Überfahren werden 116,
201, *262*
Überkater 46
Übersprungshandlung 114
Umzug 207
Unfallgefahren **200, 202**
Unterwolle 64
Urin **250**

V

Valloton, Felix 52
Vanderbilt, Cornelius 312
Vechten, Carl van 164, 343
VEDAK 291, 300
Verband deutscher autono-
mer Katzenverbände 291
Vererbung **292**; 235
Vergiftung 202
Verhalten 342
Verkaufspreise 289

Verkehrsmittel, öffentliche
205
Verkehrsopfer 211
Verkehrsunfall 116, 201, *262*
Verlaine, Paul 49, 100
Vertes, Marcel *168*
Verteufelung **34**
Victoria, Queen 307
Vitamine **241**; *234*, 240, 242
Vitaminüberschuß 242
Vögel 262
Vogelfänger *188*
Vogelfang **193**
Vollnahrung 241, 247
Vormilch 232
Vorurteile 26
Vorzüglich (Prädikat) **301**

W

Wacholder 218
Waegener, Ernst 145
Waeger, Gerhart 343
Wagner, Jenny 272
Wain, Louis **151**; *145, 146,
164, 167, 224, 280, 333*, 343
Waltham 238
Wasser **240**; 245
Wasserschüssel *176*
Watteau, Antoine 158
Webb, W.J. *242*
Webber, Andrew Lloyd 20
Wehen **230**
Weidezaungerät 180
Weinzierl, Hubert 14
Weir, Harrison 145, 164, 288,
297
Weiß **303**
Weiße Katze 141, *162, 166,
168*
Weißscheckung **303**; *294*
Wells, H.G. 151 f.
Werbemarken 274, *285*
Werbung **284**
West, Meredith 138
Wetterfühligkeit 94
Whittington, Richard 166
Wiener Bronze *141, 167,
239, 247*
Wieselkatze 11
Wikinger 17
Wildern 119
Wildfarben *294*, 319
Wildkatzen **14**; 11, *15, 162*
Wilson, Robert Anton 169
Winiarz, Ella 145
Wirbelsäule **62**; *61, 63, 67*
Wöllner, Siegfried u. Inge
335
Wohnungskatze **211**; 99,
103, 113, 116, 174, 180,
212, 227, 342
Wolff, Rosemarie 74, 87, 90,
95, 104, 116, 174, 212, 337,
343
Wortschatz **258**
Würmer **252**

Wuerz, Hermann 145
Wurfgeschwister *172,* 184
Wurfkiste **230**
Wurflager **229;** 235
Wurmkur **251**

Y

Ypern 34, *34*

Z

Zähne **196;** *63*
Zahnstein 196, 252
Zahnwechsel 68
Zapfen 76
Zecken **195;** 252
Zeitsinn **95;** *94*
Zepelin, Harold 120
Zielsprung **67;** *59, 67,* 78

Zigarettenetui *183*
Zirkus 222
Zirkusplakat *224*
Zitzen **132;** *130, 226,* 227,
   231
Zitzenpräferenz 132
Zola, Emile 211
Zuchtbuch 288, 298
Zuchtkater *178,* 211
Zuchtverband 235

Züchter 59, 178, 234
Züchtersprache **302**
Zürcher, Prof. Erik
   30
Zunge **86;** 68, *84,* 114
Zusatzfutter 134
Zweitkatze **219;** 103, 173,
   176
Zwerenz, Ingrid 213, 343
Zwischenhirn *80*

Bildnachweis

Agence Nature/NHPA: 79;
ars mundi Collection: 23 (2), 41, 275;
Dirc Berkenhoff, s. Barbara Reiner
Cefischer, Oskar der Familienvater,
1979, Societäts-Verlag, Frankfurt/M:
92/93
Diogenes Verlag AG, Zürich: 54;
EFFEM-Forschung für Kleintiernah-
rung: 240, 242;
Andreas Fischer-Nagel: 228 (2);
Almut Gernhardt: 170/171
Robert Gernhardt, »Wörtersee« 1981,
2001: 170/171
Willi Glasauer: 118, 149, 159, 204;
Dr. Wolfgang & Ingeborg Henze, Cam-
pione d'Italia: 158
Claudine Huza-Marechal: 126, 196 (2),
197, 198 (2), 199 (3), 200 (4), 285;
Ieper Toerisme: 34;
Kindler Verlag, »Grzimeks-Tierleben«:
12;
Lorenz Klever: 174, 178, 179 (3);
Sitte Klijn-Hudson (Verein Deutscher
Katzenfreunde e. V.): Zeichnungen: 306,
310, 312, 315, 316, 318, 320, 321, 324, 326,
328, 330, 332, 334, 336, 338;
Annemarie Kühr: 69, 113, 118/119, 121
(2), 132/133 (3), 134, 174 (2), 175, 239 (2),
265, 266 (2);
Wolfgang Lauter: 36/37, 56, 57 (4), 58,
83, 98/99, 109, 111, 128, 129, 133, 134,
206, 261, 268 (2), 269, 272/273, 286;
Marc Twain Memorial, Hardford/Con-
necticut, USA: 55;
Metropolitan Museum of Art, New
York: 108/109;
Stefan Moses: 123, 142, 144 (2) M. Raff-

ler, 145 (2), 158, 236/237 (13), 254/255,
267, 270/271, 276 (3);
Marion Müllmayer: 176, 214,
262;
Pablo Neruda, »Dichtungen 1919 bis
1965«, Luchterhand Verlag: 120;
Kunstauktionshaus Neumeister: 2;
Portal Gallery, London/England: 151;
Barbara Reiner/Dirc Berkenhoff: 1, 10
(3), 28, 31, 32, 43, 49 (2), 51, 52, 71, 107
(5), 108, 110, 112, 113, 120 (2), 121, 122,
136 (3), 137, 139, 140/141 (2), 142, 143,
146, 147, 150 (2), 152 (3), 154 (5), 156 (2),
157 (3), 160, 162, 163, 166, 167 (2), 168,
182/183 (12), 186, 187, 216, 219, 220, 221,
222, 223, 225, 236/237 (2), 238, 246, 247
(2), 258/259 (8), 274, 276, 277 (5), 278 (5),
280, 281 (5), 282 (6), 283, 285 (2), 286 (4),
344, 345 (4);
Reinhard – Tierfoto: 9, 13 (3), 18 (6), 19
(3), 35, 64, 65, 66 (2), 67, 70/71, 77 (3), 81,
84, 85, 86, 87, 103, 105, 111 (2), 112, 113,
116, 119, 125, 130 (2), 131, 139, 173, 189,
190 (3), 191 (2), 194 (3), 195, 201, 203, 214
(2), 215, 216, 217, 227, 229 (3), 230, 241,
263, 265, 287, 289 (3), 294 (3), 295 (3), 296
(2), 299, 300, 301 (2), 307, 308, 309, 311,
313, 314, 317, 319, 322/323 (3), 325, 327,
329, 331, 335, 337, 339, 340 (2), 341;
Rowohlt-Bildarchiv: 55;
W. + H. Scherler: 333;
Karl Schneider (Zeichnungen): 62 (2),
63, 65, 67, 75, 80 (3), 106, 117, 177, 228,
229, 252, 253, 256, 257, 261, 293, 304,
305;
Jacques Schumacher: 192/193, 202 (3),
204;

Ronald Searle 1975/Tessa Sayle Agency:
143;
Societäts-Verlag: 92/93;
Spadem, Paris/BILD-KUNST, Bonn
1984: 148;
Gyorgy Stefula: 101;
Stern/J. Widmann: 78, 96/97;
Alfred Strobel: 224 (2);
Studio X/Folco-Gamma: 128 (2);
Verein Deutscher Katzenfreunde e. V.:
14/15, 17, 60, 74, 91, 112, 114, 119, 135
(6), 180, 188 (4), 205, 212 (2), 213 (2);
Zeichnungen: 306, 310, 312, 315, 316,
318, 320/321, 324, 326, 328, 330, 332, 334,
336, 338;
Gerti Wagner: 279;

Danken möchte ich den Katzenfreunden, Wissenschaftlern und Züchtern,
von denen ich viele Informationen bekam und von deren Spezialkenntnissen
ich profitieren konnte. Namentlich danken möchte ich Frau Alice Meyer, die
mich zu diesem Buch animierte; Frau
Imke Krüger, die ich immer fragen konnte; Herrn Dirc Berkenhoff für den unge-
hinderten Zugriff zu seiner Bibliothek
und Sammlung; Herrn Stefan Moses für
intensive Katzengespräche und meiner
Frau Eva für die wahrhaft kätzische Geduld und Aufmerksamkeit, mit der sie
meinen Text las und kontrollierte. Danke
auch den Katzen von Anning, Kätchen,
Kitten, Foss, Koko und Puma für An-
schauungsunterricht und Beratung in
Verhaltensweisen.